# 日本概况

（修订本）

**主　编：** 张立新　孔繁志
**审　定：**〔日〕佐藤利行　李均洋

北京大学出版社
PEKING UNIVERSITY PRESS

图书在版编目（CIP）数据

日本概况 / 张立新，孔繁志主编．—2版．—北京：北京大学出版社，2009.9

ISBN 978-7-301-15735-0

Ⅰ. 日…　Ⅱ. ①张…　②孔…　Ⅲ. 日语－概况　Ⅳ. K931.3

中国版本图书馆 CIP 数据核字（2009）第 167031 号

书　　　名：日本概况（修订本）

著作责任者：张立新　孔繁志　主编

责 任 编 辑：杜若明

标 准 书 号：ISBN 978-7-301-15735-0/H・2311

出 版 发 行：北京大学出版社

地　　　址：北京市海淀区成府路 205 号　100871

网　　　址：http://www.pup.cn

电　　　话：邮购部 62752015　发行部 62750672　编辑部 62752028　出版部 62754962

电 子 邮 箱：zpup@pup.pku.edu.cn

印　刷　者：北京虎彩文化传播有限公司

经　销　者：新华书店

787 毫米 ×1092 毫米　16 开本　20.5 印张　447 千字

2009 年 9 月第 2 版　2024年 2 月第 8 次印刷

定　　　价：38.00 元

---

**执笔者：**

| | | |
|---|---|---|
| 第一章 | 何琳 | 首都师范大学 |
| 第二章 | 李濯凡 | 北京外交学院 |
| 第三章 | 孔繁志 | 首都师范大学 |
| 第四章 | 王屏 | 中国社会科学院 |
| 第五章 | 裴宏 | 首都师范大学 |
| 第六章 | 李丹明 | 首都师范大学 |
| 第七章 | 马凌波 | 首都师范大学 |
| 第八章 | 夏鹏翔 | 首都师范大学 |
| 第九章 | 董继平 | 首都师范大学 |
| 第十章 | 张淑荣 | 首都师范大学 |
| 第十一章 | 李均洋 | 首都师范大学 |
| 第十二章 | 张立新 | 首都师范大学 |
| 第十三章 | 韩丽娟 | 首都师范大学 |
| 第十四章 | 李丽桃 | 首都师范大学 |
| 第十五章 | 吴英杰 | 对外经济贸易大学 |
| 第十六章 | 佐藤利行 | 日本广岛大学 |
| | 徐萌[译] | 首都师范大学 |
| 第十七章 | 史桂芳 | 首都师范大学 |


封面拍摄：李均洋

上：世界文化遗产京都清水寺

下：日本最古老的神社之一，岛根县的出云大社

# 前　言

日本是中国一衣带水的邻邦，中日文化交流的历史之悠久，各领域交流频繁，尤其是改革开放以来经济贸易上的互利互惠，人员文化交流等方面可以说在国际交流与合作中是罕见的。

本书自2002年初版发行以来，得到了读者的厚爱，已多次印行。这次新版，从内容和体例上都做了修订，以便使更广泛的读者开卷有益。

本书主要是面向在校的大专学生，但有赴日留学愿望的中学生及对日本文化有兴趣的社会各阶层人士，也是本书的知音。您要了解日本历史地理，还是要了解日本社会政治，甚或是了解日本民俗风情等等，一睹本书可概知日本全貌。

我们期待着这本小书在中日当代文化交流和战略互惠上架起一座回顾历史、展望未来、携手前行、世代和平友好的智慧之桥。

目的达到否？恳请读者朋友不吝赐教。

佐藤利行　李均洋

志于己丑年（2009）元日

# 目 录

# 第一章 地 理

一衣带水的邻邦日本在何处？有何地理特点？本章带你去做一番日本地理的遨游。

## 第一节 日本的地理位置及国土面积

日本位于亚洲大陆东侧，南北方向狭长约3000公里，是一个呈弧状的岛国。西隔东海、黄海、朝鲜海峡、日本海与中国、朝鲜、俄罗斯相望，东临太平洋。

日本国土面积37.8万平方公里，相当于中国的1/25(参照表1世界部分国家面积)。

领土由本州、北海道、九州、四国四大岛屿和7000多个小岛组成，这些岛屿统称为日本列岛。本州岛是日本最重要的岛屿，面积22.74万多平方公里，约占全国总面积的60%。

日本岛与亚洲大陆隔海相望，从中国的北京到东京的直线距离约为2000公里。

日本列岛被大海环抱，日本与亚洲大陆之间是日本海，日本与美洲大陆之间是太平洋。

表1 世界部分国家面积

| 国家名 | 面积（$1000km^2$） |
|---|---|
| 俄罗斯 | 17075 |
| 加拿大 | 9971 |
| 中国 | 9600 |
| 美国 | 9364 |
| 法国 | 552 |
| 日本 | 378 |
| 德国 | 357 |
| 意大利 | 301 |
| 英国 | 244 |

## 第二节 日本的气候

日本大部分地区属于温带海洋性气候，四季分明。由于日本列岛南北方向延伸很长，横跨亚热带和亚寒带，所以南北气候差异极大。此外，复杂的地形和海流的影响，也加大了日本气候的地域性差异。

首先，日本南北延伸约3000公里，各地气候存在明显差异，北纬35度以南属季风型亚热带森林气候；本州北部及北海道属季风型温带针叶林气候；其余广大地区属季风型温带阔叶林气候。位于日本中部的东京，最冷月（1月）平均气温摄氏6度，最热月（8月）平均气温摄氏25度，年平均降水量1500多毫米。九州南部的鹿儿岛，最冷月（1月）平均气温摄氏7度，最热月（8月）平均气温摄氏27度，年平均降水量达2000毫米以上。北海道的札幌，最冷月（1月）平均气温在摄氏－6度以下，最热月（8月）平均气温摄氏20度以上；根室年平均降水量为981毫米。每年8～10月间，日本西部和南部常常遭到台风袭击，造成严重灾害。

从地形的影响上来看，由于本州岛的中央由东到西绵延起伏的山脉将其纵断分割，因此太平洋一侧和日本海一侧的气候存在着很大的差异。在太平洋一侧，夏季受东南季风的影响，天气比较闷热，降水量较大；冬季则比较干燥。而日本海方面，冬季由于来自大陆的西北季风的影响，降雪量极大，是世界闻名的多雪地带，有些地方降雪量可达4～5米。

此外，海流对日本的气候也有很大的影响，除东北部沿岸以外，其他地区均被来自热带太平洋的暖流（黑潮）环绕，气候受到海洋的调节，形成较为温暖湿润的海洋性季风气候，比大陆同纬度地区温和，降水也较丰富，年平均降水量绝大部分地区为1000～2000毫米。夏季盛行东南风，东部沿海6～7月间阴雨连绵；冬季西北风由大陆经日本海吹来，天气寒冷，北部多降雪。

## 第三节　日本的地形

日本列岛有太平洋和日本海环绕，是与大陆相邻的浅大陆架（深度不足2米的称为大陆架）。数十万年前，日本列岛曾经是亚洲大陆的一部分，由于它位于环太平洋造山带上，造山带的运动使日本与朝鲜半岛之间的陆地下陷成为大海，因此，日本与亚洲大陆之间的日本海属于比较浅的海，有的地方甚至不足200 米。但日本东侧的太平洋是世界上最深的海，那里有著名的日本海沟和伊豆小笠原海沟。

日本是个多山的国家，山地约占全国面积的76%。北海道和本州北部的山脉多为南北走向，四国和本州南部的山脉成东西走向，两者相汇于本州中部。纵贯本州中部的飞驿、木曾，赤石三条山脉被称为北、中央、南阿尔卑斯山，也统称为日本阿尔卑斯山，为全国地势最高的地区，其中有著名的富士山。富士山海拔3776米，是一座休眠火山，也是全日本最高峰。富士山最近一次喷发是在1707年，其山体呈标准圆锥形，山顶终年积雪，有温泉、瀑布，北有富士五湖，风景优美，是日本的象征。

**表 2 日本最高的山前 10 位**

| | 山的名称 | 日语读音 | 高度(m) | 所在都道府县 |
|---|---|---|---|---|
| 1 | 富士山 | ふじさん | 3776 | 山梨、静岗 |
| 2 | 北岳(白根山) | きただけ（しらねさん） | 3192 | 山梨 |
| 3 | 奥穗高岳 | おくほたかだけ | 3190 | 长野、岐阜 |
| 4 | 间之岳(白根山) | あいのたけ（しらねさん） | 3189 | 山梨、静岗 |
| 5 | 枪岳 | やりがたけ | 3180 | 长野 |
| 6 | 东岳(恶泽岳) | あずまたけ（わるさわだけ） | 3141 | 静岗 |
| 7 | 赤石岳 | あかいしだけ | 3120 | 长野、静岗 |
| 8 | 涸泽岳 | からさわだけ | 3110 | 长野、岐阜 |
| 9 | 北穗高岳 | きたほたかだけ | 3106 | 长野、岐阜 |
| 10 | 大喰岳 | おおばみだけ | 3101 | 长野、岐阜 |

资料：国土厅长官官房总务课《国土统计要览》

日本位于太平洋西岸火山地震带，是一个多火山的国家，境内有 200 多座火山，其中有浅间山、阿苏山、樱岛、云仙岳、三原山等约 60 座活火山。地震频繁，有“地震国”之称。1923 年 9 月 1 日的关东大地震，使东京和横滨受到严重的灾害，死亡达 15 万人。1995 年 1 月 17 日发生的阪神大地震，给神户及淡路岛造成了严重的破坏。由于火山活动的影响，日本地热资源极为丰富，温泉遍布全国，共有 2000 多处。

平原仅占国土面积的 24%，大多零星分布在大河的下游和沿海地区。全国最大的平原是东京附近的关东平原，面积 1.7 万平方公里；其次是名古屋附近的浓尾平原，大阪、京都附近的畿内平原等。

**表 3 日本最大的湖泊前 5 位**

| | 主要湖泊 | 日语读音 | 面积 | 所在都道府县 |
|---|---|---|---|---|
| 1 | 琵琶湖 | びわこ | 670.3 | 滋贺 |
| 2 | 霞浦 | かすみがうら | 167.6 | 茨城 |
| 3 | Saroma湖 | さろまこ | 151.9 | 北海道 |
| 4 | 猪苗代湖 | いなわしろこ | 103.3 | 福岛 |
| 5 | 中海 | なかうみ | 86.2 | 鸟取 |

资料：国土厅长官官房总务课《国土统计要览》

日本河流短小，水量充沛，落差大，水势湍急，水力资源丰富，但不利于航行。其中最长的河流是信浓川，长 367 公里；流域面积最大的河流是利根川，为 16840 平方公里。另外，日本还有很多湖泊，但多为小而深的火山口湖，分布于高山上，滨海则有许多深度不大的泻湖。全国最大的湖泊琵琶湖是构造湖，面积 670 平方公里，湖面海拔 85 米，最深 103 米。最深的湖是田泽湖，水深 423 米。

表 4　日本最长的河流前 10 位

| | 河流名称 | 日语读音 | 干流长度(km) |
|---|---|---|---|
| 1 | 信浓川 | しなのがわ | 367 |
| 2 | 利根川 | とねがわ | 322 |
| 3 | 石狩川 | いしかりがわ | 268 |
| 4 | 天盐川 | てしおがわ | 256 |
| 5 | 北上川 | きたかみがわ | 249 |
| 6 | 阿武隈川 | あぶくまがわ | 239 |
| 7 | 最上川 | もがみがわ | 229 |
| 8 | 木曾川 | きそがわ | 227 |
| 9 | 天龙川 | てんりゅうがわ | 213 |
| 10 | 阿贺野川 | あがのがわ | 210 |

资料：1998 年日本国土厅交通省河川局水政课《河川管理统计》

## 第四节　日本的自然资源

日本地下资源种类很多，但储量少且分布零散，资源大量从海外进口。矿产资源只有铜和硫黄的储量略大，铜矿主要分布在四国北部、关东地区和九州北部。煤、铁储量较少，重要的铁矿在本州东北部的釜石和北海道；九州的福冈县和北海道的钏路、芦别等地有煤矿，但不适于冶金和炼焦。近年在本州中部和西南部的一些地方发现铀矿，在本州新潟县的阿贺近海发现油气田。

日本森林资源丰富，森林面积 2458.8 万公顷（1990 年统计），国土的三分之二为森林所覆盖，其中人工林约为 41.7%，天然森林约占 55%，主要有杉树、松树、柏树及山毛榉属、栎属林木等。南部多樱树，樱花被视为日本的“国花”。由于暖流（黑潮）和寒流（亲潮）在日本东北部沿海相汇，近海鱼类资源丰富。日本的降雨量高于世界平均值，水资源相当丰富，主要用于水力发电、土地灌溉、饮用水、工业用水等。水力蕴藏量约 5000 万千瓦。日本是地热资源丰富的国家之一，全国有水温在摄氏 90 度以上的高温热泉 90 多处，大岳、松川、八丁等地建有地热电站。

## 第五节　日本的行政区划

日本的都、道、府、县是直属中央政府的一级行政区，各都、道、府、县都拥有自治权。目前全日本共有 1 都（东京都）、1 道（北海道）、2 府（大阪府、京都府）、43 个县。这些都道府县又被划分为北海道、东北、关东、中部、近畿、中国•四国、九州七个地区。

## 一、北海道地区

北海道地区位于日本本州的北端，与本州隔津轻海峡相望。以前被称为“虾夷地”，曾居住着阿伊努族人。北海道的“道”，是与本州的都府县同级的行政单位。道政府的所在地札幌也是北海道最大的城市，城市多集中于西部。由于原野广阔，气候寒冷多雨，有利于优良牧草的生长。所以畜牧业发达。北海道地区森林资源约占日本全国的22%，木材产量居全国第一。鱼类资源丰富，捕鱼量居全国首位。这里也是日本煤矿资源较丰富的地区。

## 二、东北地区

位于日本东北部，包括青森县、岩手县、秋田县、宫城县、山形县、福岛县。东北地区大都市甚少，人口在10万人以上的中小城市也不多。东北地区是日本有数的粮食生产地区，稻米产量占全国的1/4，此外畜牧业、果树栽培也很发达。

## 三、关东地区

位于日本列岛中央，包括东京都、神奈川县、千叶县、埼玉县、茨城县、栃木县、群马县，是日本政治、经济、文化的中心。关东地区的绝大部分地区位于日本最大的关东平原上，产业、文化、交通等均很发达。国际化大都市东京是日本的首都。日本最大的工业区京滨工业区以东京湾沿岸的城市东京、川崎、横滨为中心，向周围的沿海地区及内陆不断辐射延伸。该工业区大致可分为京叶工业区、鹿岛沿海工业区、内陆部工业区三大区块。机械、印制、出版业的比重较高。

## 四、中部地区

位于本州中部，也可以说位于整个日本的中央。包括爱知县、静冈县、岐阜县、新潟县、富山县、石川县、福井县、长野县、山梨县。中部地区地势高而复杂，分布着大量的火山，日本最高峰富士山位于静冈县。产业发达的城市大都分布在东海地区。以名古屋为中心的中京工业区已发展成日本第二大综合工业区，仅次于京滨工业区。重工业发达，丰田市的汽车工业是这个地区工业的代表之一。

## 五、近畿地区

近畿地区位于本州的中部，包括滋贺县、三重县、奈良县、和歌山县、大阪府、京都府、兵库县。北部和南部是山地，中部是较开阔的平原。城市集中于以京都、大阪、神户为中心的地区，该地区被称为大阪城市圈或京阪神三都地区。代表性产业有若狭湾的沿岸渔业、濑户内海的养殖业和阪神工业区的现代工业。

## 六、中国·四国地区

1. 中国地区

位于九州与近畿之间,是沟通九州与近畿文化的桥梁。包括鸟取县、岛根县、山口县、冈山县、广岛县。以中国山地为中心，盆地分布其间。日本海方面的山阴地区，人口密度较低，仅分布着一些中小城市，而濑户内海沿岸的濑户内海地区，人口密度较高，工业城市较为发达。中国地区稻米、梨、蔬菜等栽培均较发达。濑户内海沿岸养殖渔业、石油化工联合企业等现代工业非常发达。

2. 四国地区

位于九州与近畿之间，包括香川县、爱媛县、高知县、德岛县。四国地区平地较少，险峻的四国山脉绵延不断。濑户内海沿岸部分地区人口密度较高，工业城市较为发达，而南四国地区则人口密度较低，分布着一些中小城市。高知平原一带冬季气候温暖，较一般地区较早育苗，较早收获，因此快速栽培技术比较发达。太平洋沿海方面的远洋渔业基地闻名遐迩。

## 七、九州地区

位于本州西南端，是距离朝鲜半岛和中国大陆最近的地区。包括福冈县、大分县、宫崎县、熊本县、佐贺县、长崎县、鹿儿岛县、冲绳县。中部主要是山地，仅在海岸一带有一些平原。九州地区有很多港口城市和发达的工业城市。以筑紫平原为中心，农业相当发达，北九州工业区从八幡制铁所发展而来，重工业及化学工业相当发达。

**表5　日本的都道府县**

| 地区 | 都道府县 | 日语读音 | 政府所在地 | 日语读音 |
|---|---|---|---|---|
| 北海道 | 北海道 | ほっかいどう | 札幌市 | さっぽろし |
| 东北地区 | 青森县 | あおもりけん | 青森市 | あおもりし |
| | 岩手县 | いわてけん | 盛冈市 | もりおかし |
| | 宫城县 | みやぎけん | 仙台市 | せんだいし |
| | 秋田县 | あきたけん | 秋田市 | あきたし |
| | 山形县 | やまがたけん | 山形市 | やまがたし |
| | 福岛县 | ふくしまけん | 福岛市 | ふくしまし |
| 关东地区 | 茨城县 | いばらきけん | 水户市 | みとし |
| | 枥木县 | とちぎけん | 宇都宫市 | うつのみやし |
| | 群马县 | ぐんまけん | 前桥市 | まえばしし |
| | 埼玉县 | さいたまけん | 埼玉市 | さいたまし |
| | 千叶县 | ちばけん | 千叶市 | ちばし |
| | 东京都 | とうきょうと | 新宿区 | しんじゅくく |
| | 神奈川县 | かながわけん | 横滨市 | よこはまし |

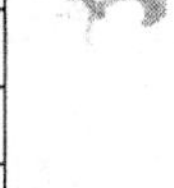

| 中部地区 | 新潟县 | にいがたけん | 新潟市 | にいがたし |
|---|---|---|---|---|
| | 富山县 | とやまけん | 富山市 | とやまし |
| | 石川县 | いしかわけん | 金泽市 | かなざわし |
| | 福井县 | ふくいけん | 福井市 | ふくいし |
| | 山梨县 | やまなしけん | 甲府市 | こうふし |
| | 长野县 | ながのけん | 长野市 | ながのし |
| | 岐阜县 | ぎふけん | 岐阜市 | ぎふし |
| | 静冈县 | しずおかけん | 静冈市 | しずおかし |
| | 爱知县 | あいちけん | 名古屋市 | なごやし |
| 近畿地区 | 三重县 | みえけん | 津市 | つし |
| | 滋贺县 | しがけん | 大津市 | おおつし |
| | 京都府 | きょうとふ | 京都市 | きょうとし |
| | 大阪府 | おおさかふ | 大阪市 | おおさかし |
| | 兵库县 | ひょうごけん | 神户市 | こうべし |
| | 奈良县 | ならけん | 奈良市 | ならし |
| | 和歌山县 | わかやまけん | 和歌山市 | わかやまし |
| 中国地区 | 鸟取县 | とっとりけん | 鸟取市 | とっとりし |
| | 岛根县 | しまねけん | 松江市 | まつえし |
| | 山口县 | やまぐちけん | 山口市 | やまぐちし |
| | 冈山县 | おかやまけん | 冈山市 | おかやまし |
| | 广岛县 | ひろしまけん | 广岛市 | ひろしまし |
| 四国地区 | 香川县 | かがわけん | 高松市 | たかまつし |
| | 爱媛县 | えひめけん | 松山市 | まつやまし |
| | 高知县 | こうちけん | 高知市 | こうちし |
| | 德岛县 | とくしまけん | 德岛市 | とくしまし |
| | 福冈县 | ふくおかけん | 福冈市 | ふくおかし |
| | 佐贺县 | さがけん | 佐贺市 | さがし |
| | 长崎县 | ながさきけん | 长崎市 | ながさきし |
| | 熊本县 | くまもとけん | 熊本市 | くまもとし |
| | 大分县 | おおいたけん | 大分市 | おおいたし |
| | 宫崎县 | みやざきけん | 宫崎市 | みやざきし |
| | 鹿儿岛县 | かごしまけん | 鹿儿岛市 | かごしまし |
| | 冲绳县 | おきなわけん | 那霸市 | なはし |

**参考资料:**

1998 年国土厅长官官房总务课《国土统计要览》http://www.stat.go.jp/data/guide/index

2000 年国土交通省国土地理院《全国都道府县市町区别面积调查》http://www.gsi.go.jp/MAP/MENCHO/200204/ichiran.htm

1998 年日本国土厅交通省河川局水政课《河川管理统计》http://www.emecs.or.jp/01cd-rom/section1/toukei

2000 年日本国情调查 http://www.stat.go.jp/data/kokusei/

中日通网站：www.cnjp-trade.com

**思考题：**

1. 简述日本的气候特点。
2. 简述日本的地形特点。

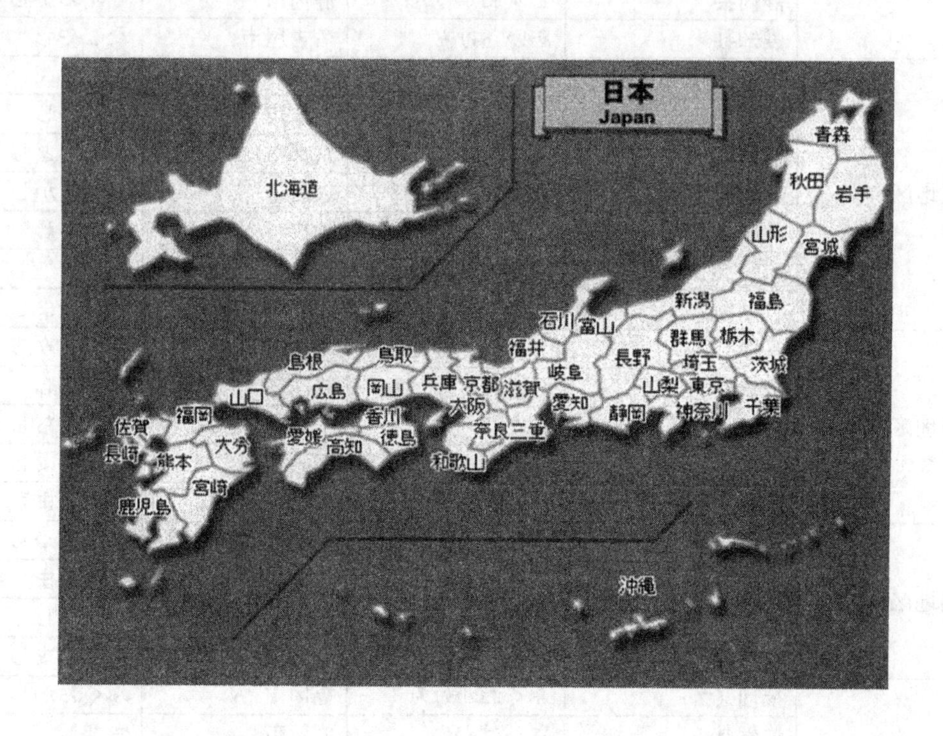

# 第二章　历史

日本位于亚洲的东部，是我国东方的一个岛国。它也是一个历史悠久，拥有着自己独特的历史和文化的国家。

日本历史可以分为原始、古代社会（包括绳纹文化时代、弥生文化时代、大和时代、奈良时代、平安时代）、中世社会（包括镰仓时代、室町时代、战国时代）、近世社会（安土桃山时代、江户时代）、近代社会（包括明治、大正和1945年以前的昭和时代）、现代社会（1945年至今）几个社会阶段。

## 第一节　原始、古代社会

### 一、绳纹时代

日本曾经是与亚洲大陆相连的陆地，日本海当时还是陆地环抱的内陆湖。大约在1万多年前，日本陆地与大陆分离，逐渐形成现在这样的日本列岛。

距今约1万年前，日本进入新石器时代。在新石器时代的遗迹中，有大量的陶器出土，这种陶器的外部都有草绳样花纹，因而叫绳纹陶器。与之相应的时代，就叫绳纹文化时代。这一文化持续了数千年，直到公元前4～前3世纪。

绳纹陶器丰富多彩，广泛分布于南自冲绳本岛，北至北海道的日本全境，而西日本出土较少，东日本，特别是关东、东北地区出土较多。这些陶器主要用来盛食物和水。

绳纹文化时代的经济主要是捕捞、狩猎及采集等。人们逐渐开始由迁徙向定居生活转变，从以前居住的自然洞穴向竖穴式住居转变。所谓竖穴式住居，就是在地上挖一深数十厘米的方形或圆形、椭圆形的坑穴，竖数根木柱，顶上铺树枝或茅草而成。早期的竖穴较小，里面没有炉灶。中期以后有炉灶在穴中央。

多个竖穴汇聚成村落，坐落在靠近河海、日照好的台地，其中心有一供祭祀和分配猎物的广场。整个村落呈圆形或马蹄形分布。居于竖穴的绳纹人生活环境极其艰苦，平均寿命在20～30岁左右。

绳纹人过着原始共产制的生活，共同抵御恶劣的自然环境。他们抱有万物有灵的信仰，盛行生殖崇拜和太阳崇拜。

## 二、弥生时代

1. 弥生文化

自公元前3～2世纪，日本出现了比绳纹陶器更为进步的新式陶器。因最早出土于东京都文京区的弥生町，故命名为弥生陶器。这一时代就叫弥生文化时代。它一直延续到公元3世纪前后。

弥生文化始于九州北部。中期以后的陶器与中国和朝鲜的陶器有许多相似之处。

弥生文化时代除弥生陶器外，还广泛种植从中国传入的水稻。弥生人的经济生活仍以渔猎、采集为主，但随着农业生产的发展，他们的生活结构逐渐发生巨大的变化。最初，他们采用直播的方法，将稻种直接撒向稻田，后来学会了插秧，并深埋杂草作肥料，使水稻产量大大提高。他们用石镰和铁制工具收割成熟的稻穗，储藏在干栏式仓库里。公元前后，在九州北部的部分地区和大和平原，农业已居主要地位。

农业的发展使西日本（九州、濑户内、近畿地区）的生产力远远高于东日本（中央高地、关东、东北地区），曾因狩猎文化而发达的东日本逐渐将优势让位于农耕发达的西日本。农业的发展使劳动力多的家庭渐渐获得优势，劳动产品开始有了剩余，出现了独自占有的私有财产。

农业生活使过去的那种以血缘为纽带的氏族社会逐渐解体，随之转变为以土地为联系纽带的农村公社。男子在耕作，尤其是在保卫水源的战斗中发挥了重要作用，因此在部落内的地位也随之上升。男子作为战斗的指挥者，逐渐成为部落的领袖——酋长。于是父系社会形态逐步代替了母系社会形态。

水稻的广泛种植和铁器、青铜器的使用，是弥生文化的重要特征。弥生初期，农耕工具主要还是木器、石器，但是中期以后，铁器、青铜器及其铸造技术相继传入。铁器被广泛用于制造武器和生产工具，如铁斧、刀、锄头、镰、箭头、铁戈等。青铜器被制成剑、戈、铎等，但它们不是用于战斗，而是作为礼器被用于氏族、部落的宗教仪式。

2. 金印

公元前1世纪前后，正是日本弥生文化时代的中期，日本列岛小国林立，以九州北部为中心，散布着百余个部落制国家。他们和朝鲜半岛的部落国家一样，年年派使臣到乐浪郡朝贡[1]。经过一个多世纪的攻伐兼并，在东汉光武帝时，与汉朝交往的国家已减至30个了[2]。倭奴国就是这30多个国家中的一个，位于博多湾沿岸（今福冈县境内）。据《后汉书·东夷传》载，公元57年，倭奴国王遣使赴汉朝贺，受赐“汉委奴国王”金印。该印1784年在九州的志贺岛被发现。金印上的“委奴”，即史书中的“倭奴”。

据《魏志·东夷传》载，2～3世纪，北九州出现了一个部落国家——邪马台国。

它是一个由20余个部落国家组成的部落联盟，女王卑弥呼也是最高祭司。

239年，卑弥呼的使节到达魏国。魏王封卑弥呼为“亲魏倭王”。其后，魏与邪马台国多次互派使臣。

## 三、大和王权

1. 大和国家的统一

据《宋书·倭国传》载，478年，倭王武致宋顺帝表文，其中写道：“自昔祖祢，躬擐甲胄，跋涉山川，不遑宁处，东征毛人五十五国，西服众夷六十六国，渡平海北九十五国。”这段史料中的数字或许不够准确，但它反映了倭王武的祖先所进行的统一战争。从日本历史典籍《古事记》和《日本书记》的记载来看，他们从九州迁徙到大和地区（今近畿地区），并通过战争、联盟等形式，历经二三百年，建立了大和王权，成为各国（部落国家）的盟主——大王。

5世纪起将近一个世纪，被称为倭五王时代。五王是赞（仁德天皇[3]）、珍（赞之弟，反正天皇）、济（允恭天皇）、兴（安康天皇）、武（雄略天皇）。他们先后13次向东晋、宋、梁各朝遣使朝贡，请求册封。

2. 古坟文化

从3世纪末、4世纪初到六七世纪，日本各地出现了山丘状的巨大坟墓，叫做古坟，这个建造古坟的时期就叫古坟时代。它分为前期（3～4世纪）、中期（5世纪）、后期（6～7世纪）。

前期古坟多为前方后圆坟，这是日本特有的墓式，此外还有圆坟、上圆下方坟、方坟、前方后方坟等。坟丘表面围有埴轮[4]，有的古坟内有安放木棺或石棺的竖穴式石室，有的为黏土椁[5]。

各地的前期古坟形制和随葬品基本相同。随葬品除了铁制武器、农具和石制品等一般用品外，主要是镜、玉、剑等祭祀用品。大型的古坟集中在大和地区（今近畿地区）。由此推断，大和地区的王是各国的王的盟主——大王。大王所建立的大和王权是一个政治联合体[6]。

古坟时代中期，出现了如应神陵、仁德陵那样的巨大古坟，说明大和政权拥有巨大的权势。但与此同时，在全国各地也出现了与大王陵规模相当的前方后圆坟，说明各国的王虽然服从大和王权，但在本地区也拥有强大的实力。

古坟时代后期，由于受大陆墓制的影响，横穴式石室开始取代竖穴式石室。这个时期古坟数量急剧增加，但规模变小了。

3. 大陆文化的传入

这一时期有大批渡来人（即大陆来的移民）来到日本，带来大陆的先进文化。他们带来许多先进的技术，如铁制武器、农具、工具的打造，须惠器[7]的制作，养蚕，丝绸等高级纺织品的纺织，养马等。大和政权将这些渡来人按技术分工编成锻冶部、陶部、锦织部等品部来进行生产。

日本没有文字。渡来人带来了汉字。那些有知识、懂汉字的渡来人被编为史部，负责国家事件等的记录和外交文书的书写，因而他们对大和王权的发展起了很大的作用。

随着文字的传入，儒学、道教、佛教等高度发达的学说、宗教也传入了日本。

4. 氏姓制度

随着大和王权的确立，形成了一套从中央到地方的统治形式，即氏姓制度。

氏是由有势力的豪族组成的社会统治集团，其中既有与豪族家族有血缘关系的人，也包括与该家族没有血缘关系的人。氏的首领叫氏上，一般成员叫氏人。氏上拥有从属于自己的部民（在各品部从事劳动的人）和奴婢。苏我、物部、大伴等都是很有强势的氏。

姓是大王赐予氏上的、表示身份地位尊卑的称号。有君、臣、连、公、直、首、史、村主、稻置等姓。臣、连姓中最有权势的氏上被称为大臣、大连，辅佐大王，处理朝政。

氏、姓都是世袭的。

负责朝廷祭祀、军事等各项事务及掌管各品部的官员叫伴造。地方实行国县制，大和朝廷在征服各地方的王之后，任命他们为国造，地域狭小的任命为县主。这些国造和县主要向朝廷缴纳贡物，要派遣自己的子弟去朝廷做警卫（称作舍人）。

## 四、律令国家的建立

1. 推古朝与圣德太子改革

6世纪末，苏我氏联合渡来人打败了物部氏，掌握了朝廷的大权。592年，大臣苏我马子暗杀了反对自己意见的崇峻天皇，拥立与自己有血缘关系的女皇推古天皇，翌年任命推古天皇的外甥圣德太子为摄政，自己独揽朝纲。

圣德太子也试图学习中国，建立以天皇为中心的中央集权制国家，为此他实行了一系列改革。

603年，他依据儒家的理念，制定了冠位十二阶，规定冠位品级为德、仁、礼、信、义、智6种，每种又分大小，构成12品级。冠位要根据个人的才能和功绩授予，不能世袭，从而打破了以往的氏姓制度。

604年，他制定了“十七条宪法”。宪法的内容多出自儒、法、道等诸子百家以及佛教思想，采取道德训诫的形式，向官吏提出行为准则，目的是确立以天皇为君主的国家秩序、君臣关系。

此外，他还从公元600年起，积极向中国派遣隋使[8]。

圣德太子笃信佛教，以京城飞鸟为中心，建了许多寺院，如飞鸟寺（法兴寺）、法隆寺等。佛教文化的繁荣是这一时期飞鸟文化的特征。

2. 大化改新

圣德太子、苏我马子、推古天皇死后，苏我马子之子苏我虾夷、孙子苏我入鹿权倾朝野。苏我虾夷杀死山背大兄王（圣德太子之子）一族，实行专制统治。

这时，赴中国学习的留学生、留学僧回国，要求仿照唐朝制度实行变革，建立以天皇为中心的中央集权国家。645年，中大兄皇子发动宫廷政变，剿灭了苏我虾夷和苏我入鹿。他拥立孝德天皇，自立为皇太子主政，任命中臣镰足为内臣，任命从唐归来的僧旻和高向玄理为国博士。他迁都难波，并仿照中国，颁布了日本第一个年号——大化。

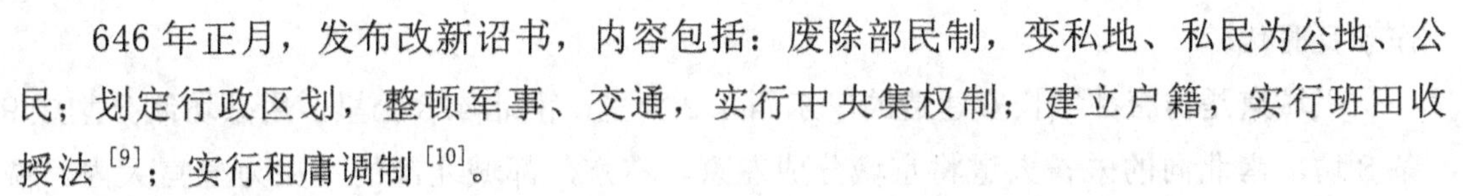

646年正月，发布改新诏书，内容包括：废除部民制，变私地、私民为公地、公民；划定行政区划，整顿军事、交通，实行中央集权制；建立户籍，实行班田收授法[9]；实行租庸调制[10]。

3. 白村江战役

中大兄皇子采取对内加强中央集权，对外靠拢百济、高句丽，与新罗和唐对抗的政策。660年，百济受到新罗和唐军队的进攻，濒于灭亡，向日本求援。中大兄皇子派军队支援，663年在白村江被新罗和唐的军队打败。从此日本丧失了对朝鲜半岛的影响力。

为了抑制白村江战役失败给日本朝野带来的震撼，中大兄皇子和中臣镰足突然迁都近江，继续推动改新进程。668年，中大兄皇子即位，是为天智天皇。据说他制定了《近江令》，但因为没有流传下来，所以是真是假，尚无定论。

4. 壬申之乱与八色之姓

天智天皇去世，其子大友皇子即位。他与天智天皇之弟、曾为皇太子的大海人皇子的矛盾激化。672年，大海人皇子举兵与大友皇子激战，在大和豪族的拥戴和鼎力相助之下取得胜利，史称壬申之乱。

673年，大海人皇子即位，是为天武天皇。他为了加强皇权，实行皇亲政治，不任命一位大臣，完全依靠皇后、皇子来进行统治。为了重新确立皇族和各方豪族的身份秩序，整顿官吏的等级和升迁制度，制定了八色之姓[11]。

天武天皇去世后，皇后即位，是为持统天皇。她实施《飞鸟净御原令》，继续进行班田收授法等的改革。

5.《大宝律令》

701年，刑部亲王、藤原不比等等人受命编撰的《大宝律令》宣告完成，成为日本历史上第一部律、令完备的法典。律，相当于刑罚，令，相当于行政法、民法、诉讼法。根据律令官制，中央设负责国家祭祀的神祇官和处理一般政务的太政官。太政官下设八省[12]。全国行政区划分为畿内[13]和七道[14]，下设国、郡、里，分别任命国司、郡司、里长。特殊地区设京职、摄津职、大宰府[15]。

在军事上，中央建立拱卫京城的常备军——五卫府，地方上建立军团，负责训练。

在司法方面，规定了刑罚[16]和八虐[17]重罪。

718年（养老2年），又修成《养老律令》。它是《大宝律令》的修改和补充。

## 五、奈良时代（710～793）

### 1. 平城京

710年，元明天皇迁都至平城京。平城京位于奈良盆地的北部，因此这一时期被称作奈良时代。

平城京是仿唐都城长安建造的，东西4.2公里，南北4.8公里，用条坊制分割成9条8坊，南北向的朱雀大道将京城分成左京、右京，都城北部的中央为皇宫大内。城内除了贵族、官吏的宅邸，还有元兴寺、药师寺等许多从飞鸟迁来的寺院。

朝廷修建了四通八达的驿道，将畿内与七道连接起来。

朝廷还四处用兵，征伐东北地区的虾夷，在日本海一侧建出羽国，在太平洋一侧建多贺城；征服九州南部的隼人，建萨摩国、大隅国。

### 2. 庄园的产生

繁重的庸调和劳役使农民逃亡，再加上自然灾害的影响，使大量的土地荒芜。为鼓励垦殖，政府于722年颁布《三世一身法》，规定凡是新开垦的沟渠、土地可泽及三代，不仅归自己所有，还可归子孙所有，而利用原有的沟渠开垦的土地，开垦者可使用一生。

但这一法令没有达到政府预期的目的，因为田地在收公期限临近时，又撂荒了。于是政府在743年颁布《垦田永年私财法》，规定根据身份，可以将一定数量的开垦土地私有化，永不归公。

该法令颁布以后，寺院、神社以及中央的贵族与地方豪族相互勾结，招集附近的农民和那些离开原籍的流民进行大规模的开垦，并出租给他们，收取地租。这些开垦的土地就成为庄园[18]。

庄园的产生动摇了律令制的基础。

### 3. 朝廷内部的斗争

藤原镰足[19]之子藤原不比等为律令制的确立作出了巨大贡献，同时由于他与皇室关系密切而巩固了藤原氏的基础。

藤原不比等死后，左大臣长屋王掌握实权。不比等的4个儿子想立自己的女儿光

明子为圣武天皇的皇后，但遭到长屋王的反对。729年，藤原氏设计迫使长屋王自杀，立光明子为皇后，从而掌握了政权。

737年，不比等的4个儿子因患天花而相继死去。皇族出身的橘诸兄掌握实权，重用自唐归来的僧人玄昉、吉备真备等人，遭到藤原氏的反对。740年，藤原广嗣在大宰府发动叛乱，不久被镇压。

面对叛乱、饥馑等带来的社会动荡，圣武天皇想借助佛教来缓和社会矛盾。741年，下诏在各国建国分寺和国分尼寺，并令各寺诵读《金光明最胜王经》等护国经典。743年下诏造卢舍那大佛，752年完成。

其后藤原仲麻吕（惠美押胜）得势，但不久就因孝谦太上皇宠信僧人道镜而失势，于764年发动叛乱，旋即失败。道镜先被任命为太政大臣禅师，后又被任命为法王。但他得寸进尺，想篡夺皇位，未逞。770年称德天皇（即复位的孝谦太上皇）去世，道镜失势，被流放。

## 六、平安时代（794～1192）

### 1. 迁都平安京

为了摆脱强大的寺院势力的影响，桓武天皇于784年迁都长冈京，十年后的794年又迁都平安京。

平安京即京都，直到明治维新为止一直是日本的首都，但平安时代则是指从迁都平安到建立镰仓幕府之前的这段时期（794～1192）。

桓武天皇欲重振律令政治。他设勘解由使[20]一职，以监督国司，推动班田收授法，废除征兵制和军团制，实行健儿制，即从郡司等的子弟中挑选弓马娴熟者为健儿，来守卫国府等地。

自789年起，桓武天皇3次征讨虾夷。第3次征讨时，坂上田村麻吕被任命为征夷大将军，率军北征，将镇守府从多贺城北移至胆泽城。

嵯峨天皇根据现实情况对律令制做了较大的调整。他设置了“藏人头[21]”和“检非违使[22]”。这两个官职都是律令中没有的，故称作“令外官”。

他还制定了《弘仁格式》。格是对律令进行修改补充的部分，式是实施细则。后来又有《贞观格式》（869年）和《延喜格式》，并称为三代格式。

### 2. 摄关政治

在奈良末期僧侣政权垮台之后，贵族势力迅速恢复，曾在大化改新中作出重要贡献的藤原氏又得到天皇的恩宠，势力越来越大。9世纪初，在藤原冬嗣被嵯峨天皇任命为藏人头之后，将女儿顺子嫁给正良亲王。833年，正良亲王即位，是为仁明天皇。冬嗣之子良房作为外戚，又将女儿嫁给仁明天皇之子道康亲王。850年，道康亲王即位，称文德天皇。857年，藤原良房作为天皇家的外戚，登上太政大臣之位。次年，9岁的惟仁亲王（文德天皇之子）即位，称清和天皇。藤原良房以外祖父的身份主政。866年应天门之变，他流放了大纳言伴善男，正式就任摄政一职，成为日本史上第一个皇族以外的摄政。

其后，藤原良房的养子藤原基经任太政大臣，总揽朝纲。887年，宇多天皇即位时下诏："其万机巨细，已统百官，皆先关白太政大臣，然后奏下。"从此开始了摄关政治。"关白"一词出自《汉书》，是"禀报"的意思。外戚在天皇年幼时辅佐天皇叫摄政，天皇成年后辅佐天皇叫关白。

3. 延喜天历之治

藤原基经死后，醍醐、村上两天皇在位的大约70年时间里（898～967年）没有任命摄政和关白。醍醐天皇发布了《庄园整理令》，完成了《延喜格式》。两天皇试图整饬吏制，厉行班田制，维护律令制度，被誉为"延喜天历之治"。但其实并无效果，因为这时班田制已被破坏，律令制已经丧失了基础，走向崩溃。

969年安和之变，左大臣源高明被迫下台，藤原氏重掌政权，继续摄关政治。其中藤原赖通作为3代天皇的外戚，做摄政、关白近50年，使藤原氏的势力达到鼎盛时期。

4. 庄园制的确立

班田制崩溃以后，各地一片混乱。有些农民逐步将租种的口分田和自己开垦的土地变成私有土地，并冠以自家名姓，这叫名田，名田的所有者叫名主。有势力的名主雇用农民和流民大规模开垦土地，成为"开发领主"。他们在开发新的土地、使用沟渠时，经常与国衙发生争执。

开发领主为了与当地掌握实权的国司抗衡，就将自己的土地进献（寄进）给中央有权势的人，自己作为庄官，掌握实权。中央有权势的人叫做领家，是名义上的庄园领主，接受庄官的年贡，做庄官的后台。如果领家自以为不能与国司抗衡时，他就把自己的年贡的一部分进献（寄进）给皇室或大贵族、大寺社，依靠他们的权势来保护庄园的安全。这些皇室或大贵族、大寺社等名义上的领主叫本家。这种"庄官→领家→本家"层层进献的庄园就叫"寄进式庄园"，自11世纪中叶起，这种庄园遍及各地。

庄园一开始是不免除租税的，但不久，有的庄园就倚赖中央的靠山，得到了免除租税（不输）的特权。但是得到不输特权的只限于此前已开垦的耕地，其后开垦的耕地仍要缴纳租税。政府为了征收租税，特命国衙派遣"检田使"下去调查。于是那些庄园又依靠中央的靠山取得了拒绝检田使进入庄园（不入）的特权。到12世纪，这种不入权扩大到拒绝国衙警察权的介入，从而确立了庄园制。

5. 武士团的产生

为了保护自己，防备盗贼，开发领主开始在自己土地的重要地方筑土垒，挖壕沟，

并把自家的子弟以及周围的年轻人组织起来，进行弓马操练。这些练武之人就叫武士，所组织的武士集团就是武士团。

庄园领主与这些武士结成主从关系，利用他们的武力保护庄园。国司为了维持当地治安，也给予他们检非违使、追捕使、押领使[23]的地位。有的武士被召到京都，或警卫皇宫，或充当中央贵族和寺社的警卫。

由于藤原氏专权，有些在中央不得志的贵族任地方官期满后，不再回京，而是与当地豪族勾结，掌握了地方实权，组织起自己的武士团。桓武平氏和清和源氏就是其中的代表。

平氏是桓武天皇的后裔，被降为臣籍，赐姓平，赴任上总国，后来在关东扩充势力。源氏是清和天皇的子孙，被降为臣籍，赐姓源，赴任摄津国，后来在摄津国、河内国等地发展势力。

935年（承平5年），平将门发动叛乱，自称新皇，940年被平贞盛和藤原秀乡平息。939年（天庆2年），藤原纯友叛乱，被清和源氏的源经基剿灭。这两次叛乱被称为承平天庆之乱。政府没有力量镇压这两次叛乱，只能借助于地方上的武士团了。

6. 源氏的崛起

源满仲在摄津发展了势力，其子赖光、赖信担当摄关家族藤原氏的警卫，加强了与贵族的联系。

源赖信受命于朝廷，平定了房总地区的平忠常之乱（1028～1031年），取代了平氏在关东的势力。

源赖信之子赖义和孙子义家在陆奥豪族安倍氏叛乱时率关东武士团出征，在出羽豪族清原氏的支援下剿灭了安倍氏。其后，又平息了清原氏内部的争斗。

在这些战斗中，源氏与关东武士团结成了主从关系。

7. 院政（1086～1179）

1068年，后三条天皇即位，他是170年以来第一位没有藤原氏外戚背景的天皇。他为了抑制藤原氏的势力，刷新政治，采取了一系列改革措施，并取得了一定的效果。

1073年，白河天皇即位。为了摆脱藤原氏势力的控制，他于1086年退位，以太上皇的资格在自己居住的宫殿内设立院厅，实行听政。从此又经鸟羽、后白河两太上皇，直至1179年，是日本史上的院政时期。这一时期，摄政、关白仍然存在，但已是有名无实了。

行使院政的场所叫院厅。白河太上皇重用身份较低而有能力的人，并把武士团，主要是失势于关东又复兴于伊势的平氏集团作为自己的武力后盾。上皇颁布的诏令叫院宣，其效力高过天皇的诏敕。

8. 保元平治之乱

1156年（保元元年），太上皇与天皇之间的矛盾爆发了。以崇德太上皇、左大臣藤原赖长、源为义为一方，以其弟后白河天皇、源义朝、平清盛等为另一方，展开了激战。结果崇德太上皇被打败。是为保元之乱。

乱后，源义朝与平清盛发生对立。1159年（平治元年）双方举兵，结果源义朝战败而亡，其子源赖朝被流放到伊豆。是为平治之乱。

保元平治之乱为平氏掌权铺平了道路。1167年，平清盛成为太政大臣，开始了平氏一族的荣华。

9. 源平之争

1178年，3岁的安德天皇即位，平清盛以外祖父的身份掌握了朝廷的权力，确立了平氏政权。

1180年，源赖政举兵反对平氏，用后白河法皇[24]之子以仁王的令旨号令各地的武士团响应。伊豆的源赖朝、木曾的源义仲立刻起兵响应。1181年平清盛病死。1183年源义仲攻进京城。与源义仲不和的后白河法皇催促源赖朝进京。源赖朝派源义经进京，灭了源义仲。1185年，源氏在长门的坛浦全歼了平氏。

## 第二节　中世社会

### 一、镰仓时代（1192～1333）

1. 镰仓幕府

源赖朝在1180年的石桥山战役中败北，逃回安房。不久，他重整兵马，率关东的大武士团进驻镰仓。平氏灭亡后，他迫使朝廷给予他向各国派守护，向国衙领地和庄园派地头和征收军粮的权限，从而为幕府势力向全国扩张创造了机会。

源赖朝通过保证随他出征的武士对他们自己的领地拥有所有权，保证给与有战功者新的领地，来与武士结成主从关系，使他们成为自己的家臣“御家人”，并设负责统帅御家人和军事、警察事务的机构“侍所”。它和此前设置的负责一般政务和财政的“政所”、负责诉讼事务的“问注所”一起构成了幕府的组织机构。1192年，他被任命为征夷大将军，镰仓幕府正式形成。

1199年，源赖朝去世，其子赖家、实朝虽然相继成为将军，但因缺乏经验，没有威信，难以孚众，致使御家人之间发生冲突，幕府面临危机。源赖朝妻子政子的父亲北条时政趁机掌握了幕府实权，开始了执权政治[25]。

1221年（承久三年），不愿失去权力的朝廷在后鸟羽太上皇的领导下发动了倒幕战争，但仅1个月就失败了。是为承久之乱。

幕府胜利后，在京都设六波罗探题，负责警备京都、监视朝廷、统辖关西。幕府将没收来的公卿的土地分给御家人，使幕府势力扩大到全国。

1232年(贞永元年),幕府颁布第一部武家的法典《御成败式目》(也叫《贞永式目》),用法律的形式肯定了御家人对土地的所有权，从而巩固了封建武士阶级的统治。

2. 元寇与镰仓幕府的灭亡

忽必烈在征服南宋的同时，通过高丽使者向日本下国书，要求日本朝贡。幕府采取了强硬的方针，对国书不予理睬。

1274年（文永十一年）冬，元军、高丽军攻袭对马、壹岐，在博多湾登陆，利用集团战术和新式兵器取得战役优势。但夜晚的台风使元军舰船损失惨重，不得不退兵。是为文永之役。

1281年（弘安四年）夏，元军率南宋军队进袭北九州，遭到抵抗。晚上又遭受暴风雨的侵袭，损失惨重。幕府军队趁势反击，元军溃败。是为弘安之役。

这两次入侵的元军被叫做元寇。

这两次战役结束之后，幕府没能对御家人进行封赏，引起御家人的不满，失去了对幕府的信赖。为巩固其统治，幕府更加专制，加剧了幕府内部御家人之间的矛盾。1333年，最具实力的御家人足利尊氏倒向后醍醐天皇，剿灭六波罗探题，新田义贞攻下镰仓，北条高时自杀，镰仓幕府灭亡。

## 二、室町时代（1333～1573）

1. 南北朝

镰仓幕府灭亡以后，后醍醐天皇回京亲政，翌年改元建武，开始所谓“建武新政”。但天皇恩赏不公，大兴土木修皇宫又增加了地头的负担，因而引起武士的不满。

北条氏余党乘机作乱，1335年，北条高时之子时行攻下镰仓。试图重振武家政治的足利尊氏率军打败了时行，然后又集合对新政不满的武士反对后醍醐天皇。

足利尊氏攻入京都，拥立光明天皇。而逃到吉野的后醍醐天皇宣称自己的正统地位。从而形成北朝（京都）和南朝（吉野）对立的时代。北朝得到以足利尊氏为首的武士的支持。南朝得到公卿们的支持。

2. 室町幕府的成立

1338年，足利尊氏被任命为征夷大将军，在京都开室町幕府。

地方上，守护将所辖的国视为自己的个人领地，他们的权力比镰仓幕府时期还大，成为守护大名。

第3代将军足利义满统治时期是足利幕府最强盛的时期。1392年，足利义满迫使南朝的天皇退位，尊北朝的天皇为正朔，实现了南北朝的统一。

然而，幕府与守护大名之间的矛盾却日益加剧。幕府为了巩固自己的统治，不断地征伐守护大名。

3. 倭寇和勘合贸易

元寇以后，中日邦交没有恢复，但民间贸易从未中断。13世纪以后，九州沿岸和濑户内海沿岸的一些武士和渔民到朝鲜和中国沿海，或进行武装贸易，谈不拢就行劫掠之事；或组织海盗集团，大肆烧杀抢掠。中国和朝鲜称其为倭寇。倭寇活动持续了300余年。

1401年，足利义满向明派遣了贸易船，明廷承认他为日本国王，双方开始了勘合贸易。第4代将军足利义持时中断，但第6代将军足利义教又重开勘合贸易。

4. “土一揆”

室町时代农民在幕府、守护、庄园领主、高利贷者等的层层盘剥下，封建负担异常沉重。他们不断地发动起义（土一揆）。1428年（正长元年），近江的马帮（“马借”）起义，要求幕府实施德政，随即京都周围的农民起来响应。起义者袭击酒坊、土仓、寺院，烧毁契据，夺回抵押品，迫使统治者发布“德政令”。是为正长起义。

据统计，从1428年到1466年，共发生起义35起，大多以京都、奈良地区为中心。

5. 应仁之乱

在农民起义频发的情况下，幕府与守护大名之间、守护大名与守护大名之间、守护大名内部也是矛盾重重，内讧不断。

15世纪中叶，幕府实权落在细川胜元和山名持丰手中。这时，围绕由谁继承将军之职的问题，两人发生对立，1467年（应仁元年），双方发生冲突，引发应仁之乱。几乎全国三分之二以上的守护大名卷入了这场战争，他们分成两派，在全国混战，历时11年之久。只是由于各大名国内起义不断、家臣叛乱等事件迭起，大名们不得不纷纷撤兵，才使战争基本结束。

应仁之乱后，各地起义仍然不断。1485年，山城国农民和国人（即在乡武士领主）发动起义，并在南山城实行自治，8年后被镇压。是为山城起义（“山城国一揆”）。各地还爆发了一向宗（净土真宗）信徒的起义。其中1488年的加贺一向宗起义（即“加贺一向一揆”）最为著名，他们推翻了守护大名的统治，实行自治，到1580年被镇压，坚持了近1个世纪。

## 三、战国时代（1467～1573）

1. 战国大名

应仁之乱后，幕府权力更加削弱，将军的命令不出山城一国，而且实权还在细川氏手中。16世纪，细川氏家族发生内讧，家臣三好氏夺取了实权，继而三好氏又为家

臣松永氏所杀。这种家臣犯上作乱的事件在守护大名的领国内不断发生，形成一股所谓“下克上”的风潮。

“下克上”的风潮在应仁之乱时达到高潮，全国出现群雄割据的局面。从应仁之乱到室町幕府灭亡的这段时期被称作战国时代（1467 ～ 1573 年）。

一些守护大名、取代守护大名的家臣以及地方国人成为有实力的统治者，他们雄踞一方，互相征伐，形成新的大名，即战国大名。

2. 基督教的传入

1543 年，一艘开往中国宁波的葡萄牙船因暴风雨漂流到九州的种子岛，这是日本人第一次与欧洲人接触。此后，步枪传入，使使用刀剑等冷兵器的战术发生了改变。继而在九州开始了与葡萄牙人、西班牙人的所谓南蛮贸易[26]。

1549 年，西班牙的耶稣会士方济各•沙勿略来到鹿儿岛，开始传播基督教（天主教）。大名中也有接受洗礼，皈依天主的，被称为基督大名。

3. 织丰政权的建立

1568 年，尾张大名织田信长攻进京都，掌握了中央政权，开始了全国统一之路。历经多次战役，他占据了近畿和中部地区的大部。

1582 年，织田信长在本能寺遭到家臣明智光秀的袭击，被迫自杀（本能寺之变）。

家臣羽柴秀吉击败明智光秀，剪除异己，确立了织田信长继承人的地位，被朝廷任命为关白、太政大臣，赐姓丰臣。

1590 年，丰臣秀吉消灭了北条氏，统一了全国。

4. 丰臣秀吉的内外政策

为了利于经济发展、城市繁荣，丰臣秀吉整修道路，拆除关卡，铸造货币，承认工商业者的自由经营。在农村，1582 年进行了土地调查（太阁检地[27]）。1588 年，为防止农民造反，发布《刀狩令》，实行兵农分离的政策，没收民间的刀剑等。1591 年，又发布《身份统制令》，严禁武士成为町人、农民或农民成为町人等，确立了士农工商的封建等级制。

丰臣秀吉为了商业利益，对海外贸易采取积极的支持政策。但当他征服九州后方知长崎已经成了耶稣会的领地，遂驱除传教士，采取禁教方针。

丰臣秀吉为了实现其扩张领土的野心，于 1592 年（文禄元年）侵入朝鲜半岛。在朝鲜军民以及明朝援军的强大反击下退兵。1597 年（庆长二年），他又一次出兵朝鲜。翌年，秀吉死，退兵。这两次战争被称作“文禄庆长之役”。

## 第三节 近世社会

1. 江户幕府的建立

丰臣秀吉死后，其子年幼，德川家康掌握了实权。1600年关原之战，德川家康打败了拥立丰臣之子的石田三成等人，确立了对全国的统治。1603年，德川家康被朝廷任命为征夷大将军，在江户开幕府，史称江户幕府。从此时到明治维新之间的260年就是江户时代（1603～1868）。

2. 幕藩体制的形成

1615年，幕府发布《一国一城令》，要求每个大名只能在其居住地建一座城池，其余全部拆毁。继而又制定了控制大名的基本法《武家诸法度》。为防止叛乱、维持治安制定了详细的规定，如严禁大名筑新城，大名之间的联姻须得到幕府的许可等。1635年，第3代将军德川家光制定了“参觐交代”制度，规定大名要把妻子留在江户，并定期赴江户晋见将军等。

将军将土地分给直属的家臣和大名，与他们形成封建的主从关系。拥有岁入在1万石以上的领地的领主叫大名。根据与将军的亲疏关系，将大名分为亲藩、谱代、外样3种，亲藩大名和谱代大名被设置在江户周围以及全国的重要地区，外样大名被置于远离江户的地方。大名的领地叫做“藩”，大名可以有自己的家臣，在不违反幕府法律的前提下可以订立自己的制度。但在违反了《武家诸法度》，或没有子嗣继承时，幕府将实行“改易”（没收领地）、“减封”（缩小领地）、“转封”（变更领地）等措施。

岁入不满1万石的家臣叫“旗本”、“御家人”，居住在江户，负责幕府的军事、行政、警察等事务。高级旗本和大名一样，被赐予土地，但下级旗本和御家人只有米和货币等俸禄。

幕府组织中，“老中”（有时在其上临时设置“大老”）负责政务，由4到5名谱代大名担任。“若年寄”辅佐老中，主要负责旗本、御家人的政务。此外还有三奉行，寺社奉行负责管理寺院、神社的事务，町奉行负责江户的市政，勘定奉行负责幕府的财政和直辖领地[28]的行政。

江户时代进一步强化了“士农工商”四民的身份制度。在四民之下又规定了“秽多”、“非人”的贱民身份。此外，皇族、公卿贵族、僧侣、神官等不在四民之列，具有准武士的身份。但对朝廷和寺社也进行了全方位的管理和控制。1615年幕府制定《禁中并公家诸法度》，对朝廷内部加以规范，并设京都所司代一职监视朝廷，使天皇虽保持传统的权威，却失去了政治上和经济上的权力。同一年，幕府还制定了《寺院法度》，确立各宗派本山统制末寺的制度。

至此，幕府完全确立了幕藩体制（幕藩封建制）。

3. 锁国

起初，德川家康积极鼓励海外贸易，并为贸易船发放许可证（“朱印状”）。同时，幕府对天主教传教采取默许的态度，使信徒陡增。

但是，天主教的上帝面前人人平等的教义及排斥异教、否定神道、佛教的言行与幕藩等级制度和固有宗教信仰之间产生深刻的矛盾。再加上英国、荷兰等新教国家的商人不断中伤西班牙、葡萄牙，说两国正利用教徒征服日本等等，使幕府于1612年发布了禁教令，迫使信徒改宗，毁坏教堂，驱除传教士。

德川家光强化了禁教措施，将与欧洲的贸易限定在平户、长崎两个港口进行，并禁止西班牙船只入境。1633年规定日本船只除了朱印状，还必须有老中发放的“奉书”，否则严禁出海。1635年，又发布禁令，禁止一切日本船只出海，禁止侨居外国的日本人回国。

严酷的禁教招致反抗，1637年爆发岛原起义。在九州岛原的农民、渔民在天草四郎时贞的率领下，抗击幕府12万人的军队，终于城破，义军无论男女老幼全部被杀。

起义被镇压之后，幕府为加强统治，在村镇实行“寺请制度”，将所有的人作为寺院的檀越分别固定在当地的寺院里，由寺院掌握他们的户籍。

1641年，幕府将荷兰商馆从平户移到长崎的出岛。至此，彻底完成了锁国。

4. 农民和市民的反抗

17世纪后半叶开始，商品经济发展迅速，商人的崛起使下层武士的生活日益贫困。幕府内部，挥霍无度，奢侈成风。幕府的财政逐渐陷入危机。对此，幕府一方面对农民加紧盘剥，提高年贡税；另一方面加紧对城市手工业者与商人的压榨。

残酷的统治激起农民和市民一次又一次的反抗。据记载，整个江户时代，农民起义（“百姓一揆”）约3200起。

市民暴动也是风起云涌。最为著名的就是1837年大盐平八郎暴动。1833年到1839年，发生了大饥荒，引起各地的农民起义和暴动。城市里也是物价飞涨，官府与奸商勾结，囤积居奇。大阪城的阳明学者大盐平八郎为救济贫民，准备起义。由于泄密，大盐平八郎被迫提前起事。由于行动仓促，起义仅1天即被镇压。这次暴动发生在经济中心大阪，给予幕府极大震撼。

5. 开国

1853年，美国东印度舰队司令培利率4艘军舰来到浦贺，递交了总统国书。翌年，培利再来日本，迫使幕府签订了《日美亲善条约》，规定开放下田、函馆港，供给美国船只水和食品，设领事，救助遇难船员，给予美国最惠国待遇。其后，英国、俄国、荷兰也与日本签订了同样的条约。至此，日本结束了200余年的锁国政策。

1856年，美国领事哈里斯要求签订通商条约。幕府派人去京都，要求得到天皇的敕许。由于主张攘夷的公卿的反对，没能得到敕许。1858 年，井伊直弼就任大老，与美国签订了不平等的《日美修好通商条约》，规定开放神奈川、长崎、新潟、兵库、江户、大阪，自由贸易，承认领事裁判权，日本没有关税自主权，不能自主修改条约等。同年，荷兰、俄国、英国、法国也与日本签订了同样的条约。

6. 尊王攘夷

由于开国是被迫的，伤害了民族自尊心，许多藩士、浪人谴责幕府，主张尊王攘夷。长州藩与尊王攘夷的公卿联合，又与萨摩藩、土佐藩联合，要求幕府攘夷。

1863 年，攘夷运动达到高潮。5 月，长州藩炮击通过下关海峡的外国船只。7 月，萨摩藩炮击为报复前一年的生麦事件[29]而攻打鹿儿岛的英国舰队（萨英战争）。

通过这次战争，萨摩藩认识到西方的船坚炮利，试图与英国接近。萨摩藩和会津藩为了取得对政局的主导权，与公武合体[30]派公卿联合。1863 年，三条实美等 7 名尊王攘夷派公卿被流放，撤除了长州藩的宫门警备。长州藩为恢复在朝廷的势力，1864 年起兵与萨摩、会津开战，被打败（禁门之变）。幕府也立刻发兵征伐长州。最后长州以保守派执掌藩政，向幕府谢罪而告终（第一次征长战争）。

7. 戊辰战争

萨英战争之后，在萨摩藩，西乡隆盛、大久保利通等下级武士掌握了实权，变公武合体方针为讨幕。在长州藩，高杉晋作、木户孝允等认为攘夷是不可能的，需要建立能与列国抗衡的统一政权。高杉组织了奇兵队，1865 年从保守派手里夺取藩政实权，改尊王攘夷为开国讨幕。

对于反对幕府的长州藩，1865 年，幕府再次下令征长（第二次征长战争）。但第二年，西乡隆盛与木户孝允建立萨长同盟。因为幕府军厌战，将军德川家茂病死，征长战争中止。

德川庆喜就任第 15 代将军，试图重振幕府政治。萨摩、长州等讨幕势力与公卿岩仓具视等联合，准备讨幕。1867 年 10 月，幕府请求将大政奉还给朝廷，得到许可。但同时讨幕派也得到了天皇的讨幕密旨。

12月，朝廷发布《王政复古大号令》，宣布建立以天皇为核心的新政府。1868 年 1 月，反对朝廷命令的幕府军从大阪向京都进军，在鸟羽伏见战役中失败。逃到江户的庆喜面对新政府的东征军，于 4 月开城投降。

幕府余部组织多次反抗，都被打败。

至此，历时 1 年半的内战结束，史称戊辰战争。

## 第四节 近现代社会

### 一、明治维新

1. 明治维新

1868年（明治元年）3月，天皇发布“五条誓文”，表明了新政府的基本方针，即①广兴会议，万事决于公论；②上下一心，盛行经纶；③官武庶民，各遂其志；④破除陋习，基于天地之公道；⑤求知识于世界，大振皇基。

翌年，明治天皇迁都东京。

新政府为了富国强兵，在政治、军事、经济、文化等各方面实施了一系列维新改革，即“明治维新”。

政治方面的举措有：

①公布《政体书》，定官制，恢复太政官一职，总揽国政，以期恢复中央集权。

②废藩置县，废除全国的藩，改设府、县，由中央任命府、县知事，并让旧藩主移居东京，解散旧藩兵。

③士农工商四民平等，平民可以拥有姓氏，可以自由转换职业，可与武士等通婚。废除“秽多”、“非人”等称谓。

④实行“秩禄处分”，削减武士阶级的俸禄，彻底消灭武士阶级。

在军事方面，为了建立常备军，发布《征兵令》，要求20岁以上的服3年兵役。并建立军校，建立近代警察制度。

在经济方面，实行土地改革，解除农民与地主的依附关系，自由买卖土地；改革地租，将课税方式由收获量改为地价，将缴纳实物地租改为缴纳现金，税率无论丰欠，一律是地价的三分之一，土地所有者就是纳税者；实施殖产兴业政策，从1870年到1885年大约15年时间，设立工部省、内务省，大办国营企业，扶植私营企业，引进技术，培养人才，大力发展资本主义经济，以使日本从一个封建国家迅速成为一个近代资本主义国家。

文化方面，倡导政教合一，宣布神道为国教，发布《神佛分离令》，改变以前的神佛融合，在全国展开拆毁寺院、佛像的废佛毁释运动。1871年建立以伊势神宫为最高神社的神社制度，使神道成为国家的精神支柱，即所谓国家神道。

明治政府还实施“文明开化”政策，改变生活习惯，如实行公历、剪发、穿西服、吃牛肉、喝牛奶等。

在教育方面，设立文部省（教育部），公布“学制”，普及义务教育和科学精神。1877年创设东京大学。

2. 明治初期的外交

1871 年至 1873 年，岩仓具视使节团出访欧美，试图修改不平等条约，未获成功。

1875 年与俄国缔结《库页岛千岛交换条约》，承认库页岛[31]属于俄国，千岛群岛属于日本。同年，日本从美国手里收回小笠原群岛。

日本在对中国和朝鲜的外交上，也想仿照欧美列强，其侵略本质开始暴露。1872 年，日本宣称对琉球国拥有主权，并建琉球藩，清政府不予承认。但日本以琉球渔民在台湾被岛民误杀为借口，于 1874 年出兵台湾，受到台湾军民的顽强反击。日本因国力不足，急于求和。软弱的清政府却与之签订了中日《北京专约》，规定日军撤出台湾，赔偿日本白银 50 万两。清政府的懦弱刺激了日本的侵略野心，1879 年，日本废琉球藩，置冲绳县，完全吞并了琉球国。

1875 年，日本军舰炮击朝鲜江华岛，并迫使其在第 2 年签订《江华条约》等不平等条约，规定朝鲜并非中国的属国，日本可任意测量朝鲜海岸，日本在朝鲜享有治外法权。

这样，日本就把自己争取民族独立和平等的目标与侵略朝鲜、中国结合起来，将自己所承受的苦难又施加到邻国的头上。

3. 西南战争

岩仓具视使节团出访欧美时，西乡隆盛主政，主张为了打开与朝鲜的邦交，必要时可动用武力（征韩论）。但岩仓使节团回国后，深感当前急务乃是整顿国内，主张缓征。西乡隆盛、板垣退助等政府首脑以及萨摩、土佐出身的陆军将校们对此不满，集体辞职，返回故里。

“征韩论”失败，再加上改革否定了武士阶级，使武士阶级极为不满。他们屡屡发动叛乱，规模最大的是西南战争。1877 年，萨摩的武士拥立西乡隆盛，在鹿儿岛发动叛乱，与政府军战斗 7 个月，最后被镇压下去，西乡隆盛自杀。

## 二、近代天皇制国家的建立

1. 自由民权运动

19 世纪 70 年代以后，反对专制政府，争取自由和权利的自由民权运动高涨起来。人们结社，学习、实践自由、民权思想，进入 80 年代，发展成一场以制定宪法、召开国会、地方自治、减轻地租、改正条约等为目标的资产阶级民主主义革命运动。

面对高涨的自由民权运动，1881 年伊藤博文等政府主流派罢免了主张立即实行立宪制的大限重信，同时又宣布 10 年后开设国会，以期分裂渐进派和激进派。

其后，政府修改集会条例和新闻条例，压制民权运动，同时政府采取分化瓦解的政策，削弱民权运动。1887 年，政府制定《保安条例》，拘捕、驱逐了民权论者。自由

民权运动从此结束。

2. 帝国宪法

1885年，日本政府改太政官制为内阁制，伊藤博文为第一任内阁总理大臣。在地方制度方面，先后制定了《市制、町村制》、《府县制、郡制》，引进德国式的地方自治制度。

1889年，发布《大日本帝国宪法》，使日本成为亚洲第一个立宪国家。宪法规定，天皇为国家元首（天皇主权），实行司法、行政、立法三权分立，除紧急敕令外，天皇拥有制定官制、任免文武官员、召集和解散议会、统帅陆海军、缔结条约、宣战、媾和、大赦等大权（天皇大权）。

宪法规定由天皇任命的国务大臣的任务是辅佐天皇，但对议会的责任却不明确。帝国议会实行两院制，贵族院由皇族、华族和敕选议员组成，众议院由民选议员组成，但权限极小。

宪法规定保障法律范围内的信教、言论、结社的自由。

1890年实施了第一届众议院议员选举，继而召开了第一届帝国议会。

近代天皇制国家体制的确立同时也标志着日本开始向帝国主义国家转变。

3. 日本资本主义的特征

日本是在国际资本主义向帝国主义阶段过渡的历史时期实行工业近代化的，因此具有其不同于欧美资本主义的特征：

（1）国家政权的扶植和保护是日本产业资本确立和发展的必不可少的条件。

（2）工业的军事性。

（3）日本的近代化起点低，速度快。

（4）农村封建的土地所有制与城乡资本主义生产关系并存。

（5）农村“过剩”的劳动力转化为廉价的产业工人。

## 三、军事封建帝国主义国家的形成

1. 甲午战争

1894年春，朝鲜南部爆发全琫准领导的农民大起义。朝鲜政府无力镇压，请求清政府出兵。日本也趁机以保护在朝日本人的名义出兵。6月，起义军与政府达成和解。之后，7月27日，日本海军在丰岛海面与北洋舰队交火，甲午战争爆发。8月1日，中日同时宣战。翌年3月战争结束，李鸿章与日本签订了《马关条约》，内容是：中国承认朝鲜独立，中国将辽东半岛、台湾、澎湖列岛割让给日本，赔偿白银2亿两，给予日本最惠国待遇，开放沙市、重庆、苏州、杭州4港。

俄国、德国、法国3国为了自身利益，以远东和平的名义要求日本归还辽东半岛。

日本考虑到当时自己的实力，同意归还辽东半岛。

2. 日俄战争

1899年，中国爆发义和团反帝爱国运动。1900年，以日本为主力的八国联军攻入北京，烧杀抢掠，无恶不作，进行了一场帝国主义国家所谓“文明”对“野蛮”的战争。1902年，日本为了与俄国抗衡，与英国结成日英同盟。

日俄争夺中国东北的角逐越来越激烈。1904年，日本对俄宣战，日俄战争爆发。日本历经苦战，取得了胜利。1905年，日俄签订《朴茨茅斯条约》，内容是：俄国承认日本在朝鲜的特权；将旅顺、大连的租借权、长春以南的铁路利权经清国同意，转让给日本。

这是在别国领土上争夺势力范围的帝国主义强盗战争，它粗暴地践踏了中国的领土主权。

吴廷璆在《日本史》中总结道：“以日俄战争为转折点，战后日本社会发生了一系列重大变化。日本通过战争掠夺了广大的海外市场，成为拥有朝鲜、库页岛南部、中国台湾及辽东半岛的殖民地国。在国内，到第一次世界大战前，资本主义产业的垄断组织在各部门已普遍形成；产业资本和银行资本相融合，形成了金融资本；政府和垄断资产阶级开始了较大规模的资本输出。这表明日本开始进入帝国主义阶段。与其他帝国主义相比，日本帝国主义除了共同点外，还具有自己的特点：是一个既具军事性、又具封建性的军事封建帝国主义国家。”

3. 日本人的大国意识

早在中法战争（1884）、朝鲜甲申事变（1884年）爆发时，福泽谕吉就著有《脱亚论》，认为日本无暇等待落后的亚洲走向开明，应该向西欧看齐，与西欧共同行动。中日甲午战争一爆发，他和许多日本知识分子就支持战争。战争的胜利改变了日本人的亚洲观、中国观，普遍出现了对中国的蔑视。

三国干涉还辽以及其后西方列强对中国的瓜分，大大地刺激了日本人。在日本，国家主义思潮高涨，高山樗牛等人主张日本主义，曾经主张平民主义的德富苏峰也转向了国家主义。

日俄战争后，日本人产生了一种大国意识，增强了与欧美列强抗衡，并以亚洲的文明国家自居的心理。

## 四、日韩合并与社会主义运动

1. 日韩合并

日俄战争时，日本与朝鲜签订协约，向朝鲜派遣政治顾问。1905年，又与朝鲜签订第2次《日韩协约》，把朝鲜当作日本的保护国，掌握了朝鲜的外交大权，并在汉城设总监府。1907年日本迫使朝鲜国王退位，解散朝鲜军队。对于朝鲜人民的激烈反抗，派遣军队进行残酷镇压。1910年，签订《日韩合并条约》，设朝鲜总督府，使朝鲜沦为日本的殖民地。

日本在使朝鲜殖民地化的同时，也在经营中国东北。1906年建立“南满洲铁道株式会社”（满铁），继而在旅顺设关东都督府。日本与俄国多次签订《日俄协约》，将中国东北（满洲）和蒙古划为两国的势力范围。同时，日本还在积极扩张军备。

2. 社会主义运动的发展

随着资本主义的发展，为提高工资、改善劳动条件而斗争的工人运动开始兴起。1897年，高野房太郎、片山潜等人创立劳动组合期成会，号召成立工会。对此，政府于1900年出台了《治安警察法》，目的就是要取缔工人运动、社会运动。

随着工人运动的发展，社会主义思想被广泛传播。1901年安部矶雄、片山潜、幸德秋水等人创立社会民主党，但很快被政府以违反《治安警察法》为由解散。

1903年，幸德秋水等人创立平民社，出版报纸《平民新闻》，宣传“平民主义、社会主义、和平主义”。日俄战争爆发前，他们发表文章反对战争。战争爆发后，他们发表《致俄国社会民主党的信》，指出：“军国主义是我们的共同敌人，是世界各国社会主义者的共同敌人。”

1906年，幸德秋水等人组建合法的日本社会党，但在一系列工人暴动、罢工中采取激进立场，一年后被政府解散。

1910年，桂太郎内阁为了彻底消灭社会主义者，策划了所谓“大逆事件”，以企图暗杀天皇为由逮捕了大部分社会主义者。翌年，将幸德秋水等人处决。

其后，社会主义运动陷入低潮。

## 五、第一次世界大战前后

1. 护宪运动

1911年辛亥革命成功，袁世凯当上了中华民国总统。日本和其他列强一起支持袁世凯政府，同时日本又与俄国签订第3次日俄协约，将势力扩大到内蒙古东部。

在这种形势下，陆军强烈要求西园寺公望内阁增兵。正在采取财政紧缩政策的内阁拒绝了这个要求。1912年在陆军的压力下，内阁总辞职，以官僚、藩阀为基础的第三次桂太郎内阁成立。

桂内阁利用天皇的诏敕，对议会采取藐视的态度。对此，立宪政友会的尾崎行雄、立宪国民党的犬养毅以及新闻界和知识分子提出“拥护宪政，打破阀族”的口号，并得到广大民众的支持（第1次护宪运动）。桂太郎企图组建新的政党与之抗衡，但在众议院中属于少数派，因此1913年（大正二年）2月，执政仅53天就倒台了。从第二次西园寺公望内阁垮台到第三次桂太郎内阁崩溃，是日本政治上的一个激烈的变动期，史称“大正政变”。

2. 对华二十一条

1914年7月，第一次世界大战爆发。日本加入协约国阵营，于8月23日对德宣战。陆军攻占德国在亚洲的根据地青岛，海军占领德属南洋群岛。

日本为实现其独霸中国的野心，于1915年向袁世凯政府提出“二十一条要求”，迫其承认。“二十一条”的主要内容是：日本继承德国在山东省的权益；延长旅顺、大连的租借期，扩大在东北和蒙古的权益；中国最大的钢铁厂汉冶萍公司由中日两国共同经营等等。

“二十一条”激起了全中国人民的愤怒，立即掀起了大规模的讨袁抗日爱国运动。中国人民的反抗斗争粉碎了日本帝国主义的阴谋，使“二十一条”未能生效。

3. 出兵西伯利亚

1917年，俄罗斯爆发十月革命，推翻了沙俄统治，建立了苏维埃政权。日本惧怕俄国革命的影响，与美国、英国、法国于1918年出兵西伯利亚。

1920年，美、英、法撤兵，但日本为了把势力扩大到西伯利亚东部，反而增加了兵力。但是在苏联红军和当地人民的抗击下，于1922年以伤2万人、亡3000人、耗资10亿日元的代价收兵，宣告武装干涉苏联的失败。

4. “米骚动”

第一次世界大战给不景气的日本经济带来复苏。日本虽然宣战，但很少直接参战。日本趁欧战之机进入世界市场，并向国联提供军需品，因而使日本的工业生产迅速增长。1917年，工业生产总额首次超过农业生产总额，使日本从农业国转变为工业国。这就是所谓“大战景气”。

但是，经济虽然繁荣，物价却上涨，城市工人和农民的生活反而更加困苦。出兵西伯利亚时，粮商趁机囤积居奇，使米价飞涨。1918年7月，富山县一渔村的主妇们为降低米价，阻止粮商外运大米。遭到拒绝后，越来越多的群众愤怒地抢夺了囤积的大米，是为米骚动（夺粮暴动）。运动迅速扩大到全国，各界群众都参与进来，骚动变成了暴动，直到9月才被政府军镇压下去。

这次米骚动无论是规模之大，还是时间之久，在日本历史上都是空前的。

5. 凡尔赛和约

1918年，第一次世界大战结束，协约国获得胜利。翌年，在巴黎召开和会，日本也派出代表，并签订了《凡尔赛和约》。这是帝国主义的分赃会议。根据该条约，日本获得赤道以北的德属南洋群岛的委任统治权，并继承德国在山东的权益。

中国作为战胜国参加了和会，却没能收回任何权益，反而被束紧了殖民的枷锁。

中国各地群众纷纷集会，表示抗议，并发展为反帝爱国的五四运动（1919 年 5 月 4 日）。在朝鲜也爆发了反对日本殖民统治的三一独立运动（1919 年 3 月 1 日）。

6. 大正民主主义运动

第 1 次世界大战一结束，因战争景气而暂时膨胀起来的日本经济立刻陷入世界市场萎缩的困境。到了 1920 年，生产过剩导致大批企业倒闭或缩小规模，失业人数不断增加，这就是所谓“战后恐慌”。1923 年 9 月 1 日的关东大地震摧毁了东京、横滨等地，也给了日本经济巨大的冲击。

俄国十月革命的影响以及米骚动等群众运动，使工人运动、农民运动自 1920 年后又一次高涨起来。铃木文治等人曾于 1912 年成立了友爱会，目的就是通过劳资协调来提高工人的阶级地位，到了 1921 年，友爱会发展为日本劳动总同盟，开始强调阶级斗争，领导工人斗争。

工人运动的高涨，使社会主义者重新活跃起来，1922 年，他们秘密成立了日本共产党，堺利彦任委员长。同年，在农村成立了日本农民组合，组织农民运动。那些被歧视部落的人们成立了全国水平社，进行全国性的部落解放运动，他们要用自己的手来赢得做人的平等权利。

学生运动、妇女运动也高涨起来。曾于 1911 年成立青踏社，倡导妇女解放的平冢雷鸟，于 1920 年和市川房枝一起创立了新妇人协会，要求解除对妇女参政的禁令。

1924 年，清浦奎吾依靠贵族院组成内阁，立即遭到反对。宪政会、立宪政友会、革新俱乐部三党（护宪三派）提出打倒内阁、实行普选、改革贵族院等主张，开始了第二次护宪运动。护宪三派获得胜利，组成由宪政会总裁加藤高明任首相的联合政府。1925 年加藤使议会通过了《普通选举法》，但同时又制定《治安维持法》，加强对共产主义的取缔。

从第 1 次护宪运动起到 1925 年《普通选举法》通过止，整个大正时代的社会思潮就是民主主义、自由主义。在这一时期，中产阶级和知识分子阶层得到扩大，工人运动、农民运动得到迅速发展。

## 六、法西斯主义的形成与失败

1. 出兵山东

1926 年 7 月，中国国民革命军开始北伐战争。日本担心中国的统一会使其丧失在东北、蒙古的利益，于是支持张作霖对抗北伐军。张作霖失败以后，田中义一内阁撕下“不干涉中国内政”的伪装，于 1927 年出兵占领山东（第一次出兵山东）。

1928 年日本又两次出兵山东，在济南与北伐军正面交火，制造了济南惨案，枪杀中国军民 4000 余人。

1928 年 6 月 4 日，日本关东军为了占领东北，策划了皇姑屯事件，炸死了张作霖。

2.“三•一五事件”和“四•一六事件”

1928 年 3 月，日本举行了第 1 次全国大选，日本共产党、劳动农民党等无产阶级政党方面有 8 人当选。日共及其影响下的革命力量的迅速壮大，使日本政府大为震惊。3 月 15 日，田中内阁出动数万名警察和特务，在全国各地逮捕共产党员和左派群众团体的领导人、骨干分子，并下令取缔劳动农民党、日本劳动组合评议会、全日本无产青年同盟（三•一五事件）。

同年 10 月，日本政府杀害了日共领导人渡边政之辅。

1929 年 4 月，日共准备重建日本劳动组合评议会，再次举行工会成立大会。田中内阁于 4 月 16 日进行突然袭击，逮捕了日共和工会的领导人（四•一六事件）。

3. 九•一八事变

1931 年 9 月 18 日，关东军在沈阳郊外的柳条沟爆破了一段“南满铁路”，然后贼喊捉贼地诬称是中国军队所为。随后，向驻扎在北大营等地和沈阳的中国军队发动突然袭击，并于次日占领沈阳。这就是日本侵吞中国的九•一八事变。

翌年初，日本军队侵占了整个东北。

1932 年 3 月，关东军扶植溥仪为执政（1934 年起为皇帝），建立伪满洲国。

4. 五•一五事件

九•一八事变发生后，以对美英协调为外交基调的民政党若槻礼次郎内阁决定采取不扩大事态的方针。但关东军无视政府的方针，占领中国东北。这时，若槻内阁仍试图通过外交谈判来解决事态，但被在野党政友会攻击为软弱外交。新闻舆论大多也支持军方的行动。

随后，政友会犬养毅内阁上台。犬养毅虽然认同关东军的行动，但也想通过与中国政府谈判来解决事变，因此反对承认伪满洲国，招致对政党政治不满的青年军官和右翼势力的反对。

1932 年 5 月 15 日，海军军官暗杀了犬养毅（五•一五事件）。从而结束了 1924 年开始的政党政治。

事件后，在日本进入非常时期的名义下，组成了以海军长老斋藤实为首、包括政界、财界、军部、官僚等的所谓举国一致内阁。斋藤内阁承认伪满洲国，于 1932 年 9 月与伪满互换《日满议定书》，伪满洲国承认日本在伪满洲国的权益，同意“日满两国”的共同防卫和日军的驻扎。

1933 年 2 月召开国联大会，通过了国联调查团的报告，要求日本取消对伪满洲国的承认，将军队撤回满铁附属地[32]。3 月，日本退出国联。

5. 二•二六事件

1919 年，日本第一个法西斯组织犹存社成立。北一辉的《日本改造法案大纲》（主张以天皇为中心进行国家改造，实行国家社会主义，建立以日本为盟主的大亚洲联邦。）对日本的青年军官产生了极大的影响。

1936 年 2 月，深受北一辉等人影响的陆军青年军官率领约 1400 名士兵发动政变，袭击首相官邸和警视厅等处，杀死了大藏相高桥是清、内大臣斋藤实等人。4 天后政变被镇压。这就是二 • 二六事件。

二 • 二六事件虽然被镇压，但他们关于建立法西斯政权、推行法西斯政策的思想却被广田弘毅新内阁继承下来，基本形成了天皇制法西斯专政体制。广田内阁采取了一系列加速法西斯化的措施：改组政府机构，设置由首相、外相、藏相、陆（军）相、海（军）相组成的“五相会议”，处理一切大政方针；进一步实施侵略扩张政策，围堵共产主义，于 1936 年与德国签订《日德防共协定》；对内加紧对人民的控制，禁止群众集会、游行，加紧法西斯思想的宣传；扩军备战，大力扶植和保护经营军火工业的财阀。

6. 全面侵华

1937 年 7 月 7 日，日军炮轰卢沟桥，进攻宛平城，制造了“七•七卢沟桥事变”，开始了全面侵华战争。战火迅速从华北扩大到华中。12 月 13 日日军占领南京，屠杀中国军民 30 万人，制造了惨绝人寰的南京大屠杀。

到 1937 年末，日军已占领华北 5 省和上海、南京等地，但日军每前进一步都付出了沉重的代价，遭到中国军民的顽强抵抗，如平津保卫战[33]、八一三抗战[34]、山西之战[35]、台儿庄大捷[36]等。

日本速胜中国的幻想破灭了。为摆脱困境，日本改变了对华政策，实行以诱降为主、以进攻为辅的“以华制华”政策。1938 年 11 月，近卫文麿内阁发表“东亚新秩序”的声明。1940 年 3 月，汪精卫在日本侵略者的支持下，在南京成立伪国民政府。

7. 新体制运动

随着侵华战争的长期化，近卫内阁一步步强化了战时体制，1937 年秋发动“国民精神总动员运动”。1938 年 4 月公布《国家总动员法》，宣布为了战争目的，政府拥有可以不依据法律动员产业、经济及国民生活各个方面的权力。

战时体制下，人民生活越来越艰难。

1940 年 5 月，第二次近卫内阁决定依据所谓“八纮一宇”的思想建立亚洲新秩序（大东亚共荣圈），并依此确立国家的防卫体制。为建立举国一致的强力体制，近卫内阁于 10 月组建纳粹式的大政翼赞会。至此，完全形成了日本天皇制的法西斯独裁体制。

8. 太平洋战争

1940 年 9 月，日本与德国、意大利结成军事同盟。

1941 年 6 月，德国突袭苏联，第二次世界大战爆发。

日本全面侵华，使美国的在华利益受到侵犯，两国矛盾越来越尖锐，最后达到不可调和的地步。1941 年 12 月 8 日，日本联合舰队偷袭珍珠港成功，太平洋战争爆发。

至 1942 年 5 月，日军占领了马来西亚、新加坡、菲律宾、印度尼西亚、缅甸等广大地区。日军在各地都受到当地人民的武装抵抗。

9. 无条件投降

1944 年 6 月美军在塞班岛登陆，全歼岛上日军。从 11 月开始，美军以塞班岛为基地，对日本本土进行空袭，1945 年 3 月的东京大空袭，造成 12 万人的伤亡。

早在 1943 年 11 月，中、美、英 3 国首脑在开罗会谈，并发表《开罗宣言》，决心战斗到日本无条件投降为止，决定将中国东北地区、台湾、澎湖列岛归还中国以及朝鲜独立等。1945 年 2 月，中、美、英 3 国首脑会谈，签署《雅尔塔协定》，商定在德国投降 3 个月内，苏联出兵对日作战。

1945 年 4 月，美军在冲绳岛登陆。

1945 年 5 月，德国无条件投降。

同年 7 月，苏、美、英 3 国首脑会谈，以中、美、英 3 国的名义发表《波茨坦公告》，要求日本无条件投降。8 月 6 日和 8 日，美国分别向广岛和长崎投下了原子弹。

8 日，苏联对日宣战，翌日出兵中国东北和朝鲜。9 日，毛泽东发出《对日寇的最后一战》的命令，号召一切抗日力量进行全国规模的大反攻。

8 月 15 日，日本无条件投降。

## 七、战后的日本

1. 日本的非武装化和民主化

1945 年 9 月，在美国战舰密苏里号上，日本在投降书上签字，接受《波茨坦公告》。日本的主权范围只限于本州、四国、九州、北海道及联合国规定的一系列岛屿。

盟军最高司令官麦克阿瑟在日本设置了联合国军最高司令官总司令部（GHQ），通过日本政府实施占领政策，实行间接统治。

盟军解除了日本军队的武装，逮捕了东条英机等战犯，将一批超国家主义者、军国主义者开除公职、教职，释放了共产党员等政治犯。

盟军还向日本政府下达“五大改革”指令，即男女同权、保障工人的权利、教育民主化、废止专制政治、经济民主化。

盟军命令实行政教分离政策，使国家与神道分离。1946 年 1 月，天皇发表《人格宣言》，否定天皇的神性。

战后出现了食品危机、通货膨胀等混乱，工人运动、农民运动等群众运动又高涨起来。1945 年到 1947 年，日本制定了“劳动三法[37]”，以保障工人结社等权利。1946 年 8 月，日本劳动组合总同盟（简称“总同盟”）和全日本产业别劳动组合会议（简称“产别会议”）两大工会组织成立。

政党活动也得到恢复，日本社会党（总书记片山哲）、日本自由党（总裁鸠山一郎）、日本共产党（总书记德田球一）相继成立。

战前的财阀是军国主义的基石之一。1945 年底，三井、三菱、住友、安田等 15 大财阀被解散，他们的资产也被冻结。

1946 年开始实施农地改革，铲除明治以来的地主制，使佃农成为自耕农。

制定《教育基本法》和《学校教育法》，实行 9 年义务教育，并使教育内容民主化。

2. 日本国宪法

1946 年 11 月公布了《日本国宪法》。宪法的根本精神是主权在民，尊重个人的基本人权，放弃战争、祈愿永久和平；实行君主立宪制和三权分立原则，天皇是国家的象征，众议院和参议院是国家最高权力机关。

新宪法改变了日本明治维新以来的政体，确立了资产阶级政治体制，反映了日本人民铲除军国主义、要求自由与和平的愿望。

3. 旧金山体制的形成

1947 年，美苏冷战开始。美国开始调整对日政策，以使日本经济自立，并将其纳入资本主义阵营。

1950 年朝鲜战争爆发，给日本带来了特需景气，美国为了朝鲜战争的需要，向日本产业界大量订购军需品，为一直萎靡不振的日本经济注入了强心剂，使日本经济迅速复兴。

美国为了重新武装日本，不顾中、苏、波兰、印度等国的反对，采取软硬兼施的手法，于 1951 年，使 48 国与日本单独媾和，签订了《旧金山和约》，宣布结束与日本的战争状态，恢复日本的主权，但美国仍可以继续占领日本。条约不提防止日本重新武装变成侵略国家的问题，事实上允许日本重新武装。

由于中国被排斥在外，印度、缅甸不出席，苏联、波兰、捷克不签字，因此占对日交战国人口 70% 的 12 亿人民尚未结束对日战争状态，和平条约并没有恢复和平。在美日签署和约的同一天，美日还签署了《日美安全保障条约》，日本给予美国无限期驻扎日本领土及其周围的权利，实际上处于美国的半占领之下。所谓的“旧金山体制”由此形成。

4. 加入联合国

1954 年 12 月，战后执政长达 6 年的吉田茂辞职，民主党总裁鸠山一郎内阁成立。鸠山主张在与美国维持安保体制的同时，增强日本的自卫能力，以使美军最终撤出日本。同时，为了加入联合国，必须与苏联复交。自 1955 年 2 月开始与苏谈判，但因北方四岛问题而受阻。1956 年 10 月，鸠山访苏，搁置领土问题，签订了《日苏共同宣言》，两国复交。

1956 年 12 月，日本加入联合国。

5. “五五体制”

1955 年初，众议院解散，重新举行议员选举，结果民主党获得 185 席，自由党获得 112 席。但是在选举议长时，自由党联合右派社会党，选举自由党的益谷秀次为议长，右派社会党的杉山元治郎为副议长。作为议会第一大党的民主党与自由党本来同属保守阵营，但自由党为了议长席位却与革新阵营的右派社会党联合，使政局一时间扑朔迷离。而财界希望政局稳定，希望民主党与自由党建立保守联盟。

10 月，四年来一直处于分裂状态的社会党左右两派宣告联合。统一的社会党一跃成为议会第一大党，给保守阵营造成巨大威胁。11 月，民主党和自由党合并，成立自由民主党，简称自民党。由此进入革新和保守两大政党的对峙时代。但是，真正的对峙并没有形成，却是自民党“一党独大”，长期把持政权。这就是通常所说的“五五体制”。1993 年 7 月，自民党在议会失去了过半数席位，其政权随即被 8 个在野党组成的联合政府取代，从而宣告了“五五体制”的终结。

6. “安保运动”

1958 年起，岸信介内阁加紧同美国谈判修订《日美安全保障条约》。政府的行为激起日本人民对安保条约和美军驻扎的不满，自 1959 年 4 月到 1960 年 7 月，以总评工会（日本劳动组合总评会）、社会党、共产党为核心，联合了 134 个团体，他们多次举行集会、示威、罢工、罢课、罢市等，进行了历时 1 年 3 个月之久的抗争。

日本在国内强烈的反对浪潮中与美国签订了《新日美安全保障条约》，明确了美国防卫日本的义务，增强了日本的自卫力量等。该条约具有日美军事同盟的性质。

这次斗争虽然未能阻止条约签字，却表明了日本人民反战的决心，迫使美国总统取销访日计划，促使丧失人心的岸信介内阁倒台，推迟了日美统治集团重整军备的战争体制的形成。

7. 六七十年代的外交

1965 年 6 月，日本与韩国签订《日韩基本条约》，宣布 1910 年的《日韩合并条约》及其以前的条约无效，以韩国为朝鲜唯一合法的政府等。苏联、朝鲜等国对该条约的签订给予强烈谴责。

1972 年，田中角荣首相访华，中日两国发表“联合声明”，实现中日邦交正常化。1978 年缔结《中日和平友好条约》。1998 年，日本共产党与中国共产党在对等、平等、互不干涉的原则基础上恢复了中断 32 年的关系。

8. 日中关系发展中的障碍

自从中日邦交正常化以来，两国的友好关系得到全面发展。但是由于历史的和地缘政治的原因，80 年代以后，中日之间出现了一些有碍两国友好关系的事件。

（1）教科书问题。1982 年 6 月，经文部省审定的中小学历史教科书中，对日本军国主义侵略的历史进行了公开的篡改，将“侵略华北”改为“进入华北”，把“对中国的全面侵略”改为“对中国的全面进入”，歪曲南京大屠杀的原因是“由于中国军队的激烈抵抗，日军蒙受很大损失，激愤而起的日军杀害许多中国军民”等等。同时也同样美化、歪曲对朝鲜和东南亚各国的侵略，激起中国以及亚洲各国的猛烈批评。

1986 年以后，教科书问题愈演愈烈，甚至公然否定南京大屠杀，宣称日本“要把亚洲从西方列强的统治下解放出来”。所有这些表明，我们应该警惕日本军国主义的复活。

（2）日本政要参拜靖国神社问题。靖国神社原名“招魂社”，是供奉自明治维新以来的 246 万多战争亡灵的地方。以东条英机为首的 14 名甲级战犯和其他一千余名战争罪犯作为“昭和殉难者”也被供奉在这里。

1985 年 8 月 15 日，日本首相中曾根康弘以公职身份率领 18 名阁员参拜靖国神社。这种祭拜活动严重伤害了深受日本军国主义侵略之害的中国以及亚洲各国人民的感情，激起人们的义愤和抗议。但日本政府置若罔闻，仍旧多次参拜靖国神社，恶化了与周边国家的关系。

（3）钓鱼岛问题。钓鱼岛是台湾岛附属岛屿，自古以来就是中国领土。日本在与美国签订《归还冲绳协定》的谈判过程中，硬将钓鱼岛划入“西南列岛”，与冲绳一起划归日本。

中国政府多次发表声明，提出抗议，并强调，《归还冲绳协定》丝毫改变不了中华人民共和国对钓鱼岛的领土主权。

9. 明仁天皇即位

1989 年 1 月 7 日，昭和天皇裕仁逝世（1926 年 12 月 25 日～1989 年 1 月 7 日在位）。1 月 8 日，明仁天皇登基，年号“平成”，典出《尚书·大禹谟》“地平天成，六府三事允治，万世永赖，时乃功。”一语，表明了日本在和平中求发展的新时代愿望。

**思考题：**

1. 试述日本古代政治制度的变迁。

2. 试述日本庄园的产生和武士团的形成。
3. 日本的明治维新为什么成功，中国的戊戌变法为什么失败？
4. 试述日本军事封建帝国主义国家的形成。
5. 谈谈我们应该如何以史为鉴来发展中日友好关系。

**注释：**

[1]《汉书·地理志》燕地条："夫乐浪海中有倭人，分为百余国，以岁时来献见云。"

[2]《三国志·魏书·东夷传》："倭人在带方南大海中，依山为国邑。旧百余国，汉时有朝见者，今使译所通三十国。"

[3] 在中国，"天皇"一词始见于汉代。当时将天上的最高神称为昊天上帝、太一、天皇上帝等。674年武则天宣布改"皇帝"称号为"天皇"，皇后改称天后。不久，日本的天武大王开始使用"天皇"称谓。此前的天皇称号是后人撰史时加上的。

[4] 埴轮，用泥土烧制的明器，有圆筒形埴轮和形象埴轮两种。形象埴轮有人物、动物、房屋、器具等各种形状。

[5] 黏土椁，不造石室，木棺周围直接封上黏土而成。

[6] 从各地的前期古坟中出土了许多铸型相同的镜，它被认为是大和朝廷作为王权的象征授予各地的王的。

[7] 一种高温烧制的硬质陶器。除此以外，还有一种叫做土师器的陶器，它与弥生陶器一脉相承。

[8] 589年，隋朝建立。

[9] 政府依户籍分给6岁以上男女口分田。口分田不许买卖，受田人死后，口分田归公。以此来防止土地集中在豪族手中，保障农民的最低生活，确保庸调和士兵的来源。

[10] 租，即实物地租；庸，即劳役及其代纳物；调，即所征收的地方特产。

[11] 八色之姓，即真人、朝臣、宿弥、忌寸、道师、臣、连、稻置。其中最高位的真人只授予皇族出身的贵族。

[12] 八省即中务省（负责起草诏书、接收上表等）、式部省（负责文官的人事、大学事务等）、治部省（负责氏姓、僧尼的管理和外交事务等）、民部省（负责户籍、赋役、班田收授等）、兵部省（负责军事和武官的人事等）、刑部省（负责审判、刑罚等）、大藏省（负责国库的出纳、货币、度量衡的管理等）、宫内省（负责宫中事务）。

[13] 畿内包括首都周围的大和、山城、摄津、河内、和泉五国。

[14] 七道为东海道、东山道、北陆道、山阴道、山阳道、南海道、西海道。

[15] 左京职和右京职负责京内行政，摄津职负责难波港的管理，大宰府统辖九州诸国，负责外交使节的接待和九州沿岸的防卫等。

[16] 刑罚有笞、杖、徒、流、死 5 种。

[17] 八虐为谋反（谋害天皇）、谋大逆（谋毁皇陵、宫阙等）、谋叛（阴谋反叛国家）、恶道（殴打或谋杀祖父母、父母等）、不道（杀一家 3 人以上等）、大不敬（毁损神社、偷盗神器等）、不孝（控告或谩骂祖父母、父母等）、不义（杀主人、国司等）。

[18] 开始是将建在开垦地上的仓库和管理用的房屋等建筑称作庄，后来也包括耕地，就都叫做庄或庄园了。

[19] 即中臣镰足，因其功绩被天智天皇赐氏名藤原。

[20] 主要职责是在新旧任国司交接时监督“解由状”的授受。解由状是新任国司赴任时，在确认前任国司在职期间无渎职行为后授予前任国司的证明文书。

[21] 藏人侍于天皇左右，掌管机密文件。藏人工作的地方叫藏人所，由藏人头领导。

[22] 检非违使，即京城的警察，后来也负责审判。

[23] 追捕使、押领使接受国衙的命令，率私家武士镇压叛乱，逮捕犯人等。

[24] 太上皇出家，即为法皇。

[25] 13 世纪以后，政所别当又叫执权。北条氏执掌执权一职，直至镰仓幕府灭亡。

[26] 当时的日本人把葡萄牙、西班牙等从南方来的外国人称为南蛮人。

[27] 丰臣秀吉把关白让给养子秀次之后，被称为太阁。

[28] 幕府的直辖领地叫天领，占全国的四分之一。以关东为中心，散在于各地，京都、大阪、奈良、长崎等主要城市，以及其他主要矿山等都属天领。

[29] 1862 年 8 月，萨摩藩主岛津久光从江户回藩途中，在横滨附近的生麦村遇英国人理查森等 4 人。岛津一行避让于路边，但理查森的马却冲向岛津。理查森被藩士杀死。是为生麦事件。

[30] 1860 年，井伊直弼被暗杀以后，安藤信正主持幕政，为了遏制尊王攘夷派，恢复幕府的权威，幕府采取与朝廷调和的公武合体方针。

[31] 库页岛本为中国领土。1860 年沙俄强迫中国签订《北京条约》，掠走包括库页岛在内的乌苏里江以东大片领土。

[32] 九•一八事变以后，国际联盟接受中国的申诉，派遣调查团调查。1933 年在国联通过的报告书虽然承认了若干事实，对日军的侵略作了一定的揭露，但其主要内容却颠倒是非，十分荒谬，甚至提出中日武装力量均退出东北，对东北实施“国际共管”，实质就是由欧美帝国主义瓜分，反映了殖民主义、帝国主义的强权本质。

[33] 爆发于 1937 年 7 月，副军长佟麟阁、师长赵登禹殉国。

[34] 8 月 13 日，日军进攻上海，11 月上海沦陷，日军伤亡 4 万余人。

[35] 1937 年 10 月，卫立煌率军在太原抗战，军长郝梦龄、师长刘家骐殉国。

[36] 1938年3月至4月，中国军队（司令官李宗仁）在台儿庄与日军激战。日军伤亡惨重，除少数突围外，大部分被歼。

[37] 1945年制定《工会法》，1946年制定《劳动关系调整法》，1947年制定《劳动基准法》。

**主要参考文献：**

王金林《简明日本古代史》，天津人民出版社1984年。

赵建民、刘予苇《日本通史》，复旦大学出版社1989年。

吴廷璆《日本史》，南开大学出版社1994年。

浙江大学日本文化研究所《日本历史》，高等教育出版社2003年。

《中日文化交流史大系》（全十卷），浙江人民出版社1996年。

木宫泰彦著、胡锡年译《日中文化交流史》商务印书馆1980年。

家永三郎、黑羽清隆《新讲日本史》，三省堂1986年。

坂本太郎著、汪向荣等译《日本史概说》，商务印书馆1992年。

# 第三章 社 会

关于近现代日本社会的发展和发达，如果只选取两个关键词来表达的话，就是“现代化”和“高度经济增长”。日本为实现现代化的目标，用了一百年，战后的发展尤为世界所瞩目。

## 第一节 现代化

“现代化”一词，是论述日本问题时最方便、最常用的概念，专门指现代产业社会的形成过程。它来自西方，是从西洋的一系列历史事实中抽象而来的，这些历史事实被认为是产生西洋历史上“现代”的决定性因素。因此，在欧美等西方国家和日本，“现代化”一词有特定的产生背景和含义，与我们在中国通常说的现代化未必完全吻合。这些历史事实主要是：1. 文艺复兴、宗教改革、大航海；2. 导致中世封建秩序解体的现代国民国家的形成；3. 摆脱王权的市民革命；4. 产生了科学和理性精神、并为产业革命先行的科学革命；5. 把自然科学中的科学理性精神推广延伸到人文和社会科学领域的启蒙思想；6. 开创了产业化进程的产业革命[1]。但是，就像许多人指出过的那样，西方发达国家的现代化也是弱肉强食、殖民掠夺和对外侵略的历史，西方人又惯用现代化的名义来美化其侵略掠夺的行径。因此，西方人和中国人对这一概念的理解和感情是不尽相同的。至于后来的现代化理论，更带有浓厚的西方意识形态色彩。

### 一、战前日本的现代化

日本的现代化是在外国的影响和压力下开始的，因而通常被称为“外生性的现代化”，或干脆称“西洋化”。这个过程从“黑船事件”开始，后又经过了明治维新、封建制度解体、建立统一的国民国家、颁布明治宪法、创立议会以及19世纪80年代后半叶的产业化等过程。同时，知识分子对西方思想的研究取得了进展，到大正民主时期，日本在文化方面的现代化已经达到了相当的水平。但是，与1945年战后相比，这种现代化存在着很大的局限性。这主要表现在：1. 这一时期的资本主义被称作财阀资本主义，不同于战后的自由竞争型资本主义。2. 统治体制是天皇制，不同于战后那种美国式的民主政治。3. 保存着典型的家长制的家族制度和封闭的村落共同体。4. 保留着根植于封建传统意识的价值观和社会规范，西方的价值规范并未被日本人所接受。因此，一般认为，尽管到大正民主时期，经济的现代化已经达到相当的高度，政治、社会、文化上的现代化也达到了一定水准，但这种现代化是脆弱的。进入昭和时期，这种现代化的成果顷刻化为泡影，军国主义、民粹主义一举而占上风，并转而敌视英美式的现代化。由于这个原因，有些日本学者甚至认为，战后日本从ABC起重新进行了一次现代化。

## 二、战后的现代化

战后的现代化是在美国的占领状态下从日本人的价值观变革开始的。一系列政治、经济和社会文化上的改革，摧毁了战前制度的基础。以此为起点，经过战后经济复苏、1955年以后的全面复兴和1960年开始的“高度经济成长”，日本在70年代初期实现了现代化目标。但仍有学者指出，由于当时战败国日本所处的地位和国际环境以及日本作为非西方国家的文化特性，战后日本的改革和现代化受到了多种严重制约。首先，战后初期的民主化和现代化就是美国化，美国式的富裕生活方式和民主制度被奉为唯一的典范。这种变革和价值观的移植给战后日本带来了活力和繁荣，但是存在着由于突变而导致的新旧价值观之间的断裂以及这种断裂长期得不到弥合的隐患，这种隐患的负面作用是不容忽视的，例如：如何正确适度地评价本国的传统、如何面对价值多元化等等。其次，东西方冷战时期，美国式的民主和富裕的生活方式就是日本现代化的方向和样本，“现代化”成了相对于“社会主义革命”而言的一个对立概念，具有了特定的意识形态的性质。60年代，“现代化论”在日本学术界和论坛体系性地一登场，有关的激烈争论便持续不断，直到90年代苏联解体和东西方冷战结束，争论才烟消云散，其原因就在于此。再次，“现代化论”是西方概念，其原型是从欧美现代历史的史实中抽取出来的“现代产业社会的理念形式”，所以，这一理论未必完全适用于日本，而日本的现代化也的确有许多不同于欧美的地方。从理论方法上看，现代化的相关理论只不过是一种分析方法或审视角度，主要是通过一些静态基准把社会发展模式类型化，靠从表面现象的量化来把握社会发展，因此，也有批评说，它回避了日本社会的结构性矛盾，现代化被概念化了。但是，日本归根结底是以“脱亚入欧”、以追赶欧美为国家目标的，它效仿的就是西方的现代化。所以，用现代化的概念来说明日本现代社会非常方便。

1990年后半年，“泡沫经济”问题出现以后，经济由持续多年并保持较高增长率的稳定增长转入了低速增长，1997年后出现了零增长甚至负增长，显示出经济运行和经济结构中存在的问题，舆论界还有人把90年代以后的这十年称作“失去的十年”。但是日本经济已经达到的规模和高度没有因此而缩小或降低，日本面对的是如何继续发展的问题。对富裕和生活水准的提高人们早已习以为常，但这一时期出现的社会意识的变化值得关注。在回顾20世纪的最后十年，展望21世纪时，作家村上龙的观点颇有代表性。他认为，由国家提供对未来的设计和理想模式，个人跟随于这种引导的时代结束了，21世纪是没有模式的世纪。日本现在是一个实现了现代化的国家，物质生活富裕，生活中的欲望很容易得到满足，因而也就失去了渴望和希求，人们很难像过去那样有一个单纯的欲望的快乐，对未来也就淡漠和迷惘了。日本曾经有“脱亚入欧”、“重建家园”那样的国家目标，但是高度经济成长的国家目标达到后，把国民引导向一个共同目标的时代也就趋于结束了。过去，为了服从于产业结构的需要，所有日本人曾经遵从共同的生存模式，“个人”基本上是被否定的。但是，如今那种产业结构已经不再是主流了，共同的生存模式也将随之消失。村上龙称，如果个人的活力得到肯定，个人概念得到确立，将有助于解决现在的许多问题[2]。村上龙在这里提出的问题也是经济发达国家所共通的，问题的要害在于经济社会高度发达之后，社会意识和社会精神成为“问题”了。

## 第二节 都市化

现代化和高度经济成长所带来的社会变化之一就是都市化。都市化（城市化）有两种含义，一个是人口学上的概念，指全社会中都市人口比例增大的过程。一个是社会学的概念，指全社会都市生活方式的深化和扩大的过程。明治时代（1868年）以后，由于取消了封建制度下的居住地限制、产业革命需要越来越多的劳动力、人口总量增加等原因，都市化的进程已经开始了。明治初期3400万总人口中，城市人口不到10%，城市数不到100个，日本那时基本上是一个传统的农业社会。但是，到了大正时期（1912～1925），据1920年日本第一次国情调查，当年的城镇数已达232个，全国总人口5596万人，城市人口为总人口的32%；1940年，市级城市有125个，城市人口占38%。显然，都市化并非战后独有的社会现象。战争期间，都市人口锐减至总人口的30%，这一状况战后一段时期也没有多大改变，一直延续到50年代。

从1950年开始，日本借朝鲜战争“特需”的机遇，迅速发展重工业和化学工业，并逐步进入经济高度增长时期。与此相一致，人口也开始向城市迅速集中，形成了大都市圈，而大都市圈也同时在迅速地扩大。战后人口都市化的第一阶段是从1951年到1960年进行的，人口增加主要集中在东京、横滨、大阪、名古屋、京都和神户这六大城市，其间六大城市的人口增加了50%。这一时期都市化的结果是产生了社会地域构成上的三个变化：一是改变了战前那种全国城市平均分布的格局，二是形成了太平洋带形地带（从东京湾到连接西部的东海、近畿、北九州的带形地域，除了札幌，日本的百万人口都市全在这一地带），三是同时产生了非都市化地带。前者产生了人口的“过密”问题，后者产生了人口“过疏”问题。

第二阶段是从1961年到1980年，其特点是“大都市周边的郊外化”。东京圈、大阪圈、名古屋圈等三大都市圈急剧扩大，集中了全国一半以上的人口。据日本建设省测算，这一时期形成的大都市周边的新城镇面积等同于此前已有的城市面积，城市面积增加了一倍。随之而产生了公共设施严重滞后、新旧居民的矛盾对立、交通难、社区内人际交往困难等问题，是“住民运动”的多发时期。

1980年以后，进入“都市成熟化”时期，这是都市化的第三个阶段。这一时期，由地方向大都市的大规模人口流入几乎近于静止状态，各地方的人口迅速向各地方的中心城市、向各地方可以享有城市生活方式的地区集中。此一时期的三个特点是：1. 人口向都市的集中处于相对的安定化状态；2. 都市人口构成恢复了平衡而实现了成熟化；3. 都市生活方式深化并扩大，整个社会向城市生活方式转变。这个阶段的都市化已经不再是单纯的人口现象了，而是同时包括了多种社会现象。至1995年，日本的都市化率（都市人口比例）达到了78%。人口密度是都市化程度指标，也可以作为经济发达程度的一种参照指标，以1999年为例，全国的平均人口密度为338人/k㎡，东京圈为3955人/k㎡、大阪圈为2181人/k㎡、名古屋为1184人/k㎡。近年来，都市化有新的变化征兆，城市的功能和地位的重要性有进一步向东京这样的超大都市集中的倾向，有可能出现新的过疏过密问题。

## 第三节　人　口

### 一、日本的总人口

据国情调查，日本的总人口1920年是5596万；1948年是8000万；1967年突破1亿；1999年为1亿2669万，近80年人口增加约2.3倍。据厚生省推算，日本的人口规模在2007年达到顶峰的1.2778亿人。

### 二、日本的人口趋势及其结构特点

① 低死亡率。平均寿命战前已达到50岁；1960年男性65岁，女性70岁；1980年后，男性75岁，女性超过80岁，日本成为世界第一长寿国，这一趋势至今仍在发展。

② 低出生率。战后初期的生育高峰时出生率曾达到过3%，其后迅速转低，1960年降到1.8%，1989年低至1.2%。日本厚生省测算，为维持现在的人口水平，合计特殊出生率（一位女性一生要生育的小孩数）是2.08，而1989年时的实际数值是1.57。

③ 老龄化和少子化两个倾向同时并存。老龄（65岁以上）人口的比例1950年为4.9%，1970年为7%，1989年为11.6%，1999年为16.7%，突破2000万人，今后将继

续快速增加，2015年将达到3188万人，相当于每四个人当中就有一个65岁以上的老年人。年少人口（0.14岁）的比例1950年为35.4%，自1975年以来持续下降，降至1989年的18.8%和2000年的14.7%，不足1874万人。

④ 个人和家庭的存在方式发生变化。低出生率导致家庭规模缩小，战前户均人口5人，1985年减少为3.2人，1999年为2.69人。平均寿命延长导致一人一户、两人一户、父母的某一方与子女构成的家庭增加；同时，由于家庭成员承继关系的稳定存在，三世四世同时生存的比例增加，老人赡养问题因此而更加复杂化。平均寿命延长、晚婚、少生育，这种倾向来自于经济的高度发达，直接改变了个人一生的生活周期，又最终深刻地影响着经济。

## 第四节 高度经济增长带来的社会变化

阶级结构的变化和薪金生活的一般化、大众消费型社会的形成、城市化的生活方式的普及是高度经济增长所带来的最明显的社会变化。

### 一、阶级和阶层结构的变化

现在日本所说的阶级和阶层，一般来说，已经不再是马克思政治经济学中的阶级和阶层的概念。政府白皮书中的用语也改变了。比如“労動者”（义为“工人”）被“勤労者”所取代，这一阶层包括工薪生活者、小工商业者、体力劳动者、农民等。就业者的区别只有雇佣劳动者、自营业者和家族从业者。这些都从一定程度上反映出生活富裕之后阶级阶层结构的复杂化和一般大众对“阶级”概念的淡漠，而且成了一种趋势。从社会学的研究上看，也没有人真的去批判马克思的“阶级”概念，而是敬而远之，阶级一词照旧使用，只是含义置换了。但是，在80年代初，政府白皮书统计方式中还残留有一些按照传统的阶级概念重新组合，来说明社会结构的数字，列举出来仅供参考：

阶级结构的比例推移（%）[3]

| 阶级 | 1955年 | 1980年 |
|---|---|---|
| 资本家 | 2.0 | 6.3 |
| 自营业者阶层 | 53.2 | 27.3 |
| 工人阶级 | 43.6 | 65.0 |
| （中间层） | 12.5 | 22.7 |
| （生产工人） | 22.4 | 28.1 |
| （非生产工人） | 6.8 | 11.8 |
| （失业工人） | 1.9 | 2.5 |

战后阶级结构的最大变化表现在以农民为主的自营业者阶层的减少，以及工人阶级的增加[4]。

50年代，以农民为主的自营业者阶层在劳动力人口中的比例超过50%，经过高度经济增长，到80年代，自营业者阶层萎缩，工人阶级所占比例接近70%，成为社会的最大的构成要素。

以农民为主的自营业者阶层具有复杂多样的生活方式，与此不同，工人阶级有着相同的基本生活方式，即生活与劳动相分离，以劳动换取薪金，以薪金购买商品等生活手段，维持消费生活。也就是通常说的靠挣工资吃饭。具有相同性质的生活方式的人群急剧扩大至劳动力人口的70%，这个客观事实构成了后来的“中流”意识的基础和薪金生活的大众化。

同时，在工人阶级内部，脑力劳动者的比重明显增大，“中间层”占22.7%，工人阶级内部因行业和企业大小等因素而形成的传统的阶层差别缩小或消失了，各阶层趋于接近。1999年的劳动力调查显示，第一、二、三产业的就业者比例分别是5.2%、31.1%和63.1%。这反映出农民为主的自营业者阶层的进一步缩小。

## 二、大众消费社会的形成

与高度经济增长相呼应，大众消费型的生活方式迅速而彻底地推广到全国。这和1920年美国出现的现象完全一样。但有日本学者认为，同老牌资本主义国家相比，日本是极高的个人消费水准和极低的社会公共消费并存，甚至是以个人消费包揽了本应该由社会承担的公共消费。比如，教育、福利、医疗、文化设施等，这些就常被认为滞后于西方国家。留给日本人去解释以个人消费的方式来解决社会公共消费，这可以看作是一种新的消费方式，因为它也可能意味着开辟新的产业和经济增长点，比如高等教育，大学特别是占生源市场份额超过70%的私立大学，就具有了产业的性质，不但是教育机构，同时也是庞大的教育产业。

## 三、城市化生活的普及

高度经济增长无非就是资本主义的高度工业化过程，支撑这个过程的资本的高度集中，促使农村的农民向城市工人转变，形成阶级结构的变化。这个变化从地域上看就是由农村到都市的人口移动，1980年城市人口已经达到总人口的76.2%，人口集中地区人口达到59.7%[5]。城市人口急剧膨胀的同时，农村也必然随着向城市化的生活方式转变了。1996年农业在国民经济中的比重，在GDP中只占1.3%，1998年的农业人口只占就业人口的4.6%。

## 第五节 社会意识和价值观的变化

经济发达和富裕带给不同国家在物质生活上的变化内容有非常强的近似性。富裕给日本社会带来了一系列巨变，无论是社会结构上或者是生活方式上都如此。但是，如果以欧美先进国家为参照样板进行比较，就不难发现，许多变化似曾相识，因为它们也曾经或者正在欧美的发达国家甚至经济发展势头良好的国家出现。比如，大众消费型社会早在1920年的美国就出现了，中国也是大众消费型的社会。中间阶层的扩大、第一产业人员向第三产业的快速大量转移等等，也非日本所独有，而是世界许多国家、特别是西方发达国家的工业化过程中所共同具有的特征。但是，社会的思想意识和价值观的变化就完全不一样了，具有复杂多样的国情特点。

### 一、难以摆脱的“战后”意识

战败而迎来了和平；被占领而实现了民主改革；失去了在国际事务上的发言权而取得了“高度增长”的成功；安保条约使美日关系一体化，却无法改变美日的主从地位结构；经济大国仍然需要为成为政治大国而努力等等。这些都是战后日本一直面临着的矛盾现实，也是使社会思潮和思想争论特别激烈复杂化的主要原因。至于美国占领下的民主改革，尽管其意义重大，但是有人认为，那是美国强加于日本的；也有人认为，那是不彻底的；还有的人认为，那完全是虚伪的，完全是为了美国的利益，其中显然有民族自尊心在起作用。“战后”意识成为一个长久缠绕于日本人心中，又挥之不去的一个阴影，这与上述战后的矛盾现实有深刻的关联。战后从哪一天开始，又在哪一天结束，定义的基准不同，答案也就不同。比如说，按照战败投降日定义，1945年8月15日以后就是战后；按照战后宪法来定义，当始自1946年11月3日的宪法颁布日，宪法条文至今未改动，因此，至今仍然是战后；又由于自卫队的建立，有人认为这等于背离了不战与和平的宪法精神，主张1950年自卫队的建立就是战后的结束等等，可以说观点是多种多样的。“战后的终结”这种说法早在1950年就已经出现，后来更是经常出现。对此，有日本学者认为，作为社会意识的“战后”每每通过“战后的终结”这个表达方式表示出来，恰好从反面显示出“战后”的存在[6]。1956年的《经济白皮书》提出了一个著名的说法：“已经不是‘战后’”。该白皮书说：“靠恢复达成的经济增长结束了。今后的增长将靠现代化来支撑。同时，现代化的进程也要靠快速而稳定的经济增长才成为可能。”由此，“战后的终结”成为政府为实现现代化和后来的高度成长而向国民发出的号召，在以后的发展中，逐渐地带上了意识形态色彩的特别含义。1960年5月，日美新的安全保障条约强行表决通过，反对安保条约的大众民主运动也达到了高潮并转向低潮和解体；同年12月，国民所得倍增计划发表，从而确立了战后“高度经济增长”的方向和格局，日本进入关键的“高度经济增长”时期。战后大众的价值观念随之开始出现根本性的转变，人们关心的热点由政治和意识形态转向现实的经济生活、由国家和社会转向个人。经历了七八十年代的稳定增长和九十年代的低速增长，日本早已经是经济大国，是发达国家中的发达国家，与此相应，国际地位提高，影响力增强。进入21世纪，当我们审视日本的现实及其焦点问题的时候就会看到，“战后的终结”已经提出了半个世纪了，但是“战后”仍然在继续。新闻媒体中热烈争论的话题中，以文艺春秋社的《日本的论点》一书中列出的论题为例，天皇、自卫队、北方四岛、宪法、安全保障、历史、战争和爱国心、教育基本法和道德教育等，这一系列话题，都是战后讨论了五十年，想解决而没能解决的，问题依然存在。谋求成为政治大国的日本带着沉重的“战后”意识进入了新世纪。

## 二、着眼于个人生活水平提高的阶级阶层意识

随着高度经济增长的实现，日本社会的阶层意识显示出明显的变化。“中流意识”流行和始于1977年的“中流意识论争”，就是突出体现这一变化的现象。

根据总理府的《国民生活舆论调查》，认为自己的生活状况与别人比较属于中档的比例，1958年为72.4%，1979年达到91.3%，1989年略减为87.3%；此外，还有社会学家的调查统计也显示出与总理府调查相同的倾向，当时把这种认为自己生活与别人相比属中档的意识称为“中流”意识。这种“中流”意识的扩大随即遭到一些社会科学学者的批判，这些学者认为享有了一些家用电器就自认为是享有了中产阶级生活方式的“中流”意识，不过是幻想。反对者认为，这是日本社会的平等化在意识上的反映，意味着稳定的中间层的确立[7]。由泛泛而言的“中”引导出有中产阶级的中流社会含义的“中流”，两个概念画等号，造成混淆，这是这场游戏展开并进行下去的一个关键。

实际上，这是一种舆论导向，经过巧妙精密的媒体操作设计，真正的目的在于通过论争，广泛地探讨高度经济增长的意义，实现执政者在意识形态方面的舆论导向作用。因此，从一开始，这场论争的设计者就没有打算探讨阶级和阶层意识。这场旷日持久的论争最终达到了设计者的目的，即广泛地宣传了高度经济增长的意义，扩大和加强了大众对高度经济增长和中流意识的认同，削弱了马克思主义的阶级概念在意识形态上的影响，阶级一词从此在日本成了一个普通的概念，是对人群的一种任意分类，这个词照旧使用，但是含义被置换了。此外，还应当看到一个事实背景，即高度经济增长极大地提高了国民的生活水平，国民的社会意识倾向因此发生了根本变化，即关心的焦点从政治斗争转向了获取经济利益，从国家、阶级、阶级斗争、政治和意识形态转向了个人与家庭、转向了的提高物质生活水平。

社会富裕了，再加上舆论导向，有相当长时期，日本国内外形成了一种共识，即

日本是世界上独一无二的“平等社会”、“无阶层社会”、“同质社会”。与此相反，这种舆论从它出现的那天起就有批判的意见，这些批判意见在1990年以后开始多起来了，到2000年，媒体又刮起旋风，纷纷抛出了“日本不平等社会论”。但是，需要说明的是，这时所说的阶级阶层的概念，一律是西方社会学的了，含义明确，没有意识形态的分歧。由此，我们可以得出两个结论：一是现在日本，划分阶级概念，流行的是西方社会学上的分类方法，阶级这个用语不再是意识形态上的敏感点；二是按照这种社会学的定义分类，现在的阶级阶层间的差别增大了，这种差别是纯粹的经济上的贫富差别，说的是收入的多少、储财的多少、继承遗产的多少等。1998年橘木俊昭的《日本的经济差别》、2000年佐藤俊树的《不平等社会日本》、伊东光晴的《日本经济的变貌》等书，指出了日本长期存在着的社会阶级阶层的差距和不平等，书中所说的也都是纯粹的经济上的贫富差别。

**思考题：**

1. 如何看待日本的“脱亚入欧”及其与日本现代化的关系？

2. 如何看待战后日本的阶级阶层结构的变化和阶级意识的变化？

3.“战后”意识将对未来日本产生什么影响？

**注释：**

[1]《战后史大事典》，三省堂1991年。

[2] 文艺春秋《2001年日本的论点》，文艺春秋社2000年。

[3] 真田是、小山阳一《现代日本的生活构造》，有斐阁1986年。

[4] 参见大桥隆宪《日本的阶级构成》，岩波书店1971年。真田是、小山阳一编《现代日本的生活构造》，有斐阁1986年。阶级构成是社会构成的核心问题，但阶级问题无论是现实上或理论上都是最复杂的问题，因为它早已经超出了学术范围，成为一种意识形态和政治斗争的工具。西方社会学在概念上以阶层代替阶级，经过一系列操作，如果不加特别说明，阶级阶层一般地被看成同一个概念，失去了马克思所说的阶级的含义，不再被视为可怕的概念了。著名的大桥隆宪式阶级分类方式是试图按照马克思的方法的，在日本似乎日益被敬而远之，对我们来说只是一个参考。

[5] 参见1980年国情调查——《日本人口的地域分布及其变化》。

[6] 参见西川长夫、中原章雄《战后价值的再检讨》，有斐阁1986年。

[7] 参见岸本重陈《“中流”的幻想》，讲谈社1985年，原纯辅《现代日本的阶层构造2》，东京大学出版社1990年。

# 第四章 政 治

日本政治有何特点？它同古代中国的政治有何联系？同近代的西方政治又有何瓜葛？本章将解答这些问题。

## 第一节 日本政治体制的沿革

弥生时代（约公元前 3 ～ 2 世纪）末期出现的邪马台国是日本最早的国家形态。其政治制度建立在严格的社会等级制之上，政治权力在以女王卑弥呼为首的神巫中分配。不过，严格讲，邪马台国只是日本国家形成过程中的一种过渡性的原始政治形态。这一时期是日本历史由原始社会向奴隶制社会转变的过渡期。公元 4 世纪末～5 世纪初，以奈良为中心，建立了"大和国"。大和国实行的是"部民制"与"氏姓制"。"以王室贵族为核心的奴隶主阶级，通过把从事各种生产劳动的奴隶按照职业划分为不同种类部民的方式，使他们的人身与生产资料同时依附于统治阶级；按照氏姓把社会各阶层划分为不同的等级，以此确立奴隶主阶级与一般自由民之间社会地位的差异以及他们参与国政的权力地位。"[1] 政治权力基本上按氏族血缘关系分配。7 世纪初，圣德太子制定"冠位十二阶"及"宪法"十七条，以加强天皇中央集权政治体制。"冠位十二阶"制度的实施，推动了以天皇为中心的官僚体制的建立，加快了贵族的官僚化。"宪法"十七条确立了天皇至高无上的统治地位，削弱了地方氏姓豪族的专权势力，对日本后来的历史发展及政治制度的演变产生了深刻的影响。

**大化改新** 公元 645 年，日本仿效中国定年号为"大化"。次年，公布《改新之诏》并推行一系列带有封建特性的改革措施。其主要举措是：第一，改"部民制"为"班田制"。即将土地与部民一律收归国有，使之变为"公地、公民"，国家再将土地分给农民，每 6 年做一次调整。同时还实行了"租庸调"制度。"租"指受田人交纳的实物地租；"庸"为所服劳役；"调"即为交纳的织物、土特产及所服兵役。第二，建立中央集权的国家制度。当时的日本模仿唐朝创建了二官八省一台五府卫的中央政权以及按国、郡、里划分的地方行政机构，并通过公元 701 年的《大宝律令》加以法律上的确认。二官指"神祇官"和"太政官"，太政官下设八省；一台为"弹正台"，具有监察机关的职能；"五府卫"属警卫、军事机构。在地方行政划分中，"国司"由中央派遣；"郡司、里长"在地方豪族和居民中选择。通过大化改新，日本开始进入向封建社会的过渡期。

奈良时代是日本的“封建土地国家所有制（班田制）向封建土地私有制（庄园制）过渡的时代”。[2] 经过平安时代，日本的封建政治制度初步确立并向制度化过渡。自1192年起，日本政治改变了一直由皇亲贵族把持朝政的局面，建立了军事政府“幕府”的中央统治。武士政权是掌握国家最高权力的唯一力量。将军成为集军政权、审判权、征税权于一身的国家最高统治者。进入江户时代，德川幕府最终确立了“幕藩体制”，将全国25%的土地划为将军的直领地，将大约70%的土地分封给全国的270个大名。“德川幕府的统治是日本封建政治制度发展史上中央集权与地方分权相结合的最完备的典型，也是日本封建专制统治走向崩溃的最后一种形式”。[3]

**明治维新** 明治维新结束了日本近700年的幕府统治，建立了天皇亲掌国家最高统治权的中央集权的政治制度。1868年日本明治天皇颁布的《政体书》规定，天皇亲掌国家最高统治权，下设太政官辅佐天皇。太政官是国家最高权力系统，此系统中设有“议政官”（立法）、“行政官”（行政）、“刑法官”（司法）、“神祇官”、“会计官”、“军务官”、“外国官”，议政官为七官之首。明治新政府宣称自己实行的是“三权分立”的政治制度。但议政官内所设上局的“议定”和下局的“议长”均由行政长官兼任，造成立法机构的有名无实及权力集中于行政机构的局面。1869年5月，立法机构的“议政官”被正式取消。议政官中的“议定”和“参与”等职被并入“行政官”中，位于“辅相”（天皇的最高辅政大臣）之下，“三权分立”向三权合一演化。“议政官”被取消后，太政官七官制改为二官六省制。二官指“神祇官”和“太政官”。太政官下辖六省，即民部省、大藏省、兵部省、刑部省、宫内省、外务省。“太政官”包揽立法、行政、司法全部权力。二官六省制全面模仿了古代日本的律令官制。1871年7月，二官六省制又演化为“三院制”。即太政官下设正院、左院、右院。“正院”总揽一切大权，位于左右两院之上。正院首次设“太政大臣”（《政体书》时期设有辅相2人、二官六省制时期设左右大臣各1人）1人、左右大臣各1人、参议若干人。“左院”虽然是负责掌管“立法”的机构，但实际上立法权属于正院，左院只不过是正院之下的一个立法咨询机构。“右院”负责处理行政事务，但在正院独揽大权的情况下，它实际上是个可有可无的多余环节。“正院的设立及其职权范围的划定明确地否定了立法机构作为与行政并立的权利机构存在的可能性”。[4]1873年，正院内部开始设立核心机构内阁，作为倒幕维新运动领导的“参议”（其前身即“参与”）是内阁的主要成员，并包揽了行政重大事务的决策与执行。不过，参议虽大权在握，但原则上不负最高责任。因为正院章程规定，参议只是“辅佐大臣”，太政大臣才是辅弼天皇的最高责任者。这样，就形成了日本行政机构具有“负责的不管事，管事的不负责”这一突出特点。

1885年，日本的现代内阁制正式诞生，伊藤博文任首届内阁总理大臣。现代官僚制的建立是以废除“太政官”制为前提的。从明治新政府诞生到1885年现代内阁制正式诞生，在日本政府的高级官吏中，公卿由36人减为6人，藩士由29人上升为104人。“实力派”人物对权利中枢的控制已成定局。日本国家最高行政机构历经“行政官”——“太政官”——“右院”——“内阁”几个过程。1889年2月11日，日本政府以天皇亲授的形式颁布了《大日本帝国宪法》。宪法规定，日本的国体为“天皇制”，政体为“立宪制”，这一宪法体制一直延续到1945年。明治宪法体制呈“多元性”结构，“帝国议会”是其重要一环。这时的议会与“太政官体制”下的所谓立法机构“公议所”、“集议院”、“元老院”相比，已有本质上的不同。帝国议会采用两院制，即贵族院和众议院，其运作严格按照法律程序进行。帝国议会每年召开一次，会期3个月。众议院可以解散，但要在5个月内进行大选组成新议会。除现行犯罪外，两院议员在会期内未经该院允许不得随意逮捕。除特殊情况外，两院会议一般采取公开方式进行。贵族院由皇族、华族以及上流社会的代表构成。其中，一小部分由选举产生。众议院议员则全部由选举产生。政党活动也在第一次众议院选举中初露锋芒。帝国议会具备立法权和预算审议权。另外，明治宪法赋予内阁拥有最高行政权。天皇通过“枢密院”“亲临咨询重要国务”。这样，行政系统便由天皇——枢密院——内阁构成。天皇的权力结构由有限的权力和无限的权力两部分构成。明治宪法规定：“大日本帝国由万世一系之天皇统治之”（第1条）；“天皇神圣不可侵犯”（第3条）；“天皇总揽统治权”（第4条）。与天皇权威的绝对性和无限性相比，明治宪法也对天皇的权力进行了限制。这种限制是通过架空与分割天皇权力来实现的。帝国议会与内阁分别承担了天皇立法权与行政权的实际行使任务。在天皇统治权中比较重要的是“陆海军统帅权”。因为有规定：议会与内阁均不得对“统帅权”进行干涉，这使后来的军国主义者有了发动战争的可乘之机。

**“55年体制”** 1945年日本战败后，在美国的控制下制定了新宪法。新宪法彻底否定了君主主权的封建专制君主制，强调了主权在民的原则。但同时也在形式上保留了具有象征意义的君主制，天皇依然是日本民族的精神领袖。根据新宪法规定，日本建立起“三权分立”的政治制度并实行英国式的议会责任内阁制。立法权、行政权、司法权分别由国会、内阁、法院行使。二战前在天皇专制政治体制下没有得到充分发展的政党政治，这一时期也得到了一定的发展。日本政党经过战后10年的分化组合与重建，至1955年形成了自民党与社会党对峙的局面，这种政治体制被称为“55年体制”。所谓“55年体制”实际上是指“自民党一党执政体制”。

1955年10月13日，社会党左、右两派统一，其势增强。日本财界对此惊恐，督促民主党与自由党签订“保守合同”。于是，自、民两党在1955年11月15日联合成立了自由民主党。在“55年体制”延续的38年中，以自民党和社会党为代表的“保革势力”之间，政治斗争一直在进行着。其焦点在于：是走社会主义道路还是走资本主义道路；是“护宪”还是“修宪”；是坚持和平中立还是坚持扩张军备。为了修宪，自

民党成立后第5天便在党内设立了“宪法调查会”。从60年代起，自民党主要采用“解释修宪”的手段来达其目的。但1992年6月15日，在自民党、公明党、民社党达成妥协后，日本国会通过了《联合国维持和平活动合作法案》（即PKO法案），使得日本的“解释修宪”开始向“立法修宪”转变，为其实现“军事大国”、“政治大国”的战略目标迈出了关键性的一步。

**政界重组** 1993年，日本的政党政治发生了历史性的变革。同年6月17日，社会党、公明党、民社党联合对宫泽喜一内阁提出不信任案。18日在国会对此进行表决的关键时刻，自民党内的羽田派议员35人投了赞成票，使不信任案通过。7月18日，众议院大选的结果，自民党所获议席（223席）不足众议院511席中的半数，因而失去了单独组阁执政的资格。社会党也遭惨败，只获得70席（选举前为134席）。结果导致“55年体制”即自民党与社会党对峙的基本政治格局发生变化。特别是在1994年6月29日社会党委员长村山富市当选日本首相并组成自民党、社会党、先驱新党3党联合政权后，日本的政治结构发生重大变化，旧政党秩序彻底瓦解。

自“冷战”结束以来，受国际、国内诸因素的影响，日本政治结构一直处于变动之中。日本国内政治多元化不断发展：“日本新党”（1992.5.22.）、“新党魁”（1993.6.21.）、“新生党”（1993.6.23.）、“自由党”（1994.4.21）、“新进党”（1994.12.10.）、“民主党”（1996.9.28.）“太阳党”（1996.12.26.）等政党走马灯式地结成、解散。1994年12月5日，“公明党”分家。1994年12月9日，“日本新党”、“新生党”以及旧政党“民社党”解散。1997年12月2日，“新进党”解散。1998年1月5和4月27日，自由党、民主党分别重组。1998年10月20日，“新党魁”解散。1999年自（民）自（由）公（明）三党组成联合政府。

在政治结构不断变动的同时，日本人的国家意识也在发生着变化。日本为了实现其“政治大国”的战略目标，在走向“正常国家”的过程中，日本政府的各项政策主张趋于保守化、右倾化。民族主义、新保守主义成为日本政治思潮的主流。“PKO法”、“周边事态法”、“有事法”作为立法“三步曲”，在日本“立法修宪”的过程中发挥了重要作用。日本超越了“和平宪法”所规定的“个体自卫权”范畴，在实施“集体自卫权”上迈出了实质性的一步。这为日本扩军并争做“军事大国”做好了法律上的准备。

2001年4月26日，小泉纯一郎上台执政，在内政方面，他主张“新保守主义”政治理念，积极推行各项经济改革政策的落实，尤其对“邮政改革”情有独钟。在外交方面，他的亲美“一边倒”外交政策以及一意孤行地参拜靖国神社的行为使日本的亚洲外交陷入危机之中。但是，小泉的“剧场政治”手法使得他在选民中获得支持。在2005年9月11日的众议院大选中，小泉领导的自民党大获全胜（获296个议席）。时隔15年自民党终于在众议院选举中单独过半数，这也是1996年实施小选举区比例代表並立制后的首次单独过半数。民主党只获得113席，比选前下降64席。民主党在首都圈这块传统地盘的小选举区选战中全线崩溃。在比例代表区所获席位也只有61席，并从“比例第1党”的宝座上跌落下来。自1996年成立以来，每次大选民主党的席位都是只增不减，这回是首次减少。民主党没能实现单独“过半数”和“政权更替”的选举战略目标，惨败后党首冈田克也引咎辞职。其他几个小党获选票的情况是，公明党31席，共产党确保了原有的9席，社民党增加1席为7席，“国民新党”4席，“新党日本”1席。

## 第二节 天 皇

日本的天皇制已有近1400年的历史，它是日本政治制度中一个不可缺少的组成部分。现代天皇制虽与近代专制主义的君主立宪天皇制有所不同，只是“象征天皇制”，但天皇的存在对日本社会的影响作用是不能低估的。二次世界大战后制定的《日本国宪法》规定：“天皇是日本的象征，是日本国民整体的象征，其地位以主权所在的全体国民的意志为依据”。新宪法否定了天皇总揽国家统治大权的地位，铲除了封建君主专制的残余。天皇只能按照内阁的建议和承认，在宪法规定的范围内从事下列“国事行为”：

1. 根据国会的提名任命内阁总理大臣。
2. 根据内阁的提名任命最高法院院长。
3. 公布宪法的修改及法律、政令、条约。
4. 召集国会。
5. 宣布解散众议院。
6. 宣布举行国会议员选举。
7. 认证国务大臣及其他官吏的任免和全权证书。
8. 认证内阁有关大赦、特赦、减刑、免刑、复权的决定。
9. 认证条约批准书及法律规定的其他外交文书。
10. 接受外国大使、公使及其国书。
11. 授予荣誉称号。
12. 举行仪式。

按照皇室的习惯，天皇没有姓氏，只有名字。皇位由“皇统的男系男子”世袭。当今天皇明仁于1989年1月8日即位，是日本第125代天皇，年号为“平成”。该年号取自中国《尚书·大禹谟》中“地平天成，六府三事允治，万世永赖，时乃功”一语，含有“在和平中求发展”之意。明仁天皇1933年12月23日出生，即位时55岁。他打破皇室不与平民为婚的惯例，与日清制粉公司前董事长之女结为夫妇，深得普通国民的称赞。天皇没有选举权和被选举权，也不能任意发表自己的政治见解。战后日本的新宪法规定，皇室的一切财产归国家所有。皇室的一切开销在国会认可的情况下由国家预算支付。皇室中设有皇室会议、皇室经济会议、宫内厅等机构，负责讨论和决定与皇室有关的重大问题。皇室会议由两名皇室成员、参众两院正负议长、内阁总理大臣、宫内厅长官、最高法院大法官及法官共10人组成。皇室经济会议由参众两院正负议长、内阁总理大臣、财政大臣、宫内厅长官及会计检察院院长组成。宫内厅隶属总理府，属总理府的派出机构。

近代日本的天皇制曾是右翼分子及军国主义者崇拜和利用的工具，天皇对日本发动对外侵略战争负有不可推卸的政治责任。因此，战后以日本共产党为首的政治团体及一部分有正义感的知识分子主张废除天皇制。但同时也有一些人主张修改宪法，将“象征性”的天皇变为实际的国家元首，以此使日本成为“正常国家”，实现其“政治大国”的战略目标。80年代以来，日本兴起“新保守主义”政治思潮。在追求日本“主体性”、“独立性”的同时，一些人以恢复“传统文化”为由对天皇制大加赞赏，前首相森喜朗的“神国”发言就是一个典型的例子。最近自民党公布的修宪草案将“天皇”写进“前言”部分，随着“修宪”步入实质性阶段，天皇在日本国家生活中将发挥什么样的作用值得关注。

## 第三节 国 会

日本在亚洲是建立议会制度较早的国家之一。1890年日本首次开创议会，称“帝国议会”。二次大战后日本制定了新宪法，将“帝国议会”改为“国会”，建立了以“三权分立”为原则的议会内阁制。《日本国宪法》规定：“国会是国家的最高权力机关，是国家唯一的立法机关”。国会的主要职权是：制定法律、审议并通过政府的预算和决算、与外国签订条约、选举内阁总理大臣、批准内阁的各项任命、对政府的各项工作进行监督、弹劾审判违法的法官。

日本国会采用两院制，由众议院和参议院组成。两院议员均由民选产生。众议院目前设有480个议席，参议院设有242个议席。众议员任期为4年，25岁以上的人具有被选举权。参议员任期为6年，每隔3年对其半数任职满6年的议员进行改选。每3年改选其中的半数，30岁以上的人具有被选举权。参议院选举具有对国政进行“定期检查”的效用。宪法规定内阁可以解散众议院，并在其后举行大选。但是，参议院不能被解散，只能按期选举。按日本国宪法的规定，众议院具有一定的优越性，参议院则对众议院起监督作用。

国会两院分别设议长、副议长各一人，从国会议员中选举产生，任期与议员相同。议长主持议事、监督议院事务、维持议院秩序并拥有该院的代表权。根据法律规定，众、参两院与内阁各省厅相对应还设有各种专门委员会。目前国会所设的常任专门委员会，众议院有18个，参议院有16个。国会的活动以委员会为中心进行。国会会议分通常会议、临时会议、特别会议。通常会议每年12月召开，会期一般为150天。临时会议由内阁或1／4以上的议员建议召开，主要讨论和通过紧急议案。特别会议是大选后为决定总理大臣的人选而召开的。

国会还设有两院法制局、两院事务局、国会图书馆、法官弹劾法院。众议院的权限大于参议院。众议院有权通过对内阁的信任或不信任案；预算案必须首先交众议院审议；除修改宪法外，两院决议不一致或在规定的期限内参议院仍未做出决议的情况下，以众议院的决议作为国会的最终决议。

日本的国会议员全部由法定程序选举产生。根据日本《公职选举法》规定，国会议员的定员是以人口统计数字为基础，按都道府县的人口比例分配的。战后的日本采取了“中选举区制”，即把全国划分成130个选区，每个选区产生3～5名众议员。从1996年开始，日本实行了新的选举制度，即“小选举区与比例代表并立制”。这一制度将原有的中选举区划分为300个小选举区，每区选出一名众议员。同时，又把全国划分成11个大的比例区，按人口分布比例共选出200名众议员。在小选区内，选民直接投候选人的票；在比例区内，选民只投各政党的票，具体人选根据各政党得票多少按比例分配。小选举区制对大党有利，对小党不利。但比例区制可以使小党的参选名额得到适当的弥补。

国会议员属于日本国家公务员中的高薪阶层。国会两院议长的月薪为155万日元，副议长为113万日元，议员为88万日元。除此以外，还有各种名目的补贴。

地方议会与国会没有行政上的隶属关系，完全独立。各党派地方支部的竞选活动对该地方自治体选民的投票行为能够产生一定的影响。

2005年众议院大选结果，自民党大获全胜。其议席数达到296席，民主党为113席，公明党为31席，共产党为9席，无所属为18席，社民党为7席，国民新党为4席。

2007年7月的第21届参议院选举，执政的自民党惨败、在野第一大党民主党以胜利而告终。自民党从参议院第一大党的宝座上跌落下来，在该党的历史上还是第一次。在参议院的242个议席当中，“比例代表”议员数为96人，“选举区”议员数为146人。比例代表的选举在全国范围内进行并按政党得票的多少以及候选人得票多少的顺序而定；选举区的选举则以都道府县为单位将全国划分为多个定额的选区，如2人区、4人区、6人区、8人区等，选举即意味着各政党对其中一半的名额进行争夺。本次改选之前，执政的自民党有110个议席，公明党有24个议席，保守系列无党派有1个议席，执政党议席总数为135席，超过了作为半数的121席。

然而，本次选举得结果，自民党只拿到37个议席，公明党也只拿到9个议席，执政两党在参议院中的议席数没有超过半数。自民党在选举区当中的29个“1人区”里惨败，这些地区虽然是自民党的传统“票田”，但自民党只拿到其中的6个议席。在冈山县，就连参议院干事长自民党的片山虎之助也落选了，而在参议院议员会长青木干雄的老家岛根县，自民党也弄丢了议席。参议院里朝野两党的逆转，导致“扭曲国会”现象形成。它意味着执政党的政权运作将遇到来自参议院中在野党的巨大阻力与挑战。目前，在参议院242各议席中，民主党占109席，自民党占83个议席，公明党占20个议席，共产党占7个议席，社民党占5席，国民新党占4席，无所属占12名。

## 第四节 内 阁

内阁是日本国的最高行政机构，它在日本国家行政机构体系中处于核心地位。日本的内阁制度于1885年12月22日根据明治天皇第69号敕令正式建立。此时，国会尚未召开。因其无法得到宪法的承认而被称为“敕令内阁”。1889年颁布的《大日本帝国宪法》对“内阁”一词并未提及，当时的内阁也不是国家的最高行政机构，国家的最高行政权属于天皇。内阁不对国会负责，而是对天皇负责，内阁的连带责任制也被否定。这样，从1885年到1945年期间使得军国主义势力在政府机构中占有特殊地位。战后的《日本国宪法》规定，国会是国家的最高权力机构，内阁由国会产生。内阁不再对天皇负责，而是对国会负责。日本建立了议会责任内阁制。

一般来讲，在战后日本的议会内阁制中，如果某一政党在国会中占有半数以上的议席，其领导自然出任内阁总理大臣。内阁总理的权限很大。他不仅可以对外代表内阁、任免国务大臣、主持内阁会议，还可以对各行政部门进行监督、依国家公安委员会的建议宣布国家进入紧急状态，内阁总理握有自卫队的最高指挥监督权并有权动用武装力量。根据《日本国宪法》的规定，内阁有如下职权：执行法律，总理国务；处理对外关系，与外国缔结条约；制定、发布实施宪法和法律所需的政令及行政法规；编制政府预、决算；任免政府的重要官员，决定大赦、特赦以及减、免刑。内阁有权解散众议院、召集国会，决定最高法院院长的人选。

内阁由内阁辅助机构、总理府及其下属省厅构成。根据《内阁法》的规定，日本内阁的辅助机构有：内阁官房（即政府办公厅）、内阁法制局、人事院、安全保障会议。直属总理府的机构有3个委员会、9个厅。但2000年年初，森喜朗内阁对中央省厅进行了重组，形成了目前1府10省的格局。即：内阁府——下辖宫内厅、国家公安委员会、防卫厅（今防卫省）、金融厅；总务省——下辖公正交易委员会、公害调整委员会、邮政事业厅、消防厅； 法务省——下辖司法考试管理委员会、公安审查委员会、公安调查厅；外务省；财务省——下辖国税厅；文部科学省——下辖文化厅；厚生劳动省——下辖社会保险厅、中央劳动委员会；农林水产省——下辖粮食厅、林野厅、水产厅；

经济产业省——下辖资源能源厅、特许厅、中小企业厅；国土交通省——下辖船员劳动委员会、气象厅、海上保安厅、海难审判厅；环境省。

内阁行使职权的主要方式是内阁会议。内阁会议每周至少要召开两次。

## 第五节 政党

政党是现代资本主义国家政治系统运作机制的主体。“政党政治是资本主义国家以资产阶级政党为国家权力运作主体的政治形态。与之相区别的有君主政治、国民政治”。[5] 日本的政党源于1874年成立的“爱国公党”，这是日本最初的具有全国规模的政党，创始人是板垣退助、后藤象二郎。1881年爱国公党改建为“自由党”，这是日本第一个真正的政党。大隈重信也于1882年创立了“立宪改进党”，1896年更名为“进步党”。1898年6月，自由党与进步党合并，成立了“宪政党”。与此同时成立的以大隈重信为首相的内阁是日本历史上第一个“政党内阁”。1900年成立的“政友会”，是对经过聚散离合演化而来的立宪自由党、进步党、宪政党、宪政本党进行整合的结果，它在战前日本政党史上具有划时代意义。1913年，与政友会齐名的“同志会”成立，它收编了1910年成立的“立宪国民党”（由未加入政友会的宪政本党成员组成）的大部。1915年同志会改组为“宪政会”，1927年又改组为“民政党”。战前日本政党的全盛期有1920年前后原敬的政友会、30年代初期浜口雄幸的民政党。但不论是政友会还是民政党，从他们身上都已找不到昔日自由党和进步党的影子，因为他们都已变成了御用政党。自1924年起，政友会与民政党轮流执政。但是，进入40年代，日本政党纷纷消亡，最后只剩下了一个大政翼赞会。二战前，日本实行以天皇专制体制为中心的政治制度，所以，政党政治无法得到充分的发展。

战后日本政党在资产阶级议会民主制条件下重建，经过10年的分化改组，到1955年终于形成了自民党与社会党对峙的政治格局，即所谓的“55年体制”。这种格局持续了38年。1993年，自民党一党执政的局面瓦解，日本各政党也随之进入新一轮的分化组合期。除了前不久成立的小党“国民新党”和“新党日本”外，目前主要的政党有：自民党、公明党、民主党、共产党、社民党。自民党与公明党联合执政，其他几个小党为在野党。

### 一、自由民主党

简称“自民党”。1955年11月15日由当时的自由党、民主党订立“保守合同”而成立。自1955年开始，自民党连续38年单独执政。1993年“55年体制”崩溃。在2000年6月25日的第42次众议院大选中，自民党获233个议席，未过半数（241席）。于是，自民党与公明党、保守党组成联合政府。2005年9月11日，日本第44届众议院大选，自民党一家不仅单独过半数，还连续跨越“稳定多数”和“绝对稳定多数”界线，一举获得296席。自民党在参议院占有83个席位。

自民党是代表垄断资产阶级的政党，有党员一百万以上。自民党的基本信念是“自由主义”、“民主主义”、“和平主义”。自民党《建党宣言》称该党有两条信念：一是“主张议会民主政治”；二是“反对利用权力推行专制和阶级主义”。自民党的机关报是周刊《自由新报》，另有理论月刊《自由民主》、政策旬刊《政策特报》、资料刊物《特别信息资料》。自民党中央组织机构设有总裁、副总裁以及干事长、总务会长、政务调查会长职务。总裁是党的领袖，任期2年，总裁必须是国会议员。副总裁作为总裁的助手，负责协调党内各派势力之间的矛盾。干事长负责党务、人事、选举、资金等事项。总务会长负责组织讨论和决定有关党在议会活动中的行动方针。政调会长负责制定具体政策。自民党的最高权力机构是党的大会，每年召开一次。

自民党内派阀林立。1955年，以吉田茂为首的自由党与以鸠山为首的民主党订立了“保守合同”。1956年，围绕着自民党总裁的选举，自民党内部各派势力进行了重新整合，形成了以池田勇人、佐藤荣作为领袖的8个派别，即所谓的“8个师团”。其中石井光次郎、石桥湛山、大野伴睦3个派阀已消失，在剩下的5个派别（即池田勇人、佐藤荣作、岸信介、河野一郎、三木武夫各派）基础上又派生出3个。加藤派、堀内派、河野派源于池田派，桥本派源于佐藤派，森派源于岸派，江藤·亀井派、山崎派源于河野派，旧河本派源于三木派。派阀存在的基础是“中选举区制”。现在，日本实行“小选举区制”，所以派阀的作用受到限制。小泉任首相期间极力主张实行“脱派阀”选举，但受到党内守旧派（“桥本派”）的阻挠。小泉说：“有派阀就没有党，有派阀就没有国家”。可是，要彻底清除派阀并非易事。

2005年的众院大选后派阀势力在此消彼长之后得到重新组合，自民党最大派阀“町村派”（86人）即森派源于福田派，由原首相福田赳夫于1970年创立。福田派保守色彩较浓，其最大的竞争对手是田中派。福田派的前身是岸信介派。福田派本是非主流派，但2000年以后，该派首相辈出，连续有4人（森喜朗、小泉纯一郎、安倍晋三、福田康夫）出任日本首相。小泉号称要“捣毁自民党”、“砸烂派阀”，可是，就在小泉执政期间，森派成为自民党内的最大派阀并“一枝独秀”。自民党第二大派阀“津岛派”（69人）源于1987年竹下登创立的“经世会”，竹下派的前身是田中派。20世纪90年代初，与金丸信关系密切的羽田孜、小泽一郎脱离竹下派。该派后经小渊派、桥本派、再演化为津岛派，90年代后期，该派出过两任首相（桥本龙太郎和小渊惠三），是当时自民党的最大派阀。自民党第三大派阀“古贺派”（61人）由“谷垣派”和旧“古贺派”合并（2008年5月）而成。该派源于20世纪60年代前期创立的“池田派”，后经大平派、铃木派、再发展到宫泽派。但是，自上世纪90年代初宫泽喜一任首相之后，该系谱中就再也没有出现过首相。具有“保守本流”之称的宫泽派分裂为加藤派与河野派，加藤派是谷垣派和旧古贺派的前身，河野派是今麻生派的前身。

第四大派阀山崎派（41 人）和第五大派阀“伊吹派”（28 人）都源于中曾根派，保守主义色彩较浓。尤其是伊吹派被小泉视为“抵抗势力”并大加鞭挞。“麻生派”（20 人）在自民党内的 8 个派阀当中位列倒数第三。本来麻生派、谷垣派、古贺派均属池田派“宏池会”的一员，但是，麻生的“大宏池会构想”并没有得到后两者的回应。麻生派虽属小派阀，但在小泉、安倍执政期间，麻生多次入阁为相。相反，谷垣派却受到小泉、安倍的冷遇。在福田内阁时期，谷垣受到重视，而麻生却与福田内阁保持一定的距离。在倒数第一、第二的两个小派阀当中，“二阶派”（16 人）与小泉改革路线的继承者之间关系密切；而“高村派”（15 人）则采取自由主义的“中间路线”。

## 二、公明党

“公明党”的前身是 1946 年 5 月成立的创价学会，1964 年正式定名为公明党。这是一个具有宗教色彩的政党组织。1970 年池田大作宣布“政教分离”后，创价学会变为公明党的支持团体。在 90 年代日本各政党聚散离合的过程中，公明党于 1998 年 11 月重组。公明党主张“人性社会主义”；“反对一切暴力主义”；呼吁“保卫日本宪法”。“稳健主义”是其基本理念。它代表的是中小资产阶级的利益。其党员多为中小企业的职员、教职员、佛教徒、破产农民。该党的基本政策是：尽量建成“小而有效率的政府”、实现政治、行政的公正与公平、构筑“自助、共助、公助”的社会保障制度以及“尊重人权、重视环境的共生社会”、实现“世界和平”。

该党的机关报为《公明新闻》，理论刊物为《公明》月刊。神崎武法是其党首。现在公明党与自民党联合执政。公明党在政策主张上与自民党不尽相同，两党关系常处于微妙境地。目前，该党在众议院拥有 31 个议席，在参议院拥有 20 个议席。

## 三、民主党

1995 年成立，由原社民联、民社党及部分社会党成员组成。1999 年 4 月又“吸收合并”了友爱新党、民政党、民改联，组成新民主党。代表（党首）鸠山由纪夫、副代表石田一、干事长菅直人、特别代表羽田孜。该党在众议院拥有 113 个议席，在参议院拥有 109 个议席。

该党的基本理念是，“打破旧制度”，开创“民主、稳健”的新路途，将中央集权的社会改建成“面向市民、市场、地方”的分权社会，实现政权的交替。其基本政策主张是：变革官僚机构、消除国民对政治的不信任感；实行经济结构改革、使人们能够过上“安心、安全、富裕”的生活；确立日本外交的“独立性与活力”。

民主党作为目前日本最大的在野党对自民党政权提出了挑战，并以夺取政权为己任。但在小泉内阁的改革措施面前，民主党有趋同表现。

**四、共产党**

成立于1922年7月15日。战前受到天皇制专制政权的压制，1945年12月1日重建。1951年党的纲领规定，采取暴力革命的手段。1952年宫本显治任党首，提出"暴力革命"不适合日本的实际，主张坚持议会道路、和平过渡到社会主义。

60年代，中国"文化大革命"期间，日共党内分裂。70年代，日共放弃了一党统治的主张，开始使用"人民的议会主义"一词。1993年，日本政坛发生巨变，日共也对其具体政策进行了调整。2001年，"9·11"恐怖事件发生后，日本国会通过了"恐怖相关3法案"。日共对其中的《海上保安厅法修正案》表示了赞同。

日本共产党的机关报为《赤旗报》，理论刊物是月刊《前卫》。目前，日本共产党在众议院占9个席位 、在参议院占7个席位。

**五、社会民主党**

简称"社民党"。即原来的社会党，1945年11月2日成立。1947年5月～1948年2月曾一度执政。"55年体制"形成后，社会党一直是国会中最大的在野党，有"万年在野党"之称。1960年从社会党中分裂出"民社党"。社会党的基本纲领是，实现"政治上的民主主义，经济上的社会主义，国际上的和平主义"。1986年以来，社会党在形式上放弃了社会主义，但坚持"非武装中立"的原则、反对"日美安保条约"及参加PKO的立场没有变。1994年6月～1995年11月社会党与自民党、先驱新党联合执政，该党领袖村山富市还担任了内阁总理大臣。1994年9月，社会党第61届代表大会对党纲进行了修改并使其性质发生了根本改变。1996年1月19日，社会党最后一届代表大会（64届）宣布，将社会党更名为"社会民主党"。但在同年的大选中社民党惨败，党首也由村山富市换成土井多贺子。

目前该党在众议院拥有7个议席，在参议院拥有5个议席。社民党的机关报是《社会新报》，理论刊物有《社会党》、《国民政治年鉴》、《国民自治年鉴》。

## 第六节 宪 法

1889年，日本制定了亚洲第一部宪法——《大日本帝国宪法》。但是，这部天皇专制主义的宪法把日本引向了对外侵略的军国主义道路。1946年11月3日，日本公布了战后新宪法《日本国宪法》,并于 1947 年 5 月 3 日生效。该宪法共 11 章、103 条。其中，有特色的几个方面是：象征天皇制与“国民主权主义”；“三权分立”与议会内阁制；战争与自卫权；国民的权力与义务；财政公开制度；违宪审查制度；修改宪法的条件。与明治宪法相比，新宪法所强调的主权在民原则彻底否定了君主主权的封建专制君主制。宪法规定，天皇的地位“以主权所在的全体日本国民的意志为依据”，废除了政教合一的皇权神授说。尤其是宪法第 9 条规定，“日本国民真诚希求基于正义与秩序的国际和平，永远放弃以国权发动战争、以行使武力或武力威胁作为解决国际争端的手段。为达前项目的，不保有陆海军及其他战争力量，不承认国家的交战权”。因为这个特点，战后日本的新宪法被誉为“和平宪法”。

但是，从 50 年代末开始，日本国内围绕“修宪”与“护宪”所进行的斗争一刻都没有停止过。特别是进入 80 年代以来，宪法第 9 条越来越成为日本迈入“政治大国”、“军事大国”的障碍。日本的修宪活动也逐渐从“解释改宪”向“立法改宪”过渡。以海湾战争为契机，1991 年 6 月 9 日，参议院以 137 票赞成、102 票反对通过了《联合国维持和平行动合作法案》（简称 PKO 法案）。“9・11”恐怖袭击事件爆发后，日本政府借机在国会通过了“恐怖对策 3 法案”。即《恐怖对策特别措施法案》、《自卫队法修正案》、《海上保安厅法修正案》。这一系列法案的通过，不仅使自卫队的活动空间可以扩展到“外国领域”，同时，也使武器使用的对象扩大到“保护自己所管辖下人员的身体、生命”这一范围。这样，日本就在实质上有了行使“集体自卫权”的法律依据。日本“修宪”呼声的高涨，一方面与美国的纵容有关，另一方面也说明日本国内民族主义思潮正在兴起，要求日本采取独立于美国的政策策略的人在不断增加。2001 年 10 月 16 日，日本执政三党提出国会可以在自卫队派遣后的 20 天以内实行“事后承认”，这为日本扩军开了绿灯。

关于修改宪法的必要性自民、公明、民主三党意见趋于一致。自民、民主两党就修宪过程中朝野广泛协商的必要性取得共识。但是，公明党对国民投票法制定后立即设置修改宪法常任委员会有所保留，表示出对修宪加速的牵制。而共产、社民两党对设置修改宪法常任委员会本身就表示反对。自民党新宪法起草委员会（委员长是前首相森喜朗）起草的“新宪法草案”，已在自民党成立 50 周年之际公布。修改后的前言部分写进了天皇，例如，前言的一开头就写着：“日本国民生活在位于亚洲东端领略太平洋和日本海波涛洗刷的美丽岛屿，天皇作为国民精神的象征受到拥戴。国民们尊崇‘和’的理念，认同多元思想及其生活方式，同时努力发扬自己独特的传统与文化。”“日本国是国民享有主权的国家，国政由得到国民信任的国民代表担当，其成果由国民享受。”“日本国坚持以自由、民主、人权、和平、国际合作为立国之本，国家的独立由热爱国家的国民守护。”云云。

总之，自民党“新宪法草案”的前言主要突出了“爱国心”和“国防意识”，并在原宪法“民主、人权、和平”三项原则的基础上加上“自由、国际合作”两条，将其扩充为五项原则。另外，“新宪法草案”最终敲定日本的国防力量不使用“国防军”而是使用“自卫军”来称呼。关于如何界定行使集体自卫权的条件、范围，如何在国际合作当中行使集体自卫权问题还没有一个完整的意见。民主党宪法调查会2005年10月20日召开大会，也提出了自己的“宪法建言”。就宪法第9条的修改，表示有限度地容忍行使“自卫权”以及在参加联合国集体安全保障的前提下行使“集体自卫权”。共产党与社民党坚持第9条不修改。

## 第七节 司 法

日本近代法律体系主要是依据欧洲大陆法系建立起来的，前期基本上是以法国的法律为蓝本，后期主要模仿德国的法律。从1889年宪法的颁布到1907年《刑法》的颁布，日本完成了由宪法、民法、商法、刑法、诉讼法和法院组织法所构成的六法编制工作，确立了日本近代资本主义法律体系。

20世纪30年代，日本建立了军事独裁体制，为适应对外侵略的需要，统治者颁布了一系列剥夺人民基本权力和自由的法律。1945年第二次世界大战结束后，日本实行了欧美国家普遍采用的“三权分立”原则，立法权、行政权和司法权分别由国会、内阁、法院行使。法院实行独立审判。《日本国宪法》规定：“一切司法权属于最高法院及由法律规定设置的下级法院”，“所有法官依良心独立行使职权，只受本宪法及法律的约束”。法院拥有“违宪审查权”，即有权对国会制定的法律及政府采取的行政措施是否违宪做出裁决。

日本的司法组织分为最高法院和下级法院两大类。最高法院（1所）由1名具有法官资格的院长和14名法官组成。院长由内阁提名，天皇任命；其他法官由内阁任命。下级法院由高等法院（8所）、地方法院（50所）、家庭法院（50所）、简易法院（450余所）构成。高等法院主要受理二审上诉案件；地方法院主要受理民事、刑事诉讼一审案件；家庭法院专门审判少年犯罪案件和家庭案件；简易法院是日本司法机构中最基层的法院，主要受理一些轻微的民事、刑事案件。日本实行的是四级法院“三审制”。即案件在高等法院、地方法院、家庭法院、简易法院提起诉讼，进行一审判决。如果不服，可向上级法院提出诉讼进行二审判决。如对二审判决仍有疑问，还可以再次向最高法院提出上诉，要求进行三审判决。

《日本国宪法》第78条规定：“法官除因身心健康经法院决定为不能执行职务者外，非经正式弹劾不得罢免。法官的惩戒处分不得由行政机关行使。”另外，宪法还规定，由两院议员设立弹劾法院，受理对法官提出的诉讼案件。这样，就形成了国会对司法官员和法院审判的监督制度。《法官弹劾法》规定，只有在法官明显地违反职务上的义务、或严重玩忽职守以及在行为上明显地丧失威信、有不良行为时，罢免法官的判决才能由弹劾法院做出裁决。

## 第八节　军　队

《日本国宪法》规定："日本不拥有陆海空军及其他战争力量，不承认国家的交战权"。日本的武装力量称"自卫队"，政府主管国防的部门是内阁府下辖的"防卫省"。日本自卫队实行文官统治制度，防卫大臣必须是文职官员。防卫大臣由内阁首相任命并根据内阁首相的决定统管全国的自卫队。内阁首相对自卫队有最高指挥监督权。

防卫省下设陆上幕僚监部（即陆军参谋部）、海上幕僚监部（即海军参谋部）、航空幕僚监部（即空军参谋部）和统合幕僚会议（相当于参谋长联席会议），防卫大臣通过三个幕僚监部的幕僚长（参谋长）指挥三军自卫队。统合幕僚会议主席属军中最高职位，但他不指挥军队，也不能指挥幕僚长。

目前，日本自卫队的编制共有253,180人。其中，陆上自卫队有157,828人、海上自卫队有45,842人、航空自卫队有47,361人、统合幕僚会议有2,149人。2005年日本的军费开支是48,764亿日圆。执政的自民党在2005年提出的"修宪"草案中建议，将"自卫队"改为"自卫军"。

## 第九节　警　察

在日本，主管全国警察业务的最高机构是国家公安委员会。该委员会由1名委员长和5名委员组成。委员一般从5年之内未从事过警察或监察工作的民间人事中任命，委员中不得有3名以上属于同一个政党的成员。国家安全委员会的职责主要负责对警察厅进行管理，统辖警官的教育、人事、装备、警察统计以及指导都道府县的公安委员会。国家公安委员会下设警察厅，具体负责制定政策，编制预算，指挥、监督全国各地警察的行动及保卫皇室安全等。警察厅设长官1人，另设警务、刑事、警备、交通、通信5个局以及警察大学、科学警察研究所、皇宫警察本部等3个附属机构。在地方还设有7个派出机构——管区警察局，代表警察厅长官对都道府县的警察机构进行指挥监督。

都道府县自治体领导下的"都道府县警察"是日本警察的主体。都道府县设有警察本部（东京都称警视厅），警察本部下设警察署，警察署下设派出所或驻在所。目前，日本共有警察257,296人。警察厅有警察7,599人。其中，警官1,198人，皇宫护卫队915人，一般职员5,486人。都道府县有警察249,697人。其中，警官219,679人，一般职员30,018人。

## 第十节 21世纪初日本社会政治思潮的表现特征

**新保守主义** 战后日本的政治思潮以1970年前后为界发生了较大的变化。从二战结束到70年代初，日本在“和平主义”与“轻军备、重经济”的国家发展战略思想指导下，使经济得到迅速的恢复与发展，并于1968年跻身资本主义世界第二的位置。随着“经济大国”地位的取得，日本思想界也发生了相应的变化。其代表性的事例便是清水几太郎的“转向”，即清水几太郎由“和平主义”转向“新民族主义”。这为后来“新保守主义”的形成拉开了序幕并奠定了思想理论基础。清水几太郎政治思想的核心就是使日本成为“军事大国”。他主张“日本应该拥有核武器”，在常规武器方面他提出：“新设航空母舰部队，加强航空防卫力量，强化航空基地，配备地对空导弹，强化运输船队的空中护卫，加强海上防卫能力，完成海上运输线的护卫任务，扩大陆上军事力量，增加军费，实行征兵制”。[6]

在此思想基础上，1978年中曾根康弘撰写了《新的保守理论》一书，并于80年代中期提出对日本实行“战后政治总决算”的口号。以此为标志，战后日本的新保守主义形成。中曾根康弘虽然仍坚持“无核三原则”，但明确地提出了“修宪”主张。为90年代日本新保守主义政治及理论的进一步发展铺平了道路。新保守主义的形成是有其历史原因的。进入80年代后，日本国民生产总值已占世界经济的15%。这不能不对日本国内的政治思想产生影响。一方面是日本国内要求成为“政治大国”、“军事大国”的呼声趋于强烈，另一方面是国际社会对日本多做“国际贡献”的期待。这导致从铃木内阁到中曾根内阁都对战后日本长期实行的“专守防卫”原则进行调整。90年代以来，日本“泡沫经济”崩溃，经济一蹶不振；海湾战争后，日本又被视为“只出钱、不出人”的国家。在“国际贡献”的借口下，“修宪”呼声不断高涨。1993年小泽一郎出版《日本改造计划》一书，详细地论述了日本应成为“正常国家”的理由，并明确提出日本应从“专守防卫战略”向“和平创出战略”转换。所谓“和平创出战略”就是在联合国“维和”的旗号下对日本自卫队进行重组，使自卫队今后能“积极、主动地创造有利于日本的战略环境”。[7]

新保守主义作为一种国家理论，它强调国家的重要性，注重国家的权威力量，认为个人的权力只有通过国家才能得以实现。同时，在经济上新保守主义反对以财政为主导的“福利国家”政策，主张“小政府”、“民营化”。新保守主义在日本政治上的最初表现，是1976年自民党第一次分裂后形成的以河野洋平为首的“新自由俱乐部”所提出的“同腐败决裂，创造新的保守政治”这一政治主张。到了中曾根内阁时期，这一新保守主义政治具有了典型意义。中曾根执政期间，极力推行新保守主义政策，对政治、经济、教育实行了“三大改革”。他大力强化国民的国家观念和民族意识，树立国家权威，培养日本国民的“爱国心”和“国防意识”。在其任内，日本的国防费增加1.6倍，突破了占GNP1%的限额。他还以首相身份参拜了靖国神社。同时，他将“国铁”、“专卖”、“日本电信电话”实行了民营化，并宣告日本经济结构转向“内需主导型”。为推进政治、经济领域的“新保守”政策与改革，中曾根内阁在1984年成立了“临时教育审议会”，着手修改《教育基本法》。1987年中曾根还推动设立了“国际日本文化研究中心”，向世界推广日本的民族文化。以中曾根为代表的新保守主义路线带有强烈的“新国家主义”色彩。为后来的小泉内阁突破战后日本政治外交路线的基本框架，实施其“新日本主义”执政理念提供了理论依据与实践经验。

新保守主义在90年代有了进一步的发展。其主要代表人物是小泽一郎、桥本龙太郎。1993年7月，自民党丢掉了执掌38年之久的政权，日本政局进入重新分化组合时期。以日本新党、先驱新党、新生党的诞生为标志，日本形成了一批“新保守势力”。他们属于“新生代”政治家，是自民党的“少壮”中坚。这批人积极主张实行“政治新思惟”与“平成政治维新”。在新保守势力当中又可分为“鹰派”与“鸽派”。前者以小泽一郎为代表，实行新保守主义政治路线；后者以武村正义为代表，实行新保守“稳健主义”政治路线。1996年4月，美国总统克林顿与日本首相桥本龙太郎共同发表了《日美安全保障联合宣言》，对日美同盟的合作领域及范围进行了重新界定并宣布对“日美防卫合作指导方针”进行修改。1997年9月23日，新“日美防卫合作指导方针”出笼。1999年4月，日本国会通过了与新“指针”相关的几个法案，即“周边事态法案”、“自卫队法案修正案”、“日美相互提供物资劳务协定修正案”。“9·11”事件发生后，日本政府又通过了“恐怖相关三法案”，使“立法修宪”进入实质性阶段。民主党作为最大的在野党虽然在政策上与自民党不尽相同，但为了“支援”小泉实施的“结构改革”路线、进而伺机夺取政权，在“非军事化”的主张上一再退让，使“新保守势力”不断扩大。社民党也因其政策主张的一再变更，早已失去了昔日社会党的风采，致使日本政治总体上趋于右倾化。

以小泉上台为标志，“新保守主义”成为日本政治的主导思想。小泉执政5年来，在政治、经济、思想文化、军事、外交各个领域全面推行其“新保守”政策措施，形成了一套具有小泉特色的系统的“新保守主义”理念与政策方针。小泉及其内阁中的强硬派取代了当年以小泽一郎为代表的“新保守派”，成为日本政界“新保守势力”中的“鹰派”政治家。

**新日本主义** 安倍晋三出任首相后，一度推行他的“新日本主义”。作为“民族派”，安倍在外交上表现出对美“亲而不从”，对华“和而不同”的日本特色。在内政上，安倍极力摆脱“吉田路线”的影响，比如修改《教育基本法》，制定了《国民投票法》，还将防卫厅升格为防卫省。安倍的上述主张体现了安倍的“新日本主义”理念，其具体施政方针为整合日本人的国家意识奠定了基础。这作为安倍的政治遗产，将被载入战后日本政治发展的史册。安倍是第一位战后出生的日本首相，也是实现战后“非主流保守派”（鹰派）遗愿的实践者。从岸信介到安倍晋三，战后日本的“民族派”历尽艰辛，终于在安倍手上出了一些“政绩”。然而，由于国内外政治形势所限，日本的“民族派”还无法尽施本领，只好暂时归山。不过，他们代表着日本社会和民族对未来的一种渴望与诉求。

安倍属于具有“鹰派”风格的“民族派”。“构建美好国家日本”是他的政治口号，“新日本主义”是他的执政理念。所谓新日本主义是指相对于“战后保守主义”而言的“传统保守主义”。它不同于战前鼓吹“国体”的旧日本主义，也不同于此前日本实行的“新保守主义”。政治上的“开放的保守主义”、经济上的“新增长主义”，思想文化上的“新民族主义、军事外交上的“新现实主义”是安倍“新日本主义”的框架。

“日本主义”一词最早出现在1888年。开始，它是以反对欧化主义的“国粹主义”面目出现的。所谓“日本主义”即指将日本的国粹作为“精神”和“骨髓”的主义，它是近代日本民族主义兴起的标志。初期的国粹主义在当时的国内外背景下曾发挥一定的积极作用。但是，甲午战争以后随着日本大国意识的增强，国粹主义开始向国家主义倾斜，日本主义概念的实质也发生了变化。此时的日本主义强调“国体”的重要性，认为在现实世界的一切活动中只有国家的行为是最有效的存在。

倒退回战前是不可能了。安倍搞新日本主义的目的，主要是想挑战“战后体制”（指战后保守主义体制），即“重经济，轻武装”的所谓“吉田路线”。当时的吉田内阁为了重振经济放弃了重新武装的机会，与美国签订“日美同盟”，将日本的防卫权拱手让给美国。这在当时就遭到主张“和平主义”的社会党来自“左”的方面、主张“重新武装”的民主党来自“右”的方面的攻击。社会党和民主党战后初期曾一起主张搞“社会主义经济”，但在不同的防卫观面前，分道扬镳。1955年，“民主党”（非主流保守派）与“自由党”（主流保守派）签订“保守合同”，自由民主党成立并单独执政到1993年。但是，自民党内的两类保守派在政治文化和价值体系的认同上，向来都是貌合神离，再加上朝野之间的“保革对立”（保守与革新的对立），整个战后日本政治丰富多彩、光怪陆离。人们以“左、革新、近代、鸽”与“右、保守、传统、鹰”等字眼作为尺度来界定和划分日本各派政治势力及其所支持阵营的政治色彩。

吉田路线在战后日本恢复自信、确立经济大国地位过程中功不可没，但“非主流保守派”(鹰派)对丧失防卫权耿耿于怀。20 世纪 80 年代,中曾根康弘就扬言要进行“战后总决算”,目的就是想清算吉田路线。小泉继承了中曾根的“新保守主义”路线,视“主流保守派”为“抵抗势力”,拼死与其做斗争。“新保守派”痛恨战后保守体制腐败,积极追求“小政府,大社会”以及“正常国家”目标,他们到不怎么在乎民族“主体性”丢没丢。但是,作为民族派的安倍很在乎。在意识形态领域里的不同主张是新日本主义与新保守主义的根本区别,但在革新国内政治和主张强硬外交上二者区别不大。正因为保守党内出现了要求革新的新保守派、民族派以及“国防族”,自 80 年代以来,日本政界才出现了“革新派”(在野的左派)保守,“保守派”(非主流保守鹰派)“革新”的怪现象。

安倍政治以“内政保守、外交强硬”为特征。他的新日本主义核心内容是对国民进行“爱国主义教育”。他号召人们“爱家庭,爱地区,爱国家”,“要对养育自己的国家抱有自信和自豪感,对悠久的历史与传统要珍视,要不封闭、不排它地虚心面对现实”,并“保持日本人固有的谦虚、质朴、单纯,宁静的美德”。安倍在自己的代表作《构建美好国家》中,将自己的理念定义为“开放的保守主义”。他特别重视意识形态和安全保障两个领域,说要当一个“战斗的政治家”,并“全身心地投入到构建美好国家日本的挑战之中”。上台前他就主张,“为了树立日本新的国家形象,要在我们手中制定出新宪法。下届领导人要把制定新宪法提上政治日程并发挥主导作用。”在历代首相当中,他第一个表示要着手研究容忍行使“集体自卫权”。安倍的新日本主义在外交上将表现为,对美“亲而不从”,对华“和而不同”,即所谓的“主张型外交”。安倍要树立“强势日本”、“受世界尊重和信赖的日本”形象。

不过,“新日本”的方向性受到在野党的质疑,民主党干事长鸠山由纪夫说安倍搞“国家主义”、“权威主义”。具有讽刺意味的是,强调民族文化传统的安倍特别喜欢使用“外来语”(指通常由英文直译过来并用片假名表示的词汇),民主党政调会长松本刚明“提醒”安倍应“少用外来语多讲大和话”。新日本主义与新保守主义相比,在防卫观和国家观上虽然区别不大,但在历史观、文明观上新日本主义更“民族化”。弘扬民族文化传统、追求民族精神的价值、找回失落的民族主体性并没有错,但不能将其建立在错误的历史观之上。安倍“甲级战犯不是罪犯”的论调,逻辑上说不通,情感上过不去,其历史观令人担忧。另外,安倍的日美“一起流汗”、“一起流血”的想法听来让人生畏。不过,安倍推行新日本主义非常艰难,最后,不得不以辞职宣告失败。

**新福田主义** 福田康夫担任日本首相后,尽量扭转小泉、安倍两届政府内外政策上的偏差。他的“新福田主义”使日本的亚洲外交有了新的起色。“福田主义”是指,1977 年 8 月 18 日当时的日本首相福田赳夫(福田康夫之父)在马尼拉发表的日本对东南亚政策的三个基本原则:即“第一,我国决心走和平道路,不做军事大国,基于此

立场，我们愿为东南亚以及世界和平作贡献；第二，我国愿与东南亚各国之间不仅构筑政治、经济上的信赖关系，还要在社会、文化等广泛领域里构筑一种作为真正朋友的心交心的相互信赖关系；第三，我国将站在“平等合作者”的立场上为整个亚洲的和平与繁荣作出贡献”。这是战后日本在反省历史的基础上所制定的新的亚洲外交战略。它虽然是面对东南亚而言的外交原则，但其历史意义已经远远地超出了所指的区域范畴。它是战后日本亚洲认识的一次认真总结，也是战后日本“新亚洲观”的一次宣示。“福田主义”的历史意义在于，它首先表明了日本走“和平主义道路”的决心；其次，日本要与亚洲在文化上进行“心与心”的深入交流；最后，日本自明治维新以来，第一次放下身段要与亚洲各国“平等相处”。

福田康夫的“新福田主义”可以说完全继承了上述“福田主义”的精华，当然，21世纪的“新福田主义”也具有自己的时代特征。从目前来看，日本是否与亚洲平等相处已经不是什么认识问题，而是一个如何实践的问题了。另外，日本已经不是做不做“军事大国”的问题，而是作为亚洲最强大的军事国家如何与亚洲各国进行军事交流的问题了。“新福田主义”由以下几个方面构成：第一，和平主义；第二，共鸣外交；第三，亚洲意识。“和平主义”是福田首相为日本设立的国家战略发展目标，同时，它也指导着日本的亚洲外交战略的方向。“共鸣外交”是日本对日美同盟一边倒外交政策的修正，也是日本重视亚洲外交的具体表现。“亚洲意识”是新福田主义存在的基础，也是福田制定对华外交政策以及亚洲外交战略的认识基础。如果说20世纪的“福田主义”是在回避日美同盟的前提下形成的具有理想主义色彩并缺乏实施空间的亚洲外交战略的话，那么，“新福田主义”则是在正视日美同盟的同时所形成的具有现实主义色彩并具有可行性的亚洲外交战略。

福田曾说，“将日中两国联系在一起的不单是利益和利害关系，两国还是具有悠久交流历史的邻邦，日中之间不但有相通的文化及传统，而且也有在交流过程中形成的相互依赖的基础”，“追求人权、法制，民主主义的价值固然很重要，但另一方面，我认为深深扎根于两国之中的共同基础和价值观同样重要”。福田首相的亚洲认识对未来日本亚洲外交战略的制定具有深远的指导意义，成为日本亚洲认识的新起点。

**思考题：**

1. 试述日本政治体制变迁的历史过程。
2. 日本天皇制有何特征？
3. 简述国会在日本人政治生活中的作用。
4. 何为“派阀政治”？
5. 论日本“新保守主义”的特征及其局限性。

**注释：**

[1] 刘小林著《当代各国政治制度 —— 日本》兰州大学出版社 1998 年第 7 ～ 8 页。

[2] 同上，第 12 页。

[3] 同上，第 18 页。

[4] 武寅 著《近代日本政治制度研究》中国社会科学出版社 1997 年第 8 页。

[5] 蒋立峰主编《日本政治概况》东方出版社 1995 年第 133 页。

[6] 高增杰主编《当代日本社会思潮》 中国社会科学院日本研究所 1993 年。

[7] 小泽一郎著，冯正虎、王少普译《日本改造计划》上海远东出版社 1995 年第 77 页。

**主要参考文献：**

高畠通敏《討論·戦後日本の政治思想》，三一書房 1977 年。

北西允、山田浩《現代日本の政治》，法律文化社 1983 年。

中曽根康弘著 金苏城、张和平译《新的保守理论》，世界知识出版社 1984 年。

中国社会科学院日本研究所《日本概览》，国际文化出版公司 1989 年。

小泽一郎著 冯正虎、王少普译《日本改造计划》，上海远东出版社 1995 年。

蒋立峰《日本政治概况》，东方出版社 1995 年。

武寅《近代日本政治制度研究》，中国社会科学出版社 1997 年。

刘小林《当代各国政治制度 —— 日本》，兰州大学出版社 1998 年。

李寒梅等《21 世纪日本的国家战略》，社会科学文献出版社 2000 年。

# 第五章 经 济

日本是个自然资源贫乏的岛国，但自19世纪末期尤其是战后以来，日本由于成功地发展经济并成为世界第二大经济强国而备受瞩目。下面我们就来着重介绍一下日本经济的发展历程。

## 第一节 战前的日本经济（645～1945）

### 一、古代封建主义经济(645～1868)

日本的封建主义经济起于公元645年的大化改新。大化改新后，日本全面接受中国唐朝文化,确立了以“公地公民”为基础的律令制国家体制，出现了早期的封建经济。其基本特征为：公地公民的土地国家所有制、班田授受的“计口分田法”、租庸调徭榨取农民剩余劳动。8世纪初，日本为了增加耕地，多次颁布法令，如“三世一身法”（公元723年）、“垦田永年私财法”（公元743年）等，鼓励民间垦田并承认其私有。于是有势力的贵族、寺社积极垦田，设置庄园，史称“垦田型庄园”。随着大量土地的私有化，律令制的公地公民原则日益受到破坏。

至平安中期(10世纪)，一些地方豪族利用中央政府和地方武士的矛盾，摆脱中央的控制，谋求免课特权，把土地的所有权名义上捐献给中央豪族或寺社，并交纳一定的年贡，使后者成为名义上的领主（称为领家、本所或本家）。然后，他们从这些名义领主那里接受庄官（庄园管理者）的任命，仍然掌握着庄园的实际领主权。于是，出现了一种新的庄园形式——“献地型庄园”，它逐渐取代垦田型庄园而成为中世庄园的基本形式。

镰仓幕府建立后，立即设置“守护”、“地头”等掌管土地的职务，派自己手下的武士来担任，对原来的庄园主或自己的新功臣则发给“封地状”，以确认其占有土地的权利。于是，庄园制一下变为封土制，封建制度确立起来。庄官一职被担任地头的武士所取代，建立兵农合一体制。地头具有管理庄园土地、统治庄民、征收年贡服役以及治安等权力，是庄园的实际支配者。庄园的基本农民是“名主”和“作人”。名主一般是包括旁系家庭及奴仆在内的家长制大家族共同体。他们一方面耕作领主的土地，负担年贡和徭役，一方面占有少量的“名田”即自有地，统率全家族从事耕作。这种庄园的地头支配制和名主的劳动，便成为日本封建经济的基础。

镰仓后期，庄园领主把一部分实物地租（主要指稻谷）通过商人卖给地方市场，以货币代替实物地租，促进了原来极不发达的手工业和商业的发展。南北朝和室町时代，手工业和商业日益繁荣，地方市场由原来每年春秋两次市集，发展为每月三次或六次的三斋市或六斋市。战国时期，城下町和海港城市也迅速发达起来，出现了行会组织——“座”、栈房——“问屋”、汇兑业——“替米”、“替钱”。

由于生产力和社会分工的发展，自南北朝以来农村发生深刻变化，名主大家族共同体趋于解体，小农个体经营逐渐加强。同时，由于守护大名向庄园扩张势力，庄园日益变为守护的领地。结果，导致庄园制的解体和守护领国制的形成。

后期封建主义经济的基本特征是幕藩制，即以幕府将军和藩国领主（大名）的土地所有制和小农耕作的农奴经济为基础。在幕藩体制下，将军是全国最高封建领主，掌握全国政权，对于大名的封地拥有改易和转封的支配权。家臣从大名取得土地，但必须与土地分开，住在城里，把土地委托农民耕作，收取以稻谷为主的年贡。耕作这些土地的称为“本百姓”，他们每户分得一定土地，被固定在土地上，除了负担地租和徭役外，还客观存在着禁止买卖土地、限制份地及限制种植等一系列的超经济强制。农民的生产活动是在村落共同体内进行的，村落既是生产单位，又是缴纳年贡的单位。

后期的封建经济是以领主剥削农民实物地租为基础的自然经济，但领主必须出卖所得实物以购买其他生活必需品。同时，由于大名对将军履行参觐交代[1]和军役的义务，负担着额外的支出，因此也必须出卖所得实物。为了方便大名出卖稻米，幕府在大坂（今大阪）设立全国中心市场，出现了特权商人和同业行会。这种比较发达的商品货币经济，是幕藩体制必不可少的经济支柱。与此同时，随着本百姓自给自足经济的部分解体和剩余生产物的商品化，农村的商品经济也日益发展起来。18世纪，幕府为了增加收入，实行商业统制政策，确认了江户（今东京）、大坂和京都的商人公会。同时，实行殖产兴业政策，准许农民经营副业，以强化地租。但是，随着商品经济的发展，幕藩体制的经济基础却从根本上动摇了。

19世纪，幕藩经济陷于严重危机，日本也开始受到西方列强的侵略。幕府内外交困，虽多次试图改革，但收效甚微，日暮途穷。封建经济日趋解体，终于以西方强迫开港为契机，触发了激烈的国内矛盾，爆发了明治维新运动。

## 二、明治维新到二战结束 (1868 ～ 1945)

1868年明治维新以后，日本建立了强有力的中央集权国家，开始将赶超西方强国、推进经济增长作为国家目标。其标志是：民间企业开始迅速发展；制造业的产值开始迅速增加；近代的财政、金融体制开始形成；明治初期的经济混乱状况开始改观。

与西方强国相比，日本现代经济增长的起始阶段的特点是：开始最晚、起点最低、

开始之后的增长率最高。

明治政府实施“殖产兴业”的经济政策，自上而下地培育现代产业（例如由政府开办“模范煤厂”，然后廉价出售给民间），促使工业化获得了迅速地发展，对追赶欧美先进国家起到了重要的作用。与此同时，明治政府还推行“富国强兵”政策，将工业化与经济增长带来的“国富”用于“强兵”，而不是用于改善国民的生活，终于走上与西方列强为伍、竞相对外侵略扩张的道路。

对外发动侵略战争与进行掠夺成为明治维新以来日本经济获得较快增长的极为重要的原因。例如，在 1894 ～ 1895 年发生的中日甲午战争（日本人称之为“日清战争”）之后，日本获得了“割地”（台湾、澎湖列岛）、“赔款”（2 亿 3150 两白银，相当于 3 亿 6400 万日元，而当时的中央政府的一般会计年出为 7000 ～ 8000 万日元）及在中国开放港口的通商特权。从一定意义上说，获取战争赔款，通过侵占殖民地掠夺国外资源与财富，对日本实现工业化具有决定性的意义，这也是日本资本主义发展的一个特点。

富国强兵是日本政府的努力方向，而殖产兴业则是日本政府内实现这一目标所制订的重大经济政策。依靠这一系列政策，日本实现了从原始积累到近代产业制度形成的双重飞跃。

① 日本通过地税改革完成了资本主义工业所必备的资本积累。1873 年 2 月，明治政府颁布法令，承认了土地私有权，并取消了土地永久买卖的禁令。同时，佐之以地券制度，以保证土地所有权的实现。1873 年 7 月，发布了《地租（税）改正条例》，实行以地价为基准、征收率统一（为地价的 3%）、以货币形式缴纳的地租制度。这些制度使大多数农民变成自耕农，但同时给他们加上了沉重的地租负担，使大批农民不得不放弃土地，转为劳动力的出卖者。而这高额、固定的地税，则构成了当时日本政府的主要财政来源，成为日本资本主义生产必不可少的原始积累。

② 日本政府通过一系列政策，确立起了资本主义的经济制度。

首先，日本政府创建了一大批工厂，如横须贺造船厂、小野造船厂、富冈缫丝厂等作为模范工厂，并开办“劝业博览会”，设立“工业试验所”，派人出国学习外国的先进技术和管理经验，以带动工厂制度在全国扩展。1880 年起，明治政府陆续将这些模范企业拍卖给私人经营。这样，几乎除军工外各个部门的、由国家设立的模范工厂，都近乎无偿地转让给了与政府关系密切的民间资本，从而促进了民间商业资本向工业资本的转化，并为财阀的形成奠定了基础。同时，为日本产业界确立起了近代的工厂制度。

与此同时，日本政府还从西方全盘移植了资本主义的经济制度。在股份公司制度方面，1869 年明治政府一度试建通商会社和外汇会社，但不久失败。1874 年 1876 年相继颁布了《股票交易条例》、《股票交易所条例》，为股份公司确立了法律保证。此后银行、铁路等行业均采用了股份公司形式。在银行制度方面，1872 年颁布了《国立银行条例》，以确保货币兑换制度的建立，防止通货膨胀。到 1879 年，“国立银行”（实际上是私人经营的）已设有 153 家。此外，1887 年成立了横滨正金银行作为“国策银行”，专门从事外汇管理业务；1882 年成立半官半民（由政府支配）的日本银行作为“银行中的银行”，成为发行货币的中央金融机构。至此，基本上建立起了全套的金融体制。在货币制度方面，明治政府于 1869 年设立造币局。1871 年开始采用金本位制铸造统一的货币，并发行新纸币。1879 年收回所有旧币，到 1886 年完成了向金银复本位制的转变。同时，日本政府还移植了西方的公债制度和保险制度。1870 年公债及借款已占明治政府财政收入的 22.9%。此后，公债常常为弥补财政不足的重要手段。

随着工业化的进展，日本在第一次世界大战（1914 ～ 1918）以后，从慢性的债务国转变为债权国，在经济结构上则从农业国转变为工业国（1918 年工业比重超过 50%，达到 56.8%），虽然工业结构是以轻工业为中心，钢铁、造船、机械、化学等重工业和化学工业也有了相当的发展。但是，与工业化与经济军事化加速推进的同时，社会发展十分迟缓，三大差距（不同社会阶级、阶层的贫富差距、城市与农村之间的地区差距、大企业与中小企业之间的“二重结构”）不断扩大，劳动人民的不满情绪日益高涨。1923 年发生了关东大地震，造成了生命财产的巨大损失。1929 年又卷入世界性经济恐慌，使日本的工、农业及金融业遭到沉重打击。

从 1937 年发动全面侵华战争，到 1941 年挑起太平洋战争，使战争费用更加扶摇直上，达到 7558 亿日元这样的天文数字，国债余额从 1930 年的 62 亿日元增加到 1945 年底的 1439 亿日元，整个经济陷入了崩溃的边缘。

## 第二节　战后日本经济的重建（1945 ～ 1954）

1946 年，日本开始走上了经济复兴之路。由于长期战争的破坏，生产能力锐减，工业设备的 30%—60% 遭到空袭破坏，未遭破坏的设备也急需修理与更新。同时，由于战时大量支出军费的结果，导致恶性的通货膨胀，许多生活必需品供应奇缺。在经济复兴的开始，日本在美国占领当局的“间接统治”下，实行了战后改革，包括改革初期实施非军事化，制定“和平宪法”，同时实施解散财阀、农地改革、劳动立法等三大民主改革。战后改革使日本在外力的推动之下确立了战后的和平发展道路，并使市场竞争原理在除金融业外的大多数产业领域得以发挥作用，为整个战后的日本经济、社会的发展奠定了基础。

1946 年采取的“倾斜生产方式”对经济复兴具有重要意义。由于当时的能源中心是煤炭，产业“粮食”是钢铁，为了全面恢复生产，首先需要倾全力于增产煤炭与钢铁。“倾斜生产方式”就是选准煤炭与钢铁作为恢复经济的突破口，首先将依靠美国援助，从美国进口的燃料油优先投入钢铁生产，接着将增产的钢铁优先投入煤炭生产，再将增产的煤炭投向钢铁生产，通过钢铁业与煤炭业的相互促进与共同振兴来带动电力、化肥、交通等其他产业部门的发展。

为了实施“倾斜生产方式”，日本政府还对重点产业部门实施价格补贴（对官定价格低于生产费用的差额部分实施补贴），并于1947年初设立了“复兴金融金库”，给重点产业部门提供低息贷款。这样，到了1948年日本经济虽然摆脱萎缩状态而走上了扩大再生产的道路，使整个经济重建工作开始走上轨道。但是，大量的价格补贴和巨额的低息贷款加剧了通货膨胀，出现了所谓“狂乱物价时期”。

为了解决严重的通货膨胀，美国政府于1948年12月向日本政府发出指令，提出“稳定经济九条原则”，即：加强税收，严格限制贷款，停止增加工资，加强外汇管理，强制征购粮食，增加重要物资的生产，实现预算平衡，对美元实行单一汇率，对出口部门的原料进行重点分配。同时，派遣底特律银行董事长道奇为美国占领当局的财政金融顾问，对日本经济进行整顿，通称“道奇整顿”。其主要内容包括：①确定对美元的单一汇率制，即1美元兑换360日元；②编制超平衡预算，偿还国债；③撤销复兴金融金库；④以出售美援物资的款项作为稳定通货和发展生产的长期资金；⑤尽快废除除主食以外的物资统制制度；⑥废除除进出口以外基干企业的补助金。其结果，使日本的通货膨胀得到控制，物资的供求关系得到缓和，黑市价格与官价接近，对经济的统制逐渐撤销，为经济的自由发展创造了条件。但财政和金融的紧缩，使居民的赋税加重，造成失业增加，工资下降，中小企业破产，市场购买力滑坡，库存积压，生产被迫下降——日本经济重新陷于危机。

正在这个关头，美国侵朝战争于1950年6月爆发，大量的战争“特需”犹如及时雨润泽了日趋干枯的日本经济，使工矿业生产部门重又活跃起来，不仅摆脱了道奇路线造成的经济危机，而且带来了空前的“特需景气”。

1952年朝鲜停战之后，由于美国不再从日本大量采购战争物资，致使日本经济一度陷入短暂的不景气，但此时日本经济已经度过了最困难的时期，企业得以依靠其资本积累扩大设备投资，实行产业的合理化，提高国际竞争力；城乡居民在收入明显提高的条件下，对耐用消费品等的需求不断增大，刺激了生产的发展，因而很快出现了“投资、消费景气”。至1953年，日本的实际GNP超过1944年的水平，而在1946年实际GNP只及1944年的56%。从1946—1955年的10间，GNP年均增长率达到9.2%。

## 第三节　高速增长期（1955～1973）

1956年发表的《经济白皮书》宣称："现在已不是战后了"。从1955年到1973年将近20年期间，平均年增长率持续保持在10%以上。1973年，日本实际GNP达到1946年的11倍，达到战前水平（1934～1936）的7.7倍。

当时，日本无论是在生产方面，还是在消费方面，都以美国为样板，所需要的技术，也无需自己从头开始，只要把先进技术引进来，通过模仿、消化与改良，就能迅速使之产业化、产品化。由于竞相引进技术而导致了设备投资的迅速增长，出现了所谓"投资呼唤投资"的热潮。以投资促投资的良性循环，使整个经济活跃起来。14年之内连续出现了4次经济大繁荣，即：①1956年～1957年为期1年的"神武景气"[2]；②1958年～1961年为期42个月的"岩户景气"[3]；③1962年～1964年为期24个月的"奥林匹克景气"[4]；④1965年～1969年创历史纪录，为期达57个月的"伊奘诺景气"[5]。这4次经济大繁荣，共长135个月，占14年（168个月）的80.4%，为世界经济史上的奇迹。通过设备投资热潮，在战争期间由发达国家开发的新技术、新产品大量流进日本，使原有的产业设备一举更新，崛起了钢铁、合成纤维、石油化学、电子工业等一大批新兴产业。从产业结构的角度看，经济高速增长过程也就是战后重工业化和化学工业化的过程。

日本政府在整个高速增长时期所推行的积极的干预政策发挥了巨大作用。共制订了36个长期计划，影响最大的是《国民收入倍增计划》。它提出了"极大地提高国民生活水平和充分就业，为此必须极大地谋求经济的稳定增长"、"十年后我国按人口平均计算的国民收入为20.8万日元，约达到现在两倍的水平"的目标。并且，提出了五项具体的政策课题。

① 充实社会资本，加强日本道路、港湾、用地、用水及国民生活中的环境、文教、休养、交通等社会公共性设施。

② 促进产业结构高度化。提高第二产业的比重，在提高各个企业或各个产业部门的生产率的同时，产业结构的重心从生产率低的部门转向高的部门。

③ 促进对外贸易和国际经济合作。由于日本自然资源不足，必须依赖大量的进口，因而经济发展受到国际收支的严重制约。于是，通过扩大出口以增加外汇收入，便成为计划完成的核心环节。

④ 提高人的能力和振兴科学技术。考虑到科学技术的迅猛发展与产业结构的高度化和劳动力水平提高之间的紧密联系，必须提高教育、训练、研究等人的能力开发方面的社会福利。

⑤ 调整二重结构和确保社会稳定。

《国民收入倍增计划》极大地鼓舞了日本国民的斗志，并且为此后的政府政策确立了基本的框架。

二战后，在美国的倡导下，资本主义世界出现了贸易汇兑“自由化”倾向。而且，欧洲各国经济在50年代的恢复和60年代的高速增长（达到5.0%左右）为日本的对外贸易创造了极为有利的条件。

1959年秋，关贸总协定开始了东京回合的谈判。按照关贸总协定和国际货币基金组织的要求，日本须于1963年2月转为关贸总协定11条国[6]，1964年4月转为国际货币基金组织8条国[7]，不能再以国际收支为借口对进口进行差别限制。同年日本正式加入了经济合作与发展组织（OECD），又承担了资本交易逐步自由化的义务，而日本自身也恰恰需要开放的国际市场。

出于内外部双方的要求，日本于1959年11月、12月和1960年1月连续三次放宽了对进口的限制。1960年6月制定了《贸易和汇兑自由化大纲》，9月又发表《贸易和外汇自由化促进计划》。到1960年，日本的贸易自由化率仅为41%，1964年4月达到93%，1965年10月，对小汽车行业也实行了自由化。1973年4月，只有32个品种尚未进行自由化，其中24种为农产品。

对于资本自由化，日本自1964年4月加入经济合作与发展组织后，就承担了对外直接投资等的资本自由化义务。这令日本大感恐慌，大呼“黑船”[8]又来。1967年6月以后，1969年3月，1970年9月，1971年8月，先后实行了四次资本自由化。到1973年5月，除了农林水产业、石油精制贩卖业、皮革制造业和零售业等五个行业外，其他行业原则上实行100%的资本自由化。

贸易自由化和资本自由化使日本企业界经受了考验，强化了结合，他们趁机组成企业集团，以更为集约的形式向国际市场出击，对日本的对外贸易和资本输出都有极大的益处。

## 第四节 稳定增长期（1973～1986）

由于侵越战争，对外直接投资和跨国公司的发展，美元严重外流，带来美国贸易收支状况的恶化。美国黄金储备大量减少，美元陷入危机，以美元为中心的国际货币制度开始崩溃。1971年8月15日，美国尼克松政府发表新经济政策：①暂停黄金兑换美元；②对外国商品征收10%的进口附加税；③削减对外援助10%；④工资和物价冻结90天；⑤减税以刺激经济繁荣等。即所谓“尼克松冲击”。在此冲击之下，英、法、意等国相继采取了浮动汇率制，日本也从8月28日起转为浮动汇率制。

与这一事件同时构成对日本经济的重大冲击的背景是，日本的对外贸易摩擦加剧了。特别是美国对日本贸易，在1965年转为逆差之后，1971年美国的贸易赤字猛增至35.6亿美元，1972年又增至41.6亿。1969年尼克松政府成立后，即开始日美纺织品谈判，直到1971年，历时两年半才达成了日本“自主”限制协议。

由于美元危机后日本的大量出口遭到非议，国际社会在1973年3月承认浮动汇率制的同时，也要求日元升值，最终日元价格以1美元＝308日元的比价确定下来。这一结果，令日本政府的产业界不知所措，一度陷入极其混乱的状态。加之，出于投机目的而带来的外资大量流入，出口呈现停滞，使日本政府在此做出了错误的判断。

为刺激经济恢复，日本政府推行了“调整通货膨胀政策”，扩大信贷以缓和美元冲击，结果与上述投机资金一道，形成了庞大的过剩游资。这时，田中首相又提出“列岛改造论”，采取了高速增长为主要目标的经济政策。结果，土地、股票及商品的投机活动异常猖獗，物价急剧上涨，滞胀的倾向更加明显。

1972年，世界性的通货膨胀愈烈。1973年2月，世界货币体系彻底转向浮动汇率制。此时，日元对美元的比价已涨到1美元＝280日元，日本经济的萧条大势积累已久。

1973年，由于1972年田中内阁推动的列岛改造热带来土地、股票投机猖獗和物价飞涨和同年春就已开始的世界性的初级产品价格暴涨，使所有工业用基础原料的国际市场价格全部上涨。对于严重依赖外来资源的日本，打击极大。所有产业迅速抢购、囤积并期货购买原材料。值此忙乱之际，“石油危机”爆发了。

1973年10月的“第四次中东战争”中，阿拉伯石油输出国组织为支持巴勒斯坦人民反对以色列侵略，决定削减石油供应量，将石油开采、价格决定权收归国有，并决定将石油价格从每桶3.01美元提高到5.11美元，1974年1月，再提高到11.65美元，涨价近4倍。并削减石油供应，与此相应，日本石油进口中的97%成了削减对象。

日本是个严重依赖外来资源的国家，又是世界第二大石油消费国，所需石油的99.7%靠进口，其中81%来自中东地区。不难预见，石油危机给日本经济带来了巨大冲击。

首先，物价飞涨。1973年批发物价和消费物价指数比上一年分别上升了15.8%和11.7%，1974年又分别上升了31.4%和24.5%。其次，工矿业生产增长率显著下降，开工率也大幅下降，失业大增。特别是以廉价石油为原料的一系列工业部门，成本大幅上升，陷入困境。1974年，国民经济出现了战后第一次的负增长。此外，国际收支也处于恶化状况，1972年国际收支为黑字66.2亿美元，1974年即降为45.4亿美元。可见，这次“石油危机”对日本的冲击是很大的。

针对“石油冲击”，日本政府在对不同物资分别实施紧急措施之外，还从财政、金融方面采取了“抑制总需求”的政策，对私人设备的投资和建筑投资采取了压缩措施。1973年12月拟定了“稳定国民生活紧急措施法”，对石油制品、50～60种基础商品的批发价格和148种商品的零售价格进行了管理。于是，暴涨的物价有所缓和，对外贸易在1974年开始转向大量出口，国际收支趋于改善。此后，日本政府又连续提出了一系列对策，如增加公共投资的财政、金融及其他多种“危机对策”。企业除进行合理化生产外，还通过裁减工人、临时解雇、加强劳动强度、废除经营不佳或效率不高的部门等方法，推行所谓的“减量经营”方式。1976年后半年，出口贸易即由上半年的停滞状态转为大幅度增加，此后一直到1980年（1979年除外），每年都以20%至27%的速度增长。一度下降的私人消费也有恢复。1976年，经济增长率达到了6.5%。

石油供应方面，其情形也非石油危机初期所表现的那样。由于世界性经济危机，造成了石油及许多初级产品和原料都处于过剩状态。日本实际上并不存在石油不足的问题。因此，日本顺利地渡过了第一次石油危机，较早地从混乱中恢复过来，这也是其国际环境使然。

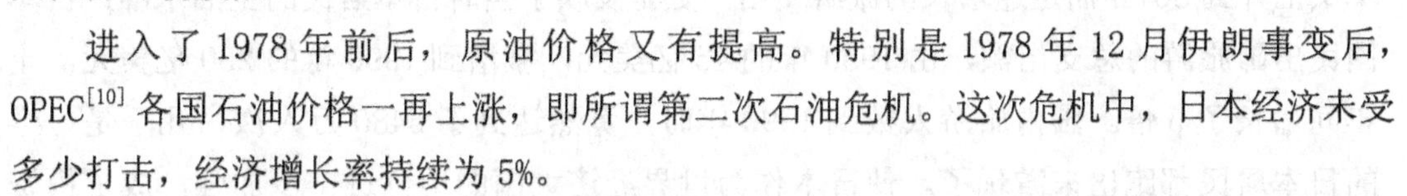

进入了1978年前后，原油价格又有提高。特别是1978年12月伊朗事变后，OPEC[10]各国石油价格一再上涨，即所谓第二次石油危机。这次危机中，日本经济未受多少打击，经济增长率持续为5%。

日本虽渡过石油危机，但付出的代价是巨大的。日本政府为增加财政开支和补充税收不足而大量发行国债，以至财政开支的1/3以上要用国债补偿。然而，财政赤字的巨大化，必然带来物价猛涨。健全财政，遂成为当务之急。另一方面，这些年的经济增长，是依赖大幅度增加出口所达成的。但是，在世界性不景气的时代里，这种带有倾销色彩的大量出口，不断地产生着“贸易摩擦”。

1985年五国财政部长会议以后，日元大幅度升值，在1985年9月至1988年11月的3年多一点的时间里，从1美元兑换230日元上升到1美元兑换121日元。

随着日本的经济、科技水平日益赶上欧美，日本政府越来越感到必须加强自主的技术研究、开发，“从模仿外国技术的时代走向独创的时代”。为此，于1980年正式提出了“技术立国”方针，制定了“创造科学技术推进制度”（科技厅）、“下一代产业基础技术研究开发制度”（通产省）等重要的研究开发计划，采取各种政策措施来推动“产官学”[9]的科技合作与交流。

## 第五节 泡沫经济时期（1986～1991）

20世纪80年代后期，日本经济摆脱了“石油危机”的影响后，开始快速回升，生产和需求十分旺盛，出现了历史上少有的繁荣期。这一时期，主要以资本输出、向外投资为日本经济的重要增长点。对外投资总额由1984年的570亿美元，迅速增长到1986年的1320 亿、1988年的1530 亿。其间，1989年度的投资额为675亿美元，竟超过了当年的日本贸易收支额597亿美元。至90年代初时，日本在海外的资产，便已由1980年的115亿美元，猛增至1987年的2407亿美元。到1991年时，已是3831亿美元，成为世界上最大的纯债权国了。从1987年起，至1991年初，日本经济出现了一个长达57个月的较大发展时期，对此，日本人称之为“平成[11]景气”。在“平成景气”年间，GNP增长率年均5.1%，高于80年代前期的年均3.4%。1990年日本的国民生产总值便达到了31699.7亿美元，占美国的64%。这期间，日本首次发出“对美国说‘不！’”，而号称要“买下美国”的舆论观念，就是在这时产生的。到90年代初，日本国民的生活水平、人均收入、消费能力都大大提高。1991年初，家庭月平均收入，比1980年提高了57%。而同期物价基本稳定，消费物价指数仅提高18%，实际收入约提高达30%以上。80年代初，日本居民的小汽车普及率为65%，而到1991年时，家庭小汽车普及率又上升到86%。而迅速增长的旅游支出，更是反映了当时日本居民的生活水准：日本国民出国旅游的总支出额，由1980年的46亿美元，激增到1990年的250亿美元，十年间增长了5倍。国内旅游人数到1990年时，竟然达到了5480万人次，几乎是一半的日本居民都跑出来游玩了。使日本作为世界经济大国的地位进一步加强，成了投资大国、债权大国与金融大国。

在这个时期，日本出现了大量的剩余资金。日本中央银行为了刺激经济的持续发展，采取了非常宽松的金融政策，但这些资金没有合适的投资项目，结果基本上都流入房地产以及股票市场。致使房地产价格暴涨。当初，日本金融机构对房地产泡沫的危害认识不足，也没有能够及时地对房地产市场现状作出一个正确的评估，纷纷给房地产公司和建筑公司发放贷款，形成了房地产不断升值和信贷规模不断扩大的恶性循环，泡沫越吹越大。

据日本国土厅公布的调查统计数据，1985年，东京都的商业用地价格指数为120.1（1980年为100），但到了1988年就暴涨到了334.2，在短短的3年间暴涨了近两倍。东京都中央区的地价上涨了3倍。日本经济从此埋下了十多年还未能了结的祸根。1990年，仅东京都的地价就相当于美国全国的土地价格，制造了世界上空前的房地产泡沫。

然而，吹出来的泡沫总是要破的。1991年，日本泡沫经济破灭，股价和房地产价格同时开始暴跌，并一直持续。不动产泡沫破灭给日本经济留下了严重的后遗症，导致日本经济十多年来一蹶不振。

泡沫经济期间，日本几乎所有的大企业都不同程度地介入了房地产行业，房地产价格的暴跌和经济的长期低迷导致日本一些涉足房地产业较深的大企业纷纷倒闭。

房地产价格的暴跌还重创了日本金融业，演变成了日本经济衰退的“罪魁祸首”。房地产价格持续暴跌致使许多房地产商和建筑公司在房地产领域的投资彻底失败，根本无力偿还银行的贷款，不得不宣布破产。房地产公司以及个人在向银行贷款时虽然都有房地产等资产作担保，但随着土地价格的不断下跌，担保的价值日益下降，致使日本金融机构不良债权不断增长，资本充足率大幅下降。不良债权大量增加导致金融机构的财务体质十分脆弱，抗风险能力低下。部分金融机构甚至还出现了资金周转失灵等问题，并导致日本十大银行中的日本长期信用银行、日本债券信用银行以及北海道拓殖银行相继倒闭。中小金融机构的破产更是接连不断，日本金融体系发生剧烈动荡，险些引发一场严重的金融危机，日本银行的各项机能均遭到重创。日本政府为了稳定金融体系，不得不向日本金融机构投入大量的国库资金，处理因银行倒闭遗留的问题以及增加金融机构的资本充足率。

## 第六节 失去的十年（1991～2001）

进入90年代后，日本经济出现了泡沫经济破灭后的不景气时期，被称为“失去的十年”。其主要特征是：

① 经济呈现极低的增长率或负增长，而且萧条状态长时间持续。从GDP的实际增长率来看，1992年为0.4%；1993年为0.5%；1994年为0.6%，这三年基本为零增长。在此之后，1995年增长率达3.0%；1996年达4．4%；增长率虽缓慢上升，但1997年的增长率为-0.1%；1998年-1.9%，这是前所未有的连续两年负增长[12]；1999年经济增长率为0.5%，出现了正增长；进入2000年以后，以内需为主导的经济虽然开始逐步复苏，但是占GDP六成的个人消费仍然呈持续低迷状态，2001年的增长率又下落为-0.5%，要使经济规模走上持续扩大轨道还需要很长时间。股市在1998年10月跌到了泡沫经济崩溃后的历史最低点后开始反弹，但2000年春以后又开始暴跌，股市就这样在长时间持续低迷的状态中迎来了2 1世纪。

② 银行和证券公司的倒闭现象相继出现。1995年以城市最大的信用组合KOSEMO信用组合为代表，大阪的木津川信用组合、第二地方银行中最大的兵库银行等相继关张。继而，北海道拓殖银行成为战后首家破产的城市银行，从此便拉开了“大倒闭”时代的序幕。作为四大证券之一的山一证券也宣布关张停业。1998年10月，国家对在金融方面支撑日本经济高速增长的、日本长期信用银行实行了特别公共管理（暂时国有化），实际上是作为破产处理，从而结束了其长达46年的历史。（其后，政府将国有化的银行转让给了以美国投资公司Ripple wood Holdings为首的欧美金融集团，该银行于2000年3月重组，6月更名为新生银行。）作为主管金融行政机关的金融监督厅于1998年6月成立[13]，12月金融监督厅根据特别公共管理，对日本债券信用银行进行了破产处理[14]。由于制定了《金融再生关联法》和《金融早期健全化法》，确保了银行拥有60万亿日元的巨额资金，进入1999年以后，日本银行的海内外信誉开始逐

渐得以恢复。但是，日本政府长期对银行采取“船队护送方式”的做法，使银行长期处于温室中，从而形成了脆弱的体质，这一弱点很难短时间内被消除。

1997年消费税上涨、人们的消费欲望减退，经济依然持续低迷。因经济低迷导致进口减少，在重视扩大出口时导致贸易摩擦。最终由于贸易顺差扩大又导致日元升值再次袭来，使出口企业受到沉重打击，经济萧条状态长时间持续存在。

作为恢复经济应采取的措施，一是央行降低贴现率来刺激复苏，二是由政府出资来扩大内需。央行贴现率自1991年7月起开始再度下调，1993年2月降到了2.5%，1995年9月更降到0.5%，已经没有再降的余地了。这种超低利率也许对拯救银行起到了很大作用，但对于经济复苏所起的作用却微乎其微。很多企业在泡沫经济时期，由于对设备进行过度投资而不得不控制设备投资金额。下调利率牺牲了国民的利益，其结果是对个人消费起了反作用。1992年8月至1999年1月，政府拿出120万亿日元以上的资金，实施以公共事业、减税为中心的经济复苏政策，但并没有达到预期效果，更没有起到经济复苏的“起爆剂”的作用。相反导致财政赤字扩大、拖延了结构改革的步伐。1995年末国债发行余额为220万亿日元，2000年达364万亿日元（日本人均约287万日元）。如果再加上国家与地方自治体的长期债务，则超过了年GDP总额，达到645万亿日元。根据OECD的统计，2000年日本国家与地方的财政赤字额为GDP的10.1%。与美国的0.6%、德国的1.2%、曾经濒临经济崩溃边缘的意大利的1.6%相比，日本的财政赤字比率异常过高。

尽管如此，此时的日本仍然拥有世界第二大的经济实力，其GDP占全世界的14.2%(1997)。日本经济即使连续两年出现负增长，但在经历了1997年～1998年亚洲金融危机后，资本、技术密集型的制造业的劳动生产率开始回升，实体经济正在缓慢复苏。

## 第七节　近期的日本经济（2002年～　）

多年低迷的日本经济，经过长达10多年的调整，近年呈持续增长态势。2002 年度的 GDP 增长率为 1.6%；2003 年度翻了一番为 3.2%；2004 年高达 6.1%，这将大大拉动整个年度的经济增幅。2006年，日本整体经济已逐步恢复了活力，企业盈利显著上升，内需外需同步增加，国内生产总值持续稳定增长。2006年上半年，日本经济已经进入一个相对稳定的增长时期，其原因是多方面的，其中包括：

① 金融业重现活力、银行坏账缓解。日本政府先后筹措巨额资金向金融机构注资，实施超宽松的金融政策，促进金融业兼并重组，建立有效的金融安全保护网，使整个金融行业逐渐摆脱了上世纪90年代末以来的困境。而日本政府制订的金融机构削减不

良资产的时间表，迫使各大金融机构下定决心进行改革。另一方面，日本中央银行实施的超宽松“零利率”货币政策使很多商业银行减少了利息支出。经过了多年的艰难调整，日本金融机构终于恢复了活力，不良资产大幅下降，资本充足率进一步提高。

② 日本产业结构调整成果显著。泡沫经济破灭之后，日本产业界开始了漫长的产业结构调整之路。目前，日本产业结构调整已经取得了显著成果，一大批劳动和资本集约型产业迁往海外，众多生产高新技术、高附加值产品的工厂在日本国内建成。这有利于日本经济的长期稳定发展，也促使日本对外经济结构发生重大变化，实现了日本从“商品输出为主”向“资本输出为主”的转变。

③ 小泉的“小政府大经济”改革政策有利于经济增长。打着改革旗号上台的小泉纯一郎上台之初虽然有道路公团民营化改革的一些举措，但其真正摆脱掣肘，加快实施改革是在2005年日本众议院大选获胜以后。在大选以后的两三个月里，小泉改革有加快的势头，除了邮政民营化改革以外，还接连推出了诸如年金（养老金）改革、税制改革等一系列改革。这些改革措施体现了小泉改革总体思路是“小政府大经济”。政策推出以来，日本的海内外投资者对其改革还是表示欢迎的，日本经济各项指标出现走出徘徊局面的迹象。

自2002年2月至2008年8月，日本持续了史上最长的77个月景气期，成为战后日本经济增长持续时间最长的一次。但目前，日本经济还面临着很多问题：从外部因素看，全球原油价格变动和美国经济减速，无疑对日本经济的稳定持续增长构成威胁。而日本经济内部一些痼疾，如财政债务负担沉重、金融政策处于非正常状态、贫富差距不断扩大、人口老龄化、社会保障负担加重等，依旧困扰着日本经济。

在日本经济复苏的过程中，中国发挥了不可忽视的作用。作为日本最大贸易伙伴的中国，也无疑将从日本经济的复苏中受益。中日“政冷经热”格局短期内不会发生根本性变化。中国经济持续高速发展需要借助外来的技术和资本力量，而日本要保持经济稳定增长，更需要中国市场，双方的这种互补性在未来还将继续存在，中日经贸关系的发展前景仍广阔。

**思考题：**

1. 日本的战后经济分为几个阶段，每个阶段的特点是什么？
2. 日本现代经济增长是如何起步的？
3. 日本经济高速增长的原因？
4. 何谓“泡沫经济”？泡沫经济所带来的影响是什么？
5. “失去的十年”指的是什么？其主要特征是什么？
6. 你如何看待当前的日本经济？

**注释：**

[1] 参觐交代：也叫“参勤交代”，即参勤轮换制。日本江户时代，幕府为管理大名而让其来江户供职一定时间的制度。宽永十二年（1635）三代将军德川家光时予以法制化。原则上一年在地方，一年在幕府，以4月份为交接期。

[2] “神武”是日本历史传说中的第一代天皇，以“神武”命名这次景气，意为日本历史上第一个经济繁荣期。

[3] “岩户”一词出自《古事记》和《日本书记》记载的传说中的皇室祖神——天照大神从隐藏的岩洞中出来，天下重新恢复了光明的神话。

[4] 1964年在东京召开奥运会，从而引起建设投资热潮，推动宏观经济进入景气局面。

[5] “伊奘诺”是日本神话中的人物，他同妹神伊奘冉一起创造了国土万物。

[6] “关贸总协定11条国”是指由国际货币基金组织认定为国际收支上有困难的国家以外的国家，这样的国家适用于关贸总协定11条（废除数量上的限制），不能以国际收支上的理由实行进口限制。

[7] “国际货币基金组织8条国”是指承认履行国际货币基金组织协定第8条规定的参加国一般义务的国家。主要义务有：对经常交易不予限制；不采取差别性的货币措施；给予其他参加国的货币以可兑换权。

[8] “黑船”特指在日本锁国时期大型的外国舰船，其船体因涂黑而得名。

[9] “产官学”：“产”指民间企业，“官”指政府研究机构，“学”指大学。

[10] 〈Organization of Petroleum Exporting Countries 的略语〉石油输出国组织。欧佩克。1960年以调整石油生产、石油价格为目的，由伊朗、沙特阿拉伯、科威特、伊拉克和委内瑞拉组成。1992年厄瓜多尔退出后，出现12个国家加盟。总部设在维也纳。

[11] 1989年1月7日，在位64年的日本天皇裕仁病逝，皇太子明仁继位，日本的“昭和”时代结束，“平成”时代开始。

[12] 联合国于1993年推出被称之为93 SNA的新计算方法。日本政府于2000年10月27日宣布放弃自1978年以来一直沿用了22年的计算方法，改用新计算方法。新方法的最大不同在于计算机软件的投资被视为设备投资，道路、桥梁等社会资本的折旧费大幅度提高。如果按新的方法计算，1997年为正增长，仅1998年为负增长。

[13] 2000年7月与大藏省的金融企划局合并成金融厅。2001年中央政府行政机构进行重组，大藏省更名为财务省。

[14] 其后转让给由软银、ORYX、东京海上火灾保险公司三家组成的联合体，该行于2001年1月更名为青空银行。

**主要参考文献：**

1. 赵儒煜《日本经济纵横论》，吉林大学出版社 1994 年。

2. 冯昭奎《日本经济》高等教育出版社 2005 年。

3. 刘晓路《日本经济》，人民出版社 1994 年。

4. 堺宪一《战后日本经济》，对外经济贸易大学出版社 2004 年。

5. 新日本制铁株式会社《日本》，学生社 1999 年。

# 第六章 科 技

科学是知识体系，是技术进步过程的反映；技术是物化的科学，是重要的生产力。在古代，科学与技术并不大相干，而近代两者则联系紧密。古代日本的科技主要得益于中国文化。近代，日本在独具特色的科技管理体制下，通过技术引进和创造性的研究开发，成为技术开发强国，也成为世界第二大经济强国。

## 第一节 日本科技发展史概述

公元前2世纪到公元3世纪是日本的弥生时代，这一时期经朝鲜从中国大陆传入了先进的制陶技术和炼铁技术，一跃从石器时代发展到铁器时代，可谓是日本的第一次技术革命。在弥生时代，手工业业已形成，酿酒、纺织、染色等技术已达到了一定水平。

古坟时代后期的600年，推古朝“遣隋使”成行，去隋朝进行外交和全面的学习活动。610年，中国造纸术传入日本。奈良时代，受到盛唐文化的全面影响，708年仿唐冶炼的铜币“开元通宝”问世。平安时代，在唐宋文化的影响下，天文学、历学、医学等都有所发展。861年普及中国算学知识和推行唐宣明历；广泛修筑水渠，推动了治水工程的进步。镰仓幕府时代，打造武士用的日本刀使炼铁技术获得长足进步。

江户时代，是日本吸收西方先进科学技术的时代。1543年葡萄牙人的大船开到日本，此后随着天主教的传播，西方的学术文化不断渗透。1590年新活版印刷术传入，1605年造出西式帆船。这一时期，日本在保持与中国接触的同时，不断汲取西方的先进科学技术。但不久因天主教势力发展过快，1633年幕府宣布“锁国令”，只允许长崎的一个特区与荷兰交往。江户幕府锁国期间，几乎断绝与西方科技交往的一切渠道。

18世纪中叶到19世纪的后几十年，西方出现了两次技术革命，其标志是蒸汽机的发明和新式炼钢法以及电力的应用。在这一百多年中，大部分正值日本的“兰学”热潮期间。1720年，江户幕府第八代将军废除了禁书令，“锁国”结束。1774年翻译出版西方解剖学著作《解体新书》，迎来“兰学”的热潮。“兰学”指利用荷兰语学习和研究西方的文化和学术的学问。此热潮标志着日本近代科技发展的开端。

1853年，美国舰队开进日本，迫使日本开国，加上中国战败于鸦片战争的刺激，从此日本进入全面接受西方先进技术的时代。1868年明治维新后，更走上与西方列强为伍的道路。明治政府在“富国强兵”的目标下，不断发展军事技术。同时，在教育方面进行了大量的投入，在工科人才的培养上更是加大力度，在各层次教育中，培养了大批工程师和技术骨干。明治维新以后，纺织等轻工业获得巨大发展。日俄战争和第一次世界大战，又促使与军事工业紧密关联的钢铁、造船、铁路、机床和化工等新兴产业应运而生。

1926年，改元昭和，3年后爆发了世界性经济危机。此时，日本的科技力量几乎都投入到为发动战争所做的准备之中。

## 第二节 现代日本科技管理体制与科技发展的特点

第二次世界大战后，日本被美国占领，被迫实行了科技体制改造。在科技体制方面，旧的科技组织被打烂，相应地建立起新的组织或以特殊法人重组。战后，日本成为世界上最大的由行政统管科技的国家，其管理构成是：（1）内阁中设有“科学技术会议”，由总理大臣任议长，成员包括有关各省大臣和各界权威人士，成为制定国家科技发展方针和政策的决策机构。中央政府的科学技术厅和文部省是科技管理的最高职能机关；（2）综合科学研究机关，有国立科研机构、大学研究机构和民办研究机构；（3）科学技术审议机构，有学术审议会、日本学术振兴会等。另外，日本学士院为荣誉机关。

第二次世界大战结束后，日本在美国强大的压力和影响下，实行市场经济机制，导入质量管理的科学管理方法。朝鲜战争期间，日本为美国加工军工产品，美国转而采取扶持政策，促进了日本科技的进一步发展。当时，日本获得了大量的科技情报，促使钢铁、煤炭和电力等部门加快设备更新。虽然经济窘迫，但科技人员焕发出前所未有的创新热情，也正是这些科学家和科技人员喊出了“要民主、要科学、要和平”的口号。

自上世纪50年代起，日本积极引进国外先进科学技术，50年代引进千余项，60年代引进近6000项，结果，带动了自主技术开发能力的提高。1961年，日本政府成立新技术开发事业团，对优秀的科研成果进行调查和挖掘。1966年，为推动国民经济急需的大型开发活动，政府资助对“MHD（磁场液体）发电”、“超高性能电子计算机”和“脱硫技术”进行资助。至60年代末，日本积极从西方吸收先进的科技成果，并加以消化和改进，在此基础上建立了独特高效的生产体系。同时，还不断培育自身的开发能力，以图在科学研究方面缩小与西方的差距。

应该指出的是，日本自古在儒家的影响下重视教育。50年代后期，在百废待兴的情况下，为提高下一代的科技水平，大幅提高教育经费，中央和地方教育总支出占20%左右。从总量上看，至上世纪80年代初，美国为1516亿美元、苏联为606亿美元、日本为618亿美元，日本教育投资增加37.6倍，远高于美苏的5倍。然而，日本的数字中并不包括家庭和企业的大量投资，而这两项恰恰最能反映东方文化国家的特点。

60年代以来，经济的快速发展造成的公害问题十分严重。1969 年日本政府公布的三种公害造成的人类疾病有：水俣病、第二水俣病和镉中毒疼痛病；70年代初又认定了由大气污染造成的慢性上呼吸道疾病和砒霜中毒症等。以上情况促使防公害研究成为70年代科技的重要组成成分。

## 第三节　当代日本科技的飞跃

20世纪70年代和80年代，日本的科技力量主要投入于治理公害、能源技术、电子技术和独创性技术等几个领域。70年代和80年代，是日本经济辉煌、科技大发展的鼎盛时期。在这一时期，日本已不满足“拿来主义”的简单战略模式。进入80年代后，日本提出了“科技立国”的口号。1984年，内阁科技会议制定十年科技发展目标，即“基于长期展望的振兴科技之综合基本方针”。86年该会议又推出“科学技术政策大纲”，强调政府和民间都要致力于基础科学的研究。90年代更提出“科技创造立国”的口号。针对60年代以来的公害问题，在公众和媒体的压力下，日本政府于1973年公布“公害法”。该法的推行，不但未使大批企业蒙受损失，相反很大程度上促进了企业的科技进步。另外，70年代发生石油危机，以及在美国防排毒气的“马斯基法”的影响下，日本对汽车尾气实行管制，使日本汽车工业在改造技术方面向前跨越了一大步。70年代末，因技术含量高、环保，日本汽车产量上升为世界第一。

日本是个自然资源贫乏的国家，经济高速发展急需大量进口资源。1973年发生了影响世界的石油危机，对100%需要进口石油的日本来说，无疑是巨大的打击。然而，以此为契机，1974年日本推出新能源研究开发的“阳光计划”，1978年出台开发节能技术的“月光计划”。

“阳光计划”顾名思义就是太阳能计划，主要内容是建设太阳能综合利用系统，利用太阳能发电、和将太阳能储存到光电电池的技术。日本是个多雨的国家，太阳能的利用受到诸多限制，所以，如何高效率利用太阳能，需要技术上大量的投入。“阳光计划”中还包括开发地热能、煤的液化与气化，以及以水制造氢的氢能开发技术。“月光计划”的中心是开发节能技术。主要内容是：开发高效率燃汽轮机、新型高效储蓄电池和燃料电池等。

在以上诸计划实施的同时，日本政府着手制定相应的法律。1979年公布的《关于能源使用合理化的法律》规定了必须遵守的节能条款。由于上下的共同努力，使能源高耗得以遏制，并在优化能源结构、提高综合能效、新能源开发和生产节能型环保产品等方面跨出了一大步。

由于对核电发展严格控制等原因，“阳光计划”中未列入核电站建设计划。然而，日本投入了大量的科技力量，从60年代末期到80年代末期，共研制建设34所轻水反应堆核电站。至此，日本的核电装机容量接近2900万千瓦，占全国发电总量的30%。

60年代日本半导体技术达到了相当的水平，为赶上美国的计算机生产技术，1971年日本公布《特定电子工业及特定机械工业振兴临时措施法》。在该法的指导下，日立与富士通、NEC和东芝、冲电气和三菱组成三个课题组，进行技术开发。1972年日本拨款500亿日元，设立“电子计算机等开发促进补助金”。两年以后，三个课题组分别提交三个系列的技术成果，至此，在计算机制造技术方面日本已与美国站在一个水平线上。1976年日本公布“下一代电子计算机用大规模集成电路开发促进补助金”制度，以图在从真空管到集成电路的飞跃上赶超美国。在各大公司合作开发时，并不是没有互相扯皮的情况发生。然而，日本政府利用独特的优势，即强有力的政府和日本文化中特有的合作精神，摆平了各种问题，将各方技术力量拧成一股绳。最终，获得多项重大突破，四年中就取得一千多项专利，使日本跻身于世界前列。

## 第四节　“科技立国”、“科技创造立国”与21世纪的日本科技

1980年日本政府发表《80年代通商产业政策展望》，其中第一次出现“科技立国”的提法。次年，颁布了3项相应的措施：(1) 推进科学技术的创造；(2) 新一代产业基础技术的研究开发；(3) 振兴科技预算费用。三项措施致力于“产、学、官（企业、大学、政府）”的共同协作，发挥三者的优势，弥补各自的不足。上述措施实施的结果也是十分明显的，政府研究经费的发放有了针对性；政府科技发展计划与市场紧密结合，促进了科研成果的商品化；企业特别是中小企业，通过分担一些课题参与重大科研课题开发，并获得重要的科研资金等。日本政府在积极倡导企业加强独创性、基础性科技研究的同时，推进“学、官”为民间企业提供科技服务。这包括：低价提供国有实验设备向企业开放；无偿或低价转让国有技术专利；建立“基础技术研究促进中心”，向民间企业提供综合性服务。

90年代适逢日元升值、泡沫经济的破灭造成的经济不景气。在此情况下，企业对技术研究的投资迅速减少，国家投入的经费也有所下降。然而，这并不说明企业和国家对技术研究减少了热情，相反，在经费总体水平下降的同时，用于面向新世纪发展的应用和开发研究的经费反而有所增加，这说明日本在经济停滞不前的情况下，对于技术研究的策略更加趋于成熟。

随着亚洲各工业国的迅速兴起，日本面临更激烈的国际市场竞争。从技术角度看，传统出口产品应提高高技术的含量，技术开发重点也要由“产品技术”向“要素技术”转移；由“下游技术”向“上游技术”转移，使自己成为高技术零件、生产设备等的供应基地。到90年代中期，日本的高技术机床占世界市场份额的近80%；滚珠轴承产量世界第一；精细陶瓷滚珠轴承的制造世界上独此一家；模具、机器人和纯平显示器等的产量和质量都居世界前列。日本已将“世界工厂”的头衔让位于新兴工业国。

20世纪90年代以来，世界范围内兴起信息通信革命，日本也积极响应，连汽车制造企业的大哥大丰田等都参与其中。然而，在IT基本技术方面，如芯片制造上难敌美国；在生产存储器等硬件方面又受到韩国等国的激烈挑战。到本世纪初，半导体技术研究经费只有韩国的一半，更无法与美国相比。NEC在日本各地生产储存器的工厂纷纷关门，一片惨淡景象。究其原因，表面上看是日元升值造成的制造成本过高，IT业厂家纷纷将生产转移到台湾等地的缘故，而深层次的原因，则是战后在美国的保护下过于容易地取得技术，从而一定程度上轻视了基础研究和缺乏独创性的结果。目前，日本似乎要继续发挥高水平的应用技术能力，如在半导体技术方面，制造出集DVD播放、上网等功能于一身的芯片，以取得技术上的优势。

20世纪90年代初，日本提出“科学技术创造立国”的口号，这与“技术立国”相比，多了“科学”和“创造”两个词。前者强调基础研究的重要性；后者明显提示要避免简单的“拿来主义”。 战后几十年来，日本的经济发展是与重化工业化紧密相连的，钢铁、汽车、石化、家电的几项重大突破推动了经济的高速增长。然而，上世纪末和本世纪初，上述行业由于市场的关系逐步向周边国家转移，日本向何处去？日本的科技立足点又在哪里？因此，日本必须从战后的发展模式向以“科学与技术并举”和以“创造”为中心的方向推进。为实现这一目标，日本采取了各项措施，如：着手改革教育，以形成培养创造性人才的良好环境；吸引国内外优秀人才，给予优厚的待遇，等等。

如果说1990年代日本已经感受到了来自多方面的压力，那么，在新世纪里，日本的危机意识就更加强烈。进入21世纪后，日本文部科学省就目前科技发展的领域问题，对挑选出的5000名科技人员做了一次预测调查。结果近半数人认为应重点发展的是：信息技术、生物工程技术、生态技术和纳米技术。在问到10年后上述几个领域中何者应重点开发时，回答生物工程、生态技术和纳米技术的人都有不同程度的大幅增长。研究人员普遍认为，有7个新一代大型项目将对日本产生重大影响，它们是：快中子增值反应堆、磁悬浮新干线、道路信息系统、大型悬浮式海上平台、人类染色体组、分散性小型发电和再生产，等。至于今后日本科技的发展方向，该调查提出三点：1. 在发明、开发和生产中，生产敌不过中国，发明亦不是自己的专长，所以要将重点放在长项的“开发”上。2. 领导当今世界科技研究的，是欧洲和美国的学者和产业界，以及日本的产业界。日本的学者落后，应加强人才的培养和引进。3. 要加强大型项目的开发建设，重点应放在“产、官、学”中的“产、学”上。

2006年日本提出了“国家基干技术（关键技术）”的概念，将太空运输系统技术、海洋地球监测勘探、快中子增殖堆（FBR）循环技术以及下一代超级计算机等列入大量投资的计划之中。

2007年日本国家对大型科技项目的投入巨大，其中加速器等原子能方面占48%，宇宙空间方面占28%，海洋、环境等方面占15%，信息占9%。

日本人一向以谦虚为美德，常常将自我危机意识以自责或自我贬低的形式表现出来，所以，不同文化的人看日本时需要多思忖才行。其实，日本近年来在基础性研究方面做出了不少成绩，如：1998年日本科学家发现中微子有静止质量；2001年找到宇宙中存在“宇称不守恒”现象的有力证据；克隆牛技术已接近实用化；纳米技术和新材料在世界上独占鳌头；正在研制世界上运算速度最快的计算机“宇宙模拟器”，等等。几年来日本的科研经费占国内生产总值的3%以上，位于世界首位。日本政府号称50年内拿下30个诺贝尔奖，看来也并非空穴来风。

2002年6月，日本政府通过的《科技白皮书》更强调：“创新”并不仅仅意味着技术革新，它是一个广泛的概念，应包括类似信息技术等对现有技术的组合和变革等。白皮书还指出，为提高国际竞争力，要以战略的眼光充分利用知识财产；加强“产、官、学”的合作；促进风险企业的发展；创造体现地区特性的新价值。

## 第五节　科技发展与日本社会和文化

日本有一个词，叫“职人气质（syokuninkatagi）”，讲的是手艺人对自己的产品决不含糊，可译为“手艺人脾气”。其实，世界各国又何尝不是如此，顾客对擦皮鞋的说擦得不亮，对方会免费再擦一遍，这种事例各国都有。然而，日本文化的特殊之处就在于儒家思想的“忠”已渗透到民族的灵魂深处，甚至历史上还造就出“武士”这种畸形儿来。在企业里，包括技术人员的每一个人，都以为公司献身的精神追求产品的品质达到“日本第一”“世界第一”。常年从事中日研究的学者竹内好认为：日本人的文化精神是“一步也不能输给别人”的优等生精神。

日本技术杂志评选二战后的十大技术创新有：仓敷人造丝公司的合成纤维；丰田汽车公司的“传票卡”生产管理模式；索尼的半导体收音机；日清食品的方便面；国铁的新干线；高度147米的霞关大厦；政府所属大阪工技所的碳纤维；本田的CVCC汽车发动机；东芝的文字处理机（waapuro）和任天堂的游戏机。以上发明对日本乃至世界的影响无疑是巨大的，在一定程度上改变了现代人的生活，除霞关大厦和碳纤维外均为我们所熟知。进入新世纪后，日本仍以高性能汽车、游戏机和玩具宠物等向世界传播和展示着技术文化和形象。

日本是技术大国，其表现之一是每年企业申请大量的专利。如 90 年代初，每年申请专利的总数是美国的一倍，更远远超过欧洲各国。

由于日本独特的文化背景，日本以擅长于“小”而著称。20 世纪 50 年代，索尼公司引进美国晶体管技术制造出小型收音机，1964 年夏普公司制成第一台电算器。电视机、电动刮胡刀、荧光灯等虽不是日本人发明的，但日本人却把它们做的精而又精，堪称世界第一。

科技进步是支撑日本成为世界第二经济大国的基础，然而，科技进步又带来了大量的社会问题。60 年代的公害问题自不必说，仅看 1995 年的奥姆真理教事件，就从反面向人们敲响了警钟。奥姆真理教组织中聚集着一大批高级科技人员，他们来自机械、电子、医学、通信和生化等众多领域。另外，日本也积极参与生物克隆实验，第一代克隆牛已经问世。科技是把双刃剑，在新的世纪里，如何把握科技发展的正确方向，这一严肃的问题正摆在日本人乃至世界所有人的面前。

**日本诺贝尔奖获奖者一览表**

| 年份 | 物理学奖 | 化学奖 | 生理学医学奖 | 和平奖 | 文学奖 | 经济学奖 |
|---|---|---|---|---|---|---|
| 1949 | 汤川秀树 | | | | | |
| 1965 | 朝永振一郎 | | | | | |
| 1968 | | | | | 川端康成 | |
| 1973 | 江崎玲於奈 | | | | | |
| 1974 | | | | 佐藤荣作 | | |
| 1981 | | 福井谦一 | | | | |
| 1987 | | | 利根川进 | | | |
| 1994 | | | | | 大江健三郎 | |
| 2000 | | 白川英树 | | | | |
| 2001 | | 野依良治 | | | | |
| 2002 | 小柴昌俊 | 田中耕一 | | | | |
| 2008 | 南部阳一郎 小林诚益川敏英 | 下村修 | | | | |

**思考题：**

1. 科学与技术的关系如何？请简单概述。
2. 什么是“兰学”？简述其发挥的作用。
3. 日本拥有独特的管理体制，其构成如何？
4. 上世纪 70 年代日本为计算机技术赶超美国，采取了什么措施？
5. “科学技术创造立国”等口号是在什么背景下出台的？
6. 上世纪末本世纪初，日本科技发展带来了哪些社会问题？请收集报刊材料加以论述。

**主要参考文献：**

中山茂《战后日本科技史》，岩波书店 1995 年。

冯昭奎、张可喜《科学技术与日本社会》，陕西人民教育出版社 1997 年。

中冈哲郎等《近代日本的技术和技术政策》，国际联合大学、东京大学出版会 1986 年。

赵健民等主编《日本通史》，复旦大学出版社 1989 年。

# 第七章 教 育

17 世纪至 19 世纪中叶，日本奉行“锁国”政策，社会处于封建自然经济的状态，教育的发展相对落后。但到了近代，日本却以“惊人的精力和智慧，把他们的文化和组织结构提高到了欧洲列强的水平”。[1] 步入现代以后，日本的发展更令世人瞩目。尽管原因是多方面的，但有一点则为大家所公认，那就是“国家教育的高水平对日本的经济发展的高速度作出了巨大的贡献”。[2] 本章以日本历史上教育的几次重大改革为主线，简述日本教育的发展历程和当代日本教育的情况，愿能借他山之石来攻己之玉。

## 第一节 明治维新前日本封建教育概况

日本的学校教育制度是在奈良时代正式确立的。大化改新（645 ～ 649）以后，日本仿照我国唐代的教育制度建立了贵族学校制度。公元 701 年颁布的《大宝律令》规定: 在京城设大学寮，在地方的“国”设“国学”。大学设大学头（相当于今日的校长）、大学助、大兄、少兄、大属、小属各一人，从事学校管理；设博士一人、助教二人、音博士二人、书博士二人、算博士二人负责教学，以学习儒家经典为主。国学主要招收地方长官的子弟，如不满定额可允许庶民子弟的优异者入学，教学内容与管理大致与大学寮相同。同时还规定设置典药寮（相当于医学与药学的专门学校）、阴阳寮（相当于天文、历法、算术的专门学校）和雅典寮（相当于音乐专门学校）等。[3]

公元 794 年，日本的首都迁至平安京（京都），开始了历时 400 年的平安时代。“平安时代的文化教育有二个重要特征：一是从唐式文化向国风文化发展，从文化的模拟走向文化的创造；二是从贵族教育向庶民教育发展，使教育逐步走向门户开放。”[4]

12 世纪末，日本开始了封建武士掌权的幕府时代。幕府时代历经镰仓、室町和江户三个时期，持续了近 700 年，其间的教育主要分为幕府、藩国和民众教育三等。

在幕府直辖的教育机构中，最早的是昌平坂学问所。它成立于 1631 年，主要传播儒学，曾是当时学术研究与教育的一个中心。1793 年成立的和学讲习所也直辖于幕府，他排斥儒学和兰学，只授国学。此外，在 19 世纪上半叶陆续开设的还有传授西方自然科学知识并有多种外国语言课程的开成所，教授荷兰医学的医学所，学习西方军事技术的讲武所以及训练海军的军舰操练所等等。

在大名领地设立的教育机构称为藩学或藩校，教授武士子弟教养、道德、武艺和传授儒学，后来也有传授国学、研究日本历史的。在日本西南沿海各藩，由于商业发达，对外贸易逐步发展，藩政的日常事务和文书工作需要一些实用的知识，那里的藩学就包括了比较丰富的教育内容，如数学和外国语等。

民众教育机构种类较多，有乡学、寺子屋和私塾等。乡学又分两类，一是大藩领主的支系或家臣为其子弟开设的，程度低于藩学。还有为平民子弟设立的，比较简陋，类似寺子屋。这类乡学十分重视思想道德教育，目的在于缓和平民对于自己处境的不满，培养驯服和勤劳的顺民。寺子屋因最初设于寺院、就读的儿童称为寺子（寺庙的孩子）而得名，由僧侣主持，教阅读、书写，诵读佛经。后来，商人、武士在寺院之外办学教育儿童，也称寺子屋。在德川时代，寺子屋是一种世俗性的平民子女初等教育机构。儿童一般六七岁入学，学习读、写、算，女童还学缝纫。到10至13岁时结束学习开始谋生。[5] 这种学校当时在“全国约有2万所”，“估计约有40%的农民或村民曾在寺子屋学习过”。[6] 私塾则是学者个人收徒授业，有的只传授一家之说。

18世纪中叶以后，日本的封建制度逐渐趋于解体，资本主义生产关系以及商人资产者迅速发展成长，日本的教育也出现了一些前所未有的变化。在一部分接触过兰学的学者中间，首先出现了要改变落后的封建儒学教育的新议。19世纪三四十年代，反对封建专制统治的农民起义和市民暴动不断发生。迫于形势，有些藩国在藩政、财务、兵制以及教育等方面进行了一些改革，有的藩学加授近代科学文化知识，如航海和军事技术、理化、机械和绘图以及3、4种外国语等。平民教育方面，出现了教授读、写及实用常识的实学讲习所。明治维新前夕，有的藩还向平民打开了藩学的大门，也有的办起了普及性的初等学校。这些活动虽然范围有限，而且时间不长，但对日本明治维新后接受资本主义的教育制度，规划新政府的教育改革，则是一种很好的准备。[7]

## 第二节 明治维新后日本资本主义教育制度的形成及二战前的教育简况

19世纪中叶，德川幕府的统治危机重重。城乡劳动人民反抗幕府的斗争此起彼伏，中、下层武士、一些强藩的藩主以及对幕府势力历来不满的皇族和京都大贵族，也都倾向于要求改变现状。特别是在外强炮舰政策威逼下，被迫开港、继而接受不平等条约后，日本民族经济遭到摧残，国家濒于沦为殖民地的危险境地。社会各阶层对德川幕府极为不满，“倒幕运动”日益高涨，终于在1868年推翻了德川幕府的统治，成立了天皇制明治政府。明治政府成立之初，立即开始在政治、经济、军事和文化教育方面实行一系列改革，以维护民族独立，发展资本主义。“倒幕开国”和由政府自上而下实行的资产阶级性质的改革，史称“明治维新”。这是日本历史上的一个重大转折，具有资产阶级革命的进步意义。[8]

“维新”伊始,明治政府就提出“富国强兵”、“殖产兴业”、“文明开化”的改革口号，倡导实行“新教育”，以求振兴王室。“富国强兵”就是要建成一个经济发达富足、军事实力强大的资本主义国家，进而与国际资本主义势力竞争，跻身世界资本主义强国的行列。“殖产兴业”是指鼓励与扶助资本主义经济的发展。“文明开化”则包括发展近代科学技术文化教育，改变传统的思想风尚和生活方式等，为实现“殖产兴业”和“富国强兵”服务。这三者确定了明治政府各项政策和措施的总方向。1868 年 3 月，日本以天皇誓言的形式发布了政府的施政纲领——五条《御誓文》，其中的“破从来之陋习”和“求知识于世界”两条，表明了日本要放弃闭关自守以及学习西方的决心。《御誓文》的这一内容和前述改革口号，成为日本近代改革封建旧教育、兴办资本主义学校教育的依据。[9]1871 年，明治政府废藩置县，实行中央集权的国家管理体制。同年 7 月，中央政府创设了文部省，负责全国的文化教育事业并兼管宗教事务。1872 年 8 月，日本文部省颁布了近代第一个教育改革法令——《学制令》，具体规定了日本的教育领导体制和学校制度，其基本原则是做到“邑无失学之户，家无文盲之人”，把普及教育、尤其是普及初等教育，提高国民文化水准列为头等重要之事。《学制令》仿效法国学制的模式，实行中央集权的学区制。在文部省的统一管辖下，分全国为 8 个大学区，每个大学区又下设 32 个中学区，每区设 1 所中学，每个中学区又下设 210 个小学区，每个小学区设 1 所小学。[10]

19 世纪末，日本已成为一个新兴的资本主义国家。它仅用 50 年的时间走完了西方资本主义需要 200 年走完的路。20 世纪初，日本进入帝国主义阶段，为了与欧美列强竞争，它不仅继续普及初等教育，而且大力发展中等教育和职业教育。日本天皇于 1890 年颁布的《教育敕语》，则是第二次世界大战结束前日本教育的根本原则。

《教育敕语》是以天皇的名义第一次对日本全体国民直接颁发的有关国民教育的训示，它明确宣扬“教育的渊源”在于“国体的精华”，教育要以实现“臣民克忠克孝，亿兆一心”，维护天皇体制为目的，同时还规定了臣民必须遵守的儒家伦理道德和“重国宪，遵国法”的近代立宪主义思想以及“一旦缓急，则义勇奉公，以扶翼天壤无穷之皇运”这种军国主义的国家主义伦理。由于《教育敕语》所确定的国民教育目标与原则符合日本统治阶级的利益，成了二战前指导学校教育工作的准则，对这一时期的日本教育影响很大。[11]

综上所述，日本自 1872 年颁布《学制令》，废除封建幕府的旧教育，至 19 世纪 80 年代末 90 年代初近代学制基本成型，完成了日本教育史上的第一次重大改革。这次改革使日本近代教育制度最终得以建立。改革过程中日本摄取了西方先进的科学文化和教育经验，并不断进行频繁的总结和调整，从而确立了适应本国需要的教育制度。

这次教育改革首先把发展普及初等义务教育作为重点，不仅为后续教育的发展打下良好的基础，也普遍提高了全体国民的文化水平，为发展资本主义准备了良好的条件。尤其是通过普及初等义务教育的实施，在占人口大多数的农民中传播了文化和科学技术知识，对于发展近代工农业生产具有十分重大的意义。日本在明治维新以后，能够迅速地从一个远远落后于西方的封建国家，一跃而成为“进步非常快的新兴资本主义国家”，其重要原因之一就是教育的迅速普及和发展。

但是，值得指出的是，日本的近代教育又具有浓厚的封建、军国主义性质。日本的统治阶级一直利用教育在青少年和民众中强调“忠君爱国”、“尽忠报国”等思想，鼓吹和提倡“武士道”，使日本的教育为对外扩张、发动侵略战争服务，成为促使日本军国主义化的重要因素之一，[12]给日本和世界都带来了严重的恶果。

## 第三节　第二次世界大战后日本新教育体制的建立

1945年8月15日，日本接受了《波茨坦公告》，宣布无条件投降，第二次世界大战结束。美国军队以联合国的名义进驻日本，在美国的敦促下，日本开始了战后政治、经济以及教育的民主化和非军国主义化的改革进程。颁布了新的《教育基本法》，提出：“建立一个和平民主的国家”，要依靠“教育的力量”，“应广泛发展旨在创造新文化、使人人都聪慧富裕的教育”，“教育机会均等”。这次教育改革，被视为日本近代第二次教育改革，概括起来，主要有以下内容：

1. 颁布《教育基本法》与《学校教育法》，废除《教育敕语》

1946年11月日本颁布的《日本国宪法》中，教育被确认为国民应该享受的权利。同时根据新宪法的基本精神，1947年3月31日日本以法律形式颁布了《教育基本法》和《学校教育法》。这是日本战后教育改革的两个纲领性文件，为战后的日本教育制度提供了基本原则，是自明治维新学制改革以来第二次教育改革的开始。1948年6月，日本国会又宣布废除了天皇的《教育敕语》。

《教育基本法》包括序言和11条条文，阐述了日本国民教育的目的和原则，规定实施9年制的义务教育（小学6年，初中3年）。同时明确了教师必须履行的职责、完成的使命，并号召社会尊重教师，给教师良好的待遇。另外还就家庭教育与社会教育以及完善教育行政设施等方面作了原则性的规定。《教育基本法》是日本教育史上具有重要意义的文献。与《教育基本法》同时颁布的《学校教学法》，包括9章108条及附则，具体指导学校教育的改革。该法采用美国的6、3、3、4制，对各级各类学校的入学标准、学习年限、校长及教员、经费及管理等事项作出了具体的规定，还对幼儿教育和特殊教育作了一些规定。这两个教育立法奠定了日本新学制的基础。50年代以后，日本的学制虽然有一些变化，但其基本结构的设置仍遵循这两个教育立法。[14]

2. 教育领导体制的改革

战前日本所有教育方面的大政方针皆出于天皇之手，议会无权过问。战后，教育立法上实行“法律主义”，废除了旧的中央集权的教育领导体制，实行地方分权制。在中央仍设文部省，成为指导教育机关，根据1948年7月的《教育委员会法》规定，所有社区，不论是县或市镇都通过选举成立（地方）教育委员会，其权限如下：负责建立学校；拨给学校经费；制定课程；选择和审查教科书；提供教育材料；训练在职教师；发给教育证书；为市镇委员会提供技术上的帮助和指导。[15]

3. 确立教职员许可证制度

1949年5月，日本《教职员许可证法》颁布实施，其主要内容是：凡有志于从事教师职业的人员，必须具备大学或短期大学的学历，修完规定的教育学科及专业课程，取得规定学历，并参加国家教师资格考试，成绩合格者方可获得教职员许可证。这一法律的实施对日本战后师资队伍的建设发挥了重大作用，同时也在世界范围内产生了极为深刻的影响。[16]

通过上述一系列改革，战后的日本最终确立了教育的民主化制度。也正是这些改革，给日本教育带来了新的生机，为日后经济的腾飞奠定了良好的基础。

## 第四节　日本20世纪五六十年代的教育改革与科技教育

50年代初期，日本经济在较短的时间内实现了较快的增长，尤其是1951年9月，日美《旧金山条约》生效以后，日本在经济上获得了相对独立，极大地刺激了日本经济的发展。到1955年，日本经济已恢复到战前最高水平。从1956年开始，日本转入经济高速发展时期。这一时期教育发展的一个显著特点就是教育与经济发展相互促进，密切结合，科技教育改革受到空前的重视。[17]特别是1957年受到前苏联发射的第一颗人造地球卫星的冲击，日本更加认识到振兴科学技术，重视人才开发的重要性。为此，于1958年提出了“充实基础学力，提高科学技术教育”的课程改革方案。此课程改革以科学的基本概念为核心，重新改组了各门学科，把现代的科学成果大量地编进中小学教学计划和教学大纲。采取的主要措施有：加强基础学科；增设新的学科；提高教材标准；实行选修制度；重视道德教育等。

由于中小学课程教学大纲的水平大幅度提高，脱离学生智力发展水平和接受能力，这些教学计划和措施实施一个时期以后，就出现许多学生不能接受新规定内容的现象，导致了大量落后生的出现。[18]

一般认为，20世纪五六十年代日本经济高速发展时期的这次教育改革，其特点明显，影响也是十分深刻的。但也有人认为这一时期的教育改革不能称之为是一次单独的教育改革，它只是战后教育改革的深化和完善。社会对这一时期的教育改革的评价也存在正反两个方面：一方面是肯定其提高了教育的地位，尤其是把教育和经济发展以及产业界的需要密切结合在一起，充分发挥了教育的经济功能，使教育发展与经济发展成为一种互动关系；突出了科学技术的发展和科技教育，把科技教育的改革放在了教育改革的突出位置；实行了“产学合作”的教育体制，为经济的发展注入了强大的动力。另一方面，科技教育改革所引起的加深理科教学内容的措施，使得内容过分艰深，学生难以接受，同时也导致了学历主义的发展和考试竞争的日趋激烈。因而，日本教育史上第三次大规模的教育改革也就在此基础上开始酝酿产生了。[19]

## 第五节 日本的第三次教育改革

70年代以后的日本一跃成为令世界瞩目的经济、技术强国。然而，摆在日本面前的形势也更加严峻了。自明治维新以来，日本奉行“求知识于世界”的政策，通过广泛地学习、吸收和引进西方发达国家的科学和技术，以实现赶超欧美发达国家的目标。随着这一目标的实现，日本逐渐奠定了其作为世界经济大国和技术强国的地位。但摆在日本面前的问题是：日本已经不再有现成的样板可以模仿了，它必须依靠自己的努力，使国土狭小、资源贫乏的日本探索出一条不仅在经济上，而且在政治、文化以及科学技术诸方面保持世界强国地位的新路子。由于“教育立国”的政策在日本实现现代化的过程中屡创奇迹，因此面对新的更加严峻的形势和挑战，人们再次对教育寄予厚望，力图通过新的教育改革和建立新的教育模式，确保日本世界强国的地位。于是日本近代以来第三次大规模的教育改革便势在必行了。[20]

日本的第三次教育改革从1971年开始一直持续到现在，目前仍处于改革之中。这次教育改革主要侧重以下几个方面：

1. 教育的新科技化和信息化

世界已进入信息时代，日本首先就是一个高度信息化的国家。这种变化给日本的社会、经济和教育都带来了新的机遇、新的动力及新的课题。是否能培养出适合信息化高速发展的社会急需的合格人才，是检验日本教育体制是否适应经济现代化的重要标志。同时，教育本身也需要现代化、信息化。因此，教材、教学内容、教学方法、教学设备的信息化，包括教学软件的开发，都是教学改革的重要内容。为此，日本1988年修改了理科教学大纲，在初中和高中增加了有关计算机的学习内容，国家所属的专项经费，用于给学校添置计算机设备。至1991年3月，已有41%的小学、75%的初中和99%的高中开展了计算机教学。[21]

2. 教育的国际化

60 年代以来，日本经济高速发展，成为世界第二经济大国。日本政府希望不仅在经济领域，而且要在教育、学术、文化等各个方面对世界产生影响，提高自己的国际地位。另一方面，在新的国际化时代，日本的生存将更依赖于同他国的合作。为此，树立国民强烈的国际意识，培养面向世界的日本人，充实外语教学和日语教学，完善留学生体制，推动教育、文化、体育的国际交流自然就成了这次教育改革所必须重视的一个方面。“教育应能使国民深刻理解本国的传统文化，增强爱国心，树立主人翁责任感，能充分理解外国多种多样的文化，以宽容的态度与外国人相处；并具备同外国人进行友好交往和充分开展思想交流的能力。这就是日本的教育国际化”。[22]

3. 教育的终身化

随着经济的发展和社会的变化，要求每个人都需要不断提高，知识需要不断更新，观念需要不断变化，那种终身只从事一种职业的想法已经陈旧，人们不再满足有限的学校教育，希望有多样化的学习机会和学习环境，这就要求整个社会要从以学校为中心的教育体制过渡到“终身学习体系”。在这个体系中，学校不是唯一的教育机构，也不只是青少年学习的场所。它是学校、家庭、社会互相协作的学习体系，为从儿童到老年的各种人群提供接受教育的机会，而且各种学习机会和学习途径又是互相贯通的。对于基础教育来说，首先要使学生树立终身学习的观念，重视基础知识与基本技能的学习与训练，培养学生的自我教育能力，养成良好的学习习惯等等。日本文部省在 1987 年成立了“终身学习局”，并在 1990 年 6 月通过了《关于终身学习体系的改革法令》。[23]

4. 教育的多样化和个性化

强调多样化和个性化是日本第三次教育改革的显著特点。自明治改革以来，日本教育制度的特点一直是：相对统一、讲究效率、提倡均等、培养标准化的人才，即实行划一化的教育。在这种思想指导下，日本按照统一标准，扫除文盲，普及义务教育，强调学历，提倡考试竞争，偏重知识学习，整个社会高度学历化。这些做法曾在赶超现代化的历史阶段起过积极作用，受到了国际社会的高度评价，但在今天，当日本社会日益趋向多文化、多价值、多元化共存时，这种划一化的教育就显露出了它的严重弊端。它不重视学生的个性、适应性及能力，偏重知识传授和记忆力的培养，使学生长于模仿而短于创造，造成社会上片面看重学历，考试竞争激烈，学生厌学甚至产生逆反心理，发生学校暴力等现象。为了培养能面向 21 世纪的人才，使学生能积极灵活地适应社会的变化，也为了改变日本在国际社会的形象，日本必须培养自己具有个性和创造性的各方面、各层次的人才。[24] 因此，必须打破僵化划一的教育体制，重视人的创造性才能的培养和个性化的发展，追求教育内容、教育方法、教育途径、教育机构的多样化，尤其是后期中等教育的多样化。另外，还要通过建立多元化的评价体制，增加学校的选修课，设置多样化的课程，加强个别化教育等措施来实现个性化教育，这才是日本教育改革的根本出路。

## 第六节　日本的现行学校教育制度

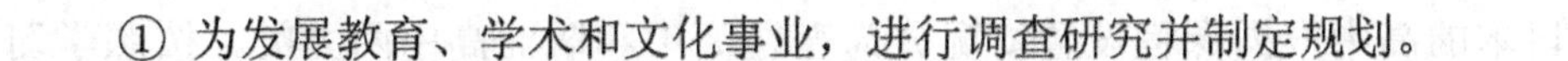

1. 教育行政体制

第二次世界大战前，日本的教育行政领导体制是极端的中央集权制，战后，实行地方分权制，建立教学委员会。文部省是主管教育行政的中央教育行政机关。其职责主要有以下几项：

① 为发展教育、学术和文化事业，进行调查研究并制定规划。

② 就各级学校和教育机构的物质设备、人员配置、组织与教育内容规定标准。

③ 执行教育预算，支配教育经费。

④ 审定中小学教科书，管理义务教育学校用教科书的购置、免费及供给事项。

⑤ 审批大学和高等专科学校的设置。

⑥ 对大学、高等专科学校以及地方教育行政机关，提供指导和建议，对县一级教育委员会教育长的任命有承认权。

地方教育行政体制由地方公共团体和地方教育委员会构成。地方公共团体分为都道府县和市镇村。教育委员会是掌管地方教育行政的中心机关。在都道府县一级设都道府县教育委员会，在市镇村一级设市镇村教育委员会。

教育委员会的职务权限，除大学、私立学校以及教育财政事务分别由国家或都道府县知市镇村长负责管理以外，其他一切教育行政事务均由教育委员会管理和执行。如本学区所属学校的设置、管理和撤销；校产的管理、人事的任免；学生的入、转、退学事项；课程、学习及职业指导；校舍维修、教职员进修、福利、伙食等。

2. 现行学制结构

日本的现行学制结构为学前教育、小学、初中、高中、高等专科学校、大学、短期大学、广播电视大学、特殊教育学校、专修学校以及不受文部省管辖的职业训练学校及各种学校等。

学前教育：学前教育机构有两种：一是幼儿园，属于学校教育制度的组成部分，招收3～6岁幼儿，由文部省领导；另一种是保育所，属于福利机关，招收母亲有工作的、从0～6岁幼儿，由厚生省领导。所开设的课程与提供的设备与幼儿园相同。幼儿教育的目的是保育幼儿，提供适当的环境，促进幼儿的身心发展。教育内容有健康、社会、自然、语言、音乐和绘画六个方面，注意感情教育，形式多样。

初等教育：初等教育的机构是单一的六年制小学校，儿童6周岁入学，12周岁毕业。此阶段为义务教育阶段。学习社会日常生活中所需的基础科目，教育课程由各学科和特别活动等组成。各学科有国语、社会、算数、理科、音乐、图画、手工、家政、体育、德育，特别活动包括班会、俱乐部、班级指导、节日庆祝活动、文体、郊游、生产劳动等。

中等教育：日本的中等教育分为两个阶段，前期称“中学校”，即初中，后期称“高等学校”，即高中。

初中，学制三年。日本普及义务教育的年限为9年，初中为义务教育的完成阶段。课程设置大致与小学相同，但扩大了选修范围，除原来规定的外语和其它特别需要的学科外，还增加了音乐、美术、保健、体育、技术和家政等选修课。

高中，日本的高中根据课程设置情况分为普通高中和职业高中两大类。按照学习课程的方式，分为全日制，定时制和函授制三种，全日制高中为主，招收初中毕业生，学制三年。定时制和函授制学制为四年以上。高中课程设置多样化，并在普通高中内也设置了大量的职业课。

职业技术教育：日本在小学教育阶段以后的各级各类正规学校都实施职业技术教育，也可以说这是日本教育的一个特点。除正规学校外，还设专修学校，专门实施职业技术教育。另外，学校和企业结合，即所谓“产学合作”也是日本职业教育的一种形式。

高等专科学校：传授较深的科学知识和技艺，培养职业上所必需的能力。招收初中毕业生，学制为5年，把高中和大学联结起来进行5年一贯教育。

专门学校：属专修学校的一种类型。

高等教育：日本的高等教育经过战后的几次改革，已经形成多层次、多类型的高教结构。从水平上看有研究生院、大学本科、短期大学和高等专门学校等几个层次，从类型上看除有传统的大学外还有专修学校、大学函授、夜校、广播电视大学和公开讲座等，从设置上看分国立、公立、私立等。

研究生院：在日本叫“大学院”，是培养硕士和博士的场所。硕士课程2年，博士课程3年。主要任务是培养科技人才，高级技术专家和大学教师。

大学：大学以学术为中心，在传授广博知识的同时，教授和研究高深的专门学术，发展学生的智力、道德和应用能力。招收高中毕业生，修业4年，医科和口腔科为6年以上。大学一般由几个学部（学院）组成，但也有只设一个学部的单科大学。课程分为普通教育课，外语课，保健体育课和专业教育课等，采用学分制。

短期大学：传授和研究专门的学术技艺，培养职业或实际生活所必须的能力。招收高中毕业生，学制2～3年。毕业后可以升入对口大学，也可以直接就业。短期大学在为女子开放高等教育大门和发展职业教育方面起了重大作用，而且与地区社会的联系也比较密切。

通信大学（广播电视大学）：它是应终身教育的需要，有效地利用以电视、广播为中心的各种通信手段进行教育的开放性大学。它广泛地为社会成员和家庭主妇提供大学教育机会，并保证高中新毕业生有升入灵活而又有流动性的大学的机会，是日本终身教育的核心，对普及高等教育起着重要作用。没有大学入学考试，按报名顺序录取，学费很少。

师范教育：日本专门培养中小学教师的机构主要有教育大学、学艺大学和综合大学的教育学院以及具有培养教师资格的普通大学。根据《教师许可证法》规定，凡是教师都必须取得相应的教师证书才能取得教师资格。[25]

**思考题：**

1. 日本的学校教育制度始于何时？
2. 日本幕府时代的教育机构都有哪些种类？
3. 简述“富国强兵”、“殖产兴业”、“文明开化”改革口号的内容。
4. 简述日本近代第二次教育改革的主要内容及意义。
5. 日本现行教育行政体制的主要职责是什么？

**注释：**

[1] 朱永新、王智新《日本教育概览》，山西教育出版社 1992 年第 2 页。

[2] 小林哲也《日本的教育》，人民教育出版社 1981 年第 81 页。

[3] 参照朱永新、王智新《日本教育概览》，山西教育出版社 1992 年第 2 页。

[4] 参照朱永新、王智新《日本教育概览》，山西教育出版社 1992 年第 3 页。

[5] 参照王天一、夏之莲、朱美玉《外国教育史》，北京师范大学出版社 2000 年第 237—239 页。

[6] 新日本制铁株式会社《日本》学生社 1997 年第 181 页。

[7] 参照王天一、夏之莲、朱美玉《外国教育史》，北京师范大学出版社 2000 年第 239 页。

[8] 参照王天一、夏之莲、朱美玉《外国教育史》，北京师范大学出版社 2000 年第 241 页。

[9] 参照王天一、夏之莲、朱美玉《外国教育史》，北京师范大学出版社 2000 年第 242 页。

[10] 参照程培杰《外国简明教育史》，辽宁师范大学出版社 1995 年第 118 页。

[11] 参照程培杰《外国简明教育史》，辽宁师范大学出版社 1995 年第 240 页。

[12] 参照王天一、夏之莲、朱美玉《外国教育史》，北京师范大学出版社 2000 年第 251—253 页。

[13] 参照程培杰《外国简明教育史》，辽宁师范大学出版社 1995 年第 245 页。
[14] 参照程培杰《外国简明教育史》，辽宁师范大学出版社 1995 年第 246 页。
[15] 参照程培杰《外国简明教育史》，辽宁师范大学出版社 1995 年第 246—247 页。
[16] 参照 http: // www.cbe21.com 日本的“新科技立国”与“个性化方针”。
[17] 参照 http: // www.cbe21.com 日本的“新科技立国”与“个性化方针”。
[18] 参照程培杰《外国简明教育史》，辽宁师范大学出版社 1995 年第 248 页。
[19] 参照 http: // www.cbe21.com 日本的“新科技立国”与“个性化方针”。
[20] 参照 http: // www.cbe21.com 日本的“新科技立国”与“个性化方针”。
[21] 参照 http: // www.cbe21.com 日本的“新科技立国”与“个性化方针”。
[22] 参照 http: // www.cbe21.com 日本的“新科技立国”与“个性化方针”。
[23] 参照程培杰《外国简明教育史》，辽宁师范大学出版社 1995 年第 250 页。
[24] 参照程培杰《外国简明教育史》，辽宁师范大学出版社 1995 年第 253—254 页。
[25] 参照程培杰《外国简明教育史》，辽宁师范大学出版社 1995 年第 253—254 页。

**主要参考文献：**

[1] 朱永新、王智新《日本教育概览》，山西教育出版社 1992 年。
[2] 王天一、夏之莲、朱美玉《外国教育史》，北京师范大学出版社 2000 年。
[3] 新日本制铁株式会社《日本》学生社 1997 年。
[4] http: // www.shtu.edu.cn/xxgk/gdjyzl // .htm 世界教育兴邦与教育改革透视。
[5] 程培杰《外国简明教育史》，辽宁师范大学出版社 1995 年。
[6] http: // www.cbe21.com 日本的“新科技立国”与“个性化方针”。
[7] 朱永新、王智新《日本社会教育》，山西教育出版社 1992 年。
[8] 姜三真《日本概况》，吉林教育出版社 1989 年。
[9] 国家教委外事司《国外教育调研选编》（第一集），北京师范大学出版社 1997 年。
[10] 教育部国际合作与交流司《国外教育调研选编》（第二集），1998 年。
[11] 朱国仁《西学东渐与中国高等教育近代化》，厦门大学出版社 1996 年。

# 第八章　社会教育

社会教育是日本教育的重要组成部分，日本政府统领的社会教育可以追溯到明治时期。明治维新以后，随着学校教育制度的建立和完善，社会教育受到政府的高度重视。此后直至二次大战结束，社会教育经历了“通俗教育”、“社会教育”、“社会教化”等几个不同的历史阶段，在天皇专制统治国民思想、开展教化活动的过程中充当了不同寻常的使命，成为日本国家主义、军国主义教育体制的一部分。战后，经过民主主义改革的洗礼，日本政府在发展学校教育的同时，广泛开展社会教育，为国民提供学习和文化活动的机会，提高国民素质，进而恢复生产，发展经济，形成日本战后教育发展的突出特点。

## 第一节　战前社会教育概况

### 一、明治时期的社会教育

1. 大教宣布运动

大教宣布运动始于1870年2月明治天皇颁布《大教宣布之诏》，是明治政府为了建立统一国家而进行的以“宣明治教、高扬神道”为主题的思想运动。所谓“大教”是指复古神道的皇道思想，大教宣布运动就是依靠这种皇道思想来统治国民的意志。这是因为明治改革消除了幕藩体制，建立了统一国家，此时国民观念的改变、思想的统一是首当紧要的大事。为此，明治政府于1872年3月新设专司教化活动的教部省，任命全国的神官、僧侣为教导官，利用神道、佛教和天皇崇拜对国民施行教化。政府还设立了大教院专门培养教导官，但由于效果不佳，后随着1877年教部省被废止，大教宣布运动亦宣告结束。

大教宣布运动是日本依据国家权力而开展的最早的社会教育活动，它以“思想善导”强迫国民崇拜和服从天皇，是露骨的教化运动，同时也是日本其后声势浩大地推行国家神道教育的思想源头。

2. 双轨制学校制度

双轨制学校制度基于福泽谕吉的思想，福泽作为明治时期著名的思想家、教育家，其思想和言论具有很强的导向作用。他一方面出版《劝学篇》(1872～1987)，指出“上天不会造就人上之人，也不会造就人下之人”，[1] 宣传平等思想，另一方面却又在《小学教育之事》（1879）提出建立双轨制学校制度，并在《贫民智愚之说》（1889）中告诫政府对贫民子弟只能实施教化等，字里行间充满了牺牲民众的权利，依靠贵族实现富国强兵的意图。

福泽所提倡的双轨制学校制度是日本战前社会教育政策和贫民教化论的理论先驱。所谓双轨制学制即将学校体系分为两轨：一轨为中产阶级以上的子弟预备，使其在基础教育之后继续升学深造；另一轨为贫民百姓的子弟准备，只给予小学毕业。从而，贫民百姓的子女在基础教育以后便成为社会教化的对象。这种以义务教育以后的青少年为对象的社会教育政策在大正时期得到确立，并成为日本战前社会教育政策的一大特点。

3. 通俗教育

除去上述大教宣布运动之外，明治时期的社会教育还有通过图书馆、博物馆、博览馆等形式学习西欧先进知识和技术的启蒙活动。另外，由于当时普及基础教育有一定的困难，民间举办了识字教育、补习教育（周末学校、夜校等）以及民众教育（报纸杂志等）等各种活动。

但是，明治政府初次对社会教育做出政策性规定时，使用的不是社会教育，而是通俗教育这一名称。1885年，政府在《文部省通令》中首次提及通俗教育，并于翌年在学务局第三科的分管事项“有关师范学校小学幼儿园以及通俗教育的事物”中正式起用通俗教育。

通俗教育成官方语言之后，“通俗教育讲演会”、“通俗讲习会”以及“通俗教育卫生宣传会”等各种教育活动蓬勃展开，具体有识字、娱乐、技术学习、预防疾病等，这些均反映了当时日本社会的状况和需求。

## 二、大正时期的社会教育

1. 社会教育行政

1919年文部省在普通学务局内设专司通俗教育、图书馆和博物馆、青年团等事业的第四科，翌年改称为社会教育主务科，1924年改为普通学务局社会教育科，管理“图书馆和博物馆、青少年团和少女会、成人教育、特殊教育及其他社会教育有关事务”。从此，社会教育在学校教育以外的社会活动中，“作为国民为成为合格的社会成员习得能力和提高素养的教化活动”[2] 登上了历史舞台。

为了实施上述各项社会教育事业，1920年文部省发出在地方行政机构设置社会教育专职主任的指示，1925年制定了社会教育职员制度，并在地方配置了社会教育专职主任和专职主任助理。社会教育专职主任的工作是加强中央各政府部门、地方政府、各社会团体之间的联系和组织，进行思想善导和文化统治，传达政府的指示等。

1929年文部省内成立社会教育局，将以往由文部省和内务省共同掌管的青年团、社会教化团体归为文部省主管，这是为了集中权力，让社会教育与学校教育齐步，整合包括社会教育在内的天皇制国家的国民教育。因此，这个时期的社会教育作为学校教育的补充和完善，在国民教育中占有非常重要的领域。

2. 社会教化活动

这个时期的社会教化活动主要是对青年团的统治及对其他社会团体的组织化。

对青年团的统治早从日俄战争时期就开始实施，上个世纪初急速发展。如前所述，1929年以前，青年团活动由文部和内务两省共同掌管，两省在1915～1920年间三次发表共同训令，针对青年团的性质、目的、组织、活动等做出了具体规定。

除去对青年团的统治外，政府的触角还伸向女子青年团、日本青年馆、修养团以及中央报德会等其他社会团体，对这些团体实行统一组织和管理。进入昭和时期以后，以教化总动员运动为开端，社会教育政策中"教化"、"统治"的势头愈演愈烈。

## 三、昭和时期的社会教育

1. 教化总动员运动

昭和初期正值日本由大正民主向法西斯转变的时期，经历了大正民主运动的日本，国民的生活与政府的统治形成尖锐的对立，农民运动、劳工运动等各种争斗接踵而来。

为了对应这种情况，文部省于1929年8月发出《解救国难的途径》，提出"明确国体观念、振作国民精神"和"改善经济生活、培养国力"的口号，拉开了为"唤起国民觉悟"的教化总动员运动的帷幕。

教化总动员运动主要是以中央教化联合团会（1929）为中心，网罗各种教化团体、青年团体、妇女团体等，以开办讲演会、举办电影和音乐会，征集论文诗歌及标语，散发传单和手册，表彰笃行个人和团体等形式奖励"振作国民精神"、"改善经济生活"的举动，宣扬"国体观念"。

2. 天皇制法西斯意识形态

教化总动员运动在加强对各种社会教化团体统治的同时，更加注重对国民思想的管辖。1937年文部省编纂《国体之本义》，强调所谓"国体"即"敬奉万世一系的天皇皇祖之神圣并永远归顺其统治"，而国民作为"臣民""敬奉天皇、遵守皇道"是完全出于自然的，鼓吹天皇核心的"国体论"思想。

1931年，日本帝国主义发动"9·18"事变侵占我东三省，1932年建立伪"满洲国"，同年退出国联，这一系列行为使日本在国际上处于孤立。为了保持在中国的权益，日本急于确立国家总战略体制，实行为战争所必须的集权制统治，建立"国防国家"体制。

1940年，近卫内阁提出《建立以皇国为核心、日满支牢固结合为根基的大东亚秩序》的方针，文部省随即于1941年编纂《臣民之路》，宣扬“大东亚共荣圈”思想。由此，以“国体论”为中心、与“国防国家”和“大东亚共荣圈”三位一体的日本天皇制法西斯意识形态得到确立[3]。

3. 国民总动员运动

国民总动员运动开始于1937年的国民精神总动员运动，这是为了配合全面侵略中国，实现国家总战略体制而实施的统合国民思想的、政府主导的精神运动。同年，内务和文部两省联合下发《关于国民精神总动员》，确立了发扬日本精神，服从战时经济政策，爱护资源等对应当时各种紧迫问题的宗旨。1938年《国家总动员法》颁布，该法规定颁发法律可以绕过议会，天皇制政府掌握政策的决策及其实施的一切权限等内容，它为天皇制法西斯体制的确立提供了法律依据。

国民总动员运动除去思想统治，还对国民的日常活动、各种能力进行统治和管理，以为国防国家体制提供人力资源。为此，1939年青年学校男子义务化，实施劳动、军事方面的训练。1940年，政府解散所有政治结社，建立一国一党的政治体制——大政翼赞会，由此，议会政治被完全否定，日本实现了对国民统治的一元化。1941年1月，大日本青年团、大日本少女团和大日本女子青年团合并为大日本青少年团，1942年1月，大日本联合妇女会、爱国妇女会及大日本国防妇女会合并为大日本妇女会。如此，政府一并统合了各年龄段、分性别的各个团体，实现了对所有国民进行有组织、有机的管理和统治，直至二次大战结束。

如上所述，日本近代史上的社会教育带有强烈的教化和统制的色彩，更与西方近代教育大相径庭。西方国家的成人教育非常注重与民众自发的运动、大学开放以及劳工运动的携手，而日本却恰恰相反，以“敕令”、“训令”的手段强行控制各种社会教化团体，镇压民众自发的民主运动。为此，其社会教育行政只是体现在遵照天皇意志统制国民思想，以青年团、妇女会等各种团体为媒介开展教化活动，是“官僚主导的、上意下达的”[4]社会教育行政，这是战前日本社会教育行政的本质特征。因此说，日本真正意义上的社会教育只有到了战后，经过战后教育改革的洗礼才逐步走向民主、健康的发展之路。

## 第二节　战后社会教育发展

### 一、战后教育改革

1. 教育改革中的社会教育

在战后教育改革的过程中，社会教育与学校教育一起作为日本战后发展的两大支柱，得到日本政府的高度重视。

首先，在以美国为主的占领军的监督指导下，日本在思想、文化、教育等领域进行了脱胎换骨的改革。

占领军的对日教育改革政策主要依照《波茨坦宣言》的规定，以清除军国主义和超国家主义的因素，培育民主主义思想为宗旨。1946、1950 两年，美国先后两次派遣教育考察团赴日考察，针对日本的教育内容、教育制度、教育行政等方面进行全面改革，其中，两次《报告书》均提到了日本成人教育的指导思想和实施途径。

受《报告书》基本精神的影响，1946 年 11 月《日本国宪法》制定颁布，该法规定了“国民的生存权”（第 25 条）、“国民受教育的权利”（第 26 条）等事项。1947 年 3 月《教育基本法》制定公布，其中明确了“教育的目的”（第 1 条）、“教育的方针”（第 2 条）、“教育的机会均等”（第 3 条）以及“提供条件”这一教育行政的任务（第 10 条）等内容。特别是《教育基本法》开头提出：“要重视个人的尊严，培养爱好真理、和平的人”，明确了人权、和平的理念，被称为是日本最初的“人权教育宣言”[5]。《教育基本法》在明确了教育目的、教育方针等内容之后，设专门条款“社会教育”（第 7 条），规定社会教育的概念为：“家庭教育、劳动场所以及其他社会上所开展的教育活动，应该得到国家及各自治体的鼓励”。

遵照《日本国宪法》和《教育基本法》的精神，1949 年 6 月《社会教育法》、1950 年 4 月《图书馆法》、1951 年 12 月《博物馆法》、1953 年 8 月《青年业校振兴法》等有关社会教育的法律相继制定公布。这一系列法律法规的出台，从理念上、法律上为日本社会教育日后健康、民主的发展提供了保障。

2. 社会教育理念的确立

《社会教育法》由（1）第一章（总则）、（2）第二章（社会教育专职主任及专职主任助理）、（3）第三章（社会教育团体）、（4）第四章（社会教育委员）、（5）第五章（公民馆）、（6）第六章（学校设施的利用）、（7）第七章（函授教育），共 57 条（但其中第二章为 1951 年修改时追加的部分）组成。

第一章阐明了本法的目的；第二章规定了社会教育行政机关内社会教育专职主任的设置、资格、进修等事项；第三章明确了社会教育团体的定义，禁止权利性的支配和统制；第四章规定了社会教育委员会制度；第五章具体规定了社会教育主要设施——公民馆的设置目的、活动内容、运营方针、设施规模等事项；第六章和第七章分别就学校设施的利用和函授教育的实施做出了规定。

《社会教育法》贯彻了《日本国宪法》和《教育基本法》的基本理念，它为保障国民在学校教育以外领域接受教育的权利，促进国民自身发展和建立民主国家而制定，是日本战后有关社会教育的基本大法。

其一，遵照《日本国宪法》有关“国民受教育的权利”（第 26 条）的理念，《社会教育法》明确了社会教育的本质是“所有国民能够在任何时候，利用任何场所，开展与自己生活相符的文化教养活动”（第 3 条）的“自我教育”活动；其二，按照《教育基本法》有关教育行政的任务是“提供条件”（第 10 条）这一规定，明确了社会教育行政的职责在于“创设环境”（第 3 条），同时禁止行政权力对社会教育事业进行“不正当的统制”和“干涉”（第 12 条）；其三，规定了社会教育专职主任的任务是对社会教育团体进行“专门的技术性的指导”，而非“监督或命令”（第 9 条）；组建由市民、团体推荐的能够反映民意的机构——社会教育委员及公民馆运营委员会（第 16 条），等等。

所有这些表明，《社会教育法》的制定公布，意味着日本战后社会教育从理念上得到确立，且在本质上发生了根本转变。即针对战前以教化和动员为主的所谓社会教育，战后的社会教育是国民的“自我教育”和“相互教育”[6]，广大国民成为社会教育的主体。

根据以上诸法的规定，社会教育以图书馆、博物馆、公民馆等公共设施为据点，面向广大国民开展了各种各样的教育活动。特别是建立在各个地区的公民馆，以民主主义的教育理念为宗旨，根据各地区的实际情况和国民的具体要求，不仅开展了多种形式的教育活动，还为国民自发性的学习和文化活动提供条件，成为日本战后社会教育的中心设施和活动形式的代表。正如已故日本著名社会教育理论家和实践家（原名古屋大学教授）小川利夫所言：“公民馆的历史就是社会教育的历史”。[7]

## 二、公民馆

### 1. 公民馆制度的建立

#### (1)“寺中设想”与公民馆制度

1945 年日本战败后，国土废墟一片，百姓极度迷茫，失业、生存等各种问题接踵而来。面对这种混乱，日本政府决定通过开展公民教育，使日本走上民主、再生的道路。1946 年 1 月，时任文部省社会教育科科长的寺中作雄发表《公民教育的振兴和公民馆的设想》，指出“只有公民教育才是把战败日本建成民主主义国家的动力”，为此要在“全国的农村地区建立综合的公民学校[8]”，也就是公民馆。这里出现的两条思路——“开展公民教育”和“建立公民馆”即为日本战后社会教育学界所谓“寺中设想”，也是我们研究日本战后公民馆历史的起点。

在以上“寺中设想”的基础上，日本政府于 1946 年 7 月下发《关于公民馆的设置与运营》，该文献的出台标志着公民馆制度的建立。《关于公民馆的设置与运营》对公民馆是这样界定的：“今后的国民教育不仅以青少年为对象，还包括男女老少、产业工人及教育者，大家要和睦相处、互帮互助，以提高我们的修养。为此，在全国的农村地区建立公民馆，使之成为村民们聚集读书的地方，研究生产的地方，结交朋友的地方”。按照寺中的进一步解释即，公民馆是“兼农村的公民学校、图书馆、博物馆、公会堂、村民聚集所、生产指导所为一身的文化教养机关”[9]。

“寺中设想”中的公民馆是以农村为根据地，以恢复生产、改善生活以及村民相互学习、提高文化修养为目的的活动机关。将公民馆活动的中心设为农村地区是因为，比起城市地区农村的社会教育设施非常贫乏，那里没有图书馆、博物馆，虽然有村民们活动的公会堂等设施，但其主要功能是村民聚集、议事的地方，大部分并未具备兼学习生产知识和技术、提高文化修养等活动为一身的功能。因此，“农村型”、“综合型”和“万能型”成为早期公民馆活动的主要特征。

(2)《社会教育法》与公民馆性质的转变

1949年《社会教育法》制定公布。该法阐述了社会教育的意义和宗旨，规定社会教育为：“除去依据学校教育法……的规定作为学校教育课程所开展的教育活动以外的，主要以青少年及成人为对象所开展的有组织的教育（包括体育及娱乐活动)”(第2条)，并在第五章（公民馆）的条款里，专门围绕公民馆的目的、活动内容、运营方针、设施规模等事项做出了具体规定。

《社会教育法》规定公民馆的目的是：“为市町村及一定地区内的居民开展适合其生活的教育、学术及文化方面的活动，以促使居民提高教养、增进健康、陶冶情操，并丰富文化生活、促进福利事业”(第20条)。

对比《社会教育法》和《关于公民馆的设置与运营》中有关公民馆的界定可以发现，公民馆的性质发生了明显变化。《社会教育法》明确规定公民馆是开展“教育、学术及文化”等教育活动的地方(第20条)，进而规定了与如此公民馆性质相符的活动内容(第22条)。它取代了早期公民馆那种恢复生产、整建家园以及安定生活的机能，显示出作为学习机构的公民馆的新形象。

《社会教育法》作为日本首部关于社会教育的大法，阐述了社会教育的概念，明确了国家及各自治体的任务，规定了社会教育活动，特别是公民馆活动的目的、事业等方面的内容，成为日本战后社会教育活动、特别是公民馆运营的法律依据。

2. 公民馆活动的展开

(1) 早期公民馆活动

关于早期公民馆活动的特点，日本著名社会教育理论家和实践家（原农工大学教授）千野阳一曾做过精确论证。他说：公民馆在社会教育法制定之前不只是作为社会教育设施，更主要是具有包揽农林、福利等市村行政综合机关的特性，并将当时的公民馆活动划分为三个种类：(1) 恢复生产、提高生活水平；(2) 救济失业、安定生活；(3)开展文化和教养活动[10]。

第一种活动类型如石川县凤至郡大屋村公民馆。该公民馆主办农业研究会，研究品种改良、农业电气化等问题，同时经营农机修理厂和农业科学室，为村民学习生产技术和相互交流提供机会。[11] 第二种类型的公民馆活动如石川县能美郡久常村公民馆开办的公民馆婚礼、理发室、共同浴场、托儿所以及诊疗所等 [12] 活动体现了公民馆救济失业，安定生活的功能。而第三种类型的公民馆活动如群马县渡濑村公民馆主持的读书会、座谈会；青森县七户町柏寺公民馆举行的展览会、卫生宣传等活动 [13] 均为当地村民丰富文化生活，提高教养提供了很大的方便。

早期公民馆这种“综合型”、“万能型”或者“农村型”的特点体现了当时公民馆所处的社会背景和国民生活之所需。据统计到 1949 年《社会教育法》公布前后，全国已经建有公民馆的市町村 4，178 个，公民馆总数达到 5，813 个 [14]。利用率从全国 120 个公民馆的调查来看，团体占 16.8% 、妇女占 8.6%、一般占 21%、学生占 13.3%、青年占 48.6%、儿童占 5%[15]，几乎各方面的人群都在不同程度地利用公民馆。

（2）都市社会教育理论与公民馆的快速发展

上个世纪 60 年代起日本进入经济腾飞期，地区开发政策的推行和急剧的人口移动，改变了以往的社会结构，各地出现了“都市化”和“工业化”现象，公民馆也由农村地区开始走进城市地区。

与此同时，政府强行签署《日美安保条约》，推行全国综合开发计划等政策，激起了国民强烈不满。为此，大城市边缘的中小城市爆发了以居民为主的民主主义运动。在这过程当中，居民的主权意识萌发，人们开始自觉地参与社会教育活动，渴望公民馆成为聚集和学习的地方。在这种情况下，都市社会教育理论、都市公民馆设想陆续登场。

1963 年，文部省社会教育局发出了《发展中的社会与公民馆的运营》，文章描绘了社会发展进程中作为“综合的教育和文化中心”的公民馆形象。1967 年，全国公民馆联合会发表《公民馆的应然状态和当前的目标》，指出为了适应时代的变化，公民馆应为“普及教育、学术和文化活动，为推进地区的民主化而起作用”，其中心作用是“学习和创造”。1964 年，小川利夫发表《都市社会教育论设想》，为区别农村社会教育活动和都市社会教育活动在形式、内容上的不同，提出了都市化、近代化公民馆的形象——公民馆三层建筑论 [16]。

1974 年，东京都“公民馆资料制作委员会”制作的《追求新型的公民馆形象》出台，该文献旗帜鲜明地主张都市公民馆的四个功能和七项基本原则，发出了“公民馆是兼居民自由聚集的场所和交流场所为一身的学习和文化的殿堂”[17] 这一时代的强音。由于该文献是基于东京都三多摩地区的公民馆实践活动而创作，故广泛被称作《三多摩宣言》。

公民馆的四大功能：（1）居民自由聚集的场所；（2）居民开展集体活动的据点；（3）居民的“我的大学”；（4）居民创造文化的广场。公民馆运营的七项原则：（1）自由和平等的原则；（2）免费的原则；（3）作为独立的学习、文化机构的原则；（4）必设职员的原则；（5）各生活区必设的原则；（6）设备完善的原则；（7）居民参与的原则。

《三多摩宣言》基于保障“国民的学习权”这一理念，为了确保居民自由、平等的学习和文化活动，规定了公民馆在设施和运营方面的原则。它展示出都市型公民馆的崭新形象，在东京都三多摩地区乃至其他地方的公民馆建设中起到了指导作用。

例如上个世纪60年代，在经济腾飞和都市化浪潮中建立起来的东京都国分寺市公民馆，按照的《三多摩宣言》理念，为保障居民自主学习，扶植居民自治展开了各种活动。其中包括成人讲座、妇女夜校、青年教室、儿童巡回幻灯会以及自发性小组活动，活动内容涉及历史、教育、政治、娱乐以及地区庆典活动等，其指导方针及活动内容体现了与早期农村地区公民馆的截然不同，是典型的都市型公民馆。

都市型公民馆显示了新型公民馆活动的理念和方向，是社会经济迅猛发展、民主主义运动不断高涨的产物，它体现了国民受教育的权利、国民的“学习权思想”，使公民馆真正成为“教育、学习和文化”的教育机构。

## 三、劳动者教育

### 1. 劳动者教育政策

战后，特别是战后初期，日本的劳动者教育在行政上从属于劳动省和文部省，两省在相互协作的基础上，为劳动者举办了诸多劳动、技术方面的教育活动，形成了战后初期劳动者教育的一大特点。

劳动省方面，1947年劳动省劳动教育科主办中央劳动教育大会、夏季劳动大学，1949年开始开办劳动教育研究会、劳资关系教育讲座、劳政职员研修会、全国工会体育大会、劳动者美术展览会等。文部省方面，1946年文部省社会教育局向各地方下发《关于1946年度委托实施“产业讲座”的通知》，提倡开办为提高产业人素质的产业讲座，1947年，产业讲座改名为“劳动文化讲座”，以“促进劳动者面向产业复兴的自立”的目的开办了政治、经济、产业教育、情操以及娱乐等内容的讲座。特别是1948年，教育刷新委员会出台第十三次建议《对劳动者的社会教育》（以下简称《第十三次建议》），明确对劳动者的社会教育包括劳动教育（理解劳动问题、劳资关系的教育）、职业教育（职业知识及技术的教育）以及文化修养（培养社会、文化素养，提高人格的教育）这三个方面，表明这个时期，社会教育政策对劳动者教育占有很大的比重。

为了调整劳动者教育的主管问题，明确在劳动者教育中的具体分工，1948年7月，劳动省与文部省发出了《劳动省（劳政局）、文部省（社会教育局）有关劳动者教育的联合通知》(以下简称《联合通知》)。《联合通知》规定，劳动省主管关于劳工运动、劳资关系方面的教育——劳动教育，文部省主管作为一般公民所应具备的道德修养方面的教育——公民教育。对此，小野征夫和依田有弘论证说:“从此，劳动省管辖下的劳动教育政策确实有效地全面铺开，而文部省管辖下的劳动者教育被‘抽象化’，变成不符合劳动者现实情况的、作为一般公民的道德修养教育”[18]；小川利夫则称之为“矮小化歪曲化”[19]。也就是说，对于劳动者教育、特别是职业技术教育没能在社会教育领域内有效地开展起来，日本的学者们在政策上将其原因归于上述《联合通知》，即《联合通知》的下发导致劳动者教育脱离了文部政策而倒向劳动政策。

1958年，随着劳动省《职业训练法》的制定出台，制度化职业训练所、企业内训练等职业培训机构得到充实，从此，劳动者教育从属于劳动省，在劳动政策的引导下开始了正规的教育和训练。然而战后初期，在劳动者教育的问题上，社会教育政策与劳动政策相互作用，在保障劳动者生存权、劳动权等问题上的意义和作用是不容忽视的。

2. 成人学校

成人学校开办于20世纪50年代，在日本战后初期的社会教育活动中占有比较重要的位置。成人学校依据《学校教育法》第85条(对社会教育的开放)、《社会教育法》第5条(市町村教育委员会的事业)及第6章(学校设施的利用)等有关规定，是利用学校设施开展的有组织的教育形式。

成人学校以中学毕业后因各种原因没能升入高中继续学习的青少年和成人为对象，以知识学习和陶冶情操为主要课程。1950年度东京都教育厅发行的《成人学校开设手册》明确成人学校的目的是:“(1)人格的升华;(2)合理设计家庭生活，创造幸福;(3)学习科学地观察事物的方法，善于思考;(4)提高语言能力，通过读、写等方法自由地表达自己的意见;(5)培养欣赏美术、音乐、文学的能力，改善自己的生活;(6)认识和尊重劳动的价值，培养认真工作的态度;(7)学习各种法律，培养作为公民所必备的常识和作为社会人应具有的协调性;(8)认识搞好个人卫生和公共卫生的必要性;(9)积极开展体育和娱乐活动，活跃自己的生活;(10)提高职业、兴趣等方面的技能，扩大知识面。[20]”这里可以看出，在当时，增进健康、培养情操、兴趣爱好以及工作态度等是成人学校的主要目标。但在劳动省完善劳动教育政策之前，特别是《职业训练法》出台之前，成人学校还承担了劳动者的职业学习、技术培训等业务。例如，1951年开办的东京都丰岛区成人职业学校，由丰岛区政府和东京都教育委员会、池袋公共职业安定所以及丰岛区劳政事务所联合开办。该校以职业培训为目标，面向求职者和在职人员招生，编排了从机械技术到公务员所需的大量学习科目，并且发给学员结业证书，为求职者在职业安定所的求职表中填写该学员所修的技术项目以提供就职机会。当时，一般的成人学校处于连校舍都没有的困境，而丰岛区成人职业学校积极与职业培训部门协作，为“汽车驾驶科”和“氧气焊接科”设置了实习场地，走在了成人学校的前列。据记载，到1956年为止，该校共送出了4，977名毕业生[21]。

然而，20世纪60年代以后，成人学校渐渐走上了下坡之路。原因有多种，首先就是劳动省主管下的各种职业训练设施的大量增加和企业内教育的不断完善。如1947年《劳动基准法》及《职业安定法》制定公布后，各种技工培训所、职业辅导站及辅导所陆续开设。1958年，适应经济发展、规定综合培养技术工人等事项的《职业训练法》公布，由此制度化职业训练所、企业内训练等职业培训机构得到充实。

另外，成人学校本身存在的缺陷也是原因之一。成人学校大多没有专门的设施，资金不足，不具备开展正规职业技术教育的条件，除去记账、打字、待客等商业知识的学习，其他内容不能满足广大劳动者的实际需求。丰岛区成人职业学校能够开设汽车驾驶和修理、焊接科目是因为它与区内劳政局携手得到了实习场地，而其他大部分成人学校则远远不具备这种条件。造成这种事态的原因是政府的补助金不足。例如，1950年度国库对文部省内劳动者教育的补助金为92万日元，而同年对劳动省劳动者教育的补助金是3,800万日元[22]，实为天壤之差。

以上因素致使成人学校学员的主体逐渐发生变化，20世纪60年代以后，女性、中高年龄者逐步增加，成人学校的学习内容也发生变化，兴趣、教养、生活等成为主要科目。这种现象在同时期的公民馆活动中也得以证实。也就是说，20世纪60年代以后，公民馆和成人学校在社会环境和活动主体发生变化的情况下，不得不改进其活动内容，这正是日本战后社会教育活动的特征之一。

总体来看，成人学校作为都市成人教育的一种形式，在职业技术培训设施并不完善的战后初期，为在职劳动者提供了职业技术教育的机会。虽然只是短暂的一个时期，但其活动的效果以及在日本战后社会教育发展史上所留下的足迹是值得关注的。

## 四、劳动青少年教育

### 1. 劳动青少年教育政策

#### （1）定时制高中

从根本上说，日本的社会教育是与学校教育保持着密切关系发展起来的。战前的实业补习学校和青年学校，战后的青年业校和劳动青年学校均可证明社会教育中的青年教育作为学校教育的“代替形式”起到过重要的作用[23]，或者说“代替了中等教育的社会教育”[24]这一特性。事实上，战后日本东北地区率先开办的青年业校从发起时起就带有代替定时制高中的性质。

战后制定公布的《学校教育法》（1947年3月31日）确立了新制高中，它是为改变战前旧制高中“特权”的一面，为每个想升学的初中毕业生提供继续学习机会的新型高中制度。同时，遵循“教育的机会均等”这一理念，为使众多的劳动青少年也能接受高中教育，定时制高中问世了。

但是，众多劳动青少年因每日工作时间长、劳动条件恶劣等原因不能保证在定时制高中的学习。同时，像东京都这样的大城市定时制高中得到了发展，而偏僻的山区和乡下基本上得不到普及，大多数劳动青少年仍然没有享受到接受高中教育的机会。据统计，1953 年全国不满 25 岁的初中毕业生约有 1，620 万人，其中，升入普通高中、定时制高中、函授制高中或者大学的青少年约 280 万人（占总数的 17%、其中在定时制高中学习的约有 53 万人，接受函授制高中教育的约有 3.3 万人），而余下的 1,340 万（占总数的 83%）的青少年并未有享受高中教育的机会[25]。在这种情况下，青年业校诞生了。

（2）《青年业校振兴法》

青年业校是日本战后劳动青少年教育的重要形式。一般认为，青年业校始于战后日本东北地区青年们自发性的学习活动。当时还不叫青年业校，叫做夜间学习会、夜间讲座等等。

战后初期，文部省在寻找为劳动青少年设立新型的教育机构的过程中注视着青年业校的动向。在 1951 年度的预算中，文部省决定拨款 169 万日元在全国开设 230 所指定实验青年业校。同年 6 月 15 日，社会教育局长下发《关于 1951 年度开设文部省指定实验青年业校的通知》，通知将“青年业校”作为以“青年业校、劳动青年业校、青年讲座、职业教育讲座等多种名称开办的，以不满 20 岁的初中毕业生为对象的社会教育讲座”。实验青年业校的设立实体为市町村，学习时间为年间 100 小时以上，经费为 1 个业校约 6，500 日元，每县各设 2 个业校[26]。

1953 年 8 月《青年业校振兴法》制定公布。该法由四章和附则构成。第一章（总则）规定了该法的目的、青年业校的定义、基本方针等事项，第二章（青年业校的开设和运营）规定了青年业校的开设、实施机关、申请及专职主任、讲师等事项，第三章（政府补助）规定政府对符合条件的业校补助其运营经费的三分之一，第四章（杂则）规定了类似于青年业校的活动。

《青年业校振兴法》的目的是：“劳动青年教育是振兴我国的产业发展，建设民主文明国家的基础。按照社会教育法……的精神，特规定青年业校的开设、运营及其他有关事项，以促进其健全的发展，为国家和社会培养有为的人才”（第 1 条）；青年业校的定义是：“根据法律规定，由市町村政府主管的，为使从事劳动、或者将要从事劳动的青年（以下简称劳动青年）掌握其实际生活所必要的职业及生活方面的知识和技能，同时提高他们修养的活动”（第 2 条）；青年业校的基本方针是：“尊重劳动青年的自主性，在适于劳动青年的实际生活和地方实情的基础上开设并运营”（第 3 条）。

以上几条概括了这个法律的宗旨，那就是为了解决当时青年业校所面临经费困难、教师不足等问题，将青年业校法制化，以促进其发展。

2. 青年业校

如前所述，青年业校在日本战后劳动青年教育史上具有特殊的定位和意义。

战后初期，广大青年面对战败这一现实陷入极度的空虚，精神上失去寄托，思想上产生混乱，不能理解初次入耳的“民主主义”和“自由”的含义，把“民主主义”理解成“任意、任性”和“无管制”，认为“自由”就是“放荡”，因此整日沉醉于歌、酒、舞蹈和乡村戏剧之中。不久，他们意识到自己的空虚和无知，开始对自己的行为进行反省和批判，进而自觉地组织起读书会、交友会等以寻找正确的生活方向。

山形县于 1947 年开始出现青年业校的迹象。青年们利用学校和集会场所举办各种讨论会、讲演会以及修养会开展学习。学习内容包括因战争而中断的中学课程、时事问题及农业技术等。例如西村山郡北谷地村的青年修养会开展了珠算、耕种、文学鉴赏、时事讨论、家庭卫生等科目的学习。

宫城县与山形县一样，于 1947 年出现了各种青年学习活动小组。1949 年，县政府以普及公民教育和产业教育为中心开设民主主义讲座，学员超过了 33 万人，其中 20 万人是劳动青年。1950 年，民主主义讲座改名为青年讲座，开展国语、数学、常识等一般基础知识和职业教育指导，县内共召开讲座 332 次，接受学员 10，287 人[27]。1952 年后，青年讲座改名为职业教育讲座，专门进行职业教育。

青年业校法制化后，文部省及各都道府县的教育委员会开始了各种研究活动，努力普及和发展青年业校。1955 年，全国 4，833 个（区）市町村中开设青年业校的地方有 4,049 个，开设率 83.3%，业校共有 176,060 所，学员数 1,091,734 人，平均 1（区）市町村开设 4.8 所业校。实施机关大部分是公民馆，活动场所利用公民馆和小学的占 36.3%。学习内容主要是与青年的实际生活有关系的课题，例如职业、生活等。其中，开设职业、生活、教养这种综合课程的占 56.6%，超过了半数。另外，在职业课程中开设农业知识的约占 70%[28]，说明当时青年业校在农村地区开办得非常活跃。

可是，青年业校数量和学员数量于 1955 年达到顶峰后就逐年下跌，1960 年变为 11,800 所和 72 万人，减少了 5,000 所和 35 万人，之后也逐年递减，1963 年减到 8，500 所和 42 万人，比 1955 年度减少了半数以上[29]。这种情况的发生，一般认为有以下原因：

① 产业结构的变化使得大量农村青年涌入城市

1959 年池田内阁成立后，制定了经济发展 10 年计划，推动了工业的发展。青年业校本来出现在农村地区，但大量农村青年涌入城市后，造成了农村青年业校数目的减少。

② 高中升学率的提高

青年业校是面向初中毕业生的，但20世纪60年代以后，高中升学率不断提高，适龄青年纷纷进入高中，使得业校的学员数大大减少。表1是1957～63年度的高中升学率。

**表1　1957～63年度的高中升学率**

| 年　度 | 57年 | 58年 | 59年 | 60年 | 61年 | 62年 | 63年 |
| --- | --- | --- | --- | --- | --- | --- | --- |
| % | 51.5 | 53.7 | 55.4 | 57.8 | 62.3 | 63.7 | 68.7 |

资料来源：［日］文部省社会教育局编辑、出版《青年业校的路程和展望》，1964年第61页。

③ 青年业校多种目的的性质

青年业校是以相当于后期中等教育年龄的青少年为对象开展的有组织的教育活动，它既是成人教育的一部分，又是青少年集体活动的场所，因此带有多种目的的性质。但是在教师、经费、设备等方面存在着缺陷，学习内容也限于普通教养、生活常识等，不能满足青年的希望和社会的需求，缺少足够的吸引力。

3. 劳动青年学校

（1）经济腾飞与劳动青年教育的转型

众所周知，20世纪50年代后期，日本开始了经济爬坡。为了适应经济发展的需要，政府提倡中等职业教育和高中多样化。面对青年业校的衰退状况，文部省发出《青年业校的改善方针》，提出了扩大开设主体、充实职业和技能的学习内容等具体设想[30]，明确了振兴劳动青少年教育是充实产业技术教育的方针。

另一方面，财界把充实职业技术教育的希望寄托在增设工业高中、增加定时制高中职业教育的课程及改善理工科大学上。20世纪50年代中期，日本经营者团体联盟（以下简称日经联；另外，日本经营团体联合会简称为经团联）先后发表了《关于为适应新时代的技术教育》（1956年11月）和《关于振兴科学技术教育的意见》（1957年12月），提出要推进理科教育和职业教育的义务化，强调了在中小学及大学里开设理科教育和科学技术教育的重要性[31]，表示出他们对教育改革的愿望。与此同时，中央青少年问题协议会发表《劳动青年教育对策大纲》（1957年5月），提出应开设以劳动青年为对象的、对其进行基础教育和职业教育的产业高中，同时探讨其义务制、教育方法以及技术鉴定等问题[32]。

由此可见，20世纪50年代围绕着青年业校的改善、劳动青年教育，特别是理科及科学技术教育问题，政府与财界方面虽然在培养机构及培养重心上存在一定的分歧，但是在教育要以技术进步和经济发展为主这个问题上的态度是一致的。因此说，这个时期的劳动青年教育政策的特点是“资本本位”。

20世纪60年代以后，随着以经济计划为中心的综合教育计划的提倡，围绕劳动青少年教育争论的焦点由50年代的充实技术教育、培训技术工人发展成了“中等教育的完成”、或者说“后期中等教育”政策的问题上。围绕这个问题，政府和财界分别提出了种种具体设想。

首先政府在《国民所得倍增计划》(1960年)、《日本的发展与教育——发展教育和振兴经济》(教育白皮书，1962年）等文献中提到要实现“中等教育的完成”，重视职业技术教育，提倡学校教育与职业教育相结合的“产学协同”以及“将发展教育的投资看成是引起经济跃进的投资”这一“教育投资论”和扩充“后期中等教育”[33]等建议。为此，提议15～18岁的青少年要接受“某种形式的教育和训练”，并将其看做是正规中等教育的一环[34]。

同一时期，中央教育审议会（以下简称中教审）连续发表报告书，就义务教育年限、后期中等教育政策提出种种设想。

《理想的人》(中期报告，1965年1月）延续1950年代池田内阁资本本位的“育人论”，重申“爱国心”和“大国意识”，强调开放经济体制下的“劳资协调”和“敬爱天皇”精神[35]。《关于后期中等教育的扩大调整》(答询报告[36]，1966年10月）则提出了“后期中等教育”的多样化[37]。对于劳动青少年教育，特别提出了开设“改善青年业校制度，开展能够让青少年掌握适应他们的特性、能力及环境的职业、家务等知识、技能的学习，同时提高他们教养”的教育机构。

与此同时，产业界、财界方面也陆续做出了相应的反应。1961年，日经联、经团联联合发表《关于技术教育计划性的振兴策略》，针对产业技术高度化现象下所产生的技术工人不足的现状，提出要大力普及技术教育，特别是要将增设职业高中当作国策来加以重视。

就此问题，全国高中校长协会也发表《关于对“后期中等教育”的意见书》(1965年2月)，强调目前社会要求高中教育要多样化，所以高中课程的安排也应该具有弹性，要适应社会的实情和青少年的能力、志向，开设含有职业教育的课程。

所谓高中教育的多样化就是将其分为普通科六种：(1）重视才能系列；(2）重视文科系列；(3）重视理科系列；(4）重视一般教养系列；(5）重视职业教养系列；(6）重视家庭教养系列。另外又将职业教养系列分为技术型和技能型两种。而青年业校与各种学校[38]及公共职业训练所作为“其他的后期中等教育”被列出[39]。

可是，针对以上政府和财界方面提出的种种设想，广大国民则将“后期中等教育”的希望寄托在升入高中上，这一点可以从20世纪60年代中期的高中升学率中得到答案。1965、1966两年的高中升学率东京都最高，分别为86.8%、88.1%，青森县最低，分别为54.3%、55.2%，平均为70.6%、72.3%[40]。因此可以说，20世纪60年代围绕着“后期中等教育”，政府、财界与国民之间体现着两种不同的教育要求，这也是那个时期劳动青少年教育的特点。

（2）劳动青年学校

如前所述，《国民所得倍增计划》公布以后，政府制定了一系列关于劳动青少年教育的具体政策。其中《关于后期中等教育的扩大调整》提到要"改善青年业校制度"，开设"能够让劳动青少年掌握适于他们的特性、能力及环境的职业、家务方面的知识和技能，同时提高他们的教养"的教育机构。

在此之前，1960 年度的教育白皮书《发展社会中的青少年教育》（1960 年 11 月）分析了青年业校的现状并指出了今后的方向。文章说，青年业校今后的发展方向是面对大龄青年开展以解决其生活课题为主的共同学习，而对不满 18 岁的青少年，从完善义务教育的角度有必要探讨其学习形式和内容。为此，文部省内成立了"青少年教育制度研究会"，提出了开设学习年限 3 年、每年 300 课时、定时制高中形式、义务制青年学校的设想。

青年学校的学习内容暂定为职业、技能方面的知识和普通教养，前者尤其重要。具体指定了农、林、水产、商、工、矿业等项目，特别是农具修理、汽车修理等低水准的"实用技术"为重点。普通教养科目也不是自然科学和社会科学等基础知识的学习，而是政治、经济、保健、书信、生活设计等日常生活中一些实用的东西。可以看出，这些学习内容与以往的青年业校属于同一水平。

青年学校与以青年业校的不同之处是，各地区新设专门校舍，配置接送大巴车，给结业者一定的特殊待遇（例如就业当年的月薪按高中毕业生待遇）。这个青年学校的设想后来以劳动青年学校的名称被具体化了。

1963 年文部省发布《1963 年度劳动青年学校运营补助要领》（以下简称《补助要领》），具体规定了劳动青年学校的性质、目的、课程等主要内容。从 1963 年度开始，在全国范围内开设了 20 所以不满 18 周岁、未升入全日制、定时制、函授制高中中任何一种高中的劳动青少年为对象的劳动青年学校。

20 所学校中，开设工业课程的 12 所，开设商业课程的 17 所，占绝大多数。因而日本学者尖锐地指出，劳动青年学校不过是为在中小企业劳动的青年而开设的职业训练机构，其目的在于为中小企业保留劳动力[41]。此外，劳动青年学校的教育环境和条件恶劣，20 所学校均为借用设施，按《补助要领》的规定，每个学校一年的补助金仅为 40 万日元，只能进行程度极低的职业训练。毫无疑问，这样的学校是不能成为提高青少年知识水平、培养他们基本能力的教育机构的。正因为如此，1963 ～ 1968 年度学校和学员的总数虽然稳定上升，但从 1969 年开始减少，1970 年便中断了记载。另外有记录证明自 1963 年度开始建校后持续运营三年的学校有 16 所，其中三年坚持学习的学员占全校学员总数 60% 的学校只有 2 所，50% 的学校 2 所，40% 的学校 4 所，30% 的学校 2 所[42]，这充分表明劳动青年学校在当时社会及青年心目中的地位，说明这种水

准的劳动青年学校不能满足广大青年的学习欲望，更不能替代正式的学校教育。

## 第三节 战后社会教育体制特征

### 一、社会教育政策与劳动政策相互作用

社会教育政策与劳动政策相互作用，共同开展劳动者教育，推进社会教育活动是日本战后、特别是战后初期社会教育体制的特征之一。

战后初期，日本国土焦土一片，国民生活水深火热。在这种情况下，政府决心进行民主主义改革，将振兴社会教育作为新日本建设的紧急措施。承担了新日本建设重担的社会教育面对重建家园、恢复经济、安定生活等种种亟待解决的问题，立足于农村地区面对广大劳动者，开始了以恢复生产、改善生活、重建家园为重点的各种教育活动。

同一时期，劳动政策也相继制定公布，1947 年《劳动基准法》和《技工培训章程》颁布，规定了技工培训及其特定的 15 个工种，同年《职业安定法》制定颁发，规定了职业辅导制度，由此，职业训练制度走上轨道。据记载，1949 年，东京御茶水职业辅导所日文打字科招募时，50 个名额竟有 650 名应招者，1950 年，东京中央职业辅导所各科招工名额合计为 981 名，却有 3,183 名应招者，超过了 3 倍之多[43]，这反映了当时失业情形的严重性。

在这种情况下，社会教育范畴内的职业技术教育，如前述成人学校等设施也为劳动者提供了学习的空间，这是非常可贵的。当时东京都开办的职业辅导所中，建筑、木工、机械等恢复生产必需的科目占绝对优势，商业知识的学习仅仅可以列出日文、英文打字、复写技术。而根据劳动省 1947 年《技工培训章程》设立的技工培训所，也未设商业知识的科目。在这种情况下可以说，成人学校中商业知识的学习科目补充了职业辅导所和技工培训所的缺陷，为当时商业劳动者的工作和生活提供了的方便。当然，成人学校内的职业技术教育由于受设备、资金、资格等不良因素的限制，不能开展大型的、全面的职业技术教育。特别是 1958 年《职业训练法》制定公布，职业训练制度全面实施之后，成人学校的活动内容逐步与同时期公民馆的活动内容走向一致，文化、娱乐、教养等成为中心内容，这是日本社会发展变化的必然。而在战后初期，特别是职业训练制度全面实施之前，社会教育政策与劳动政策相互作用，为保障劳动者的生存权、劳动权以及学习权的实现相辅相成是不争的事实。

### 二、社会教育政策与学校教育政策重叠

社会教育政策与学校教育政策重叠这一特点主要体现在青年教育问题之上，日本

战前的社会教育体制中既有所体现。

如前所述，战前日本实施双轨制教育制度，中产阶级以上的子弟在义务教育结束之后可以继续升学深造，而广大贫苦国民的子弟在修完了义务教育之后则成为社会教育的对象。当时的青年学校、实业补习学校即是与正规的学校教育制度相重叠的学校类型，也就是前述小川利夫、桥口菊所言“代替了学校教育的社会教育”。

战后，遵循“教育的机会均等”这一理念开设的青年业校在一定时期内为未能晋升高中继续学习的广大青年提供了补习学校教育课程、加强职业技术学习的机会，是劳动青少年的好去处。1953年《青年业校振兴法》制定颁布后，青年业校领到政府补助金得以在全国范围内迅速普及。但是由于设施、教师、资格等多方面条件不佳，不能满足青年们的学习愿望，很快便走上了不振之路。特别是20世纪60年代以后，产业结构的变化、高中升学率的提升以及青年业校本身所存在的不足导致了青年业校的急剧减退。

当时日本正值经济腾飞期，经济的飞速发展和科学技术的日益更新要求快速培养大批技术工人，于是，20世纪50年代后期开始，文部省开始酝酿对青年业校的改造，强调理工科课程及职业教育。20世纪60年代后，政府先后发表《国民所得倍增计划》、《日本的发展与教育》等一系列文献大力提倡“教育投资论”和“产学协同论”，提出了后期中等教育政策的多样化设想。在这种情况下，为15～18岁的青少年准备的所谓“某种形式的教育和训练”设施——劳动青年学校登上了历史的舞台。

劳动青年学校作为为劳动青年开设的后期中等教育的一种形式，在政府提议的“高中多样化”建议中处于最底层，是“其他的高中教育”一类。课程内容多数为当时商业部门、中小企业所需的技能学习，正式高中所必需的基础学科开设极少。虽然从设施配置、教育内容、教师教材等方面不能称之为正式的高中教育，却被列为后期中等教育的一环充当学校教育，在实现“教育的机会均等”和“完善中等教育”的幌子下，使劳动青少年遭受了极不平等的待遇。这里，“替代了学校教育的社会教育”这一特点再次体现出来，是战前双轨制教育制度的翻版。

针对以上这种教育的不平等现象，战前、战后的日本显示了根本的不同。战前的日本实行超强度的国家主义教育，民众没有言论的自由，且民众受皇民教育深刻，甘愿受政府的摆布。而战后的国民针对政府以上一系列的建议及举动发起了激烈的攻击。20世纪60年代，东京大学著名教授宫原诚一等发起了“高中全入”运动，呼吁加大建设定时制高中的力度，让所有劳动青少年都能升入定时制高中学习，使他们在完成高中教育之后再从事所需的职业技术的学习。应该说，这样的教育政策才是立足于“受教育的机会均等”原则上的“完全的中等教育”政策。事实上，20世纪60年代开始，高中入学率逐步升高，1965年为70.6%，1970年为72%，1973年为89.4%[44]，达到了

相当的高度，这是日本国民针对政府、财界所制定的教育政策的另一种反击，是战后民主主义思想深入民心的体现。

## 三、社会教育的意义及问题点

1. 公民馆活动与“民主主义”、国民“自主性”的实现

公民馆作为日本战后地区性社会教育的主要设施，在培养国民“自我教育”和“相互教育”，特别是引导广大国民理解和实践“民主主义”和“学习权”思想等方面起到了促进作用。

如前所述，20世纪60年代是日本社会激烈变革的时期，一方面经济高度增长，国民的生活水平大幅度提高，另一方面围绕着安保、环境等政治及社会问题国民与政府形成对立，人们开始对政府的政策提出异议，大城市周围的中小城市爆发了以居民为主的民主主义运动。在这种激烈争斗的过程当中，居民的主权意识萌发，人们认识到学习的重要性，由此开始自觉地参与社会教育活动，以争得学习的权利和学问的自由，社会教育领域内“国民的学习权”或者说“作为权利的社会教育”思想深入人心，有关社会教育、公民馆活动的三个宣言[45]就是在这个时期登场的。

所谓社会教育、公民馆活动的三个宣言是指20世纪60年代以后陆续登场的《枚方宣言》、《下伊那宣言》以及前出《三多摩宣言》。

《枚方宣言》是大阪府枚方市教育委员会于1963年发表的，原题为《社会教育为所有的市民》。该市教育委员会与相关社会教育研究者在探讨“枚方市社会教育的方向”的过程当中发表了《枚方宣言》，其中提出了社会教育的六项方针：（1）社会教育的主体是市民；（2）社会教育是国民的权利；（3）社会教育的本质是宪法学习；（4）社会教育是居民自治的动力；（5）社会教育是支持民众运动的教育活动；（6）社会教育孕育、培养和捍卫民主主义。[46]

在这里，“社会教育的主体是市民”、“社会教育是国民的权利”是该宣言的中心思想，也是日本战后由自治体发出的国民学习权思想的首例。其中，“社会教育的主体是市民”针对以往社会教育的主体为“文部省、教育政策”，而“社会教育是国民的权利”则针对以往社会教育是国民的“义务”而提出，文章整体贯穿着《日本国宪法》及《教育基本法》的基本精神，显示出自治体一级社会教育研究水平的新的高度，它为以后的社会教育、公民馆活动理论的出台起到了引导作用。

《下伊那宣言》是长野县饭田市与下伊那郡的公民馆职员团体于1965年集体创作发表的，原题为《公民馆职员的特点及作用》。《下伊那宣言》指出，公民馆活动的基本原则是“开展民主的社会教育活动”，而公民馆职员是使各自治体居民文化、学习活动更加充实和多样化的支持者。为此，其具有教育专门性及自治体劳动者的双重性质[47]。

也就是说，公民馆职员既是从事社会教育这一专门领域的职员，又是地方劳动者的一员。因此他要作为劳动者的一员，以一个普通劳动者的视角来发现地区社会居民所需要的学习，并在此基础上制定公民馆活动的目标及内容，而这双重性质的有机结合才是使公民馆职员充分发挥作用的关键。这种立足于生活中的公民馆职员的性质体现了民主的社会教育活动中人的作用。

而《三多摩宣言》则在三多摩地区居民运动的推动下，提出了都市型公民馆的“四个作用”和“七项原则”，为新型公民馆的建设和运营提供了理论依据。特别是其中“居民参与”的提倡，突出肯定了居民参与、居民为主的公民馆建设和活动的意义，为三多摩乃至其他地区的公民馆活动指出了方向。事实上，三多摩地区的公民馆正如前出国分寺市公民馆一样，从建设到运营到处可以看见居民的身影，体现了居民主体的公民馆活动。这种类型的社会教育活动是普及民主主义思想，助长国民自主性的具体实现。

2. 成人教育、劳动青年教育活动与教育的“机会均等”

如前所述战后初期各地开设的公民馆、成人学校根据各地的生活实际和劳动者的工作需要开设了广泛的学习课程，其中职业技术方面的学习是重点之一。例如在东京都的成人学校中，以职业技术教育为主的学校首属丰岛区成人职业学校。在那里设有制图、机械、汽车的驾驶和修理、焊接、珠算、会计等工业及商业知识的科目，并且汽车驾驶和焊接另备有实习场，这在当时走在了同行的前列。其他成人学校由于设备短缺，教育内容基本上限于珠算、记账、商业英语等商业知识的学习。

20 世纪 60 年代以后，随着社会经济的发展、国民生活水平的提高，成人学校的活动内容发生了变化，成人学校的主体也发生了变化。首先是女性的增多，其次是 40 岁以上人员的增加，广大学员要求增加普通教养、丰富生活的学习活动，因此，“日本的思想家”、“世界名曲”、“大城市的科学”等课程成为 20 世纪 60 年代以后成人学校的主要内容。这反映了居民所处的社会环境和生活环境的变化。这种现象在都市型公民馆活动中也可找到踪迹。

然而，《教育基本法》第 7 条明确规定，“劳动场所”所开展的教育活动是社会教育的一部分，《社会教育法》第 5 条（市町村教育委员会的事务）中也列举了“开设并奖励职业教育及为产业科学技术指导的集会”。而回顾日本战后社会教育的历程，劳动者教育始终没能成为社会教育活动的重点，特别是 20 世纪 60 年代以后，劳动者教育基本上从社会教育活动中退出，这种现象导出了社会教育的问题点，即社会教育政策中劳动者“受教育的权利”没有得到充分的保障。

同样的问题也存在于劳动青少年教育问题之上。前有所述，战后遵照“教育的机会均等”原则，新的高中制度得到确立，新制高中、定时制高中和函授制高中陆续开设。但其中，为了广大劳动青少年而开设的定时制高中在远离都市的广大边远地区远远不能达到所需，众多劳动青少年依然得不到学习的机会。面对这种情况，政府并未加大增设定时制高中的力度，而是随着东北地区出现的青年业校的动向探讨青年业校的对策，并于1953年公布《青年业校振兴法》，将劳动青少年的学习锁定在学校教育政策以外的、低于学校教育水准的青年业校。青年业校在开设初期带有替代定时制高中的性质，虽然酷似定时制高中，但从学习目标、课程内容、环境、人员、设施等方面远不能达到定时制高中的标准，因此法制化之后的青年业校并未加快其发展的步伐，并于20世纪60年代开始走向下坡之路。

青年业校达不到定时制高中标准的原因首先是上述政府文教政策的方向，另外从政府补助金的额度上也可以找到答案。参考当时青年业校运营费用得知，政府对于青年业校的补助与同时期对高中的补助截然不同。

**表2 1954年度青年业校运营经费**

| 财 源 | 金额（日元） | % |
|---|---|---|
| 国库补助金 | 65,174,400 | 6.19 |
| 都府县补助金 | 38,090,608 | 3.60 |
| 市町村支出金 | 874,224,031 | 83.00 |
| 其 他 | 75,848,740 | 7.21 |
| 合 计 | 1,053,307,779 | 100.00 |

资料来源：[日]文部省编辑、出版《青年业校资料》，1956年第3页。

**表3 1953年度高中生、业校生每人平均费用**

| 区 分 | 经费（日元） |
|---|---|
| 全日制高中 | 20,034 |
| 定时制高中 | 15,935 |
| 青年业校 | 848 |

资料来源：[日]文部省编辑、出版《社会教育的现状》，1953年第236页。

参照表2、3得知，政府虽然将青年业校法制化，但并未投入相应的努力，青年业校运营中国库补助金仅占约6%，而用于每个普通高中生和青年业校生的平均费用，针对全日制高中生20，000余日元、定时制高中生15,000余日元，青年业校生却只有848日元，其差额竟相隔2位数。应该说，在此基点上，劳动青少年就已经遭遇了教育机会的不均等。

20世纪60年代以后，随着世界各国技术发展和教育改革风潮，日本也开始酝酿后期中等教育的改革。早于政府的举动，产业界、财界既提出了加强职业教育、增加技术课程的要求，如日经联的《关于为适应新时代的技术教育》（1956）和《关于振兴科学技术教育的意见》（1957）主张为培养不同层次劳动力的教育机关的多样化，特别建议将企业内训练设施作为后期中等教育机关。进入20世纪60年代以后，这种职业教育、技能训练主导的后期中等教育计划得到各方的支持。首先政府先后发表《国民所得倍增计划》和《日本的发展与教育》提出“产学协同论”和“教育投资论”，之后中教审连续发表报告书提倡后期中等教育时期学生“进路的分化”和后期中等教育的“多样化”，而全国高中校长协会则更加露骨地分化出6种不同课程的高中类型。如此，产业界、财界等所主张的教育计划最终以后期中等教育的多样化政策得到确立。

遵照政府青年业校改善政策登场的劳动青年学校，以“对劳动青少年实施符合社会及青年自身需要的有组织的、持续性的教育”为宗旨，以“使青年掌握职业、家务方面的知识和技能，同时提高其作为公民应具备的教养和态度”为教育目标，于1963年登上了启程。在文部省指定开办的20所劳动青年学校中，开设工业、商业课程的学校占绝对多数，而开设普通教养科目的学校只有5所。因而可以看出，劳动青年学校是作为为劳动在中小企业的青年而开办的职业训练机构被策划出笼的，它既不是也不可能代替学校教育。事实上，20世纪70年代以后，青年业校转变成青年教室，开设普通教养、人生哲学等教养、兴趣讲座，成为后期中等教育课程以后的青年们结交朋友、谈心交流的地方，是广大青年们余暇时间的好去处。这种状况的青年业校才是其应有的面目。

如上所述，日本战后社会教育活动中，一方面反映出“民主主义”理念的普及、国民“主体性”和“自主性”的发扬，这在公民馆活动中的体现比较突出；另一方面却又随时渗透“忠孝”、“国家”的思想，如劳动青年教育活动。这种理念与活动若即若离、相互矛盾的表现，实际上体现了日本资产阶级政府的性质。那就是，它的改革是以国家、财界的利益为优先的，其变革只能在资产阶级政府所允许的范围内进行。因此可以说，日本战后开始的民主主义改革仍在进行中，是一个长远而艰巨的课题。

## 第四节　终身教育理念下的社会教育

### 一、终身教育政策

1. 教育政策的调整

日本于上个世纪60年代导入终身教育理念，是亚洲国家中最早接触这一理念，并做出相应对策的国家。1967、1968两年，中教审和社会教育审议会（通称社教审）接受文部大臣的咨询就终身教育展开审议，并于1971年分别发表答询报告（《关于全面扩充和改善学校教育的基本政策》，中教审，1971年6月；《关于为适应急速变化的社会构造的社会教育的方向》，社教审，1971年4月），提出以往的学校教育和社会教育均要在终身教育理念下进行改革。由此，日本的教育政策开始了向终身教育转化的新阶段，社会教育政策也出现了与终身教育接轨的动向。

1981年，中教审发表题为《关于终身教育》的答询报告，对终身教育的意义作了如下解释："终身教育的基本理念是要重新制定教育制度，以确保每个国民为拥有充实的人生，持续一生地开展学习"。[48] 为此，要整合学校、家庭、劳动场所、社区等各种教育机构，支持人们的自身成长和生活向上。文献开头部分写到："当今的社会变化急剧，人们为充实自己、生活向上而追求适当的、丰富的学习。这种学习以按照每个国民的意志开展为基点，国民根据需要，选择适合自己的手段和方法，终身开展学习。从这个意义上讲，将其称为终身学习更加恰当"，启用了"终身学习"这一用语。

随后，内阁直属临时教育审议会（通称临教审）接受中曾根首相"关于为实现适应社会变化和文化发展的教育，开展各种政策改革的基本方针"的咨询，于1984至87年之间，连续四次发表《关于教育改革》的答询报告，针对以往统一的、僵化的、集权式的教育政策和行政提出了改革的方针，并提倡向"终身学习体系化"转型。

4次答询报告指出了终身教育理念下教育改革的方向、方针及原则，明确了各自治体的组织和事业，并提列出各种实施对策，以保证终身学习社会中国民学习的需求。其中"终身学习体系化"问题出现在历次报告中，并从第二次报告开始成为主要课题，这说明终身学习的理念、政策在教育政策整体中处于极其重要的位置。

2.《终身学习振兴法》和《教育基本法（修改法)》

1990年6月，《关于完善为振兴终身学习的策略体制的法律》（通称《终身学习振兴法》）制定颁布。该法继承了前述各教育审议会答询报告中心思想，为振兴终身学习的策略体制，同时为完善地方终身学习的条件，规定了以下各项主要内容。

第一：政策方面的关注点（第2条）

国家及各自治体在实施该法律所规定的为振兴终身学习的策略体制之时，要注意尊重国民自发的意识，同时与职业能力开发、社会福利等有关致力于终身学习的其他政策相配合，以保证终身学习政策的有效实施。

第二：都道府县的任务（第3、4条）

都道府县教育委员会要制定为振兴终身教育事业的有关规定，并完善相关体制以确保其事业整体有效地实施。文部大臣根据上述都道府县教育委员会的事业内容制定相关事业标准。

第三：地方振兴终身学习基本设想（第5～9条）

都道府县为振兴地方终身学习，要制定与社会教育、文化活动以及其他有利于终身学习活动的民办教育事业相协调的综合性基本规划，并向文部大臣及通产大臣提出申请。

第四：终身学习审议会等（第10～12条）

文部省内设经过内阁承认的、由文部大臣任命的由27人组成的终身学习审议会，各都道府县设都道府县终身学习审议会，市町村也要为振兴终身学习，努力完善相关机构及相关团体之间的协作体制。

《终身学习振兴法》发布后，在日本各界引起了反响。特别是社会教育学界，由于以往社会教育的理念、内容、方法、模式等受到冲击，一时间对该法的异议、批判接连不穷，其批判主要集中在社会教育的民主性，国民自主性学习等问题上。例如，社会教育提倡"立足地方"、"市町村主义"及"居民自治"，而《终身学习振兴法》重视"都道府县的事业"（第3条），且都道府县与市町村事业、组织之间的关系未被提及[49]；终身学习活动要事先取得文部大臣及通产大臣的共同认定（第5条）并导入民间活力（第9条）的规定，显示出超越了教育范围的终身学习体系的性格[50]；现行社会教育行政所提倡的"提供条件"和"创设环境"这一宗旨基本欠缺，是专门援助民间活力的法律[51]等。由此，由于行政的过分干预，社会教育失去了以往所具有的主体性，居民自主的、自由的学习活动的开展成为新的课题。尽管如此，《终身学习振兴法》整体上规定了为振兴终身学习的策略体制，强调了各级行政部门的任务，为国民能够广泛地开展持续一生的、多样化的学习活动提供了保障。

进入21世纪以来，日本出现了修改《教育基本法》的动向，经过几年的研讨和探究，2006年12月，《教育基本法（修改法）》（以下称新教育法）公布。新教育法加入了"终身学习的理念"（第3条）、"家庭教育"（第10条）、"学校、家庭及地区社会间的相互合作"等新条款，强调了终身学习社会中家庭、学校以及社会等各方面的相互作用。

终身学习的理念（第3条）

为使每个国民能够磨炼自身的人格，安度多彩的人生，全社会要实现国民能够在任何时候、任何场合毕生开展学习活动，并活用其学习成果。

家庭教育（第10条）

父母及监护者对子女的教育负有首要责任，要努力使其养成生活所必需的习惯，培育自立心，以达到身心的和谐发展。

2 国家及各自治体要尊重家庭教育的自主性，并努力对监护者提供学习机会和信息以及其他支持家庭教育所必要的措施。

学校、家庭及地区社会间的相互合作（第13条）

学校、家庭、地区社会居民以及其他相关人士要认识到各自在教育中所承担的作用和责任，并努力开展联系和合作。

新教育法还对"社会教育"（第12条）的规定作了调整，针对1947年《教育基本法》中"家庭教育"、"劳动场所"及其他"社会上所开展的教育活动"为社会教育的规定，新教育法规定社会教育的内涵为：

社会教育（第12条）

社会中所开展的为适应个人愿望和社会需要的教育活动，要得到国家及各自治体的鼓励。

2. 国家及各自治体要通过设置图书馆、博物馆、公民馆以及其他社会教育设施，利用学校设施，提供学习机会和信息以及其他适当的方法，努力振兴社会教育。

如此，使社会教育作为为振兴终身学习的一环，与家庭教育、学校教育一起成为终身教育的下位，这正是当今日本终身学习社会的现状。

## 二、终身学习体系化

临教审的答询报告加快了日本政府教育改革的步伐，1987年10月，内阁决定《教育改革推行大纲》公布，大纲开头列出“终身学习体制的完善”，指出“为振兴国民贯穿一生的多样化的学习活动，要全面完善都道府县的终身学习教育体制和市町村的教育、文化、体育设施”[52] 等终身学习的设施条件。

在以上改革大纲的推动下，文部省开始进行机构改革。1988年7月，文部省内终身学习局取代社会教育局正式成立，各自治体教育委员会中社会教育科也一并改为终身学习科。同年度开始，政府加大了为振兴终身学习的预算，都道府县一齐开设了终身学习推进委员会。

另外，临教审第二次答询报告提倡要形成弹性化教育网络，以促进向终身学习体系的转型。所谓弹性化教育网络是指将家庭教育、学校教育、社会教育、职业能力开发、报刊出版社、广播、信息服务、研究开发机构、文化中心、私塾等信息、教育、文化产业这类教育活动，与人生的各个阶段相结合形成综合性网络。

报告书还提示了构建“终身学习社会”的途径。那就是脱离学校中心主义这种一贯的教育制度，通过职业能力开发、健康、文化、余暇、体育以及信息等各省厅间教育相关政策的协作，将生活文化、体育、职业资格、技能等带有日本传统的教室和新设置的民办教育事业实体作为民间活力，通过家庭、学校、社会的协作重新构建教育体系。[53]

1989年，中教审发表题为《关于终身学习的设施完善》的答询报告，探讨了完善终身学习条件的必要性及其对策，指出“国家及各自治体在振兴终身学习过程中的作用在于，为使国民顺利地开展学习活动，完善终身学习的条件并援助人们的学习活动”，[54] 强调了国家、自治体以及市町村政府的组织、机构、事业内容等，提出在社区开建“终身学习促进中心”的建议，同时提到要加大对包括文化娱乐中心在内的民办教育事业的援助，以满足国民各种学习的需求。

## 三、终身学习活动

1. 回归教育、职业能力开发

在日本最早对终身教育产生反响的是产业界。1972年，日本经济调查协议会发表《新型产业社会中的人才培养》，文章指出日本进入“脱工业化”阶段，教育应及时对应这种产业社会的变化。为此，文章提倡回归教育（Recurrent Edcation），指出从终身学习的见解来看，企业也具有支援人生自我成长的社会使命。

1985年，《职业能力开发促进法》出台取代了《职业训练法》，以往作为劳动政策的职业训练转变为终身学习，“学习企业化”现象普遍出现。据统计至1990年度，实施OJT（岗位培训）制度的企业占35.2%，今后预备实施的企业占81.6%；导入职业资格制度的企业占65%，今后五年内预备导入的企业占85%。1992年度国立教育研究所进行的“职业生活中的学习”调查显示，在过去一年中对职工实施了教育培训的企业当中，大企业是100%，中小企业占90%。[55]《终身学习振兴法》规定的通产省与文部省共同审议地方终身学习设想，使得劳动部门在终身学习体系中被提高了前所未有的高度。企业内教育、职业培训等职业技术教育在政策上、财政上得到了优越于以往的保障，“劳动”、“职业技术”以及“能力开发”成为终身学习的关键词。

2. 大学开放

大学开放是日本终身学习社会的亮点之一。之所以这样表述是因为，日本社会教育中，高等教育始终游离其中。战前社会教育有过以建立在各地区的小学为据点进行全民动员，开展社会教化的历史，但社会教育活动中大学的作用几乎看不到。

而上世纪80年代以后，终身学习政策大力提倡大学主体的成人教育，“高等教育大众化”、“大学开放”成为日本终身学习社会中的耀眼之举。当时，完成了中等教育的青年当中约60%升入了大学、短期大学以及高专等高等教育机构学习。

1993年国立大学协会发表《国立大学与终身学习》报告书，私立大学协会发表《大学教务运营纲要：适应终身学习》。其中要点之一是开始面向成人的入学制度以及讲座制度，将成人学习者列入正规大学招生范围之内。由此，采取接受成人特别选拔制度的大学专业由1989年度的139个发展到1997年度的552个，成人入学人数也由2121人扩充到4728人，[56]总数上翻了一番。“作为终身学习体系重要一环的学校”或者说“面向社会的学校”成为当时新型大学的形象。

目前，大多数大学实行面向成人的招生制度，开办夜校、函授大学以及公开讲座和旁听生制度，这和以往与大学教育基本脱节的社会教育形成对比。当然，这里面不排除由于出生率下降，高等院校特别是私立大学生源短缺这一客观原因，但终身学习这种大环境、大背景仍然是大学开放的主要动力。据统计，1995年度有236所大学招收了 4,189 名成人学生，160 所大学开办了夜校，在学者 143,028 人，1996 年度 26 所大学和短期大学（包括函授大学）开设函授课程，在学者合计约 26 万人（其中函授大学生约 62，000 人）。[57]

3. 民办教育文化产业

民办教育文化产业的主要形式是公司、个人或者法人开办的学习班、语言学校、为获取技术资格的预备学校、体育设施以及文化娱乐中心等。其中，就民办教育文化产业中最具代表的文化娱乐中心而言，1974 年朝日文化娱乐活动中心亮相以来，报社、电视台、百货商场等争相开办，据文部省 1986 年度调查得知，当年已达到 523 处，90 年代达到高潮，1998 年度有听讲生 100 万人左右。[58]

文化中心作为新型的学习机构得到了广大民众的青睐。文化中心主要提供文化、体育等学习机会，内容上以兴趣爱好为主，听讲生当中女性占 7 ～ 8 成，且多为家庭主妇。学员当中大多学历比较高，对中心提供的学习活动相当满意，大有成为公民馆、社区终身学习中心竞争对手的趋势。

但是这种文化娱乐活动中心面向高学历、高收入者，主要集中在大都市，而且收费不菲，这在不同程度上限制了普通民众的学习机会。同样的问题对于回归教育来说也是如此。回归教育为具有一定学历、学习经验人群提供再次学习的机会，提高了他们的素养，使他们具备了更加广阔的择业资本，是一种产业为主、经济中心的教育政策。而身心残疾者、外国人打工者等社会弱势群体则不在其关注范围。

4. 非营利市民团体（NPO）

除去以上所列各种活动之外，非营利市民团体（nonprofit organization）活动也是日本终身学习社会非常引人注目的举动。

早在 20 世纪 70 年代，在地区民主主义运动蓬勃发展的过程中，各地就有诸多自主性团体和小组自发地参加各种社会活动。1995 年阪神大地震以后，市民的慈善事业活动不断高涨，市民团体通过公益性社会活动逐步承担起教育和文化事业，并为解决社会问题发挥着多样化作用。

为争取市民活动团体法人资格的活动始于 20 世纪 90 年代，市民们通过各种团体活动开展研究和信息交流，“创造支持市民活动制度的会议”、“促进 NPO 公开讲座”等社团相继出现。1996 年，“日本 NPO 中心”成立，它支持各县成立分中心，并援助各种 NPO 团体。

在这种情况下，政府于 1998 年 3 月制定了《特定非营利活动促进法》（通称《NPO 法》），明确了特定非营利团体的概念（第 2 条）、活动原则（第 3 条）、申请手续（第 10 条）以及管理（第 29 条）等事项，为保障这类社会团体顺利开展活动提供了法律依据。该法所示非营利市民团体的活动范围涉及保健、医疗等福利领域，学术、文化、体育、艺术等领域，保护环境、安全救灾、维护和平以及国际合作等各种领域，每项内容都与生活课题、地区课题相关联，显示出终身学习过程中民众力量、社会参与的必要性。

如此，终身学习政策首先从理念上、认识上实现了“小教育观”到“大教育观”的转变，以往包括“家庭教育”、“劳动的场所”以及其他教育活动的社会教育，如今与家庭教育、学校教育并列成为终身教育的下位，在为振兴终身学习的过程中继续发挥着作用。

**思考题：**

1. 简述战前日本社会教育的主要特点。
2. 试述公民馆活动的历史变迁。
3. 思考《三多摩宣言》的理念和意义。
4. 试述社会教育与终身教育的关系。
5. 当代日本终身学习活动主要有哪些？

**注释：**

[1] 福泽谕吉著作编纂会编《福泽谕吉选集》（第一卷），岩波书店 1951 年第 87 页。

[2] 大串隆吉《日本社会教育史和终身教育》，EIDELL 研究所 1998 年第 42 页。

[3] 木坂顺一郎《日本法西斯国家论》，日本评论社 1979 年第 7 页。

[4] 小林文人、末本诚《社会教育基础论》，国土社出版社 1991 年第 33 页。

[5] 宗像诚也等《占领下的教育改革》，宗像诚也《日本资本主义讲座（第 2 卷）》，岩波书店 1953 年第 348 页。

[6] 寺中作雄《社会教育法解说》，社会教育图书 1949 年第 9—10 页。

[7] 小川利夫《历史烙印中的公民馆》，小川利夫《现代公民馆论（日本的社会教育第 9 集）》，东洋馆出版社 1965 年，第 6 页。

[8] 寺中作雄《公民教育的振兴与公民馆的设想》，横山宏、小林文人《公民馆史资料大全》，EIDEIL 研究所 1986 年第 82—84 页。

[9] 文部次官通牒《关于公民馆的设置和运营》，前引《公民馆史资料大全》第 96 页。

[10] 千野阳一《早期公民馆活动的特点》，前引《现代公民馆论（日本的社会教育第 9 集）》第 86 页。

[11] 寺中作雄、铃木健次郎《从优良公民馆事例看公民馆的运营 公民馆系列⑥》，1948 年第 62 页。

[12] 前引《公民馆史资料大全》第 232—233 页。

[13] 前引《公民馆史资料大全》第 235 页。

[14]《朝日新闻（社论）》，1949 年 11 月 11 日。

[15] 前引《公民馆史资料大全》第 245 页。

[16] 小川利夫《都市社会教育论设想》，三多摩社会教育研讨会《三多摩的社会教育》，1965 年第 26 页。

[17] 东京都教育厅社会教育部《追求新型的公民馆形象》，1974 年。

[18] 小野征夫、依田有弘《战后社会教育初创期劳动者教育设想的意义》，日本社会教育学会编《社会教育学会纪要》（14），1978 年第 7 页。

[19] 小川利夫《教育基本法"第七条"的解释》，小川利夫《社会教育与国民的学习权》，劲草书房 1973 年第 270 页。

[20] 东京都立教育研究所《战后东京都教育史 下卷 社会教育编》，1967 年第 149 页。

[21] 东京都丰岛区《丰岛区势概要》，1957 年第 170 页。

[22] 文部省社会教育局《社会教育的现状》，1951 年第 102、107 页。

[23] 小川利夫《社会教育的组织和体制》，小川利夫、仓内史郎《社会教育讲义》，明治图书 1964 年第 50 页。

[24] 桥口菊《社会教育的概念》，前引《社会教育讲义》第 31 页。

[25] 第 16 届国会众议院文部委员会议纪录第 5 号（青年业校振兴法案审议中寺中作雄的解说，1953 年 6 月 30 日），《第 16 届国会 众议院委员会纪录 3 财政 文部》，1953 年第 4 页。

[26] 藤田秀雄《社会教育的历史和课题》，学苑社 1979 年第 256 页。

[27] 文部省社会教育局《青年业校的历程及展望》，1964 年第 146—147 页。

[28] 文部省社会教育局《青年业校资料》，1956 年第 1 页。

[29] 前引《青年业校的历程和展望》第 60 页。

[30] 宫原诚一等《资料 日本现代教育史 2》，三省堂 1979 年第 632—633 页。

[31] 前引《资料 日本现代教育史 2》第 101—102 页。

[32] 前引《资料 日本现代教育史 2》第 573 页。

[32] 文部省《日本的发展与教育》（1962 年度教育白皮书），第 134、140 页。

[34] 宫原诚一等《资料 日本现代教育史 3》，三省堂 1979 年第 21 页。

[35] 学校教育研究所《新日本教育年记》（第五卷），1973 年第 366 页。

[36] 答询报告：原文"答申（tosin）"，义为针对上级行政部门的咨询陈述意见，是日本政府审议和公布有关政策的一种形式。如文部大臣向中教审提出有关"终身教育"的咨询，中教审接受咨询进行审议之后发表题为《关于全面扩充和改善学校教育的基本政策》的"答申"，即答询报告（或译答复报告）。而我国部分译著、研究论文却将"答申"译为"咨询报告"，如贺向东、劳凯生等编《中国成人教育管理运作全书》，中国物资出版社 1998 年第 684 页；瞿葆奎主编《教育学文集 第 23 卷

日本教育改革》，人民教育出版社 1991 年目录第 9 页；陈永明编著《日本教育》，高等教育出版社 2003 年第 244、245 页等。在此一并商榷。

[37] 前引《新日本教育年记》（第五卷），第 367 页。

[38] 各种学校：正规学校体系以外的“各种”学校的总称，以提供社会需求及国民实际生活相关的教育课程为特点，目前已列入正规学校教育体系。

[39] 前引《资料日本现代教育史 3 》第 146—147 页。

[40] 宫原诚一《青年期的教育》，岩波书店 1966 年第 56—57 页。

[41] 千野阳一《劳动青年教育论》，法政大学出版社 1971 年第 255—566 页参照。

[42] 前引《劳动青年教育论》第 277 页。

[43] 东京都劳动局《东京都劳动行政主要实施过程 —— 战后 4 年的业绩》，1950 年第 13 页。

[44] 前引《资料 日本现代教育史 3》第 6 页。

[45] 有关社会教育、公民馆的三个宣言：也有将“公民馆三层建设论”加入称为四个宣言，如社全协《社会教育四个宣言》，1976 年。

[46] 小林文人《公民馆的再发现》，国土社 1988 年第 26 页。

[47] 饭田下伊那公民馆专职主任团体《公民馆职员的特点及作用》。前引《现代公民馆论》（日本的社会教育 第 9 集），第 176 页。

[48] 日本终身教育协会《终身学习辞典》，东京书籍 1994 年版，第 515 页。

[49] 前引《社会教育基础论》第 51 页。

[50] 佐藤一子《终身学习与社会参与》，东京大学出版社 1998 年第 92 页。

[51] 小川利夫《阅读“终身学习振兴法”》，《季刊教育法》（81 号），1990 年，第 8 页。

[52] 社会教育促进全国协议会《社会教育、终身教育手册》， EIDELL 研究所 1989 年第 113 页。

[53] 前引《终身学习与社会参与》第 91 页。

[54] 前引《终身学习辞典》第 546 页。

[55] 末本诚《终身学习论 —— 日本的终身学习社会》，EIDEIL 研究所 1996 年第 118—119 页。

[56] 前引《终身学习与社会参与》第 122 页。

[57] 文部省《我国的文教政策》（教育白皮书），1996 年第 160 页。

[58] 前引《终身学习与社会参与》第 92 页。

**主要参考文献：**

1. 文部省社会教育局《社会教育 10 年的路程：社会教育法施行 10 周年纪念》，1959 年。

2. 宫原诚一《青年的学习》，国土社 1960 年。
3. 小川利夫《现代公民馆论》（日本的社会教育 第 9 集），东洋馆出版社 1965 年。
4. 小林文人《公民馆 图书馆 博物馆》，亚纪书房 1971 年。
5. 小川利夫《社会教育与国民的学习权》，劲草书房 1973 年。
6. 宫原诚一《社会教育》（宫原诚一教育论集 第 2 卷），国土社 1977 年。
7. 大田尧《战后日本教育史》，岩波书店 1978 年。
8. 藤田秀雄、大串隆吉《日本社会教育史》，EIDELL 研究所 1984 年。
9. 横山宏、小林文人《公民馆史资料大全》，EIDELL 研究所 1986 年。
10. 山住正己《日本教育小史》，岩波书店 1987 年。
11. 小川利夫《终身教育与公民馆》，亚纪书房 1987 年。
12. 藤冈贞彦、原正敏《现代企业社会与终身学习》，大月书店 1988 年 6 月。
13. 小林文人《公民馆的再发现》，国土社 1988 年。
14. 小林文人、末本诚《社会教育基础论》，国土社 1991 年。
15. 末本诚《终身学习论》，EIDELL 研究所 1996 年。
16. 佐藤一子《终身学习与社会参与》，东京大学出版社 1998 年。

# 第九章 宗 教

宗教是人类社会的产物，任何一种宗教的产生、存在和发展，都与人类社会的发展变迁有着密切的关系。

日本是一个多种宗教并存的国家，无论是佛教、神道教、基督教等传统宗教，还是现代社会兴起的新宗教，都是在日本社会的不同历史条件下产生和发展起来的。

## 第一节 神 道

神道信仰古已有之，但“神道”一词早出自中国典籍《易经》：“圣人以神道设教、而天下服矣。”成书于8世纪的《古事记》和《日本书纪》的“神代卷”，记述的是以天皇祖先神为中心的神话传说，称太阳神天照大神是最高的神，天皇是她的子孙和人世间的代表。《日本书纪•用明纪》中有“天皇信佛法，尊神道”的记载，用明天皇在位约在586～587年，这是现存日本典籍中有关神道的最早记载。

日本是个岛国，多火山、多地震，古代的日本人对自然界的无常变化，抱有一种敬畏的心理，认为世界万物都是有灵魂的，把巨大的岩石、茂盛的树木都视为神灵降临的地方，是神圣的，有山神、海神、风神、雷神信仰等等，《古事记》和《日本书纪》称有“八百万神”。

原始神道认为：神是人的肉眼看不到的，任何地方都可能成为神的栖身之地。人死后，灵魂会随着岁月的流逝，失去生前的个性，逐渐与祖先的灵魂融合，加入神的行列。因此，神的世界和人的世界不是截然分开、没有丝毫关系的，神会定期降临人间，与人相聚。

神道自古受到阴阳道、儒教、佛教等中国及印度外来思想学说的影响，随着历史的演进而变化，形成了各种神道学说：奈良时代末至平安时代初，同天台、真言宗等思想融合后，产生了“本地垂迹说”(即神的本地是佛，佛为了拯救日本人化成神而垂迹。)这一思想理论到了镰仓时代，盛行于世，神号也被附名为“权现”、“大菩萨”等，熊野神社被当作阿弥陀佛、贺茂神社被当作观音菩萨、八幡神宫被当作释迦牟尼的“垂迹”。后来本地垂迹思想在理论上有所发展，成立了“两部神道”（也称两部习合神道，大师流神道，应用真言密宗的教理于镰仓时代初期以前而成立的神道说，南北朝时期最盛行）；镰仓时代产生了伊势神道（由伊势外宫的度会氏倡导的神道说）；室町时代产生

了吉田神道 （奉仕于京都吉田神社的吉田家、本姓卜部氏传承的神道说）；进入江户时代，初期儒家思想占上风，受此影响产生了儒家神道（儒家倡导的排斥神佛习合的“本地垂迹说”，主张神儒一致，宣扬了神道道义的意义）和垂加神道（朱子学者山崎暗斋创始的神道说），中期以后受国学影响，产生了复古神道说等（江户后期的国学者特别是本居宣长等人倡导的神道说，这一学说后成为尊王攘夷运动的中心思想理论）。

明治维新，政府宣布“神佛分离”，在“王政复古”的口号下，声称以神武创业为本，建立“祭政一致”的制度，提倡“敬神忠皇”。明治维新后，神道被尊奉为国教，政府给予优于各教的保护。为了强迫一切人尊奉神道，政府宣称神道不是宗教，把敬神和参拜神社规定为国民必须奉行的义务。明治《宪法》中规定“大日本国由万世一系的天皇统治之”，“天皇神圣不可侵犯”。政府把神道放置在宗教之上，把敬神、参拜神社作为国民不可选择的、必须奉行的义务，神道成为鼓吹“大日本”神国思想的重要意识形态。

1945 年日本战败无条件投降，天皇发布《人间宣言》，正式宣布自己是人，不是神。1946 年公布的《日本国宪法》中规定“信教自由”“政教分离”。从此，神社神道的国教地位和一切特权被废除了，神道教成为民间宗教，它对文化、教育和其他宗教的强制指导地位也被取消了。此后基督教、新兴宗教不断发展，但神道作为传统的民族信仰，在日本人的心目中仍占有非常重要的位置。日本人每逢新年都要去神社参拜，祈求生活幸福、平安，学业有成，工作顺利。

日本全国有大小神社八万多个，主要分五大系类[2]：“以天皇、皇族为祭神的神社；以南北朝时代的南朝武将为祭神的神社；祭祀维新内战中天皇军方面的牺牲者以及近代天皇制战死者的靖国神社和招魂社（后改为护国神社）；北海道及新领土、殖民地神社和祭祀江户时代藩主的神社。”日本著名的神社有春日神社（在奈良是藤原氏的氏族神社），伊势神宫（在三重县，所奉主神为皇族神天照大神）、明治神宫（祭祀明治天皇）、还有祭祀国内外战争中死亡官兵的靖国神社等。神道有三种神器——剑、镜、玺（玉），是日本神道教在举行祭祀活动时使用的器具。

## 第二节 佛 教

佛教与基督教、伊斯兰教并称为世界三大宗教。佛教发源于印度，在公元前后的两汉之际传入中国，在漫长的传播过程中经过与中国的传统思想文化的深入结合，逐渐演变为中国民族宗教之一。在中外文化交流中，中国佛教传播到朝鲜半岛，又传入日本。同样也经历了漫长的民族化过程，才发展为日本民族的佛教。

佛教是什么时候传入日本的？一般有公传和私传两种说法：日本大多数学者认为，

公传是指538年百济王派使者献佛像，通过朝廷传入佛教；私传是指522年通过民间传入日本的。佛教刚刚传入日本的时候，朝廷内部一些豪族反对信佛，说如果奉佛将招致“国神之怒”。但时代在发展，大陆先进文化的不断涌入，日本原有的朴素的文化和宗教形态已完全不能适应这一历史的要求，经过激烈的斗争，终以兴佛派的胜利而告终。众所周知，佛教得到扶持、发展是离不开圣德太子和“大化改新”的。

圣德太子在位期间，积极引进和推广大陆先进文化，在政治上采取措施加强中央集权统治，在外交上派使节沟通与中国朝廷的直接往来，在宗教上，下令“兴隆三宝”（三宝即“佛法僧”），各地兴建佛寺，营造佛像，并积极招纳外来僧人，依靠他们推进兴佛事业，支持佛教发展。他本人也从师学习佛教经典，提倡大乘佛教人人可以成佛的思想和以“慈悲为本”的菩萨济世精神，著有《胜鬘经疏》、《维摩经疏》和《法华经疏》，统称《三经义疏》，为后人研究佛教留下了宝贵的财富。早期的外来僧人在传教之外，还从事多种文化、教育乃至生产活动，对日本社会的发展起了推动作用。兴建佛寺，营造佛像是圣德太子兴佛的另一大贡献。当时建造的寺院有飞鸟寺、法隆寺、四天王寺等共七座。

大化改新以后，佛教不仅在日本社会稳固立足，而且在朝廷支持下取得较大发展。派到中国的使节和僧人纷纷回国并参与朝政。当时在日本信奉佛教的主要是皇室和贵族，他们对佛教义理还不太了解，把佛、菩萨看作是异域之神，认为信奉佛教可以招福祛灾。因此，他们兴建了许多寺院，营造了众多的佛、菩萨像。当时全国已有寺院520多所，佛像46尊之多。

奈良时代（710～794）佛教继续发展，由国家兴办的最著名的佛教事业是兴建东大寺和国分寺。以奈良东大寺为中心，分散于各地的国分寺供养的众多释迦佛为佛的化身，天皇想借此机会提高中央朝廷的神威，以加强中央集权，还想通过东大寺和国分寺僧尼的诵经祈祷活动，保佑国家平安，五谷丰登。

随着中日佛教往来的频繁，中国的佛教宗派陆续传入日本。九世纪以前，中国佛教宗派中的三论宗、法相宗、华严宗、律宗以及佛教学派成实宗、俱舍宗等，相继传入日本，以国都奈良为传播中心，史称“奈良六宗”。六宗是以后日本佛教发展的起点，其中法相、三论、华严三宗继续发展。在此期间我国著名僧人鉴真和尚应日本天皇的邀请，在天平胜宝六年（754）到达日本，正式把律宗传入日本，被奉为日本律宗祖师。他在东渡日本过程中历尽艰辛，出航六次，有五次失败，期间双目失明。他把道宣等人的律学著作带到日本，在东大寺及后来建的唐招提寺传律、授戒，还与弟子法进、思托等向日本僧人讲授天台宗教义。

在奈良、平安（794～1192）交替之际，入唐求法的最澄、空海回国后受到朝廷的支持，积极传播天台宗和真言宗。日本天台宗是由最澄从中国传入日本的，他是这个教团的创始人。他在唐接受了天台、密宗、禅和大乘戒法四种传授，著有《守护国界章》、《显戒论》、《法华秀句》等，日本天台宗在基本教义方面与中国相同，都奉《法华经》《法华玄义》等书为教典，但日本天台宗是在日本特有的社会环境中传播和发展的，所以也形成自己的特色。即：主张教、戒一致，只承认大乘戒；有鲜明的“护国”思想，重视以“镇守国家”、“积福灭灾”为目的的祈祷、读诵和秘密修法等。天台宗是日本古代最强大的佛教宗派，其次是真言宗，它们是平安时期的主要佛教宗派。

日本真言宗是由空海从中国传入并创立的教团。空海以位于京都的东寺为中心，传授密教教义。密教的基本经典是《大日经》和《金刚顶经》。空海把信奉不同佛法者的心境分为十个等级，称之为“十住心”，用以判释全部佛法。在这十个等级中，此前已在日本流行的法相宗、三论宗、天台宗、华严宗分别被判为第六心、第七心、第八心、第九心，而把真言宗判为第十心，称之为“秘密庄严住心”。空海以这种判教理论抬高密教的地位。空海的主要著作有《辨显密二教论》、《即身成佛义》等。空海以后，日本真言宗在教理方面没有显著发展，平安后期发生分裂，到镰仓时期正式分为古义派和新义派两派。

平安后期土地兼并愈益严重，农民及中上层武士势力迅速崛起，社会危机四伏，内乱相继。社会上弥漫着一种不安的气氛，在贵族中有更多的人感到人生无常，产生厌世思想，对宣传来世往生极乐净土的信仰发生兴趣。反映到佛教界，“末法”思想和净土信仰特别流行。属于天台宗的僧人空也、源信、良忍等都提倡阿弥陀佛净土信仰和念佛，他们不仅在贵族中也在民间念佛宣传。源信著有《往生要集》，系统汇编净土经典语句，提倡口称念佛，对后世兴起净土信仰有极大影响。

镰仓时期（1192～1333）是日本历史上十分重要的时期。在这一时期，建立了新兴武士阶层的政权——幕府。武士阶层在经济、政治等各个领域都占据支配地位。在佛教方面，一些日本学僧适应时代特点和社会民众的信仰要求，对佛教经典进行新的诠释和发挥，并结合日本传统文化和习俗，成立了一些带有民族特色的新佛教宗派，它们是：由源空创立的净土宗、亲鸾创立的净土真宗、日莲创立的日莲宗、一遍创立的时宗，以及在幕府直接支持下，由中日禅僧陆续从中国传入的禅宗流派临济宗、曹洞宗。这些新兴佛教宗派在开始时虽受到旧有佛教宗派不同程度的压抑，但最后都被社会接受，由此奠定了日本古代民族佛教的基本格局。

净土宗与真宗、时宗、日莲宗一样都不是直接从中国传入的，而是由日本僧人依据汉译佛经和中国人的著作创立的。它们是在日本特殊的社会环境中成长起来的宗教，称之为日本佛教也不为过。它们在教义方面虽然都有各自的特点，但其中有四点是共同的：第一，选念的佛经、供奉的佛像都是一个，所谓排除一切杂经、杂佛，主张一心向佛，口称念佛。第二，主张人不论男女不分高低贵贱，一切众生，即使是从事杀生职业的人皆可通过念佛而灭罪往生。是彻底的大众性宗教。第三，不再看重以往的清规戒律，宣扬不论僧俗只要专心向佛，在家修行、在日常生活中也可往生成佛。第四，它们的寺院不是朝廷出资修建，都是在武士和平民的支持下从草屋一点一点发展成寺院的。所以镰仓时期的新佛教不仅受到一部分贵族的信奉，也受到武士和广大民众的欢迎，形成了以平民阶层为中心的大众宗教是其最大的特点。

由源空的弟子亲鸾创立的净土真宗，从严格的意义上说是净土宗的一个支派。亲鸾的真宗教义是在吸收中日净土教学说的基础上做了新的发挥。与其他净土宗派不同的是，亲鸾不太注重勤修称名念佛，而更强调坚定的信仰（“信心为本”说），提出“恶人正机”，即恶人正是阿弥陀佛拯救对象，也可以往生净土成佛，并主张僧侣可食肉、娶妻。亲鸾著有《教行信证》《愚秃钞》《一念多念文章》等，使真宗具有其他净土宗支派所没有的特色。

在镰仓新佛教宗派中，临济宗和曹洞宗为禅宗的两大派，是从中国传入的。临济宗在日本的早期传播和发展中，曾受到以幕府为代表的上层武士和皇室、贵族中一部分人的信奉、支持，盛极一时。荣西为日本临济宗之祖，但由于受到时代和旧佛教宗派的制约，他在传授禅法的同时不得不兼传天台、真言教义，被称为“兼休禅”。荣西著有《兴禅护国论》和《出家大纲》等。《兴禅护国论》论述禅宗宗旨，申明兴禅护国的道理，认为：禅宗为综合性佛教，修习禅宗可通达全部佛法；禅宗与天台、密教一致；修禅必须持戒，“以戒为先”。日本古代禅宗有24派，除道元、东明、东陵三派属曹洞宗外，其余皆为临济宗。

道元24岁时随师入宋求法，回国后创立了日本曹洞宗。著有《普劝坐禅仪》和《正法眼藏》等。他认为：禅法妙道即为“只管打坐，身心脱落”，（坐禅是佛祖历代传下来的“正法”。坐禅，只管打坐，可以使人彻底摆脱一切由于肉体和精神而带来的情欲烦恼，即达到“身心脱落”）主张只管打坐和修证一如（修指坐禅，证为证悟，即达到觉悟。坐禅即是修行方法，又是觉悟的表现，坐禅修行与证悟成佛是相即不二、密不可分的。）；否定烧香、礼拜、念经等传统做法；提倡舍弃名利之心，居山修行。曹洞宗到了弟子绍谨的时候取得重大发展。他为了吸引民众，扩大影响，把曾经被道元否定的烧香、礼拜、念经等传统做法重新吸收到寺院法事仪规之中，并把密教诵念秘密经咒的做法和道教、日本神道的神鬼信仰也引进曹洞宗。绍谨以后，曹洞宗迅速扩展到全国。

日莲宗因创立人日莲的名字而命名，是镰仓时期由日本人创立的最有特色的佛教新宗教派之一。日莲学过密教、净土宗和禅宗等，著有《立正安国论》《开目钞》等。他认为只有《法华经》是大乘中最优秀的教典，他在继承天台宗的基本概念和命题的基础上，对《法华经》作了独特的论释，确立以念诵“妙法莲华经”五字经题为中心

的教义体系。

室町时代从1336年开始，经过南北朝时代、战国时代，到1573年织田信长驱逐足利义昭，室町幕府正式灭亡，共经过了238年，其间真正统一安定的时间很少。这一时期的佛教从总的情况来看，旧有的佛教宗派法相宗、天台宗、真言宗等继续处于衰败之中，而镰仓时期新成立的净土宗、真宗、日莲宗、禅宗等都有很大发展。在新兴的佛教宗派之中，室町时期占统治地位的是禅宗，特别是其中的临济宗。临济宗因受到室町幕府和朝廷公卿的皈依，非常盛行。真宗到第八代祖莲如（1415～1499）之时取得显著发展，形成以本愿寺为中心的强大教团。在日本室町后期的战国时代发生了声势浩大的“一向一揆”。“一向”指一向宗，即净土真宗。“一向一揆”即真宗对抗守护大名或其他宗派而举行的武装斗争。日莲宗在13世纪末由日像到京都传教以来，在京都取得迅速发展，到天文初年（1532年）拥有21个大寺院，称为法华宗二十一本山，曾在武将细川晴元支持下与真宗武装集团展开激战，焚毁了本愿寺，史称“法华一揆”。

净土宗在这个时期也有发展。净土宗在源空死后分为五派，其中的镇西派、西山派最为盛行。到了室町时期以后，镇西派最为流行。

江户时期是日本封建社会的最后发展时期，以德川家康为首的武士集团消灭了丰臣氏势力，在江户（今东京）设立幕府，建立了日本封建社会的最后一个武家政权，共存在265年。史称德川时代，也称江户时代。德川幕府在加强中央集权统治体制过程中，通过为佛教诸宗和大寺制定法规的方式把佛教纳入它的统治体制之内，并利用佛教为维护封建等级制度服务。德川时代最亲近幕府的佛教宗派是净土宗、天台宗和禅宗。净土宗供奉德川氏的祖灵，为德川氏祈祷，被称为德川氏的“菩提所”。临济宗的崇传和天台宗的天海在德川初期都曾参与幕政，受到将军的优遇。德川幕府为了更好地利用佛教维护其统治，先后向佛教各宗及大寺院下达寺院法规（法度）。在幕府公布的诸宗法规中对后世影响最大的有两个，一个是关于本寺与末寺关系的规定，一个是关于寺院与檀主（信徒）关系的规定。

按照幕府向佛教各宗下达的法度，各宗的传教中心称为本山。在各宗内部形成本山（或本寺）——中本寺——直末寺——孙末寺这样一种金字塔式的隶属关系。德川幕府确立各宗本末寺关系，建立各宗以本寺、本山为中心的组织体系，有利于它通过控制本山、本寺以达到控制各宗的目的。从此以后，日本的任何寺院都有归属，无本寺的寺院不复存在。这一体制的确立，更加强了日本佛教宗派组织的严密性和各宗的宗教自觉意识。另外，法规中对于真宗，承认其僧可以娶妻。

幕府为了取缔、镇压基督教，更好的控制农民，让寺院为民众的信仰、身份作担保，令一切人选定一寺作为其施主，由寺院为民众出具身份证明，最重要的是写上所信仰的佛教宗派及所属寺院的名字，实际上把佛教置于“准国教”的地位。任何人不管真实信仰如何，必须隶属佛教的某一寺院，寺院和信徒之间形成了一种特殊的依存关系（即专檀制度），僧人担当了类似近代户籍和治安警察的部分职能。幕府在建立和维护户籍制度中给僧人以重大权力，这是佛教史上的一件大事。僧人在这种稳固的檀寺制度下，衣食优裕，生活富足。这虽然可以保证更多有志学问的僧人研究佛学，但同时也滋长了腐败之风。这是招致儒者、神道学者广泛兴起排佛论的重要原因之一。

日本在1868年结束德川幕府统治体制，恢复天皇制，改元“明治”，开始实行巩固以天皇为首的地主资产阶级专政体制，发展资本主义的一系列新政，史称“明治维新”。明治政府以“富国强兵”“植产兴业”和“文明开化”为三大政策，以西方先进资本主义列强为榜样，学习他们的科学技术，实现资本主义工业化，建立资本主义制度，在比较短的时间内把日本建成一个强大的资本主义国家。在这场资产阶级改革运动中，新旧思想的矛盾冲突交织在一起，渗透到包括宗教界在内的日本社会的各个领域，佛教也不例外，经历了前所未有的冲击和洗礼。

1868年1月，明治天皇颁布王政复古诏书，宣布恢复天皇制，“诸事依据神武创业之始”，以神话中的神武天皇建国作为效法的范例，并要求国民“尽忠报国”；恢复“祭政一致”的制度，天皇作为神（天照大神）的后裔不仅在政治上统治全国，而且在宗教上是最高的祭司，主持国家最高的祭神仪式。政府为了提高天皇神圣权威，扬言神道不是宗教，把神道放在宗教之上，把敬神、参拜神社规定为国民必须奉行的义务。佛教、基督教也必须在国家规定的法制、条令的范围内，在奉行包括敬神在内的“臣民义务”的条件下，才有传教的自由。

日本古代在佛教盛行之后，佛教用“本地垂迹”理论对神道作了新的解释，神道一直依附于佛教并无独立地位，镰仓后期以来虽兴起各种神道学说，但直到德川时代结束之前，神社在组织管理上仍未能摆脱佛教的控制。明治初期发布恢复神祇官，一切神社归神祇官管辖的命令，此后政府又连续发布了一系列关于“神佛分离”的命令，下令要求全国各大小神社废除“神佛混淆之仪”，命社僧还俗，可改任神官。在这些命令下达之后，各地神社把以往所奉为“本地”的佛像以及各种佛教法器、用具以至佛经等等一律清除或毁弃、焚烧，原属于寺院的镇守神社，也与寺院脱离关系。从此，神道长期依附于佛教的局面通过强有力的行政手段被结束了。

在废佛风潮的影响下，有些寺院受到严重破坏，寺内经卷、金银法器、佛像等大量丢失，僧人被迫还俗，在地方上还对佛教各宗采取了严厉的废寺和合并寺的政策。在这种形势下，佛教各宗为迎合统治者的需要，也提倡“忠皇爱国”，强调王法与佛法密不可分，认为神道与佛、儒一致，宣传护法、护国精神，目的在于寻求政府的保护和支持。由于各地爆发了以僧侣与农民信徒为中心的骚乱和暴动，政府提出不再“废寺并寺”，对撤寺、并寺采取谨慎态度。后来，政府又任命神职人员和僧人为“教导”，这意味着佛教的合法地位得到政府的确认，并赋予"教化国民"的社会职责。在明治维新过程中，政府制定户籍法，废除宗门户籍制，自然也废除由寺院为信徒担保身份的特权。"从1872年以后，政府废除僧位、僧官；规定僧侣只是一种职业，命他们称姓氏；解除过去官府对食肉、娶妻和蓄发的禁令；禁止僧尼托钵化缘等。这对日本僧人在近世以后广泛进入世俗社会，身兼传教之外的其他社会职业，以及近代僧团的建立，起了积极的推动作用。"[3] 明治时期流行的佛教宗派共有12个，佛教各宗以各地寺院为中心，除从事传统的传教和为信徒举办丧葬仪式、各种祭典法会之外，还进行各种社会活动，如兴办教育事业，兴办各种慈善福利事业，监狱诲人事业，即到监狱向犯人进行说教、启发、诱导等等。

日本发动"七•七事变"后，政府为了加强对各教的管理与监护，使各教更好地为宣传日本以天皇为首的帝国主义、法西斯主义的"国体观念"和"皇道精神"服务，在对待神道这一实际上的国教地位上，各教是不允许有异议的。此后为了加强对宗教各个团体的控制和利用，文部省要求神道、佛教、基督教各派实行合并；对佛教要求按"一宗祖一派"的原则进行合并。这样，"神道教13派继续存在，佛教原有13宗56派合并为13宗28派……基督教合并之后，有旧教的'日本天主公教教团'和新教的'日本基督教团'"。[4] 战争中各教组成"大日本战时宗教报国会"，日莲宗、真宗还奉命对教典中一些被称为"冒渎皇族神"、"不敬"的地方做删改，但日本侵略战争的彻底失败已成定局，靠"宗教报国"是无济于事的。日本佛教的研究在战争期间基本停顿，到战后才又恢复。

第二次世界大战结束，日本社会发生了深刻变化，日本佛教同其他宗教一样，也进入了新的历史时期。天皇发布了《人间宣言》，神社神道的国教地位和一切特权被废除了，政府对教团的认可权、监督权皆被取消，"信教自由"和"政教分离"在1946年的《日本国宪法》中也作了明文规定，神道教成为民间宗教。

战后《宗教法人令》的公布，使佛教系、神道系的新兴宗派从原来的教团中分立出来，新兴宗教在战后迅速崛起。目前在日本的新兴宗教中登记为宗教法人的大约有200多个。佛教系的新兴宗教主要出在日莲宗系，其中信徒最多的是日莲正宗创价学会，其次是立正佼成会（教名）、灵友会。无论是神道系还是佛教系的新兴宗教，在教义中都带有神佛会通理论的特色，只是程度不同而已。在六七十年代日本又兴起一些新的宗教团体，日本学者称之为"新新宗教"，"其中有的强调固守教祖的教义，如日莲宗系的显正会，有的是从外国传入的强调'世界末日'教义的基督教系的教团；有瞭望之塔（来自美国）、世界基督教统一神灵协会（来自韩国）；也有的强调巫术、咒术、占星术等神秘主义，如神道系的神灵教、世界真光文明教团，佛教真言宗系的阿含宗等。它们在当今日本进行着积极传教活动。"[5]

日本佛教的民族特色[6]

日本佛教是中国佛教的移植和发展，但由于受到日本社会政治、经济和文化习俗的制约和影响，形成了自己鲜明的民族特色。主要表现在：

1. 强烈的佛法护国观念。自从佛教传入日本，以天皇、贵族为代表的统治阶级认为佛教可以“镇护国家”“护持国土”，特别重视佛教的祈祷现功德利益的功能，希望通过造寺、塑像、写经、诵经等，向佛、菩萨祈求皇室康宁，国泰民安和五谷丰登。经过奈良、平安，直到镰仓以后，各宗教主和广大僧俗佛教信徒，都主张佛教与国家密切结合，所谓“佛法王法互守互助”。

2. 神佛同体和一致论。原始神道是对自然精灵、天神地祇和祖先神灵崇拜与祭祀的一种朴素的宗教信仰形态，还没有固定的神社、神像、也无成文教义。在佛教传入以后，因受佛教的影响，才在各地建立起神宫、神社，后来有了神像，神的观念也有了发展。7世纪佛教流行以后，兴起“神佛会通”思想，再后兴起“本地垂迹”理论。于是，在神社内安置本地佛、菩萨，由僧人管理神社。镰仓新佛教宗派中的真宗、日莲宗、禅宗等都有自己的神道理论。佛教通过这种理论把神道纳入佛教体系之中。14世纪后虽形成一些主张神为主、佛为从的神道学说，但在进入近代以前，并未根本动摇神佛通体论的统治地位。

3. 鲜明的宗教意识。所谓的宗教意识是指对本宗的自觉认同感、优越感和护教意识。中国佛教各宗组织松散，彼此关系缓和，但日本佛教各宗之间壁垒森严，宗派意识十分强烈。各宗不仅有自己的判教理论，而且都有严格的宗祖传承世系、传法中心和组织系统、土地财产。江户时期以后，各宗形成严格的本末制度和专檀制度，更加强了宗派意识。

4. 盛行念佛和唱题。在日本所有宗派中，净土宗、真宗、日莲宗发展迅速，影响也大。他们强调主观信仰，或提倡口称念佛，或提倡对他力本愿的信心，或提倡口念“南无妙法莲华经”题目。因修行方法简单，容易得到广大农民和其他民众的信奉。

5. 世俗化倾向。从平安后期开始，佛教界戒律松弛，律学已经失传，镰仓新佛教宗派都不强调固守传统戒律。净土宗宣称善人恶人皆可通过念佛而灭罪往生，真宗主张“信心为本”,“恶人正机”等,僧侣过着非僧非俗的生活（如真宗的僧人可娶妻、吃肉），日莲自称“无戒比丘”,说恶人通过诵念题目也能成佛。江户时期由于实行“寺檀制度”,寺僧从事更多世俗事务，更推进了佛教世俗化的进程。

以上是日本古代佛教的五大特点，是在特定的历史环境中形成的，我们可以清楚地看到佛教传入日本以后的演变过程。同时也可以了解到佛教在社会发展中的潜在作用。

## 第三节 基督教

基督教在16世纪中叶传入日本。最早传入日本的基督教派别是属于天主教（旧教）修会的耶稣会。1549年耶稣会创始人之一西班牙人方济各•沙勿略乘中国船到达日本鹿儿岛，开始在九州地区传教，后又到平户、山口和京都传教。此后耶稣会传教士陆续到日本传教，在九州、京畿一带地方逐渐吸引了不少信徒。织田信长采取保护基督教的政策，基督教传播很快，“1582年信徒达15万人，大小教堂有200所，传教士达75人之多。”[7]

基督教在刚传入日本的时候，日本人把它看成是佛教的一个新派别。基督教传教士一方面利用佛教寺院建筑传教，同时所造的教堂也称寺，如1552年在山口建的教堂称大道寺。日本人也称这些基督教传教场所为南蛮寺。对于基督教传教士，日本人称之为伴天连，称基督教为南蛮宗、伴天连宗等。

丰臣秀吉执政时开始禁止基督教，他认为基督教违背日本的纲常伦理，担心它的发展会对统一政权构成威胁，下达《伴天连追放令》，驱逐基督教传教士，但这个禁令实际没有发生作用。基督教是伴随葡萄牙、西班牙等国与日本开展贸易而不断传入日本的。丰臣秀吉虽下令驱逐基督教士，但并没有禁止与西方的通商贸易。这样，在热衷开展与西方通商贸易的九州一带的大名的支持下，基督教仍得到迅速传播。

德川初期幕府积极支持日本与西方的通商贸易，除葡萄牙、西班牙的商船外，荷兰、英国也派商船来日本贸易，在平户设立商馆。“到十七世纪初，日本的基督教徒已达到70多万人”。[8] 德川家康开始无意禁止基督教，后在崇传、林罗山等人的建议下，实行严厉镇压基督教的政策。“究其原因，一是担心西方人利用基督教侵略日本；二是对基督教传播西方文化思想有疑惧心理，……攻击基督教是敌视作为‘神国佛国’的日本的‘邪法’，‘诽谤正法，残义损善’，如不制止，‘后世必有国家之患’；三是想通过禁教来加强对农民的思想控制；四是借禁教、锁国来实现由幕府直接控制和垄断对外贸易的目的。”[9]

1612年，幕府首先对直辖领地下达禁教令，翌年把禁教令扩大到全国，驱逐传教士，毁坏教堂，迫害教徒，强迫教徒改宗，在京都、长崎、江户、秋田等地把很多教徒处死。同时对西方的通商贸易也加以控制，禁止在平户、长崎之外进行贸易，中国船只也只能到达长崎。在长崎开辟出岛（小岛名）只允许葡萄牙商人居住，其他人等令其回国。此后幕府对基督教采取了更加严厉的措施，对基督教徒处以种种极刑。在幕府强权镇压下，教徒们或殉教、或改教、或隐匿，基督教徒一时间泯灭。幕府后来命令全国一切人必须成为某特定佛教寺院的信徒（檀家、檀那）。1639年禁止葡萄牙人船只来日，把葡萄牙人驱逐出境。此后仅保留长崎作为与荷兰贸易之地。

1873年，日本政府解除了对基督教的禁令，美国等国的传教士相继来日，这些传教士在长崎和神奈川两地开始活动。如美国的费尔别克在佐贺藩校教授洋学，并为数名藩士举行洗礼。此后布朗、西摩兹、帕拉等人也来到神奈川，以半通的日语宣传基督教，在日本人的协助下，将《圣经》译成日语，还开办学校讲授美国文化，在教育和培养人才方面做出了很大贡献。1872年日本信徒在横滨建立日本基督教公会，它是日本第一个新教教会，当时成员只有5名，这一教会采取的是日本人信徒独立自治的原则，不从属任何教派。明治初年随着自由民权运动的兴起，基督教的布教在各地不断取得进展，地方城市纷纷成立教会。日本基督教公会与关东地区有影响的长老教会合并成立"日本基督一致教会"(后为"日本基督教会")。1889年颁布《帝国宪法》规定："日本臣民只要不妨碍安宁秩序及不违背臣民义务，就有信教自由（第28条)"。神、佛、基（基督教）的布教活动虽得到认可，但在近代天皇体制下，信教自由只能是徒有虚名。在以神化的天皇为道德、教育根本的教育体制下，发生了内村鉴三的"不敬罪"事件（借口没有礼拜《教育敕语》上天皇的署名)。所谓"不敬罪",是指对天皇、皇族、神宫、皇陵等不恭敬的言行而构成的犯罪。1947年改正后的刑法削去了这一条。此后，内村鉴三致力于开创日本独特的无教派主义，提倡注重日本人内在的信仰。随着日本一步步走向帝国主义，不少人开始觉醒，原基督教徒安部矶雄、片山潜等人成立了社会民主党,1912年以法学士传道师铃木文治(神教派的统一基督教弘道会的成员)为中心，结集14位工人成立了"友爱会"，是日本第一个工会组织。

昭和年间依据《宗教团体法》，各基督教派被统一在日本天主公教和日本基督教团两团体内，凡不属于这两大教团的传教活动都被禁止。因此当时的长老会、福音同盟会等都被统一为日本基督教团，战后不少教派从基督教团分立出来，但基督教团仍是日本基督教中最大的宗教团体。该团体采用会议制，教团总会是最高权力机关。

二战结束初期，按照美国占领军"日本基督教化"的意图，外国传教士纷纷来日，并带来大量美元和物资，基督教各派在国外物资援助下，文化活动和社会活动异常活跃，发行《圣经》逾200万部，在救济灾民方面更显示了颇大活力。1951年天主公教由"天主公教教区联盟"改为"天主教中央协会"，全国分16个司教区，每一司教区以司教为中心独立经营，其中东京、大阪、长崎为大教区。作为超越各司教区，展开全国性活动的组织是日本天主教司教协议会。除此之外，属基督教系的一些新教团体还比较弱小，只有日本福音路德教会、日本耶稣基督教团、日本浸礼联盟等少数团体的教徒达万人以上。新教的全国联络机构是日本基督教协会，经常参加世界性活动。

据近年日本进行的社会调查看，因多数天主教徒是受家庭影响而入教的，所以，老年信徒对自己的信仰确信不疑，而许多年轻信徒对自己的信仰缺乏理解。他们不过是例行公事般地到教堂做礼拜。总的看来，战后的日本天主教虽每年略有递增，但发展缓慢。

除神、佛、基督以外的日本其他宗教一般概称为诸教，指未列于佛教、神道系之中的天理教、圆应教、世界救世教等。它们或与神道或与佛教相融，或基于神、佛、基督三教而立。战时多受到法西斯宗教法规的限制，战后发展较快，新教团不断派生，如天理教和PL教团号称百万教团。

从历史发展上看，日本从未有过单一宗教占主导地位，尽管人种、语言单一，而宗教却是多元化共存的，这是日本社会的一个显著特征。长期以来为日本人民所广泛信奉的宗派是日莲系和净土系各宗，它们信徒最多，流传最广，其次是主张顿悟的禅宗。这些宗派没有深奥的哲学论证，教义浅显，易为一般人理解，而且修行方法简单易行，其中日莲宗和净土宗最具日本民族特色，其教义、教规和礼仪都深深印有日本民族的特征。它们通过群众性的习俗礼仪与多种形式的宗教文化实践，加强了信徒的宗教信仰和宗教意识，从而保持各宗教团体的稳步发展。

**日本宗教团体、传教人员、信徒统计表**

| 项目 | 神社 | 寺院 | 教会 | 布教所 | 其他 | 合计 | 传教人数 | 信徒 |
|---|---|---|---|---|---|---|---|---|
| 总数 / 系统 | 81539 | 77213 | 34307 | 30748 | 6897 | 230704 | 664991（4324） | 217229831 |
| 神道系 | 81511 | 2 | 6671 | 2080 | 700 | 90964 | 10437（24） | 108999505 |
| 佛教系 | 6 | 77186 | 3187 | 3584 | 4393 | 98356 | 286200（248） | 96255279 |
| 基督教系 | | | 6446 | 1604 | 1005 | 9055 | 16563（3747） | 1463791 |
| 诸教 | 22 | 25 | 18003 | 23480 | 799 | 42329 | 257854（305） | 10511256 |

表注：（1）文中表格据日本文部省文化厅1991年编《宗教年鉴》。

（2）“诸教”指未列入神道、佛教、基督教系之中的天理教、圆应教、世界救世教等。

（3）括弧中的数字是外国传教人员。

（4）不少居民由于传统上的原因，在形式上兼信两种以上宗教，因此信徒总人数远在人口总数的1亿2千多万以上。

**思考题：**

1. 什么是“本地垂迹”？
2. 镰仓时期的新佛教宗派有几个？它们的共同特点是社么？
3. 德川幕府向佛教诸宗及寺院下达了什么法规？对后世有何影响？
4. 古代日本佛教的特点是什么？
5. 德川家康为什么禁止基督教？

**注释：**

[1] 杨曾文《日本近代佛教史》，浙江人民出版社 1996 年第 32 页。

[2] 张大拓译《宗教与日本现代化》，今日中国出版社 1990 年第 59 页。

[3] 杨曾文《日本佛教史》，浙江人民出版社 1995 年第 582 页。

[4] 同注③ 第 610 页。

[5] 同注③ 第 623 页。

[6] 同注① 第 31 页。

[7] 同注① 第 194 页。

[8] 同注⑦。

[9] 同注③ 第 530 页。

[10] 同注② 第 70 页。

**主要参考文献：**

杨曾文《日本近代佛教史》，浙江人民出版社 1996 年。

杨曾文《日本佛教史》，浙江人民出版社 1995 年。

张大拓译《宗教与日本现代化》，今日中国出版社 1990 年。

任继愈《宗教词典》，上海辞书出版社 1981 年。

《平凡社大百科辞典》，平凡社 1985 年。

# 第十章　语言文字

据说世界上有五千多种语言，但从使用率来看，汉语无疑是第一位的，日语位居第六位。有一亿两千万人以日语为母语，把日语作为外语来学习和使用的人口总数大约在三百万以上。

以语系来说，有人主张将日语和朝鲜语归入阿尔泰语系，但尚未得到有力证实。

日本主要使用汉字、平假名、片假名三种文字，此外也使用罗马字。公元9世纪左右，借助汉字的偏旁部首，日本人创造出了平假名和片假名。平假名、片假名均为音节文字，目前各有四十六个假名。日语的字母表称为五十音图，但其中有重复的两个，废除的两个，故为四十六个。

## 第一节　日语发音

日语的五十音图为清音，与它对应的有浊音、半浊音。浊音为四行，半浊音只有一行。在清音字母的右上角加“゛”为浊音，加“゜”为半浊音。

拗音共有七行。在きしちにひみり的右下角加上“やゆよ” 表示拗音。注意书写时一定要把“やゆよ”写小。

另外，还有拨音“ん”，促音“っ”，长音等音节，这些音节要在学习发音时注意识别。

日本人读“夏”为“ナツ”，“冬”为“フユ”。一般认为“ナ”与“ツ”、“フ”与“ユ”是最小的语音单位，各为一拍。一个假名相当于一拍。拨音、促音、长音、拗音均视为一拍。音韵组织单纯、音节种类很少也是日语语音的特点之一。标准元音有五个，分别为ア、イ、ウ、エ、オ，音节则由元音单独构成或辅音与元音共同构成，但音节总以元音结尾。单独使用的辅音仅有一个“ン”。

日语中同音异义的词汇甚多就是由于音节的种类少而造成的。如“タイショウ”可写出“对象”、“对照”、“对称”等汉字词汇。“公正”、“厚生”、“構成”三个词读音相同，都是“コウセイ”。这样的例子不胜枚举。

与印欧语系诸语言的强弱重音不同，日语是高低重音，其中又分为平板式和起伏式两类，起伏式又包括尾高型、中高型、头高型三种。

## 第二节 日语文字

日语文字的最大特点是将汉字、平假名、片假名、罗马字等不同种类的文字混合使用。

調布市柴崎二—13—3つつじが丘ハイムA206

以上是以日文书写的地址，其中既使用了汉字、汉字数字、阿拉伯数字，又用了平假名和片假名，甚至还出现了罗马字母。这种书写方式令其他国家的人感到不可思议。但是，在日语的书面语言中是司空见惯的书写形式。那么，到底是在什么情况下会分别使用这几种文字形式呢？

首先，来看汉字。日本于1981年开始将政府、公司、报纸等常用的汉字选定1945个字，叫“当用汉字”。但由于姓名及地名所使用的汉字往往多于此数目，因此若不能认识多于此数目的汉字，在阅读书报时会有一定的困难。

汉字虽然源于中国，但是在书写方面，中国与日本迥然不同。日本的“当用汉字”从原则上讲，一律使用繁体字。由于受到中国简化字的影响，日本也将一些汉字简化了。如“圖”日本简化成“図”，中国则简化成“图”。又如“對”，日本简化成“対”，中国则写成“对”。两国的简化字不统一，对于学习日语的中国人来说，也算是个小小的负担吧。否则的话，可以减少学习量。

汉字的读音有“音读”、“训读”两种。中国式的读法称为“音读”，日本式的读法称为“训读”。如“生”的音读是“セイ”“ショウ”，训读是“ナマ”。有些词汇也出现音训混读的现象，“音读+训读”日语称为“重箱读”，如“重箱”为“ジュウバコ”。“训读+音读”称为“湯桶读”，如“湯桶”为“ユトウ”。

书写日文时，名词和形容动词大都使用汉字来写，动词和形容词等则是汉字和平假名并用，即动词及形容词词尾的活用变化部分用平假名来书写，助动词、助词等则用平假名来书写，副词既可使用汉字，又可使用假名。平假名被广泛使用，片假名则可用来表示外来语及外国地名、人名等。

此外，尚有日本人自创的汉字，被称为“国字”，如“峠”“躾”等。

日本文字可竖写也可横写，竖写时由右向左。以前多使用竖写，后来由于横写在表示数字及引用外来语时较为方便，因此日益普及。但因为传统的竖写方式较易阅读，所以，报纸、杂志、书籍等仍然以竖写方式为主。

## 第三节 日语外来语

日语中使用时间最久远而且数量最大的外来语应该说是汉语。但是由于汉语进入日语已经为时甚久，已经变成日语的一部分了，所以日本人不把它当作外来语看待。日语外来语专指日语所吸收的西方语言词汇。印欧语系诸语言有大量词汇进入日语，成为日语中的外来语，其中有来自英语、德语、法语、意大利语、俄语、葡萄牙语、西班牙语、荷兰语等语种词汇。

外来语进入日语受到日语音韵的各种改造，发音改变甚大，发音省略、词形省略的现象也层出不穷。有些词汇的意义也完全改变了，加之“和制英语”的出现等等，都给学习者带来一些困难。

第二次世界大战结束后，日语吸收了大量的来自英语的外来语。在科学技术、医疗卫生、时装、美容、体育、休闲娱乐等领域里，外来语的数量日趋增多。

值得注意的一点是外来语必须用片假名书写。由于日语混合使用着汉语词汇、外来语词汇、日本固有词汇，因而就出现了这种情况，一个相同的事物可能有三种说法。如“旅馆”一词，汉语词汇是“旅館（りょかん)”，外来语是“ホテル”，日本固有词汇是“宿屋（やどや)”。这三种说法在词义上有所不同：“旅館”指的是古朴的、日本式的、规模较大的旅馆，“ホテル”则为现代的、西式的、豪华的饭店，“宿屋”指的是日本式的、陈旧的、规模小的类似客栈的小旅馆。

外来语大多数为名词，但也有少量的动词或形容词。外来语动词一般后加“する”成为“サ变”动词，如“ダイエット。也有后加“る”的，如“サボる”，成为“五段”动词。外来语形容词一般按形容动词变化，如“デリケート（delicate)”，修饰名词时变化为“デリケートな問題”。

## 第四节 日语中的敬语

众所周知，日语中的敬语非常繁杂，正确地运用敬语，不要说外国人，就是对于日本人来说，也不是件容易的事。

日语的敬语分为三类：尊敬语、自谦语和礼貌语。

尊敬语表示尊敬对方并涉及对方的动作和所属事物。有四种说法，分别是：

1. 用“お（ご）……になる”形式。如“お読みになる”、“ご覧になる”。
2. 加尊敬助动词“……れる、……られる”。如“行かれる”、“起きられる”。
3. 使用专表敬意的动词。如用“いらっしゃる”表示“いる、来る、行く”；用“めしあがる”表示“食べる、飲む”等。
4. 加表示敬意的接头、接尾词。如“お父さん”、“ご意見”、“皆さま”等等。

自谦语表示自我谦恭，以敬对方。

1. 用“お……する”形式。如“お待ちする”。

2. 用专表谦逊的动词。如用“まいる”表示“行く、来る”；用“いたす”表示“する”等。

3. 加接头词。如“卑見”、“小生”等。

礼貌语则表示对谈话对方的一种敬重之意，有两个说法。一个是用“ます”“です”“でございます”，另一个是加“お”“ご”等接头词。

## 第五节　日语语法的特点

世界上的语言按形态一般分为三种类型：孤立语（如汉语）、屈折语（如印欧语）和黏着语（如日语）。日语是黏着语，其主要特征如下：

1. 日语词分为独立词和附属词两大类。独立词可单独或后续附属词构成短句。附属词（助词、助动词）不能单独构成短句，只能接在（或者说黏附在）独立词之后，构成短句。这类词虽然名为附属词，但实际上起着“骨干”词的作用，没有这类词，日语就不能成立。

如：“学生は宿題をします。”中的“は”“を”是助词，它对于决定独立词在句中的地位和语法职能以及句子的结构和意义，起着关键性的作用。

2. 日语的活用词（动词、形容词、形容动词和助动词）有词形变化，但这种变化主要是为了适应后续词的要求，在句中起接续作用，不像印欧语中的词尾变化受性、数、格的影响。

3. 日语的名词、代词没有性、数、格的变化。它们在句中的地位或与其他成分之间的关系是依靠黏附在其后的助词来决定的。

4. 日语句子成分的排列次序通常是主语（或主题）在句前，谓语在句末，补语、宾语在中间，修饰语在被修饰语之前。例如“私は日本語のテキストを張さんにあげる”。

这里值得注意的是：

1）日语的宾语、补语在谓语之前，而汉语相反。

2）日语句子成分的次序，除谓语在句末这一原则比较严格外，其他成分比较自由，不因其次序的颠倒而改变句子的意思。

5. 日语句子的成立条件，不像印欧语那样必须具有“主语—谓语”关系，在语言实际中，没有主语的句子也是很多的。因此，日语主语不是必不可少的成分，谓语才是句子的中心成分。谓语位于句末，起概括全句意义的作用，研究谓语的构造，是研究日语语法的重要一环。

# 第六节 体 言

“体言”是日语语法形态上的术语，表示事物的实体概念，指的是无词形变化的独立词中的名词、代词和数词的总称。现将体言所包括的名词、代词和数词分述如下：

## 一、名词

1. 名词的定义及其分类

名词表示一切事物的名称，属于体言之一，是没有活用的独立词。名词后添加助词、助动词等附属词，在句中能构成主语、谓语、宾语、补语以及定语和状语等不同成分。

2. 固有名词

汉语和外来语传入日本以前，和语就是日本人唯一的生活语言，尽管现代日本语中有许多汉语和外来语词汇，但和语在词汇中仍占相当比例。

如：山（やま）、川（かわ）、草（くさ）、花（はな）、大人（おとな）、子供（こども）土産（みやげ）等。

3. 汉语名词

日本受中国文化影响很早，日语中广泛地使用了汉语词汇。汉语名词就是随着汉字输入到日本的名词，不列入外来语。如：茶（ちゃ）、門（もん）、小説（しょうせつ）、万歳（ばんざい）等。

但也有借用汉字组成的日语名词。如：映画（えいが）、野球（やきゅう）。

4. 外来语名词

日语中外来语较多。广义地来说，汉语应列为外来语。但是，日语中的外来语主要是指从欧洲语系借入的词。外来语一般用片假名来书写，其发音是以50音图为基准来模拟外来语发音。例如：ラジオ（radio收音机）、バイオリン（violin小提琴）、テスト（test测验）、カメラ（camera照相机）、タクシー（taxi出租汽车）等等。

外来语中有的词汇的意义发生了变化，如：ボーイ（boy）原义是“男孩、少年”，日语表示“侍者”。ミシン（machine），原义是“机械”，日语表示“缝纫机”。

有的常用外来语简化了，如：

ストライキ（strike）→スト（罢工）

デモンストレーション（demonstration）→デモ（游行）

スーパーマーケット（supermarket）→スーパー（超市）

另外在外来语中也有日本人自己创造的。

アイスキャンデー（icecandy冰棍）

サラリーマン（salaryman ← salaried man 职员）

テーブルスピーチ（table speech 祝酒词）

5. 形式名词

名词本来都具有一定内容的实质意义，但是有极其少部分名词失掉了名词本来的实质意义，在语法上只是具有形式上的名词功能，这种名词叫“形式名词”，日语中称为“形式体言”。关于“形式体言”的范围，目前看法不一。有的只限于几个词，有的划的范围较宽。下面介绍具有代表性的“形式体言”的用法和意义。

a. こと（事）

在句中靠前后句的联系表示叙述的前提内容、事情、事物、事实、情景、场合及其他一些不同语义。

王君が英語ができないことを忘れていた。/ 我忘记了老王不会说英语。（こと = 事实）

夫婦げんかのことだから，気にしないでいいですよ。/ 夫妻吵架，就别搁在心上。（こと = 前提内容）

b. もの（物）

作为形式体言的“もの”主要表示有形或无形，感觉或存在着的事物。

お前のようなものは，体をうんと鍛練しなくちゃだめだ。/ 像你这样的，应该好好地锻炼身体。（もの = 人）

親の話は聞くものだ。/ 应该听家长的话。（もの = 常理）

c. の

“の”本来是格助词，作为形式体言的“の”也叫准体助词，与格助词的“の”不同，它在句中主要表示人、事情和物。

丈夫で安いのがいい。/ 既结实又便宜的才好。（の = 物）

約束したのに、来るのが遅いね。/ 约好的，还来得这么晚。（の = 事情，来ること）

## 二、代词

代词是指代人和事物的词，主要分人称代词和指示代词。

1. 人称代词

根据说话人所指示的人物，人称代名词分自称、对称、他称和不定称四种。在使用上都有普通、尊敬、谦逊、简慢、长辈对晚辈等用词的区别。因此，在使用时要注意对象和场合。

2. 指示代词

指示代词表示指代事物、场所、方向，有近称、中称、远称和不定称的区别。它

们的第一个假名分别为“コ、ソ、ア、ド”、所以称之为“コ、ソ、ア、ド”词系。

**三、数词**

数词中分为基数词、序数词两种。基数词是单纯用以计数的数词，序数词是表示事物顺序的数词。

## 第七节　用　言

“用”字表示“活用”，即变化的意思，与前面曾介绍过的表示实质概念的“体言”，即无活用的“独立词”不同。“用言”是表示事物的动作、存在、性质、状态等属性，并具有活用的独立词，这是“用言”的特点。

“用言”有词干和词尾之分。词干不变化，但词尾根据其用法和后续词，要发生一定的变化。日语把词形的变化称为“活用”，把这种变化形态称为“活用形”。

“用言”是独立词中有活用的动词、形容词和形容动词的总称。助动词虽然有活用，但因为它属于附属词，不能列入用言。

**一、动词**

动词是表示主体（人或事物）的存在、行为、动作或状态的词。根据动词的变化规律将其分为：五段动词、上一段动词、下一段动词、カ变动词、サ变动词。目前关于活用词，有“六分法”和“七分法”，我们采用后者，现分述如下：

a. 未然形：后接“ない”、“ぬ”等否定助动词表示否定。

b. 连用形：主要用法有三种，即：表示并列形式的中顿法，连接用言形式的连用法，作名词用的名词法。

c. 终止形：用言的基本形，可以单独使用或表示句子的终止。

d. 连体形：连接体言或形式体言。

e. 假定形：后接接续助词“ば”表示假定条件。

f. 命令形：用来表示对他人发出命令或表示愿望。用言中只有动词有命令形。可以单独使用。

g. 推量形：后接推量助动词“う”、“よう”表示推量、意志和劝诱。

**二、形容词**

形容词从词的意义来讲，表示客观事物的性质、状态和主观的感情或感觉，在句中作谓语、定语或状语。形容词的词尾变化和动词一样，叫作活用。有活用的部分叫词尾，无活用的部分叫词干。形容词的标志是以“い”作为词尾。形容词活用只有未然性、连用性、终止形、连体形、假定形、推量形六种，没有命令形。

形容词词干后续接尾词“み”、“さ”构成名词，表示状态、情况、感觉或程度。如：高い→高さ（高度），重い→重さ（重量），深い→深み（深度）。

**三、形容动词**

形容动词和形容词一样表示事物的性质和状态，其活用类似动词，其性质兼有形容词和动词两方面，所以叫做形容动词，在句中作定语、状语或谓语。形容动词的词尾为“だ”。形容动词与形容词的活用形式相同。

## 第八节　助动词

助动词是有词形变化的附属词，不能单独使用，主要接在用言后面（也有续于其他词之后的，如断定助动词接在名词和形式名词后等），借以补充叙述或增添某种意义，按照使用的意义可分为以下几类：

被动助动词：れる、られる

可能助动词：れる、られる

自发助动词：れる、られる

敬语助动词：れる、られる

使役助动词：せる、させる、しめる

否定助动词：ない、ぬ（ん）

过去助动词：た（だ）

推量助动词：らしい、う、よう、まい

希望助动词：たい、たがる

断定助动词：だ（である）、です

比况助动词：ようだ、ようです、みたいだ、みたいです

样态助动词：そうだ、そうです

传闻助动词：そうだ、そうです

敬体助动词：ます

以上助动词，按其活用类型，就是按每个助动词的变化规律，又可分为以下种类：

动词型：下一段动词型れる、られる、せる、させる、しめる

五段动词型たがる、である

形容词型ない、たい、らしい

形容动词型だ、そうだ、ようだ

特殊型ます、ぬ（ん)、た、です、ようです、そうです

无变化型う、よう、まい

助动词接在什么词的后面，有一定的接续法。如：ない、れる、られる、せる、させる等只能接在动词的未然形后面。ます、たい、たがる等要接在动词连用形后面。这里就不一一叙述其他助动词的接续方法了。在学习助动词一节时，要注意以上每个助动词的接续方法。

## 第九节 助 词

助词是没有变化的附属词。一般说来助词本身没有具体意思，它通常黏附在其他词——独立词或附属词的后面，表达词与词、句与句之间的关系或增添某种含义。按助词的职能可以概括地分为格助词、接续助词、提示助词、副助词和终助词等五类。这里只简单地介绍一下格助词与提示助词的用法及其意义。

### 一、格助词

“格”是指名词（体言）在句中与其他词之间的相互关系，日语名词没有词尾变化，它是以名词后附加助词来表示格，格助词有“が”、“の”、“に”、“を”、“で”、“へ”、“と”、“から”、“より”等。

1.“が”与“の”

句中的主语用主格助词“が”来表示。主格处于行为、动作、性质、状态的主体位置。

風が吹く。/ 刮风。

天安門がきれいだ。/ 天安门很美丽。

田中さんならば、この仕事が三日でやれる。/ 若是田中，这项工作三天就能完成。

从上述例句中可以看出尽管谓语的表达形式不同，但体言后续的“が”都是说明主格的。

主格助词“が”主要接在体言后面。这个体言包括形式体言以及其他词类转来用作体言的词。

如：

勉強しないのがいけないのだ。/ 不用功可不行。

そんなはずがない。/ 不会是那样的。

主语除了用“が”表示外，还有用“の”来表示的。用“の”表示主格，其谓语要用连体形并修饰后面的体言（作定语用，即具有主谓关系的定语)。此处的“の”，是代替“が”的一种表现。

如：

花の咲く季節 / 花开时节

気のあった仲間 / 投脾气的伙伴

日本語の話せる人 / 能说日语的人

2. “を”

“を”当宾语助词用时，连接前面的体言等构成宾语句，其后一定接他动词，表示该动作所及的对象或动作的结果。

如：

本を読む。/ 读书。

それを下さい。/ 把那个给我。

“を”接在体言后面也可以构成补语。但其后的谓语一定是具有移动性的自动词，表示该动作离开的起点，或动作进行时经过的场所。

生まれ故郷を離れて五年。/ 离开生我的故乡五年。

道を歩く。/ 走路。

あの山を越えると、村が見える。/ 过了那座山就能看见村庄。

3. “に”

格助词“に”接在体言、形式体言或连体形、连用形之后，构成连用修饰语句。主要表示空间、时间和人事的位置。如：

兄は家にいる。/ 哥哥在家。

暗いうちに起きた。/ 天不亮，就起床了。

“に”的用法较多，这里就不一一列举。

4. “へ”

格助词“へ”，发音为“え”。主要用法有以下几个方面。表示动作的方向，动作的归宿，动作授予对象等等。

如：

向こうへ着いたら、お手紙を出す。/ 到了那边就给你写信。

先生へよろしくお伝えください。/ 请代问老师好。

5. “と”

格助词“と”接在体言或句子等后面，表示动作的共同者或对方，可译为“和、与、跟”。

友達と約束した。/ 和朋友约会好了。

“と”后接“思う”“考える”“言う”“呼ぶ”或者和这些动词有密切关系的动词，则表示思考、称谓的内容。可译为“称为、想、叫做、认为”等。

明日もよい天気だろうと思う。/ 我想明天可能还是个好天气。

王さんが及第したという。/ 据说小王考及格了。

6. "から"

格助词"から"主要续于体言后面，表示动作的起点、缘由、根据等。

昨日北京から帰ってきた。/ 昨天从北京回来了。

あしたは早いからもう寝る。/ 明天要起早，所以我要睡觉了。

7. "で"

表示行为动作进行的场所、范围、期限、方法、手段、原因、根据等意思。

道で李さんと会った。/ 在路上碰到了老李。

北京まで飛行機で行く。/ 坐飞机去北京。

牛肉で作った料理 / 用牛肉做的菜

病気で休んだ。/ 因病休息了。

8. "より"

"より"续于体言、形式体言、用言及部分助动词连体形后面，表示动作、状态比较的基准。

兄より弟の方が賢い。/ 弟弟比哥哥聪明。

歩くよりバスに乗った方がいい。/ 步行莫如做公共汽车好。

## 二、提示助词

提示助词（日语称作"係助詞"）"は"接在体言、形式体言、助词或形式用言后面，具有突出提示某一成分并要求对其加以说明的作用；在提示两个以上的事物时，还起相互区别或对比的作用。另外，"は"还可以接在用言或助动词连用形的后面，起加强语气的作用。

提示主题或对主语加以叙述说明

雪は白い。/ 雪是白的。

ぼくは学生です。/ 我是学生。

雨なら、ぼくは行きません。/ 要是下雨，我就不去。

句中"は"代替了主格助词"が"，增添了"が"所不具备的重点提示说明主语的语义，后续谓语采用了动词或断定助词，使句了增强了肯定语气。

日本は島が多い。/ 日本岛屿多。

あの川は水がきれいだ。/ 那条河水很清。

上两句中的"は"表示对主题的提示。有些主题的句子结构中包含主语成分。

提示句子的不同成分

ここでタバコを吸ってはいけません。/ 这里不许吸烟。

いつも出席してはいるが、本気ではない。/ 总是来参加的，但不认真。

“は”加在用言连用形式て（で）的后面，再后接否定词汇或意义相反的词，这是对谓语的提示。

酒は飲まないが、タバコは吸う。/ 不饮酒但是吸烟。

“は”表示对宾格助词“を”的提示和代替。

親には話すべきだ。/ 应该跟父母说说。

上句中的“は”表示对谓语所要求的补语的提示。

そう簡単には断言できない。/ 不能那样简单作断定。

句中“は”表示提示句中副词修饰谓语的状语成分。

“も”与“は”不同,“は”在表示区别其他事物的同时，有比较、排他、指定等作用，而“も”却表示在对比的情况下暗示还有其他事物存在的一种“兼提”,“都、也”的意思。

类似事物的列举、并列、累加叙述

男も女も働いている。/ 男人女人都在劳动。

重点提示，联想其他

あいさつもしない。/ 连个招呼都不打。

あなたが行けば、私も行く。/ 你要是去我也去。

表示程度，加强语气或缓和语气

別にほしくもありません。/ 倒不是特别想要。

あまりにもひどい。/ 未免太过分了。

**思考题：**

1. 日语的语法特点是什么？
2. 用言都包括哪些词？
3. 助动词有哪几种？它们的作用是什么？
4. 日本的文字特点是什么？
5. 动词的变化规律是什么？

**主要参考文献：**

1. 新日本制铁株式会社编《日本》，学生社 1999 年。
2.《现代日语语法手册》，黑龙江人民出版社 1979 年。
3.《新日本语语法》，外语教学与研究出版社 1983 年。

# 第十一章 文 学

日本文学同其他国家和民族的文学一样，都经过了口传向文字记载文学的演进发展。现存最古的典籍是《古事记》、《日本书纪》和《万叶集》。《古事记》和《日本书纪》约编成于8世纪初，《万叶集》晚一点，约编成于8世纪末或9世纪初，但这些古籍中的一些古歌谣及古神话却显然带有前几世纪口传文学的痕迹。因此，我们先要言及的奈良时代文学，其时间概念要宽泛得多，它含有无文字口传时代的内容。

## 第一节 奈良时代的文学（710～793）

### 一、"汉和对位语用观"文学环境

奈良时代文学的一个显著特色，就是汉字文化圈影响下的、以汉字语言文字表现为载体的"汉和对位语用观"文学环境。

日本著名史学家上田正昭指出："古代东亚文化圈的特征之一，是汉字和汉文化的扩展"，"语言和文字的问题，不只是对日本列岛内部的交流和交际来说具有重要作用，同政治、经济、社会、文化的发展也有着密切的关系，而且在日本同海外的外交、贸易等方面也发挥了重要的作用"[1] 这里所指出的同政治、经济、社会相并列的文化这一概念，不是泛文化概念，而是以文字文明为标志的、包括文学表现在内的精神、知识文化的概念。

汉字传入日本以前，日本有无固有的文字？

日本南北朝时代的忌部正通在《日本书纪神代口诀》（贞治六年）一书中，首次提出了"神代文字说"。江户时代的谛忍在《以吕波问辩》、平田笃胤在《神字日文传》著作中，具体论述了"神代文字"。二战期间，一些国粹主义的教授学者在讲台上和著述中也宣扬了一阵子"神代文字"。

然而，所谓"神代文字"是后世的伪造，日本人最早接触到的文字是汉字，在汉字的基础上，衍生出了"万叶假名"及后来的平假名和片假名。这已是学界的定论。

现在发现的日本最早接触到汉字的文物是天凤元年（公元14年）西汉新莽朝铸造的有"货泉"字样的铜钱，发现地是位于长崎县弥生时代（约公元前4世纪至公元3世纪左右）后期的遗迹和北九州、近畿地方日本海沿岸、淀川流域等地。日本最早书写汉字的文物有福冈县前原市三云遗迹群出土的刻有"竟"（"镜"的略写）字的约3世纪中期的陶瓮等。能证明日本在国家行政、经济管理和读书学习等公私活动中应用汉字的文物资料，是从7世纪前期的飞鸟时代的寺院、山田遗迹及藤原宫时代（694～710）遗迹出土的大量木简[2]。

这些文字文物说明，日本民族在本民族语言和外来汉字表记的对位应用方面，经过了长时间的努力，下了相当大的功夫。也就是说，直到10世纪纪贯之的《土佐日记》用假名文字（从真名汉字的偏旁、草书等演变而成的日本文字）表记的作品出现之前，日本民族一直处于固有日本民族语言和外来汉字表记相互对位的双语应用语言环境之中。

这种双语应用的意义在于，日本同所有国家民族的发展史一样，文字表记是国家文明发展的必然，它是超越口耳相传的记忆和交流而追求标准化统一化思考和教化的唯一工具。

延喜五年（905）醍醐天皇下诏编纂、延长五年（927）编成奏上、康保四年（967）开始施行的律令（法规）细则《延喜式》，有关大学寮（隶属于式部省的培养官吏的最高学府）的教科书和讲授时间等的条律写道：

> 凡应讲说者，礼记、左传各限七百七十日。周礼、仪礼、毛诗、律四百八十日。周易三百一十日。尚书、论语、令各二百日。孝经六十日。三史、文选各准大经。公羊、穀梁、孙子、五曹、九章、六章、缀术各准小经。三开、重差、周髀共准小经。海嶋、九司亦共准小经。[3]

这一条律告诉我们，不要说奈良时代，即使进入有假名文学作品问世的平安时代（794～1192）以后，汉文典籍依然在日本古代的高等教育及官吏培养上具有何等的不可替代的重要作用。同时也揭示出奈良时代民族语言向汉字表记对位应用的一条内在定律，即：重要的汉文典籍同古代日本的高等教育和官吏培养、以及国民的道德教养等息息相关，日本的民族语言同汉字对位应用是文字表现的必然。

顺便说明一下，这种对位应用不仅是书写表记，还表现在汉语发音上。据《日本书纪》卷第三十："持统五年九月己巳朔壬申，赐音博士大唐续守言萨弘恪、书博士百济末士善信，银人二十两。"持统五年即691年。

《古事记·序》记述道：

> ……和铜四年九月十八日，诏臣安万侣，撰录稗田阿礼所诵之敕语旧辞以献上者。谨随诏旨，子细采摭。然，上古之时，言意并朴，敷文构句，于字即难。已因训述者，词不逮心。全以音连者，事趣更长。是以，今，或一句之中，交用音训。或一事之内，全以训录。即，辞理叵见，以注明，意况易解，更非注。亦于姓日下，谓玖沙诃，于名带字，谓多罗斯。如此之类，随本不改。

"序文"提及的"于字即难"，是说把日本固有的传承的口语内容用汉字表现很困难。

难点之一，在于“上古之时、言意並朴”。就是说，在日本列岛的言语土壤上传承下来的土地化的言语内容，要用外来的汉字加以表现，很难。

难点之二，在于“敷文构句”。就是说，把日语思维的口语写成外语思维的汉语文章，很难。

可以说，这一汉和对位语用观贯穿在了整个奈良时代文学之中。

**二、第一批具有文学价值的典籍——《记》《纪》**

日本流传下来的最早的典籍是《古事记》、《日本书纪》和《风土记》。

《古事记》着手编纂约在天武朝（672～686），编成献给元明天皇是和铜五年（712）。此书是奉天武天皇之诏编撰，其本意是出于政治上的需要，对“邦家之经纬，王化之鸿基”的诸氏族传来的帝纪（皇室系谱）和本辞（神话、传说、歌谣等）进行“削伪定实”，以“传之后世”。关于《古事记·序》中所说此书是稗田阿礼口诵、太安万侣笔录这一作者问题，学术界多有存疑，至今仍无定论。

《古事记》分上、中、下三卷。

上卷是神话时代的记述，内容有天地开辟、创造国土、日月起源、人类生死的起源、谷物和火的起源等。

中卷从传说中的日本首位天皇神武天皇东征开始，到应神天皇的皇族传说结束，记述的多是天皇东征西讨的英雄传说。

下卷的记述始于仁德天皇，终于史料记载在位时代比较明确可靠的推古天皇。这一卷的特征是访妻、恋爱、夫妇爱情等浪漫传说很多，歌谣丰富（占《古事记》全部歌谣的一半以上）。

同是记述围绕天皇的传说和事迹，为什么要分中、下两卷呢？日本有的学者认为，因为应神天皇时（公元三世纪左右），儒教从百济[4]传入日本，应神的继任仁德天皇被称为“圣帝”，下卷从仁德天皇开始，标志着天皇的政治思想观转向儒教的天皇观。

《日本书纪》的编纂同《古事记》一样，也是天武朝（672～685）修史计划的一部分，都是为了强化国家观念，为王权政治提供依据。《日本书纪》的编纂始于天武10年（682），完成于养老四年（720）。一般认为，《日本书纪》是模仿中国的《汉书》、《后汉书》而修的国家正史——“日本书”，但由于只撰写了“帝王本纪”而无“志”和“列传”，所以题名为《日本书纪》，即“日本书”中的“帝王本纪”。

《日本书纪》在体例上不同于《古事记》的编年体，除“神代”上、下卷外，其余28卷（从神武到持统天皇）全采用的是纪传体。

《风土记》的编撰当不晚于《日本书纪》，它是大和朝廷为了加强中央集权的律令制度，与纵向修史相配合，从横向上采取的政治文化措施。

和铜六年（713），朝廷向各地方国下达了编纂《风土记》的命令，具体规定了“风土记”的内容范围：（1）用表示吉祥、发达的汉字给郡、乡命名；（2）列出郡内的出产（农产物除外）目录；（3）土地（耕作地）的肥沃程度；（4）山川原野名称的由来；（5）古代流传下来的旧闻佚事等。

各地方国《风土记》完成的具体年代没有明确的记载，天平五年（733），《出雲（いずも）国风土记》完成，《肥前（ひぜん）国风土记》，《豊後（ぶんご）风土记》在此前后相继完成。从各自开始撰写到完成后汇集到朝廷，大约经过了20年（713～733）。

《风土记》的题名是模仿中国把地方志称作“风土记”的习惯而采用的。

《古事记》、《日本书纪》和《风土记》虽然不是专门的文学著作，但在文学史上有很高的地位。

其一，这三部著作中都有神话和传说的内容，且互为补充。如前所述，《古事记》和《日本书纪》是由中央朝廷在明确的政治目的下组织人力编纂的，所以“记纪”中的神话和传说就带上了浓厚的国家和政治的色彩。在这一点上，作为“正史”的《日本书纪》尤甚。如“记纪”神话的编排顺序是以天皇系谱为核心而展开的。“记纪”神话还告诉人们，历代神权政治的始祖是天照大御神。也就是说，天皇是神，天皇统帅国家的权利是天生具有的。但“记纪”神话和传说依然是了解、研究日本神话和传说的重要资料。与此相比，《风土记》中的神话传说就少了些“皇统化”色彩，而更多地带有地方神话和传说的原始性。

从言语意象上看：“记纪”神话同世界上所有国家的神话一样，充满了幻想性，开了文学创作中的虚构和浪漫文学驰骋想象的先河；“记纪”传说，尤其是东征西讨的英雄传说，学习了中国纪传体史书（如《史记》、《汉书》等）的表现方法，自觉不自觉地刻画了人物形象，并且具备了日本物语文学的基本要素。

在文字表记上，《日本书纪》和《风土记》中的神话传说基本上是用汉文写成。《古事记》则不同，它有两个特点：（1）一句之中汉字的音读和训读混合使用，如“久罗下那州多陀用弊流之时”，“久罗下那州多陀用弊流”（くらげなすただよへる）属一字一音的上代假名音读，“之时”是汉文表记；（2）一句全部采用汉字表记，如“万物之妖悉发”。也就是说，《古事记》中保留了相当数量的日本固有的传承语言，同时在尝试着用汉字创造自己的“假名”（汉字为真名）文字文学。

文风上，《古事记》、《日本书纪》和《风土记》均受到中国史书和其他散文作品的影响，但《古事记》以短句居多，《风土记》以四六句为主，两者文风平易，而《日本书纪》则注重修饰，文风华丽。

其二，这三部著作中都有大量的歌谣（《古事记》112首、《风土记》20首、《日本书纪》

128首，其中有一部分互相重复）。

这些歌谣有宫廷歌谣（如酒宴之歌，巡视之歌，新尝祭之歌等）、物语歌谣（和传承物语结合在一起的歌谣，有抒情的，也有叙事的，如恋歌、战歌、挽歌等）、时人歌和童谣（前者或赞美或批判，直抒胸臆；后者多采用暗喻进行批判，且具有预言性）等。

这些歌谣的体裁样式有短歌、片歌、旋头歌、佛足石歌和长歌等。

短歌由5・7・5・7・7五句31音组成，如《古事记》中的第一首：

八雲立つ　　出雲八重垣

妻ごみに　　八重垣作る

その八重垣を

（天上有云城，出云[5]八重垣

垒起八重垣，娇妻安居中。[6]）

片歌由5・7・7组成；旋头歌由两首片歌重叠组成（5・7・7,5・7・7）；佛足石歌在短歌后再加上七字音一句（5・7・5・7・7・7）；长歌句数不定，基本形式是5・7・5・7……5・7・5・7・7。

需要说明的是，这些歌谣只是大致上具有以上的格式，字音上或欠或衍，并不严格。

从修辞上看，这些歌谣已采用了否定转换、对照、序词和枕词等手法。

否定转换有些类似《诗经》中的“兴”，先言它物以引起所咏之词，如《风土记》第19首：

霜降杵岛山，行路险又难。

去抓身边草，反攥妹妹手。

这是一首恋歌，从“抓草”转向“攥手”，前者是非目的性的，后者才是本意。

对照手法同《诗经》中的“比”基本相同，如《日本书纪》第114首：

树上的花儿一朵朵开了，

心上的人儿何不醒来？

孝德天皇在位的大化五年3月，中大兄皇太子妃苏我造媛之父被杀，苏我妃悲痛气绝，太子失去爱妃，伤心不已，有个叫野中川原史满的宫廷诗人为太子唱了这首挽歌。歌中“开放的花儿”同“死去的人儿”形成了鲜明的对照。

所谓序词和枕词，关于两者的本质，学术界众说纷纭，莫衷一是，但是从修辞手法上讲，两者都是修饰语。前者是以七音节以上的词、甚或二句以上的句子构成，起比喻和联想修饰作用，后者以五音节以下的词构成，起联想修饰作用，如《日本书纪》第三首歌谣：

天那边的村姑，
走在浅滩的石块上，
石块旁一汪深潭。
在深潭里布下网；
拉起网来
村姑来吧！
石块旁一汪深潭。

“天那边”（原文是“天離る”）是“村”的枕词，例文里划实线的部分是序词。翻译成汉语后，枕词原有的“相隔很远”这一意义联想的修饰作用不存在了。汉译后，这首歌里序词的“比”、“起”修饰作用依然是明朗的。这些歌谣全是用“上代假名”写成，它不但尽量保持了古代传承歌谣的原貌，还为“万叶假名”的形成打下了基础。

## 三、第一部汉诗集——《怀风藻》

《怀风藻》是日本现存最早的汉诗集，约成书于天平胜宝三年（751），收录了从近江朝（天智天皇时代）到奈良时代的皇族、贵族、僧侣等64人的汉诗120篇。编撰者有淡海三船（おうみのみふね）之说，但没有确证。

这部汉诗集的序中写道：“余撰此文之意，为不忘先哲遗风，故以‘怀风’名之。”当时已传入日本的唐代高僧道宣著30卷《广弘明集》中有“寄筌翰以怀风，援弱毫而舒情”（《道士支昙谛诔序》）和“慕德怀风，仗策来践”（《鹿苑赋》）的文句；《文选》卷17所收《文赋》李善注中写道：“孔安国尚书传曰，藻，水草之文，有人以此喻文。”日本有的学者认为，《怀风藻》书名大概取以上两书中的“怀风”和“藻”之意。

现存《怀风藻》所收64名诗人的116首汉诗，从产生先后上可分以下四个时期。

第一期——近江期（667～672）的汉诗。这一时期，朝廷招请文学之士，设诗宴，从而产生了君臣唱和及应诏侍宴的汉诗。开卷第一首大友皇太子（后来的弘文天皇）的《侍宴》就是这类诗的代表。这一时期的汉诗在“壬申之乱”[7]中几乎丧失殆尽。

第二期——近江朝以后至和铜年间（708～715）的汉诗。这一时期的50余首诗中，“应诏侍宴”、“应诏从驾”等以朝廷为中心的诗最多，此外有“咏物”、“咏美人”、“怀乡”等题材的诗，作者有天皇、皇子、大臣、朝廷官员等。

第三期——养老年间（717～724）至天平初年（729）的 汉诗，可以分为两个诗群：一是以长屋王[8]为中心的诗宴上的作品，二是追随长屋王的作宝（又写着“佐保”）楼诗苑中以朝廷文人为首、时有新罗[9]使节诗人参加而作的诗。

第四期——天平六年（734）前后的汉诗。长屋王死后，右大臣藤原武智麻吕在习宜别墅经常举办诗会，官员们你唱我和，留下了一批汉诗。同第三期及第四期占主导地位的侍宴、从驾、游览等诗歌相区别，这一时期佛僧的诗及倾吐个人沉郁心情的诗格外引人注目。如石上乙麻吕的四首诗，抒发的是自己获罪流放土佐而思念都城的心情。这几首诗对以前及同期的宫廷唱和题材有所突破，标志着奈良时代汉诗的发展。

《怀风藻》中除七首七言诗外，皆是五言八句诗。这些诗中平仄对仗的不多。这说明这些汉诗在格律上还不成熟，从诗句中大量引用的《论语》、老庄等语句看，这一时期的诗人们对儒教思想、老庄神仙思想及竹林清谈的虚无思想等有很大的兴趣；形式表现上则受《文选》、《玉台新咏》及初唐诗歌的影响较大。

《怀风藻》在日本文学史上的意义在于：（1）首次出现了与口头咏唱的古代歌谣（包括“记纪歌谣”）不同的个人写作的诗；（2）和歌传统的表现四季景物的手法可以在《怀风藻》中追溯到源头；（3）诗集由序、诗人传记、诗三部分组成，对后来诗集的编辑及传记散文的写作等产生了深远的影响。

## 四、第一部和歌集——《万叶集》

《万叶集》是日本现存最早的一部和歌集，全书共20卷，和歌4，516首[10]。关于这部和歌集的题名和编撰年代，学术界有多种说法，但一般认为：“万叶”是比喻有很多和歌的意思；编撰约始于八世纪初（天平年间）至八世纪末（奈良朝末）或九世纪初（平安朝初）才告完成，历时80余年。

《万叶集》的编撰者依照题材把和歌分为三大类：（1）杂歌；（2）相闻歌；（3）挽歌。

杂歌这一名称来源于《文选》中“杂歌”、“杂诗”、“杂拟”的提法，编撰者在拿来这一名称的同时，参照了《文选》“杂部”所收的内容，把巡视、游猎、行幸、迁都、宴席等以宫廷生活为题材的和歌编在“杂歌”类中。“相闻”一词也来自汉语，《文选》卷42中就有“往来数相闻”的句子。《万叶集》的“相闻歌”是指以恋爱、思慕、悲别等为题材的和歌。《文选》及其它中国文献中有“挽歌”、“挽歌诗”的叫法，《万叶集》编撰者取其名把以哀悼死者为题材的歌归在挽歌类。

《万叶集》的和歌体裁中，长歌和短歌最多，旋头歌次之，另外还有少量的佛足石歌和连歌。前四种和歌体比在“记纪歌谣”中已经出现的同类歌体前进了一步，即在音数上摆脱了古歌谣有歌体却无固定格式的自然性，使和歌走上了格式化的创作道路。《万叶集》中仅有的一首连歌属于短连歌，即一个人写了5·7·5三句，另一个人续写上7·7两句，合起来是一首短歌。这是和歌史上最早出现的连歌。

从《古事记》开始的创造日本假名文字及汉字和假名混合使用的尝试，至《万叶集》已初具规模，这就是“万叶假名”的诞生。从下面三首和歌中，可以看出“万叶假名”的特点。

ひむかしの　のに　かぎろひの　たつ　みえて
(1) 东　野　炎　　立 所见而

かへり　み　すれば　つきかたぶきぬ
反 见为者　月西渡 （卷1·48首）

（意为：彩霞燃东野，残月悬西天。）

いにしへに　こふら　むとりは　ほととぎす
(2) 古尔　恋良武鸟者　霍公鸟

けだし　やなきし　わがおもへる　ごと
盖 哉鸣之　吾念流碁腾（卷2·112首）

（意为：杜鹃恋往昔，声声似我情。）

よのなかは　むなしきものと　しると　きし
(3) 余能奈可波　牟奈之伎母乃等　志流等伎子

いよよますます　かなしかりけり
伊与余麻须万须　加奈之可利家理（卷5·793首）

（意为：彻悟世事一场空，无尽悲哀滚滚来。）

这三首歌全部用汉字书写，但第一首是采用训读，第三首是采用假借音读，第二首是训读和音读相结合。

第二首汉字和假名文字混合使用的文体表示了日本语言文字的发展方向，今天的现代日语依然遵循着这一原则。

《万叶集》的分卷和表现方法等明显带有中国诗歌理论影响的特征。“杂歌”、“相闻”、“挽歌”的类别就是依照《毛诗序》的风、雅、颂三分法。卷11·12的“正述心绪”、“寄物陈思”，卷3·7·10的“譬喻歌”，这三种用来说明表现方法的命名正好对应于《毛诗序》中的赋、比、兴及《诗品序》中类似的诗论。卷8·10中的和歌以春、夏、秋、冬四季顺序排列，这是在《文心雕龙·物色》和《诗品序》中类似的描写景物的诗论的基础上，根据“万叶和歌”的实际内容而首创的。

在对和歌本质的认识上，“万叶”的重要诗人们几乎都注意到和歌“正述心绪”、“寄物陈思”的抒发情怀的本质作用（第470·3911首的题词就明白地道出了这一点）。还有，一些诗人运用《毛诗序》中诗乃教戒之具这一诗歌理论，自觉地强调和歌的教化作用。如山上忆良的《令反或情歌》[11]和大伴家持的《教喻史生尾张少咋歌》[12]。

## 第二节　平安时代的文学（794～1191）

### 一、汉文学硕果累累

《万叶集》是个“背时儿”，当它还处在编辑过程中时（以《万叶集》中最后一首和歌产生的759年为界），和歌就开始衰落了。从7世纪后期的“修史”开始，汉文化热方兴未艾，一浪高过一浪。平安时代前80多年的文学就是在这种背景下产生的。这一时期继续实施“修史”，产生了《古语拾遗》（807）、《新撰姓氏录》（815）、《日本后纪》(840)、《日本文德天皇实录》(879)、《类聚国史》(892)等一大批历史书籍。《怀风藻》之后,这一时期有《凌云集》(814)[13]、《文华秀丽集》(818)[14]、《经国集》(827)等汉诗集和《都氏文集》(879)等汉诗文集相继问世。

**二、和歌的复兴**

皇宫的南殿(紫宸殿)前起初栽种着梅树和橘树,承合年间(834～847),仁明天皇下诏把梅树换为樱花树,从此,"左近樱,右近橘"[15]一直沿袭了下来。应天门之变[16]前半个月,即866年3月23日这天,17岁的清和天皇行幸右大臣藤原良相的右京宅邸,欣赏在那里举行的樱花诗宴。七天后,天皇又率领王公以下百名官吏行幸外祖父、太政大臣藤原良房位于左京的染殿第,欣赏又一场樱花诗宴。樱花的日语发音为"SA KU LA","SA"被认为是谷灵、神稻的意思,所以樱花之宴就成了天皇祷告稻谷丰收的农耕礼仪。也就是说,樱花是日本固有文化的象征,与此相反,梅花则是中国的舶来物,是汉文化的象征。换梅为樱,连赴樱花诗宴,这不只是天皇个人的爱好,更主要的是反映了这一时期文化、文学思潮的动向。

"大化改新"(646)后建立的封建律令制政权,从文德朝(850～857)臣子藤原良房首次担任太政大臣执掌朝廷大权的857年开始变体(即标志着"摄关政治"[17]的诞生),文学领域占统治地位达一百几十年的汉文学也随之降温,代之而起的是销声匿迹近一个世纪的和歌热。贵族社会歌宴上竞赛和歌,交际中以和歌代文互相问候和联系,个人随兴作歌消遣等,和歌成了贵族们游玩、交际和个人生活的一部分,从而使和歌在平安时代的后三百年间占据了重要地位。从元庆8年(884)至仁和3年(887)之间编成的第一部赛歌集《在民部卿家歌合[18]》算起,到平安朝末期为止,《宽平御时后宫歌合》(889～894年之间)、《新撰万叶集》(893)、《古今和歌集》(约905)、《山家集》(约1190)等约20多部和歌集留在了平安文学史上。

《古今和歌集》(简称《古今集》)是最早出现的敕撰和歌集(纪友则、纪贯之等奉醍醐天皇诏命编撰),被认为是敕撰和歌集的典范。

《古今和歌集》在结构上很有特色:全书20卷,依据性质分为和歌和歌谣两大类,和歌又依据体裁分为短歌和杂体。

短歌依据题材又分为自然(卷1～10)、人事(卷11～18)。自然又依据四季变化(春、夏、秋、冬)、咏作动机(贺、离别、羁旅)、表现技法(隐题)等分别排列;人事依据事件的过程(恋)、咏作动机(哀伤)等分别排列。另外,各卷之中也加以细分,如四季中有天象、时节、地仪、动植物、人事,贺又分为祝和庆贺,祝再分为祈寿、贺年等。

杂体(卷19)有长歌、旋头歌、俳谐歌[19]三类。前两者因为数量少而按写作先后顺序排列，俳谐歌和短歌一样，按春、夏、秋、冬、恋和其他六个条目分列。

两大类之一的歌摇（卷20）分为神歌、神乐歌、返物歌、御贽（大尝）歌、东歌、贺茂祭歌等。

《古今和歌集》中的和歌从表现风格上可以分为以下三个时代：（1）作者不详的时代；（2）六歌仙时代；（3）编撰者时代。

第一个时代指“万叶”以后至汉诗兴盛的9世纪前期。《古今和歌集》中所收的作者不详的和歌大部分属于这一范围。这些和歌继承了万叶和歌率直质朴的歌风，填补了《万叶集》和《古今和歌集》之间的和歌空白。

六歌仙[20]时代是指在宫廷里开始出现和歌复兴势头的9世纪后期，缘语[21]、挂词[22]和比拟等修辞手法被诗人们广泛熟练地应用，《古今和歌集》纤细歌风基本形成。

编撰者时代是指编撰者创作活跃的宇多、醍醐朝前期（887～905），《古今和歌集》理智地、分析地把握表现对象和优美、纤细的表现风格，在这一时期诗人们的作品中充分地体现了出来。

《山家集》是行旅诗人西行（1118～1190）的自撰集。西行是平安时代向镰仓、室町时代过渡时期的诗人。他出身武士家庭，青年时期是守卫皇宫的武士，23岁离妻出家，从此以僧人的身份过着行旅生活，直到逝世。

《山家集》共三卷，虽然没有收进他晚年的作品，但他的一些代表作品却基本上收在里面。在这些作品中，他不露痕迹地使用命令词、自问形式、谓语省略等表现方法，形成了他余情、幽玄[23]的歌风。

### 三、佛教故事集的创世作和集大成作——《日本灵异记》和《今昔物语》

从6世纪中期开始，佛教通过汉译佛典从中国和朝鲜进入了日本。6世纪末至七八世纪，日本不仅引进隋唐的国家体制，仿照唐长安城修建了平城京，还学习唐兴建佛寺的做法，修筑了飞鸟寺（法兴寺、596）、东大寺（745年创建，752年佛像开眼供养）等众多的寺院[24]。佛教同汉诗文一样，起初仅局限在贵族阶级的圈子里，后逐渐地渗透到民众之中。约822年编成（现存本）的《日本灵异记》就是佛教大众化之后产生的第一本佛教故事集。

《日本灵异记》又称《日本国现报善恶灵异记》、《景戒记》等，编者是药师寺僧人景戒[25]。原撰本《灵异记》约编撰于延历六年（787），共三卷。上卷约24缘[26]，记述了日本佛教黎明期的“现报善恶”“灵异”传说；中卷约19缘，记述了日本佛教全盛期——圣武朝（724～748）的“灵异”传说；下卷约14缘，记述了圣武朝以后至延历初年同佛教有关的“现报善恶”“灵异“传说。下卷末写道：“我据所闻，选传说，组善恶，录灵奇。”这几句话说明了此书的材料来源和内容范围。所谓“现报”，是指佛教中相对于“生报”和“后报”的现世的报应。

《日本灵异记》的现存本是在原撰本的基础上增补而成的，上、中、下三卷分别是35、42、39缘。增补后的传说中既有佛教色彩很浓的，也有与佛教全无关系的，但都具有奇异性。

《灵异记》采用以四字句为基调的汉文体写成，其中的歌摇、和歌是用假名文字写成。

《灵异记》在内容和形式上都明显地受到魏晋志怪小说和唐代通俗文学（变文、话本等）的影响。如各篇附有标题，开篇首先介绍主要人物，交代场所或天皇时代均以“话说过去”这一形式，结尾或编者直述感想，或引用经文，或附赞语等。

《今昔物语集》约编撰于12世纪前半期，编撰者不详。此书共31卷。卷1至卷5是天竺（印度）编，卷6至卷10是震旦（中国）编，卷11至卷末是日本编。印度和中国编的大部分是取材于佛教和汉籍的佛教故事，日本编的前半部分是佛教故事，后半部分是世俗故事。也就是说，《今昔物语》三分之二的内容是佛教故事。

这本故事集的世俗故事内容虽少，但却体现着此书表现世俗人物喜怒哀乐的编撰意图，即通过新兴阶级武士、农渔民、游女、盗贼、乞丐等这些世俗人物形象，表现了与贵族阶级有别的大众人物的命运和感情。这一世俗性特点在佛教故事中也有所体现：编撰者不是重点叙述、渲染佛门的神秘性和先验性，而是具体表现佛门中普通的、和世俗相同或相近的一面。《今昔物语》的这一编撰意图表明，伴随贵族社会向武士社会的转变，文学观念也相应地发生着变化。

此书在文体上采用和汉混合体，充分利用了汉语词汇的丰富性、简洁性和形象的鲜明性，并大量使用了男性用语和口语，体现出简洁、纪实、充满吸引力的文章风格。这一风格对后来的《平家物语》影响很大。

**四、物语文学[27]的黄金时代**

从奈良时代到平安时代，由遣唐使带到日本的中国书籍中，有《游仙窟》一类的传奇小说，日本文人起而效之，在平安时代初期左右，用汉字创作了《柘枝传》、《浦岛子传》、《圣德太子传》等日本题材的传奇小说，再用假名加以训读，就成了日本式的物语文学。

从藤原良房开始的摄关政治，把后宫拖入了争权夺利的政治旋涡之中，使后宫成了摄关政治天平上的筹码，但同时也提高了后宫的地位。为了使后宫在争宠中取胜，其措施之一就是聘请精通文史的才女辅佐其学习文史，这就促使了后宫沙龙的兴起。

第一部物语文学《竹取物语》就是在唐传奇小说的刺激和以后宫沙龙为中心的假名读者层出现的基础上诞生的。《竹取物语》的成书年代约在9世纪末10世纪初之间，作者不详[28]。从文风上看，大概是一位精通汉诗文的男性官吏。

《竹取物语》取材于《浦岛子传》、《羽衣天女》等民间传说，通过皇子、大臣等五人的求婚故事，对贵族阶级进行了极其尖刻的讽刺。这是《竹取物语》区别于民间传说的独特性之所在。但在结尾处，却描写了女主人公辉夜姬回月宫前对爱慕她的天皇的歉意和离别时的忧愁。这一苦闷、悲哀的情绪引起了后宫沙龙成员的共鸣，因而《竹取物语》被这一阶层的人们赞为物语中的最上品。

《竹取物语》后不几年，以和歌为中心的《伊势物语》问世（作者、增补者不详）。现存本《伊势物语》共125段，每一段以“过去有一位男子”的恋爱为线索展开叙述，每一段都有表达男主人公心情的和歌出现，每一段都是一个独立的故事。

从全体来看，《伊势物语》的男主人公“过去的男子”是位坎坷多感的人物。他出身名门，但不得志，为当时的权贵们所迫害。他交往的是落魄的亲王，且经常为失恋而焦虑，为母子之间的挚情而感动。

《竹取物语》和《伊势物语》都是用假名文字写成的记叙文学作品，在日本文学史上开了假名物语文学的先河。从此，假名物语文学沿着“传奇物语文学”——《竹取物语》和“歌物语文学”——《伊势物语》这两条道路发展而去。约10世纪中期，长篇传奇物语的代表作《宇津保物语》[29]问世。约11世纪初，被誉为世界第一部长篇小说的《源氏物语》诞生。至此，从平安朝初期开始的有百年历史的假名物语文学发展到了顶峰。

### 五、心灵的记录——日记文学和随笔文学

在假名物语文学兴起的前后，假名日记文学也产生了。当时用假名写散文被认为是女子的事情，男子尤其是官吏都崇尚汉文、用汉字写作而不屑假名散文。大概鉴于此，纪贯之（868？～945？）掩姓埋名，以女性笔调，写了第一部假名日记文学——《土佐日记》（935）。约50年后，第一部真正的女性日记文学《蜻蛉日记》写成，作者是右大将道纲的母亲。从此，日记文学为女性所青睐，《和泉式部日记》（约1008年）[30]等等一大批女性日记脱颖而出。

这些日记除了具有一定的史料价值外，更是心灵的记录。作者们通过少女时理想的男性、被求爱、结婚、生育、遭受遗弃、丧夫、婚外恋等事件，真实地道出了女性世界纤细的特有的感受和心情，或陶醉、或哀伤、或嫉妒、或孤寂等，形成了一个其他文学作品不可替代的美学领域。

这种写自我的日记文学的重要意义还在于，它是后来在日本文学中成为一个主要流派的私小说的滥觞。

清少纳言（生卒年不详）的《枕草子》（995或996年初稿本，1004年左右定稿完成）是日本随笔文学的杰作。作者曾担任过侍奉中宫定子学习的女官，她以敏锐的感觉和细腻的观察抓住了宫中人事和景物的美，用感觉和印象的手法诉诸笔端。由于这一感

觉和印象的根基在于赞美宫廷的富贵华丽，所以这部随笔的美学观可以说是赞美宫廷。这一美学观的关键词“をかし”（okashi）[31]，后成为日本美学的一个重要范畴。

**六、“院政期”的历史物语**

从1086年开始，平安朝进入了“院政期”。“院”指后院，即相对皇宫本宫的别宫，是天皇让位后的住所。所谓院政期，是指退位后的天皇掌握朝廷实权的时期（1086～1192）。也就是说，藤原氏的摄关时代从此结束了。

《荣花物语》是第一部用假名写成的反映摄关政治的历史物语。这部书的正编30卷本约成书于长元年间（1028～1037），增补后的40卷本成书于1093年左右[32]。此书虽用编年体记述了宇多天皇至堀河天皇宽治6年（887～1192）的历史，但如书名所示，重心却是以“一家三后”（三个女儿成为皇后）的藤原道长（996～1027）的摄关政治为主要题材，用赞美的态度记述了道长一家的荣华。

约12世纪初，又一部历史物语《大镜物语》问世[33]。这部物语反映的也是藤原氏摄关政治时期（866～1025）的历史，但却与《荣华物语》截然不同。此书的体例是纪传体，并采用了问答表现形式，作者依据史实并不拘泥于史实，用批判的眼光审视历史，用戏剧化的表现方法再现历史。

《大镜物语》的出现是平安朝末期文学的一个新收获。随后又有模拟《大镜物语》的“三镜”（《今镜物语》[34]、《水镜物语》[35]、《增镜物语》[36]），文学史上统称这四部历史物语为“四镜”。

## 第三节 镰仓•室町时代的文学（1192～1602）

**一、强弩之末的贵族和歌文学**

院政期结束后约400年间，日本史上一般称为中世，中世又可分为源赖朝开创的镰仓幕府时代（1192～1333）和足利尊氏开创的室町幕府时代（1338～1573）。“幕府”一词来源于汉籍，是指将军处理军务的场所，这里转义为将军处理国家事务的机关，也就是说，中世是武士集团执政的时代。

保元•平治（1156、1159）之乱[37]标志着武士集团取天皇、外戚贵族集团而代之，掌握了国家的实权。然而，镰仓时代的文学依然固守着前代的“贵族传统”，特别是随着后鸟羽院计划恢复宫廷政治[38]，和歌创作又起高潮，大规模的歌合（赛诗）比起平安时代来有增无减，每年都有多次大型的活动。《新古今和歌集》就是在这种气氛中产生的。此歌集奉后鸟羽院上皇的命令于建仁元年（1201）着手编撰，于元久二年（1205）完成，后又进行了增补。编撰者有源通具、藤原有家、藤原定家、藤原家隆、藤原雅经、寂莲等6人。全书共20卷，收入从“万叶时代”到“新古今时代”的和歌约1978首，但重点是新古今时代（当代）的作品[39]。其中被收入作品较多的诗人有西行（94首）、慈元、藤原良经（各79首）、藤原俊成（72首）、式子内亲王（49首）、藤原定家（46首）、藤原家隆（43首）、寂莲（35首）等。重视理智和联想，这是《新古今集》同《古今集》在歌风上的相同点。相异的是，《新古今集》更追求作为余情的气氛和情调效果。这一气氛和情调是绘画式的或物语式的。所谓绘画式，是指由幻想的气氛而构成的心象风景；所谓物语式，是指由物语的非现实内容构成的情调。表现技法上，“新古今”诗人们不但采用前代诗人的序词、缘语、挂词等，还新创了取本歌[40]、主语以下省略等表现手法。《新古今集》幽玄歌风[41]的形成，使和歌史上出现了“万叶”、“古今”、“新古今”三大鼎足流派。

《新古今集》编成之后，藤原定家一族的诗人们分化为“二条”、“京极”、“冷泉”三派。保守的“二条派”固守传统的歌风，在歌坛上居主流地位，一直到室町时代末。从定家晚年编撰的《新敕撰和歌集》（约1235）到室町时期飞鸟井雅世编撰的《新续古今和歌集》（1439），反映出这一派创作平平，缺乏特色。与之对抗的京极派主张革新，这一派奉敕编撰的《玉叶和歌集》（1313）和《风雅和歌集》（1349），给歌坛带来了一些清新写实的风气。

**二、连歌和俳谐的崛起**

镰仓、室町时代之交（也称南北朝时代，即1333～1392年），“有心连歌”代不断衰微的“新古今”和歌而起，二条良基（1320～1388）为其代表。良基在救济（1282～1376）的协助下编撰的20卷本连歌集——《筑波集》（约1357），是第一部上起奈良时代，下迄编撰时代的连歌选集。应安5年（1372），在连歌界颇具影响的良基又主持制订了“应安新式”，对救济一门的连歌作家视为指针的“建治新式”进行了补改，确定了新风连歌的规则。应安5年前后，良基还写了连歌理论著作《筑波问答》。从此，连歌的地位一跃而上，人们再也不把它当作游戏及和歌末流看待了。室町时代，梵灯庵、宗砌、心敬等连歌诗人闻名于世。应仁之乱[42]前后，宗祇、肖柏、宗长等诗人把连歌创作推向了高峰。这时的连歌不只为贵族、武士、僧侣们所喜爱，还扩大到了庶民阶层中。

室町时代末期，山崎宗鉴（1460？～1540？）编撰了第一部俳谐连歌集《犬筑波集》（约1524～1540之间编成），所收的俳偕连歌有以下几个特点：（1）发句大量采用了缘语、挂词、谚语等，歌风朴素（如：“谁都说，丸子比花实在”）；（2）一首连歌中发句歌风古典优雅，附句歌风一转而鄙俗滑稽（如：“打湿长裙晶莹露，编织春霞保姬[43]尿。”）；（3）有些附句不加选择地采用了民间关于性爱的语言，有过于鄙俗之感。

这部俳谐连歌集同另一位著名的俳谐连歌诗人荒木田守武（1473 ～ 1549）的《独吟千句》一起，对后世俳谐的发展产生了极大的影响。

**三、“拟古物语”和御伽草子** [44]

就像和歌因袭“王朝”（平安时代）歌风一样，镰仓时代的物语文学也模仿王朝以恋爱为中心的物语，也风行一时。但这些“拟古物语”恰似穷途末日的王朝贵族阶层，已失去了创造性和生命力。室町时代，“拟古物语”销声匿迹，御伽草子（故事文学）填补了空缺。

“御伽草子”这一名称最早见于江户时代（1603 ～ 1867）中期出版的《御伽文库》，其中的 23 篇作品被称为“御伽草子”。这些作品产生在室町时代和江户时代初期，但从内容和写作风格上判断，写作的具体时间不明，也没有留下作者的姓名。一般认为多是出于朝臣、僧侣、隐士之手。《御伽文库》的 23 篇作品可分为以下 6 类：（1）以恋爱、继子等为题材的朝廷故事，这类故事可以看作是自平安时代以来的物语文学的翻版；（2）以僧侣、神佛为题材的宗教故事；（3）以武士的效忠、勇侠为题材的武家故事；（4）以农民的立身出世等和町人（工商阶层）为题材的庶民故事；（5）以中国和印度的历史传说为题材的外国故事（如《二十四孝》、《杨贵妃》和《妙法童子》）；（6）以神怪为主人公的志怪故事。《御伽草子》是以广大民众为读者对象而写作的，所以内容上多能引起读者兴趣并反映社会现实，语言表达通俗易懂，还配有插图。御伽草子的出现在物语文学和近世大众小说之间架起了一座桥梁。

**四、开了新生面的军记物语**

军记物语是镰仓、室町时代最有代表性的文学样式之一，它起源于平安时代的《将门记》（940）和《陆奥话记》（1062）。所谓军记物语，是指以战争、战斗事实为中心题材、描写新兴的武士阶级的叙事文学作品。《平家物语》是在军记物语成熟期问世且文学成就最高的一部长篇军记物语。

《平家物语》的问世同琵琶法师有着密切的关系。10 世纪左右，这些琵琶艺人就出现在京都以及远离京都的福冈一带，他们向贵族、武士、庶民等各个阶层演奏琵琶。11 世纪左右，他们由单纯的演奏发展为边演奏边讲故事，内容有寺社缘起、传奇、战争等，这些故事意想不到地受到了听众的欢迎。于是，琵琶法师开始专门演讲平安时代末期叱咤风云的武士平清盛（1118 ～ 1181）家族兴亡的故事。这些故事略称为“平曲”。《平家物语》有多种本子，这可以说是受琵琶法师的话本《平家物语》影响的结果。现在的 12 卷本约成书于承久至仁治（1219 ～ 1240）之间。关于作者，众说不一。同时代的随笔作品《徒然草》记载，前任信浓国司行长写成后，让号称活佛的盲法师演讲。

这是考据《平家物语》作者的最早资料。如果这条资料可靠，那也只能说这是指早期《平家物语》的作者和演讲者。现在12卷本是后来经过很多人增补、修改，由琵琶法师长期演讲，这样多次反复才形成的。《平家物语》是一部杰出的现实主义作品，它生动、逼真地描写了平安时代末期新兴的武士阶层自信、向上的精神面貌，反映了王朝社会向武士社会转变的时代本质。同时，作品中又贯穿着诸行无常、盛者必衰的中国古代哲学思想及因果报应的佛教思想。编年体和纪传体相结合的结构，和汉并用的语言表现，说唱文学式的简洁生动的描述等也都颇具特色。正是通俗而深邃、大众化又艺术化的特点，使《平家物语》比《源氏物语》拥有更多的读者[45]，直到今天还紧紧攫取着读者的心。

《平家物语》之后，又有《保元物语》（约1220）、《平治物语》（同前）、《太平记》（约1370）等，还有从军记物语派生的《曾我物语》（约1334～1392年间成书）、《义经记》（约室町时代前、中期成书）等英雄传说故事，相互辉映，蔚为大观。

## 五、隐遁者文学——《方丈记》和《徒然草》

平安末期至镰仓时代，战乱不已，全国性的大饥馑，破坏性较大的地震屡有发生。在这惶惶不安的社会气氛中，不少人感到世事无常而出家遁世。这些隐遁者中大多出自知识阶层，他们离开俗世后站在自由的立场反省自己、思索现实，由此产生了以无常为基调的隐遁者文学。

鸭长明（1153？～1216？）的《方丈记》（1212）和卜部兼好（1283？～1352?）的《徒然草》（约1331），是中世隐遁者文学和中世随笔文学的双璧。

《方丈记》篇幅不长，日语约8千字左右，1卷4章，阐述无常思想，记述了当时一些重大的社会事件，如大火、饥馑等，具有一定的思想性和史料价值。全文用和汉结合文体写成，简结、流利的语句加上咏叹调的抒情，读来别具风味。

《徒然草》上下两卷，共243节，内容有无常论、趣味论、人的心理、艺能修养、恋爱、老人问题、慈悲、节约等，还记述了不少故事传说。同《方丈记》愤世、激越的抒情文风形成对比，《徒然草》充满哲理性和思辨性，以平稳现深邃。

## 六、五山文学和游纪文学

五山文学是五山派禅僧汉文学的简称。五山派是指室町幕府管辖下五山、十刹、诸山官寺的住持者组成的教团。五山文学同隐遁者文学是在相同的时代背景下产生的，其源头是中国北宋时期的禅林文学。镰仓时代末期，作为元世祖忽比烈派遣的赴日使团正使东渡日本的妙慈弘济大师（日本法名为一山一宁）[46]，把禅林文学带进了日本。五山文学在表现形式上有两大类别，一是诗歌和散文（诗歌是中心），一是四六骈体文。

以义堂周信为创始者的相国寺友社主要从事偈颂（(在经、论中以韵文形式赞叹佛德，讲述教理的一种文体)）的创作，以绝海中津为创始者的建仁寺友社的成员中有人几度去明朝，受明朝禅林文学的影响，主要从事四六骈文和俗化诗的创作。五山文学传世的作品有《空华集》（日记、义堂周信著）和《狂云集》（汉诗、一休宗纯著）等。五山文学的成员们在学习中国禅林文学技法的同时，还对儒家经典的学习、讲解产生了兴趣，江户时代的大儒林罗山等人就出自五山派门下。

镰仓幕府[47]创设以后，天皇所在京都和实际上的权力中心镰仓之间的往来日益频繁，便产生了以此为题材的《海道记》[48]（1223年，作者不详）、《东关纪行》[49]（1242年，作者不详）等游记文学。这些作品用和汉混合文体写成，佛教思想、隐遁放浪之志是这些作品的底蕴。

## 第四节 江户时代的文学（1603～1867）

### 一、俳谐及狂歌、川柳

室町末期问世的连歌俳谐，在江户时代日益发展、成熟了起来。江户初期，涌现出松永贞德（1571～1653）、野野口立圃、松江重赖、北村季吟等俳谐诗人群，因为以松永贞德为中心，人们称之为贞门俳谐。贞门俳风的特点是比起内容来更重视语言自体的滑稽性，随心所欲地使用挂词和缘语。这一派诗人的俳谐集有《新增犬筑波集》(松永贞德编撰、2册，1643年刊)等。延宝期(1673～1681)前后，以西山宗因(1605～1682)为首，菅野谷高政、井原西鹤、池西言水（晚期接近蕉风）、田代松意等谈林[50]派俳谐诗人活跃了起来。与拘泥于个人惯用的格式和手法的贞门派相反，这一派诗人认为即使怎样新奇的格式和手法，一经反复使用，就会变得陈旧而单调化起来。谈林派的特色是在素材、形式、手法上都追求新奇性，自由地运用雅语、汉语、俗语，诗风轻妙洒脱，构思奇拔。这一派被公认为是贞门派向蕉风俳谐发展的桥梁，其作品有《西翁十百韵》、《宗因千句》、《中庸姿》等。

从和歌向连歌、从连歌向俳谐连歌以及俳谐独立的发展过程，显示出日本诗歌由开始的贵族专有而逐渐向大众阶层扩散、向大众化转变的路线。俳谐的大众化虽然加强了滑稽性，但诗歌性却淡薄了。

元禄时期（1688～1703），松尾芭蕉（1644～1694）在贞门和谈林俳谐的基础上，把俳谐提高到了纯正的大众诗的水平，创立了蕉风俳谐。所谓蕉风俳谐，简言之，即唤回中世贵族和歌的传统，创建了俳谐的幽玄世界。芭蕉时候的俳谐是以连句为中心，其特点是很多人集合在一起（一座人）分别连句，这同后世个人单独创作的俳句有着根本的不同，因为它是在一座同人中共同产生的诗情这一基础上而创作的。芭蕉以前也有座的俳谐，但那时的座仅是互相谈笑的场所，是以互相咏唱滑稽和幽默为创作俳谐的连带感。芭蕉为了把座的俳谐转变为产生纯正诗情的场所，把传统的和歌、连歌和中国诗歌视为座的同人的必备修养。因为是一座的同人协调着倾吐个人的诗情，所以也把俳谐称为座的文学。

蕉风俳谐的美学理念是“闲”、“寂”、“余情”、“纤细”，其本质是诗情自然涌出且具有象征美。这一象征美，是以中世和歌、连歌为中心的“幽玄”美的延长。在此意义上，可以把芭蕉称为中世诗歌美学的集大成者。芭蕉晚年主张“平淡”、“卑近”[51]的俳风，这是在“闲”、“寂”的基础上开辟的澄澈去私的境界，也就是说，采取了把自己无条件地寄身于大自然的创作态度。体现蕉风的作品有俳谐集《冬日》、《猿蓑》、纪行文《旷野》、《奥之细道》等。芭蕉去世后，门人向井去来（1651～1704）在《柿晋问答》、《去来抄》中记述了芭蕉的俳谐理论，这两本书也就成为蕉风俳论的重要著作。

天明期（1781～1788）是与谢芜村（1716～1783）复兴蕉风俳谐的时代，余波延及文化文政期（1804～1829），从而产生了小林一茶（1763～1827）的率直奔放的特异俳风。天明俳谐的代表作是“芜村七部集”（《其雪影》、《明乌》、《一夜四歌仙》、《桃李》、《续明乌》、《五车反古》、《花鸟编》）。其特点是由古典趣味而产生的华丽性，总体表现上是印象的、绘画的、唯美的。一茶的俳谐集有《七番日记》、《卑人之春》等。

江户时代，狂歌和川柳这一大众诗歌也特别引人注目。狂歌这一名称在平安时代就已出现[52]，它是一种在构思和用语上专门突出滑稽和诙谐的短歌。贞门俳谐的诗人们喜爱这一诗歌形式，把狂歌作为雕虫小技而加以创作。不久，从贞门俳谐诗人中出现了专门的狂歌诗人，如江户的石田未得（1587～1669）、半井卜养（1607～1678），大阪的油烟斋贞柳（1654～1734）等，其中贞柳是职业的狂歌诗人。明和年间（1764～1771），随着文化中心移至江户，狂歌在江户也呈现出空前的繁荣景象。这一时期的著名诗人有唐衣橘洲、四方赤良、朱乐菅江等。橘洲具有良好的和学修养，他重视从和歌中汲取养分，循着前人的狂歌传统进行狂歌创作。与此相反，赤良汉学底子厚实，他的狂歌创作绕开和歌的传统，以新鲜、大胆的构思去表现江户时代的人情和风俗。他的创新狂歌深受江户大众的喜爱。文化文政期，町人（工商阶层）狂歌作者大显身手，著名的有鹿都部真颜和宿屋饭盛等。真颜的歌风近似橘洲，饭盛则近似赤良。江户时代的狂歌集有《吾吟我集》（石田未得编、1660年刊）、《古今夷曲集》（生白堂行风编著、1666年刊）、《万载狂歌集》（四方赤良、朱乐菅江编、1783年刊）等。

川柳是由17个假名组成的诙谐讽刺短诗，在江户中期和明和时期盛行。柄井川柳编集的《俳风柳多留》附句集流行于世。川柳不像俳句那样受切字、季题的制约，多用口语，内容滑稽，诙谐中寓讽刺，重在表现人情和风俗，江户町人特别钟爱。从宝历、明和（1751～1771）至安永、天明（1772～1788）期间，川柳最为盛行。

## 二、"草子"和井原西鹤

江户时代初期，由于幕府的文治政策和民众强烈的求知欲，使这一时期成为大众文化的启蒙期。假名草子就是在这一形式下产生的。所谓假名草子，是指不同于用汉文写作的学问书籍而用假名写作的大众性的娱乐读物。粗略分来，假名草子有以下三种类型。(1) 启蒙教训草子。这一类型中又可分为教义问答草子、随笔式的启蒙教训草子、女性教训草子、故事草子、翻译草子（如《伊索寓言》、由中国的古小说《语园》翻译而成的《故友》）等。(2) 娱乐草子。其中有中世式的物语、滑稽怪诞故事集翻译改作草子（由中国的公案小说《棠阴比事》翻译的同名物语、改作中国的《剪灯新话》和《剪灯余话》而成的《伽婢子》等）、拟古物语（模拟《枕草子》、《伊势物语》等而写作的物语）等。(3) 纪实评判草子。如历史人物的英雄事迹记录、地震见闻、名胜古迹记、游女和演员的评判等。这些内容繁杂、形式多样的假名草子虽然还不能说是严格意义上的小说，但它却是对中世御伽草子的发展，并为江户时代小说的发展打下了坚实的基础。假名草子在江户文坛上足足风行了80多年，直到井原西鹤的浮世草子（风俗小说）出现。

井原西鹤(1642～1693)以《好色一代男》(1682)确立了浮世草子的文学地位。接着，西鹤以丰富的题材和一连串的优秀作品使浮世草子的创作到达了巅峰。

西鹤的浮世草子有以下几个系列：(1) 以町人的好色生活为题材的作品系列，如《好色一代男》、《好色二代男》、《好色一代女》、《好色五人女》等；(2) 以町人的经济生活为题材的作品系列，如《日本永代藏》、《世间胸算用》、《西鹤织留》、《西鹤纪念物》等；(3) 从町人角度审视武士生活的作品系列，如《男色大鉴》、《武道传来记》、《武家义理物语》等；(4) 以民间传说为题材的作品系列，如《西鹤诸国传说》、《本朝二十不孝》等。

西鹤的浮世草子之所以取代假名草子，在于这些作品直面现实人生，挖掘出了生活的本质真实，尤其是《日本永代藏》等以町人经济生活为题材的作品系列，简直就是一部大阪町人社会的百科全书。西鹤的浮世草子全由各自独立的短篇小说连缀而成，艺术表现上叙述多描写少，没有着意对人物形象进行刻画。这同西鹤最早从事俳谐创作有一定关系。

西鹤之后，虽然出现了长篇浮世草子，但不管是在反映生活的深度上还是艺术成就上都不及西鹤的作品。使浮世草子的衰退发生转机的是"八文字屋本"的浮世草子。八文字屋本是京都的一个书店名，这里的老板不但刊行并且自己还创作浮世草子，八文字屋本浮世草子的代表作家是江岛其碛（1667～1736）。江岛模仿西鹤好色作品创作了《倾城色三弦》(1701年刊)，模仿西鹤町人作品创作了《世俗父亲气质》(1720年刊）等浮世草子。江岛的创新在于按照人物的职业、年龄、身份等创作了更加类型化的作品。

## 三、江户的“轻文学”及其他

从18世纪后期开始，江户成了日本经济和文化中心，适应江户町人生活情趣和美学意识的“轻文学”——黄表纸和洒落本流行了起来。黄表纸最初是一种以画为主的儿童读物，恋川春町（1744～1789）使之成为每页都配有图画的一种小说。这种小说通过“邯郸一梦”类型的故事情节来讽刺时世，代表作有恋川的《金金先生荣花梦》（1775刊）、山东京传（1761～1816）的《轻浮江户儿》（1785刊）等。洒落本是一种滑稽格调的游里小说，由游女和客人的对话而展开情节，在细腻的描写中表现人情。山东京传为洒落本的最大家，代表作有《通言总篱》（1787刊）等。不久，江户幕府命令取缔这一类“戏作文学”，黄表纸、洒落本被禁止了。于是，小说创作转向带有劝善惩恶教化色彩的传奇小说——读本和表现世态人情的滑稽本和人情本。

与以图画为主的草双纸相反，读本是以文字为主的小说。创作上可分为以上方（京都、大阪一带）为中心的前期和以江户为中心的后期。前期的年代是宝历至明和（1751～1771年），代表作家有都贺庭钟（宽延•明和时期的大阪人）、上田秋成（1734～1809）等。后期的年代是宽政至文久（1789～1863），代表作家有建部绫足、山东京传、泷泽马琴等。《雨月物语》（1768刊）是上田秋成的代表作。这部作品“之所以被誉为读本之最，是因为它不但继承了中国小说的原始精神而且有所创新。它不仅吸收了中国小说的词汇，同时又能以日本古典文学的表现手法创造出一个崭新的世界。”[53]马琴的代表作有《椿说弓张月》（1807～1811刊）、《南总里见八犬传》（1814～1842刊）等，前者以历史人物源为朝的事迹为题材，后者围绕八剑客为主人里见家效忠而展开情节，两者都有鲜明的劝善惩恶的倾向。

顾名思义，滑稽本是以滑稽见长的小说。这类小说继承了浮世草子和洒落本的滑稽情趣，在引人发笑中表现太平之世江户游民的人情风俗，宝历至文政（1751～1829）年间为全盛期，代表作家有十返舍一九、式亭三马等。一九的《东海道游记》（1802～1809刊）、三马的《浮世澡堂》（1809刊）和《浮世床》（1813刊）影响最大。

人情本是以江户町人的恋爱为题材的小说。这类小说有一点劝善惩恶的“教化”味道，但骨子里表现的是男女恋人的痴情，情节多是一个男人和几个女人之间的恋爱纠葛，反映了当时的颓废世相。为永春水（1789～1843）是人情本创作之祖，他的《春色梅儿誉美》（1832～1834刊）是最具有代表性的人情本小说。

## 四、近松门左卫门和近世戏剧文学

江户时代，有一种被称为净琉璃的木偶戏使市民们流连忘返。净琉璃起源于室町时代中期，因用扇子打着节拍讲述《十二段草子》（别名净琉璃物语）中的女主人公净琉璃姬而得名。进入江户时代后，净琉璃成为用从琉球群岛（今冲绳县）传来的三弦伴奏、用人操纵木偶表演的一种戏剧。与“义太夫节”新净琉璃相对，在此之前（江户时代初期约80年间）的净琉璃为古净琉璃。义太夫节是指由近松门左卫门（1653～1724）创作脚本、由竹本义太夫（1651～1714）表演的净琉璃，节是指曲子的节拍。新古净琉璃的区别有曲节、分幕、内容上的不同，但根本的区别在于前者表现了江户时代町人和武士的义理、人情，即社会规范与人性之间的矛盾。

近松门左卫门的剧作主要是历史剧和以当代生活为题材的新剧。历史剧的名作有《世继曾我》、《出世景清》、《国性爷合战》、《平家女护岛》、《信州川中岛合战》等。这类剧作在题材上虽与古净琉璃相似，但其立意却是托古喻今，表现江户时代武士世界的武士道义理与武士人情之间的纠葛。新剧的名作有《曾根崎殉情》[54]、《殉情天网岛》、《殉情宵庚申》等。这些剧作把江户时代现实的大人物推上了舞台，富有浓郁的时代气息。

### 五、国学者的文学理论

江户时代中期（17世纪末），北村季吟（1624～1705）等人掀起的古典注释热潮，契冲（1640～1701）对于古典的实证主义研究等，揭开了国学研究的新篇章。与中世纪的诗歌理论尊重古传承相反，江户的国学者只尊重文献，以此为依据去探求语言的真义，进而不走样地捕捉古典中的人物形象，以契冲的巨著《万叶代匠记》（万叶集的全注释，约成书于1690年）为代表的注释著作是这一理论的具体实践。另一国学者荷田春满（1669～1736）则主张，比起排除中世诗歌理论中的“传承论”来，更要排除属于外来思想的儒教和佛教，通过古典研究，应该知道日本民族的本来面目。这一观点成了江户国学研究的理论支柱。后起的贺茂真渊（1697～1769）和本居宣长（1730～1801）发展性地统合了这两种观点（文献实证主义和排除儒教和佛教），创立了独特的文学理论。

贺茂真渊通过万叶集的研究（著作有《万叶考》、《冠辞[55]考》等），认为从万叶诗歌中可以发现没有受到儒佛影响的古代民族的语言和心灵，可以了解古代日本人的生活内容，并认为在研究古代语言的基础上可以探求古道。所谓古道，是指与天地之理相应的治世之道。他把创作古诗古文当作学习古代语言的一个环节，提倡复活万叶歌风，使复古万叶歌风成为江户歌坛上的主要流派。

本居宣长的文学理论主要是《古事记传》所代表的古道论和以《源氏物语疏证》为代表的物语论。宣长强调古道，把古典研究等同于古道研究，采取的是把《古事记》当作神典进而信仰神道的态度。宣长所说的古道，是对真渊古道说的发展，即顺应神的意志而超越了理性的古代神道，以及作为神的天皇治理天下之道。宣长物语论的新

颖之处在于他认为《源氏物语》的本质是“物之感”，意思是指人们从内心产生的深情的感动，惟有通过这感性的认识才能抓住事物的本质。与以神为中心的古道论不同，“物之感”论是以人为中心而展开的。与此相关联，宣长还提出了歌乃是诗人纯粹的心情表现的诗歌论。

## 第五节　近代文学（1868～1922）

### 一、明治时代（1868～1911）

1868年，德川幕府的垮台，宣布“王政复古”的明治政府的成立，标志着日本近代史的开始。但文学并未与之同步，类似江户时代的读本、合卷、滑稽本的通俗小说依然在文坛上占据主要地位。尽管如此，随着“文明开化”新时势的进展，这一类通俗小说也开始发生了变化。最早反映“文明开化”新气息的是假名垣鲁文的《西洋旅行记》（1870）和《安愚乐火锅》（1871），以及反对欧化政策、嘲讽现实风潮的成岛柳北的《柳桥新志》（1874）。与这些作品的反近代的态度相反，有意促进近代新文明的是翻译文学和政治小说。前者有中村正直翻译的《西国立志篇》（1871刊，原名《自助》，英国作家斯迈尔斯著），丹羽纯一郎译的《花柳春话》（1878刊，英国李顿著）等，这些译作具有传达西方近代风俗人情的启蒙作用；后者有矢野龙溪的《经国美谈》（1883），东海散士的《佳人之奇遇》（1885）等，这些作品洋溢着诚挚的忧国忧民、志在改革的政治热情，是近代文学开始成长的一个重要标志。

在日本的近代化过程中，移植西洋文明、建立新体制是当务之急，与此相配合，产生了一批有影响的政治著作和政治作家，如福泽谕吉的《西洋事情》（1866），《劝学篇》（1872），《文明论之概略》（1875）等。与福泽一样出名的政治作家有“明六社”[56]发起人森有礼和西周等。

在诗歌改良运动中，井上哲次郎、矢田部良吉、外山正一等译著的《新体诗抄》（1882）具有划时代的意义。这本诗集内收翻译的西欧诗14首、创作诗5首，不管是长短句的自由形式还是思想内容的复杂性和深刻性，都为近代日本诗歌的发展做了开创性的尝试。

坪内逍遥的小说理论著作《小说神髓》（1885～1886）的发表，是明治初期文坛上又一件值得瞩目的事情。书中提出应该否定以往劝善惩恶的功利主义文学观，肯定了西方近代的写实主义，认为今后的新文学应当以反映心理活动为主。他的这一文学理论是建立在近代社会个人意识觉醒的基础上的。为实践这一文学理论，逍遥写了长篇小说《当代书生气质》（1885），由于没有完全摆脱戏作倾向而未获得成功。二叶亭四迷在《中央学术》杂志上发表《小说总论》，对逍遥的文学理论进行了补充，提出了著名的人生艺术论，即现实主义文学理论。他用言文一致体创作的长篇小说《浮云》（1887、1888、1889）被公认为是近代现实主义小说的开山之作。

从德国留学归来的森鸥外同妹妹小金井喜美子等人的浪漫主义译诗集《面影》（内收西欧近代浪漫主义诗歌和明代诗人高启的汉诗，1889 刊）和森鸥外以德国留学为背景的初期三部作品——《舞姬》、《泡沫记》、《信使》等拉开了近代浪漫主义文学的帷幕。

在明治 20 年代（19 世纪 80 年代）的文坛上处于小说创作中心地位的是以尾崎红叶为首的砚友社作家。尾崎红叶的代表作《金色夜叉》(1897)是当时的第一号畅销小说。同红叶的善于描写女性形成对比，与之分庭抗礼的幸田露伴以创作了具有强悍的男子汉精神的作品而闻名，他的代表作有《风流佛》（1889）和《五重塔》（1891 ～ 1892）等。

红叶门下的广津柳浪、川上眉山、泉镜花、小栗风叶等在日清战争（1894）后渐露头角，他们的小说描写了处于社会底层的人们的悲惨生活，暴露了社会矛盾，被称作"悲惨小说"、"观念小说"，代表作有柳浪的《今户殉情》（1896）、镜花的《外科室》（1895）、风叶的《龟甲鹤》（1896）等。女作家樋口一叶（1872 ～ 1896）的作品也可划在悲惨小说之列。她虽英年早逝，但却留下了《青梅竹马》、《浊流》、《十三夜》等名作。

宣扬平民思想的德富苏峰领导的民友社的机关杂志《国民之友》，评论家石桥忍月、内田鲁庵、山路爱山、小说家德富芦花、国木田独步等是这家杂志的积极撰稿人。同是基督教系统，但北村透谷、岛崎藤村等《文学界》（杂志）的年轻人诀别了民友社的功利主义，主张浪漫主义和艺术至上主义。藤村的《嫩菜集》（1897）融合了森鸥外等人《面影》的诗情和传统诗歌的情绪，歌唱青春的自我觉醒，是近代抒情诗的里程碑式的诗集。与藤村齐名的是土井晚翠，他们的浪漫诗风在后起的河井醉茗、与谢野铁干、上田敏、蒲原有明、薄田泣堇等人的诗作中得到了发展。明治 30 年代（1898 ～ 1908）是近代诗的全盛期，落合直文创立的"浅香社"开始着手短歌革新，佐佐木信纲为首的"竹柏会"的机关杂志《心花》的创刊及与谢野铁干创立的"东京新诗社"的诗刊《明星》把这一革新推向了深入。明星派的著名诗人有窪田空穗、石川啄木、北原白秋、与谢野晶子等。这一时期，正冈子规创办的俳志《杜鹃》掀起了俳句革新运动，他们尊重芜村的绘画句风，主张俳句写生，高浜虚子、河东碧梧桐等诗人起而呼应。子规还发起了根岸短歌会，同明星派相抗衡。他的门生有伊藤左千夫、长塚节等。这些人后成为"阿罗罗木派"短歌的创始人。

以 1904 年的日俄战争为起点，日本已经基本具备了近代资本主义的国家体制。随着国民觉悟的提高，带来了近代自我意识的成熟及人们对现实问题的深刻认识。这一阶段，自然主义文学运动迅速发展，同时，由于市民社会尚未完全建立，稀薄的市民社会性也产生了作家局促于狭窄的社会环境的私小说。

日本的自然主义文学是从岛崎藤村的长篇小说《破戒》（1906年）起步的，尾随其后的田山花袋的短篇小说《棉被》则决定了它的性质和发展方向。自然主义作家还有德田秋声、正宗白鸟、岩野泡鸣、真山青果，评论家有长谷川天溪、岛村抱月等。自然主义文学运动还波及戏剧和诗歌界。岛村抱月为倡导者之一的"文艺协会"等团体的新剧（话剧）演出，为近代话剧在日本扎根成长产生了很大的作用。诗歌方面，川路柳虹、相马御风、三木露风等抛开定式的口语自由诗，若山牧水、前田夕暮、土岐哀果、石川啄木等人尝试口语调和破调的短歌，河东碧梧桐、大须贺乙字、荻原井泉水、中塚一碧楼等人不拘泥于定式、重视写实的新倾向俳句等，都是受了自然主义文学运动的影响。站在反对自然主义文学立场上的上田敏、田中王堂、片山孤村等，同抱月等自然主义评论家展开了激烈的论争。耽溺于世纪末颓废美和官能美，要解放人的感觉的耽美派作家永井荷风、谷崎润一郎、铃木三重吉、久保田万太郎等，坚决反对自然主义露骨描写日常平俗事物的琐细性，在创作上表现出与自然主义不同的作风。北原白秋、木下杢太郎、吉井勇等耽美派的诗人也很活跃。

与自然主义和耽美派同期出现，但既非前者又非后者的是森鸥外和夏目漱石的创作活动。

自从写了《舞姬》等早期小说后，森鸥外一直致力于文学翻译和评论，这时他又重新创作小说，发表了浪漫主义的抒情小说《青年》（1910）、中篇小说《雁》（1911）、历史小说《兴津弥五右卫门的遗书》（同上）、《阿部一族》（1913）等。

夏目漱石在大学学习英国文学，后留学英国。他曾师正冈子规学习俳句写作，在《杜鹃》杂志上发表长篇小说《我是猫》（1905）后一举成名。接着，他又发表了《哥儿》（1906）、《草枕》（同上）等，被称为"低徊派"、"脱俗派"、"有闲派"小说家。他的《虞美人草》（1907）、《三四郎》（1908）、《从此以后》（1909）、《门》（1910）、《行人》（1912）、《道草》（1915）、《明暗》（1916）等小说，对社会现实和道德同知识分子内心之间的矛盾纠葛加以曝光，深刻地解剖了人的利己主义。漱石文学在文学界产生了很大的影响，他的门下出现了很多优秀的小说家，如寺田寅彦、森田草平、小宫丰隆、铃木三重吉、阿部次郎、芥川龙之介、久米正雄、野上弥生子等。

鸥外和漱石虽然风格不同，但在对社会和人性的伦理批判上却是共通的。

**二、大正期（1912～1922）**

第一次世界大战前后的大正期，日本资本主义挤入了世界列强之伍而到达了帝国主义阶段。在日本政府加紧向外扩张侵略的同时，国内的民主主义运动（如社会主义运动、工人运动、要求普选权的运动等）日益高涨，政府当局为了抑制和镇压社会运动和工人运动，公布了反动的治安维持法，用法西斯手段对付民主主义运动，从而更加激化了社会矛盾。这一时代特征在大正时期的文学中也投下了影子。

这一时期，岛崎藤村、田山花袋、德田秋声、正宗白鸟等自然主义作家继续活跃着，在自然主义文学这块田地上成长起来的广津和郎、谷崎精二、葛西善藏、宇野浩二等跨出了自然主义的范围，把私小说的创作推上了一个新的台阶。大正期的文学在本质上有所变化的，可以说是“白桦派”。这一文学流派以武者小路实笃为中心，以1910年创刊的《白桦》杂志为阵地，成员有志贺直哉、有岛武郎、里见弴、长与善郎等。他们多是上流阶层的子弟，虽然有着优越的社会地位和经济地位，但在创作中却追求理想主义和人道主义，因而也被称着“新理想主义”。这一创作倾向对后来的泷井孝作、仓田百三、宫本百合子等作家产生了一定的影响。

与“白桦派”的理想主义创作倾向不同，站在中产阶级立场上观察生活的“新思潮派”[57]的作家们通过理智的人性解剖而对社会现实进行深入的批判。芥川龙之介是这一流派的主将，菊池宽、久米正雄、丰岛与志雄、山本有三等也属于这一流派。在大正末昭和初的激烈动荡的社会现实面前，这批中产阶级的作家们表现得迷茫和无所适从，芥川龙之介自杀了，菊池宽和久米正雄转向了通俗小说的创作。

与同以东大生[58]为中心的“新思潮”流派一前一后出现在大正文坛上的是以佐藤春夫、水上泷太郎等庆应义塾[59]出身的作家为中心的“三田文学”[60]流派。这一流派继承了明治时期耽美派的浪漫主义创作倾向，以别具一格的风格为世人们所瞩目。

## 第六节 现当代日本文学（1923～现在）

### 一、战前（1923～1930）

日本近代文学史的终期，即现代文学史的始期的时代划分，是一个众说纷纭的问题，我们认为，以“关东大震灾”为界，以无产阶级文学和新感觉派文学为标志，日本近代文学基本上同欧洲文学齐步，脱离了近代而跨入了现代[61]。

大正12年（1923）9月1日上午11时58分，以相模湾西北部为震中，发生了7.9级的大地震，整个关东地区以及静冈、山梨县都成了地震带，死亡10万余人。大地震的天灾，使明治以来作为近代化象征的都城东京化为一片废墟。这对第一次世界大战后处于不景气状态中的经济来说，无疑是雪上加霜。同时，伴随大地震的人祸又使日本近代史涂上了一大污点，这就是在对外奉行侵略、对内实行法西斯专制的反动当局的纵容下，军警官宪对侨居在日本的朝鲜人及中国人、日本的社会主义者和工人运动家等进行的大屠杀（被杀害的人数依次为6000余人、200余人、约59人）。可以说，大震灾后，日本遍地腥风血雨，上上下下风声鹤唳。

在大震灾前，即大正10年（1921）前后，中野秀人（1898～1966）、宫岛资夫

（1886～1951）、平林初之辅（1892～1931）等人，打出了“第四阶级的文学”的旗号，主张把自己放在第四阶级（劳动人民）的位置，来“解放文学的本质”（中野语）。这一举动是无产阶级文学告别以《近代思想》杂志[62]为阵地的孕育期——劳动文学阶段，而诞生于世的第一个标志。紧接着，在巴黎参加过法国诗人、小说家巴比塞宣传“国际主义思想”的光明运动，并同第三国际的活动家有来往的小牧近江（1894～1978）回到日本，同金子洋文（1894～1985）一起于大正10年（1921）2月创刊《播种人》杂志[63]，在此杂志上发表作品的有有岛武郎（1878～1923）、马场孤蝶（1869～1940）、江口涣（1887～1975）、石川三四郎（1876～1956）、藤森成吉（1892～1977）、平林初之辅（1892～1931）、小川未明（1882～1991）等。《播种人》的创刊标志着无产阶级文学运动选定了自觉的社会主义文学的方向。不久，平林初之辅、青野季吉（1887～1961）成为《播种人》同人，他们在理论上积极地推动了无产阶级文学运动。平林在《文艺运动和工人运动》（1922）中指出：“与其说无产阶级文艺运动是文艺运动，不如说她是无产阶级运动。”从而明确了无产阶级文学是革命文学和斗争文学的根本性质。与这一时期引起强烈反响的理论文章形成反差，创作方面还没有力作问世。由于“大震灾”的天灾人祸，《播种人》于1923年11月停刊，无产阶级文学运动一时间沉寂起来。大正13年（1924）6月，青野季吉、平林初之辅、小牧近江、金子洋文、前田河广一郎等13名同人，创办了无产阶级文学运动的新机关杂志《文艺战线》。青野的文论和前田河的翻译文学，起到了为无产阶级文学运动指引方向的作用。在著名的《“调查了”的艺术》（《文艺战线》1925年7月号）一文中，青野排斥日本传统式的“缀合印象的观察方法，以及由此而产生的思想”，提倡“调查了”的艺术，即“有意识、有目标地去调查现实，由此而产生出思想”。引发青野这一观点的动力是他读了原版的《屠场》[64]，“感到日本的无产阶级必须朝着这个方向努力，因此，有必要先翻译这本书。”[65]前田河起而应之，立即译出《屠场》由丛文社出版（1925）。前田河感兴趣的是《屠场》中描写了一个受压迫的工人走上革命道路的觉悟过程。前田河高度评价这一过程是“痛切地批判、解剖文明，进而暗示无产阶级解放运动中一个战线的建立”。[66]在青野“调查了的艺术”的理论召唤下，一批无产阶级文学佳作问世，其中有叶山嘉树（1894～1945）的小说《卖淫妇》（1925）、细井和喜藏（1897～1925）的长篇报告文学《女工哀史》（1925）、林房雄（1903～1975）[67]的小说《苹果》（1926）、里村欣三（1902～1945）的小说《苦力头的表情》（1926）、黑岛传治（1898～1943）的小说《二分铜币》（1926）等。1925年12月，日本无产阶级文艺联盟成立。第二年以青野季吉的《自然生长和目的意识》（《文艺战线》1926年9月号）一文为契机，“文艺联盟”出现了论争和裂痕，后导致无产阶级文学运动内部公开分裂成“劳农艺术家联盟”（简称“劳艺”，1927年结成，《文艺战线》为机关杂志）和“全日本无产者艺术团体协议会”（简称“纳普”，1928年

结成，《战旗》为机关志）两派。“劳艺”在政治理论上以社会民主主义（避免暴力革命，主张通过议会道路而和平地实现社会主义）为指针，而“纳普”是以马克思主义为指针。1928 年 5 月，“纳普”的理论指导者藏原惟人（1902 ～ 1988）在《战旗》创刊号上发表了《通向无产阶级现实主义的道路》一文。从此，“战旗派”逐渐取得了无产阶级文学运动的主动权，在文坛上产生了很大的影响。这一时期，无产阶级文学在创作上取得了颇为可观的成绩：“文艺战线派”有叶山嘉树的长篇小说《生活在海上的人们》（1926）、黑岛传治的短篇《涡旋中的鸦群》（1928）等；“战旗派”有佐多稻子（1904 ～ 1998）的自传体小说《来自糖厂》（1928）、小林多喜二（1903 ～ 1933）的小说《1928 年 3 月 15 日》（1928）和《蟹工船》（1929）、德永直（1899 ～ 1958）的长篇小说《没有太阳的街》（1929）等。昭和 3 年（1928）3 月 15 日，反动的田中义一内阁（1927 年 4 月 20 日至 1929 年 7 月 2 日执政）对共产党及关连者进行大逮捕。同年 6 月 29 日，不顾国会反对以紧急敕令的方式强行公布了“治安维持法修正条例”，对民主活动和民主言论严加管制。7 月 1 日在全国各地设立了法西斯的特高警察组织。翌年 4 月 16 日，又对共产党进行全面搜捕。在这接二连三的打击下，昭和 6 年（1931）12 月，《战旗》被迫停刊。第二年 7 月，《文艺战线》也遭到了同样的命运。1933 年 6 月，在狱中的共产党最高领导者佐野学和锅山贞亲共同发表了转向声明。1934 年，无产阶级文学组织全部被迫解散。从此之后，有的作家被杀害，有的被投进监狱，有的发表了“转向”声明，无产阶级文学就这样被全面扼杀了。

“大震灾”后崛起在文坛上的另一个文学流派是“新感觉派”文学。大正 13 年（1924）10 月，横光利一（1898 ～ 1946）、川端康成（1899 ～ 1972）、中河与一（1897 ～ 1994）、片冈铁兵（1894 ～ 1944）、今东光（1898 ～ 1977）等 14 名同人创办了《文艺时代》杂志。当时颇有影响的评论家千叶龟雄（1878 ～ 1935）读了《文艺时代》创刊号后撰文道：“我觉得《文艺时代》派的人们具有的感觉，比起以前出现的不管什么样的自我感觉艺术来，是更新的、在语汇和诗以及节奏的感觉中生存的感觉。”[68] 新感觉派的称谓即来源于此。起初，要实践“革命文学”的无产阶级文学和标榜“文学革命”的新感觉派同人，在打倒既成文坛这一点上是共通的，两派之间相互进行着交流。可是，随着新感觉派一味回避当时的现实社会矛盾和斗争，两者分手以至对立起来。新感觉派否定自然主义的写实手法，主张在主观把握外部现实的基础上，把理性再造的新的现实用文学语言表现出来。为此，他们有意采用了西欧表现主义、结构主义等现代派文学的表现方法，开了日本近现代文学史上的先河。这一派的理论家主要是横光利一和川端康成，作品有横光的《头和腹》（1924）和《拿破仑和脚癣》（1926）、中河与一的《冰上舞场》（1925）、今东光的《消瘦了的新娘》（1925）、片冈铁兵的《网上的少女》（1927）等。需要说明的是，这些作品在表现风格上各有千秋。

《文艺时代》的停刊（1927年5月）意味着新感觉派终止了同人活动。这一流派中的片冈、今东光等人加入了无产阶级文学运动的行列。为了同日益兴盛的无产阶级文学对抗，1930年4月，以新潮社为阵地的中村武罗夫（1886～1949）[69]发起组织了“新兴俱乐部”。会员有新感觉派的一些作家和受新感觉派影响的年轻作家浅原六郎（1895～1977）、舟桥圣一（1904～1976）、川端康成等32人，大有艺术派十字军的气势。然而，这一流派的主流深受“美国主义”的影响，停留在廉价地描写颓废的、享乐的都市消费生活上，没有产生出优秀的作品。翌年，“新兴艺术派”分裂为浅原等人的“新社会派”和成为第二代艺术派源流的“新心理主义”。值得一提的是，被看作是新兴艺术派支流的堀辰雄（1904～1953）、阿部知二（1903～1973）、嘉村礒多（1897～1933）、梶井基次郎（1901～1932）、井伏鳟二（1898～1993）等写出了一些好作品，如嘉村的《苦业》（1928）、梶井的《灰暗的画卷》（1930）、井伏的《夜深梅》（1930）等。

新心理主义也可看作是新感觉派所开创的日本现代派文学的一个组成部分。这一流派学习乔伊斯、普鲁斯特、拉迪盖（1903～1923，法国诗人、小说家）的心理主义创作方法，用“内心独白”和“意识流”的手法，艺术地表现弗洛伊德的精神分析和深层心理。内心独白和意识流的表现方法是伊藤整（1905～1969）于1930年首先引进日本的[70]。使这一表现方法很快作品化的最为成功之作，是堀辰雄以恢复消失了的自我为主题的小说《圣家族》（1930），其它有横光利一的《机械》（1930）、川端康成的《水晶幻想》（1931）等。

“大震灾”前后的诗坛令人特别注目的是，以西欧的先锋派新诗运动为方向而要求内容和形式的革新。其标志有：大正10年（1921）12月，在意大利马里内蒂的未来主义影响下的平户廉吉（1893～1922），在街头散发了他写的《日本未来派运动第一回宣言》；冈本润（1901～1978）和小野十三郎等创办了无政府主义式的杂志《红与黑》；1924年，自称达达主义的高桥新吉、荻原恭次郎（1899～1938）等同人创办了志在促进短诗运动的诗刊《亚》，等等。昭和3年（1928）9月，春山行夫编辑刊行了《诗和诗论》季刊杂志，其宗旨是推出具有新精神的诗作，同人有北川冬彦、安西冬卫、西胁顺三郎（1894～1982）、吉田一穗、三好达治（1900～1964）、北园克卫（1902～1978）、村野四郎、泷口修造（1903～1979）、竹中郁（1904～1982）等。尽管西胁倾向于超现实主义，春山和北园倾向于短诗运动和电影诗，三好倾向于意象派等，但他们都把形式、印象、精神放在首位，非常重视理智的造型。《诗和诗论》（最后6期更名为《文学》）于昭和8年12月停刊。昭和5年（1930）6月，北川、三好、神原泰、饭岛正等编辑第8号时，曾把刊名改为《诗·现实》，以示对《诗和诗论》游离和逃避现实的不满。

同《诗和诗论》所代表的现代派诗歌创作相对的是无产阶级创作，刊物有《日本无产阶级诗集》（年刊，1928年～1931年）、《前卫诗人》（1930年创刊）、无产阶级诗人会主办的《无产阶级诗歌》（1931 年创刊）等。中野重治（1902 ～ 1979）、小熊秀雄（1901 ～ 1940）、壶井繁治（1897 ～ 1975）、远地辉武（1901 ～ 1967）、大江满雄、上野壮夫（1905 ～ 1981）、窪川鹤次郎（1903 ～ 1974）、西泽隆二、三好十郎（1902 ～ 1958）等活跃在无产阶级诗坛上。

在无产阶级诗歌和现代派诗歌的对立之间开始寻求新的抒情和现实的，是“四季派”和“历程派”的诗人们。前者以杂志《四季》而得名，同人有堀辰雄、立原道造（1914 ～ 1939）、中原中也、津村信夫、丸山薰、三好达治、荻原朔太郎、室生犀星（1889 ～ 1962）、井伏鳟二等，他们创作了很多受读者喜爱的、保持着理性和感性均衡的现代抒情诗。与抒情诗的四季派不同，《历程》杂志（1953 年创刊）的草野心平、金子光晴（1895 ～ 1975）等同人们则以立足现实、个性丰富而见长。

昭和初期，短歌创作方面是以斋藤茂吉（1882 ～ 1953）、土屋文明（1890 ～ 1990）等同人的“阿罗罗木派”为中心，《多磨》（1925 年创刊）的具有象征歌风的代表歌人北原白秋（1885 ～ 1942），出自“阿罗罗木派”，而歌风上近似北原的释迢空（折口信夫，1887 ～ 1953）等也不断有佳作问世。俳句方面，日野草城（1901 ～ 1956）、山口誓子、水原秋樱子等发起了新兴俳句运动，其特点是跨越了大正时期“杜鹃派”唱花咏鸟的传统，扩大了题材领域。另外，荻原井泉水提倡的不受音节定式限制的自由律俳句，以及由此产生的无产阶级俳句也令人注目。

“大震灾”后，小山内薰（1881 ～ 1928）和从德国出发途经俄罗斯归国的土方与志（1898 ～ 1959）一起设立的筑地小剧场，使日本话剧第一次有了专门的演出场所，为确立演出家制度、培养演员、整备舞台布景等揭开了划时代的一页。小山把筑地小剧场称作“演剧实验室”、“演剧常设馆”、“民众的戏剧小屋”等。小山批评当时的话剧界只有演出欲，即仅仅上演翻译剧而没有创作剧，因而引起了同岸田国士（1890 ～ 1954）等人的一场激烈论争，这就是日本近现代戏剧史上有名的以民众戏剧为方向的“人生派”（小山），和以“惟艺术世界是上”的“纯粹戏曲”为方向的“艺术派”（岸田）之间的论争。从筑地小剧场创立的大正 13 年（1924）至小山逝世、“筑地”内部分裂而解散的昭和 5 年（1930），“筑地”共上演了 117 部戏，其中日本剧作者的创作剧 27 部，翻译剧 90 部，极大地推动了日本的戏剧创作和演出。不仅如此，“筑地”还以演出内容上的进步性而成为反抗当局黑暗统治的一个有力据点。1926 年，由于意识形态上的分歧而脱离了筑地小剧场的千田是也、村山知义（1901 ～ 1977）、久板荣二郎（1898 ～ 1976）等，乘印刷工人罢工之际，发起了皮箱剧场运动，并第一次使用了“无产阶级戏剧”这一语言。继皮箱剧场运动之后，无产阶级戏剧运动有前卫座（1926）、无产阶级剧场（1927）、前卫剧场（1927）、东京左翼剧场（1928）等。无产阶级戏剧的优秀剧作有藤森成吉的《牺牲》（1926）、《什么使她走上绝路》（1927）、

村山知义的《暴力团记》(1929)、金子洋文的《飞翔之歌》(1929)等等。筑地小剧场解散后，没有参加无产阶级剧团的友田恭助（1899 ～ 1937）、田村秋子等成立了筑地座。支援这个小剧团的是《演剧新潮》杂志的同人岸田国士、久保田万太郎、里见弴（1888 ～ 1983）等。岸田自从同小山内薰论争之后，将自己的戏剧理论付诸实践，创作了《蒂罗尔的秋天》(1924)、《纸风船》(1925)、《牛山宾馆》(1929)等新心理主义、新感觉派式的优秀剧作。以岸田为中心，昭和 7 年（1932），年轻的剧作家们创办了同人杂志《剧作》，在岸田的指导下，这些年轻人显示出了一个共同特色，即格外重视科白这一戏曲语言的心理性韵律，创作出了在洗练的科白基础上的高度的心理主义剧作，在奠定剧作艺术基础这一点上，“剧作派”起到了很大的作用。这些新人剧作家中最令人瞩目的是森本薰（1912 ～ 1946），他的剧作有《出色的女人》(1934)、《华丽一族》(1935)等。

**二、战争时期（1931 ～ 1944）**

从 1931 年日本出兵侵占中国东北开始，到 1945 年裕仁天皇宣布日本无条件向同盟国投降为止，是日本近现代史上最黑暗的时代。在天皇神权（天皇行使最高统帅权）的大旗下，法西斯军部专制独裁，任何与天皇神权和法西斯侵略行径有抵牾的言行，均在被禁止、被镇压之列。

这一时期的最初几年，文坛上出现了一种“文艺复兴”现象。所谓文艺复兴，是指从无产阶级文学方面转向纯文学的复兴。这一名称缘于昭和 8 年（1933）11 月文艺春秋杂志社召开的“文艺复兴座谈会”。“复兴”首先表现在大作家的创作成就上。德田秋声的《勋章》(1935)和(《假装人物》(1935 ～ 1938)、永井荷风的《向日葵花》(1934)和《濹东奇谈》(1937)等，与侵略战争的时势相对，并表现出批判性的立场。志贺直哉的长篇小说《暗夜行路》(1937 年完成）标志着近现代文学史上个人主义文学的一个高峰。谷崎润一郎发表了《盲目物语》(1931)、《春琴抄》(1933)等，表示出他与时局相背而憧憬日本美的创作态度。岛崎藤村的历史小说《黎明前》(1935 年完成)、山本有三的《路旁石》(1937)等，都是力作。中坚作家也很活跃，横光利一发表了他提倡的“纯粹小说”的实践作《家族会议》(1935)，川端康成《雪国》的一些篇章陆续发表（1935 年开始)，还有伊藤整的《幽鬼街》(1937)、井伏鳟二的《多甚古村》(1939)等等。新人作家也纷纷登场，这同 1935 年设立的芥川奖和直木奖的提携不无关系。这些令人耳目一新的新人新作有：石板洋次郎（1900 ～ 1986）的《年轻人》(1937 年完成)、石川达三（1905 ～ 1985）的《苍氓》(1935)、高见顺（1907 ～ 1965）的《故旧怎能忘》(1935)、太宰治（1909 ～ 1948）的《道化之华》(1935)、石川淳（1899 ～ 1987）的《普贤》(1936)，等等。

值得一提的是，1935年，文艺春秋社社长菊池宽（1888～1948）创设了芥川奖和直木奖。前者以芥川龙之介（1892～1927）的名字命名，每年评奖两次，奖励无名作家和新人作家的优秀作品；后者以大众小说作家直木三十五（1891～1934）的名字命名，也是每年评奖两次，奖励大众文学作品。这两个奖项一直延续至今，且成为日本文坛上有影响的被视为作家登龙门的大事。

在无产阶级文学被镇压、自由主义文学被一扫而尽的法西斯主义的狂涛中，出现了一种"不安的文学"。不安的文学萌动于三木清（1897～1945）的《不安的思想和它的超越》（1933）一文。翌年，河上彻太郎（1902～1980）介绍了俄罗斯哲学家谢斯托夫（1866～1938）的不安哲学，指出"谢斯托夫式的不安"，"不安的文学"也已成为以人类存在本身具有的不安为轴心的文学创作的一个主题。北条民雄（1914～1937）的《生命的初夜》（1936），通过主人公身患麻风病面临死亡，但竭力求生的题材，使主题聚焦在：处于生存危机且重叠着时代危机这一状况中的人们，该怎样生存下去。这部作品连同后来北条发表的几部作品，在文坛上引起了轰动。阿部知二的《冬宿》（1936）思考的也是类似的"不安"主题。

好景不长，"文艺复兴"等文学现象很快被"日本浪漫派"和"国策文学"这些"文学成为政治奴隶时代的奴隶文学"[71]所排挤、所取代。《日本浪漫派》杂志创刊于1935年3月（停刊于1938年8月），亀井胜一郎（1907～1966）和保田与重郎（1901～1981）是这一派的中心人物，同人有太宰治（1909～1948）、坛一雄、林房雄、佐藤春夫（1892～1964）、中河与一、荻原朔太郎、外村繁等。他们通过对古典和古美术的关心来宣扬"日本精神"、"民族主义"，为国策文学、国粹运动卖力。所谓国策文学，是指"七·七事变"——日本军国主义全面发动侵华战争后，服从于服务战争、促进生产这一国家目的的文学活动，其组织有"大陆开拓文艺恳谈会"、"经国文艺会"、"国防文学联盟国策协力团体"等等。这一时期的"战争文学"和"国策文学"就像策划发动侵略战争的罪犯那样，永远被历史所鄙夷。

侵略战争下的诗坛也一片荒芜。1942年，日本文学报国会下的诗部会成立，高村光太郎任会长。以高村为首，三好达治、神保光太郎、山本和夫等，因创作为侵略战争效力的诗歌而给自己涂上了污点。

短歌、俳句创作虽然也因鼓噪战争而不足为道，但《新万叶集》和《新风十人》二部短歌集却值得一提。前者1938年9月编成，由改造社出版，内收现代6675人的短歌共26783首，是短歌史上最大的选集。后者是10名当时的新锐中坚歌人的自选集，编成于1940年7月。《新风十人》中有原来的无产阶级歌人、有艺术派歌人等，他们创作上的新鲜性对战后歌坛产生了相当的影响。

1940年后，筑地座、文学座及所有话剧团相继被迫解散。1944年，当局认为演剧是一种奢侈活动，包括歌舞伎座在内的所有剧场被关闭。后经内阁情报局和大政翼赞会的斡旋，一部分话剧演员组成移动演出队，为军人、“产业战士”等创作演出了一些迎合时局的剧目。

## 三、战后（1945～　　）

1945年8月15日，日本宣布接受《波茨坦公告》，无条件向同盟国投降。这意味着日本军国主义发动的、使亚洲2000万人民惨遭杀戮[72]的、“我们永久不能忘记的侵略战争”[73]已经结束。美军进驻日本后，以盟军总司令的名义发布一系列使日本民主化的命令，如“关于言论及新闻出版自由”的命令（9月10日），“第一批战犯逮捕令”（9月11日），“开除教育界军国主义者和极端国家主义者公职的命令”（10月30日），“解散财阀令”（11月6日），“冻结皇室财产令”（11月20日），“农村土地改革令”（12月9日），“国家政体与神道分离令”（12月15日）等。这些命令瓦解了军国主义统治体制的社会和经济基础，就此盟军总司令部于12月28日宣布：“一个接一个的指令剥去了旧体制的保护层，除去了封建主义的触角”，“天皇制正遭到破坏并面临消亡”。[74]1946年11月3日，战后新宪法公布，翌年5月3日开始实施。这标志着日本开始“把和平和民主主义定为国家的大政方针”。[75]

战后新形势给文坛的影响，首先是种种禁锢破除后文艺刊物的复活和诞生。1946年1月，埴谷雄高、本多秋五、平野谦等同人创办了《近代文学》杂志。同年3月，新日本文学会[76]的机关刊物《新日本文学》创刊。《近代文学》同人也全是新日本文学会的会员，但两者在战后文学的本质认识上存在着分歧，因而引发“政治和文学”的论争。“近代文学派”标榜艺术至上主义，认为政治和文学不能等而视之，应确保文学脱离政治党派的自由，把功利主义从文学中排除出去。“新日本文学派”中有人斥责这一文学观无疑“是在向反革命文学势力献媚”，[77]坚持维护政治文学的地位。“新日本文学会”虽然是无产阶级文学的继续，但却把自己的文学活动命名为民主主义文学运动，说明后者与前者是有区别的。

民主主义文学中最令人注目的作家是宫本百合子（1899～1951）。战争中被关进监狱并被剥夺了创作自由的她，战后有一种解放感，作品奔涌而出。《播种平原》（1946～1947）、自传小说《风知草》（1946）、《两个院子》（1947）、《路标》（1947）等，以显明的思想性和艺术表现，成为民主主义文学的纪念碑式的作品。

战前的大作家也纷纷复活，创作出一批作品，如志贺直哉的《灰色的月亮》（1946）、正宗白鸟的《战争受害者的悲哀》（1946）、永井荷风的《舞女》（1946）等。战争中完成但不能公开出版发行的谷崎润一郎的巨著《细雪》也得以面世。中坚作家也活跃了起来：井伏鳟二的《日本休诊》（1949）、《遥拜队长》（1950）等，用幽默的笔法辛辣地表现了侵略战争的罪过；阿部知二的《黑影》(1949) 等，是敏锐把握时代思潮的大胆的尝试作。

与成名作家的创作倾向不同的是，以自虐的姿势表现出对时代的批判精神的无赖派（也称新戏作派）作家们。坂口安吾（1906～1955）的一段话可看作这一派的美学基石："人活着，人堕落，除此之外没有拯救人的便利门径。不是因战败而堕落，仅仅因为是人而堕落，因为活着而堕落。"[78] 在此基础上，他视成名作家的"逻辑和理性"、"严谨诚实"为虚伪，提倡"颓废文学"，要求以可称为行动合理主义的大胆思考，来打破私小说的传统。无赖派作品有：坂口的《白痴》(1946)、太宰治的《斜阳》(1948)、织田作之助（1913～1947）的长篇小说《星期六夫人》(1946～1947)、田中英光的《野狐》(1949) 石川淳的《黄金传说》(1946) 石上玄一郎的《自杀指导者》(1950) 等等。这些作品以颓废的倾向展示了当时社会的一种精神思潮，具有一定的认识价值。

以近似于无赖派的手法而戏剧化地表现自我的，是被称作"旁观者式戏剧派"的作家。伊藤整的《鸣海仙吉》(1946～1948)，以战前、战中、战后知识人的迷惘与困惑为主题，把自我戏剧化地加以表现，其用心是要证明知识人的良心存在。原民喜的《夏天之花》(1947)、坛一雄的《律子之爱》和《律子之死》(1950) 等，均是这一派的代表作。

1946 至 1950 年，第一战后派和第二战后派作家相继登场。这些作家有一共同点，即追求包括方法和内容在内的文学革新，以对应年轻读者层精神迷离这一现状。他们都是二三十岁的青年作家，大部分人具有青春期参加马克思主义运动、后遭受挫折而转向的经历。战争中有的是军人，有的是工人，有的是被通缉的"罪犯"等，他们要把各自的体验转换成具有客观性的作品。由于各人在战争中都有一种彻骨的体会，所以他们就有了私小说式的日常性框架里容纳不了的构思。第一战后派的作品有：野间宏的《阴暗的画》(1946)、梅崎春生（1915～1965）的《樱岛》(1946)、椎名麟三（1911～1973）的《深夜的酒宴》(1947)、武田泰淳（1912～1976）的《审判》(1947)、中村真一郎的《死影下》(1946～1947) 等。第二战后派的作品有：福永武彦的《塔》(1946)、加藤周一的《一个晴朗的日子》(1949)、大冈升平（1909～1988）的《俘虏记》(1948～1952)、安部公房（1924～1993）的《墙壁》(1948) 等。

1955 是日本战后史上有转折意义的一年。这时 70% 的国民不但不为食粮操心[79]，"三种神器"（洗衣机、冰箱、电视）已开始在家庭普及。这年 7 月，日本政府成立了经济企划厅，翌年发表了《经济白皮书——日本经济的成长和现代化》，书中使用的"从此不是战后"这句话，一下子成了流行语。这句话表明日本已走出战败后的混乱、贫困而迈向安定和繁荣。与这一转折同期，文坛上出现了"第三新人派"。这一派的作家们在感觉式的表现上近似于私小说的传统，作品以个人对时代的感慨独白居多。安冈章太郎是这一派最具代表性的作家，《海边的光景》(1959) 和《流离谈》(1981) 为其代表作。吉行淳之介的《原色街》（1951）和《火焰中》（1955）、庄野润三的《游泳池边小景》（1954）、小岛信夫的《美国流派》（1954）、阿川弘之的《云之墓标》（1956）、三浦朱门的《武藏野印地安人》（1981 ～ 1982）、远藤周作的《海和毒药》（1957）等等，也以其鲜明的个性为这一派增添了光彩。

1955 年，学生作家石原慎太郎[80]以《太阳的季节》获芥川奖。这部作品本身并没有什么深刻的思想内容，但由于切中了青年人在日益优裕的生活中无所寄托而躁动不安的情绪，以及报刊的商业化宣传，使这部作品红得发紫。正像平野谦后来指出的，这一现象说明“文学已发生了质的变化”[81]，即纯文学与大众小说相结合而产生的中间小说将日益发展。在这以前，井上靖（1907 ～ 1991）就以中间小说《斗牛》（1949）和《猎枪》（1949）登上文坛。曾以《某人的〈小仓日记〉传》（1952）获芥川奖的松本清张（1909 ～ 1992），从《点和线》（1956）开始转向创作大众性的推理小说。以私小说起家的水上勉也推出了社会推理派小说佳作《雾和影》（1959）和《海之牙》（1960）。

在中间派小说走红的同时，被称作国民文学的深泽七郎的《楢山节考》（1956），以其独到的思考和优美的艺术表现轰动了文坛。女作家也不示弱，大原富枝的《婉这个女人》（1960）、仓桥由美子的《党派》（1960）、濑户内晴美的《夏天的终结》（1962）、河野多惠子的《看幼儿》（1961）等等，使世人刮目相看之际，惊呼如今文坛是才女的时代。

约 60 年代后期，随着未来学[82]的风行，SF（科幻）文学兴盛起来。SF 文学表现方法上的新颖性，不仅使 SF 文学在文坛上争得一席之地，而且对其它种类的小说创作产生了一定的影响。SF 文学的代表作有：小松左京的《日本的阿帕切人》（1964）和《日本的沉没》（1972）、筒井康隆的《越南观光公司》（1967）、光赖龙的《丧失了的都市记录》（1972）、眉村卓的《消去的光轮》（1983）等等。

60 年代日本文坛一个大的事件，就是 1968 年川端康成获得诺贝尔文学奖。他的代表作有战前的《雪国》和战后的《千鹤》、《山音》、《古都》等。

60 年代到 70 年代，是世界史上的大变动时期，即长期据世界中心位置的西方文明加速崩溃，从此世界文化迈入了多样化和等值化。“厌恶近代市民社会，要解体近代市民社会的世界性波动，在文学界也给所谓的‘近代文学’[83]清清楚楚地打上了终止符号。所谓近代市民社会，已从初期的产业社会巨变为高度管理化、信息化社会，已经脱离了‘近代’的神话”[84]。在这一背景下，战后出现的一批作家在 70 年代乃至 80 年代的日本文坛上刮起了一股新旋风，他们的作品表现了这一“崩溃”期和转换期青年人的心态。青野聪的《愚者之夜》（1979）和《尝试的犹太——共同扭曲》（1981）、宫内胜典的《告别格林威治之光》（1980）、高桥三千纲的《无聊的忍耐》（1974）等是其代表作。

在多样化的文坛上，思考女人性质的“女流文学”和表现当代青年的青春形像难以成立的“幼儿文学”也格外引入目。三枝和子的《正在处刑》(1969)、大庭皆子的《食船虫》(1970)、高桥高子的《他的水音》(1971)、富冈多惠子的《植物祭》(1973)等，都从各个角度对传统的女性观提出质疑，呼吁必须在社会作用上认识女人的存在，确立具有独立人格的女人特性。“幼儿文学”这一称谓来自评论家川本三郎对村上春树的二部青春小说的一段论述：“在这里大概没有‘生活’，而且‘生活’和‘艺术’这一古典的二分法好像不能成立，这是由于毕竟欠缺‘生活’这一彻底性（‘幼儿’不会有生活）的缘故。”[85]然而，“幼儿文学”却“带有时代意义”，即“在它的背后，有一种符合年轻人延期偿付情绪的意义。如不想大学毕业，不想就职，想拒否社会的事物，如果有，也只是音乐和自我封闭的小空间，即使孤身永远住在那里也行。所谓不需要既成的‘生活’，也是想追求完全有别的只是属于自己的‘生活’这一自我限定、自我隔离愿望的表现。可以说村上文学充满着这一愿望，是同龄人共有的时代情绪的代言人”[86]。除村上春树的《听风歌唱》(1979)和《世界的终日和冷酷无情派的仙境》(1985)外，岛田雅彦的《为了亲切的左翼嬉游曲》(1983)和《密封舱中的桃太郎》(同前)也是这一派的代表作。

诗坛分为三大块：以“新日本文学会”为中心的无产阶级文学系列的杂志《宇宙》(1946创刊)和《列岛》(1952创刊)的同人们；以复刊(1946)后的《荒原》为阵地的同人们；以《历程》、《vou》等为园地的在战前已成名的诗人们，另外有诗学研究会的机关志《诗学》以及由此派生出来的《零度》(1949创刊)和《棹》(1953创刊)的同人们。

“荒原派”是经过现代派诗的创作尝试后从《纯粹诗》(1947创刊)重新出发的诗人们，主要成员有鲇川信夫、田村隆一、北村太郎、黑田三郎、中桐雅夫等。他们借用英国诗人艾略特(1888～1965)的名诗《荒原》的创作倾向，把日本战后荒废了的社会精神现实视为荒原，要在诗歌语言产生的人间共感中寻求新人性的恢复。

无产阶级文学系列的《列岛》和《宇宙》诗刊在创作倾向上有所不同：前者以关根弘为中心，同人长谷川龙生、木岛始、黑田喜夫等这些诗人们，战前战后一直坚持社会主义立场；后者的目标是要继承现代派诗歌的遗产，成员中有一些属于无政府主义思想体系的诗人。

《棹》的同人有川崎洋、茨木则子、谷川俊太郎、吉野弘、大冈信等，他们以新式的抒情而令人注目，活跃了“荒原派”衰退后的诗坛。

《历程》和《VOU》的成名诗人们，战后创作硕果累累，有西胁顺三郎的《旅人不归》(1947)、村野四郎的《实在的岸边》(1952)、北川冬彦的《马和风景》(1952)等，特别应提到的诗作是战争中反抗军国主义的金子光晴的《降落伞》和《人间悲剧》(1952)等。

战后短歌在桑原武夫、小田切秀雄等评论家的“短歌否定论”[87]中发奋崛起，除原有的组织、短歌杂志迅速恢复外，还成立了新的歌人团体、创办了新杂志，创作上呈现出置之死地而后生的蓬勃局面。1953年，茂吉和、迢空二大短歌巨星逝世，加之在这前后，久暮、薰园等的逝世（1951）和水穗等的逝世（1955），使人感觉到了一个短歌时代的结束。而1955年后，以塚本邦雄、冈井隆、寺山修司等为旗手的前卫短歌运动出现在歌坛上，他们不仅把现代派诗歌的表现手法导入短歌中，还使短歌具有浓烈的新社会意识。战后短歌界的又一成就是《昭和万叶集》（1976）的编成出版。这部歌集选编了从昭和元年至昭和50年约14500位歌人的37200余首作品，对战后的短歌创作和研究贡献不小。

桑原武夫的“短歌否定论”其实是在否定俳句时旁及的，他指出，作为老人和病人的余兴，作为消遣道具的俳句，应称为第二艺术与其他文学创作区别开来[88]。“第二艺术论”使战后俳句和短歌一样，不仅在否定声中全面复苏，而且加快了自身的革新，这表现在社会性俳句和前卫俳句的创作上。社会性俳句是香西照雄在《风》1951年3月号上发表的《19世纪的继承》一文中命名的，同人有泽木欣一、金子兜太、古泽太穗、铃木六林男等。他们在俳句创作不受俳句篇幅狭小的局限，尽量追求与社会性事象相关的新素材和新表现。他们的创作为社会性俳句向前卫性俳句过渡架起了桥梁。1956年，前卫俳句兴起，3年后，《俳句》杂志以《所谓难懂指什么？》为名出了专集。这一时期的前卫俳句有两种倾向：一是兜太、六林郎、林田纪音夫等所代表的，从封锁的自我中跳出来，以社会性的主体为表现目标，植根于现实感而拒绝俳句情绪的创作倾向；一是富泽赤黄男、三桥鹰女、高柳重信、三桥敏雄等所代表的，不关心社会性，重视语言美学和诗境而尽可能追求俳句表现性的创作倾向。战后俳句的又一现象是女流俳人的涌现。1962年，“女性俳句恳谈会”结成，1971年后，女性主办的俳志接二连三地问世。这些中年以上女俳人构成了俳句创作队伍的主体，也使俳句增加了趣味性和社交性，知识性的俳句开始流行起来。

战后戏剧以话剧的复活而开场。属于筑地座流派的文学座以岸田国士、岩田丰雄、久保田万太郎为中心，继承了艺术主义的创作和演出倾向。战争中组织在一起的俳优座以千田是也为中心，演出的所有剧目都以是否具有显明的社会主义倾向为选择标准。民艺剧团（前身是东京艺术剧场和民众艺术剧场）以久保荣、泷泽修、宇野重吉等为中心，沿着无产阶级戏剧的路线前进，并立志要不断提高演出的艺术性。这三大剧团的骨干都是筑地座出身的演员，这说明筑地座对战后戏剧的萌发产生了很大的影响。另外，终战后的短短几年，百余个剧团相继成立，这一数字标志着话剧运动进入了一个前所未有的大发展时期。

岸田国士因在战争中担任了“大政翼赞会”（右翼团体）的文化部长而被开除公职，

但他创作的《速水女塾》(1948)、《女人渴仰》(1949)、《路还远吧》(1950)等却使文学座的演出具有了活力。这些剧本一改岸田战前一边倒的艺术至上主义，戏剧式地表现了人的孤独和爱的主题。和岸田、小山同属战前“剧作派”的田中千禾夫，战后成了双料剧作家。从被评价为“存在主义”剧作的《云之涯》(1947)开始，他创作了《菜店阿七牢日记》(1972)、《左右来往》(1979)等表现主义、存在主义的剧本，但他还创作了《教育》(1954)、《玛利亚的脖子》(1959)等心理主义戏剧的登峰造极之作。

战前的无产阶级剧作家这一时期也有力作问世，如久保荣(1901～1958)的《苹果园日记》(1947)和《日本的气象》(1953)、真船丰在战争中动笔的《中桥公馆》(1946)和《黄色屋子》(1948)、久板荣二郎(1898～1976)的《红羊毛衫》(1955)等。战争中由无产阶级剧作家转向虚无主义创作倾向的三好十郎，战后以存在主义的手法创作了《废墟》(1947)、《胎内》(1949)等反映社会和人生问题的力作，受到剧坛的称誉。

木下顺二是战后具有社会主义倾向的剧作家中的佼佼者。他的剧作有：以民间故事传说为题材的民间剧《彦市传说》(1946)、《夕鹤》(1949)等，反映现当代生活的现代剧《山脉》(1949)、《阴暗的火花》(1950)等，历史剧《冬天的时代》(1964)、《神和人之间》(1972)等。木下的这三个系列的剧作有一共同点，这就是强烈的社会参与和变革现实的意识。其他站在社会主义立场的剧作家有：福田善之的《真田风云录》(1952)、宫本研的《日本人民共和国》(1961)等。

受到法国剧作家阿努伊(1910～1987)和季洛杜(1895～1970)影响的加藤道夫(1918～1953)，以玲珑剔透的《女竹》(1946)而蜚声剧坛，后又有《插话》(1948)、《褴褛和宝石》(1952)等佳作，他的剧作表现出浓厚的艺术主义倾向。“艺术主义派”的剧作还有：矢代静一的《城馆》(1954)、三岛由纪夫的《鹿鸣馆》(1957)、福田恒存的《抚摸龙的男子汉》(1952)、山崎正和的《世阿弥》(1963)等。

50年代，萨特(1905～1980)、加缪(1913～1960)等的存在主义戏剧在日本话剧界流行起来。受此影响，最早创作存在主义剧本的是小说家兼剧作家椎名麟三和安部公房。椎名的剧作有《第三证言》(1954)、《养蝎女》(1960)等；安部有《制服》(1955)、《被捕的奴隶》(同年)等。这两位作家的剧作最后都走上了反戏剧表现方法的道路。从60年代后期到70年代，戏剧界进入了一个全新的时期——被称为“地下戏剧”的前卫式小剧场蜂拥而出，反逻辑剧、荒诞剧成了主流，如唐十郎、佐藤信的帐篷剧场[89]，为小剧场运动的流行充当了马前卒的别役实、铃木忠志，实验街头剧的寺山修司(1936～1983)、从事荒诞剧创作演出的斋藤怜、山元清多等等，另外，冲破话剧以科白为中心的条规，重视形体动作，尽可能要求戏剧性的舞台台本的作品也大量出现。在这一股戏剧新潮中，戏剧界开始探索这样一些问题：话剧和传统戏剧——能、歌舞伎如何交融？怎样发展超越斯坦尼斯拉夫斯基体系后的戏剧表现？等等。

20世纪90年代日本文学的一个最大亮点是大江健三郎获得诺贝尔文学奖（1994年）。大江健三郎，1935年1月31日出生于爱媛县喜多郡内子町，东京大学文学部法国文学专业毕业。1958年，以大学生的身份发表的小说《饲育》获得芥川奖，时年23岁，是当时最年轻的芥川奖得主。主要作品还有：《个人体验》（1964年）、《万延元年的football》（1967年）、《洪水没到我之魂》（1972年）、《新人哟，醒来哟》（1983年）等。大江健三郎对中国人民有着深厚的感情，多次访问中国，呼吁反省侵略战争，主张中日两国世代友好和世界和平，堪称当代日本作家的良心和一面旗帜。

**思考题：**

1. “汉和对位语用观”文学环境是指什么？
2. 平安时代的文学有哪些代表性作品？
5. 军记物语和隐遁者文学产生于哪个时代？代表作有哪些？
4. 试举出江户时代诗歌、小说、戏剧的代表性作家各一人。
5. 近现代文学的分界线是什么？
6. 哪个作家获得诺贝尔文学奖？代表作有哪些？
7. 你读过哪些日本文学作品，请谈谈读后感。

**注释：**

[1] 上田正昭《汉字文化的接受和展开》，见上田正昭编《古代日本和渡来文化》，学生社1997年第12、13页。

[2] 参照冲森卓也、佐藤信《上代木简资料集成》，樱枫社1994年，小林芳规《图说日本的汉字》，大修馆书店1999年等。

[3]《新订增补国史大系·延喜式》中篇，吉川弘文馆1998年第523页。

[4] 位于朝鲜半岛西部的古国，创建于公元前18年，灭亡于公元663年。

[5] 古地方国名。

[6] 除注明译者外，本章中的译文均为笔者自译。

[7] 壬申年（672），天智天皇之弟大海人皇子和天皇长子大友皇子围绕皇位继承而引起的为时一个月的内战。结果，大友皇子兵败自杀，大海人即位，是为天武天皇。

[8] 壬申之乱中协助大海人皇子而建立功勋的高市皇子的长子，神龟元年（724）位及左大臣，后遭谗被迫自杀，他是奈良朝初期文化事业的有力支持者。

[9] 位于朝鲜半岛的古国，创建于4世纪中期，6世纪为任那所灭。

[10] 据岩波书店《日本古典文学大系·万叶集》（以竹柏园复制、西本愿寺本万叶集为底本，参考其它多版本而校订）中的数字。

[11] 卷 5 • 800 首。歌序写道:“或有人，知敬父母，忘于侍养，不顾妻子，轻于脱履。自称倍俗先生。意气虽扬青云之上，身体犹在尘俗之中。未验修行得道之圣，盖是亡命山泽之民。所以指示三纲，更开五教，遗之以歌，令反其或。”

[12] 卷 18 • 4106 ～ 4109 首。歌序写道:“……谨案，先件数条，建法之基，化道之源也。然则义夫之道，情存无别，一家同财，岂有忘旧爱新之志哉。所以缀作数行之歌，令悔弃旧之惑。”

[13] 1 卷，书名取自《史记》卷 117《司马相如传》“相如即奏大人之颂，天子大说，飘飘有凌云之气，似游天地之间意”中“凌云”之意。

[14] 3 卷，书名取自《文选序》中“辞采”、“文华”等词意。

[15]“左近”、“右近”是左右近卫的略称，意指紫宸殿正面台阶的左右两侧。

[16] 应天门放火事件。从此，大伴氏、纪氏没落，藤原氏兴隆了起来。

[17] 外戚代替天皇行使国家权力。

[18] “歌合”即赛诗。1. 事先公布歌题和歌人的分组名单；2. 歌人拿着作好的和歌去参赛；3. 分成二组，每组一人轮流朗读自己的作品，由判者（裁判）宣读判词（评语）评定胜、负、平局，进行一次为一轮；4. 一般一人一首。一人 50 首、100 首的称为“50 歌合”、“100 轮歌合”。

[19] 带有滑稽意味的和歌，发端于《万叶集》中的戏笑歌。

[20] 指僧正遍昭、在原业平、小野小町、大伴黑主、僧喜撰、文屋康秀等 6 位诗人。

[21] 利用一首和歌中同音词的相互照应，在原有的意境上产生另一重意境。

[22] 利用同音异义使读者联想到二个相异的表现对象。

[23] 作为一个美学范畴，始于平安时代末期，即视余情、余韵为和歌的第一生命。但体现在各个诗人的作品里则有所不同，这里是象征的意思。

[24] 仅推古朝（593 ～ 637 年）就建了 40 多所。

[25] 景戒的生平事迹不详。

[26] 缘即因果报应意，这里指一篇传说。

[27] 物语一词的语源不详，这里是指古代小说。

[28] 一说增补者为纪贯之。

[29] 作者不详，一说为源顺（911 ～ 983）。

[30] 有自作说和他作说之争，但一般认为自作说论据充分。

[31] 意思是感兴趣，加以赞赏。

[32] 一般认为，正编本的作者为赤染卫门，续编本的作者为出羽弁，生平均不详。

[33] 作者不详。

[34] 作者不详。

[35] 作者中山忠亲（生平不详），成书于1172年左右。

[36] 作者不详，成书于1376年左右。

[37] 保元元年（1156）和平治元年（1159）武士集团发起的两次袭击天皇御所和贵族势力的军事行动。前次以失败告终，后次武士集团之一的首领平清盛取得了朝廷的实权。

[38] 后鸟羽上皇的院政时代始于1198年，终于1221年。

[39] 当代及平安末期诗人的作品约占总数的45%。

[40] 采用前人和歌的语句和素材，把前人和歌具有的气氛和情趣移入自己的和歌中，使自己和歌的容量更加丰富。

[41] 平安时代末期，藤原俊成集平安王朝和歌之大成，首倡余情幽玄这一美学观点，诗人们群起响应，以此观念为创作理想。《新古今集》沿着这一方向，形成了独特的幽玄歌风。藤原俊成的幽玄美学观念可以说是幽玄美学范畴的第一阶段，是以调和雄浑美和纤细美而形成的寂静美为核心。藤原定家在父俊成理论的基础上，提出“有心体”（重视理知情感的和歌体）的幽玄美，是为第二阶段。

[42] 应仁元年（1467）至文明9年（1477），围绕将军家的继承权和畠山、斯波两管家领家的家督权，诸国的守护大名分为东军和西军，在以京都为中心的地方发生的战乱。

[43] 佐保姬，相传为奈良东边佐保山上掌握春天的女神，春天的霞光是她编织而成。

[44] 御伽的日文本意是对手、相伴，草子是印成的书籍。御伽草子有排遣寂然的读物之意。

[45] 参见家永三郎《日本文化史》（第二版），岩波书店1986年第123页。

[46] 一山一宁（1246～1317），五山文学的先驱，日本朱子学的大家。

[47] 位于今神奈川县东南部。

[48] 镰仓通往京都及各地的主要道路。

[49] 京都以东的关所。

[50] 也写着檀林。

[51] 直译为“轻”。

[52]《明月记》建久2年（1191）条中有“当座有狂歌”句。

[53] 阎小妹《〈雨月物语〉译本序》，人民文学出版社1990年第4、5页。

[54] 1988年，武汉汉剧院青年实验团赴日本尼崎市演出了由日本同志社大学教授向井芳树改编的汉剧《曾根崎殉情》，受到好评。

[55] 冠词即枕词。

[56] 明治6年成立的思想团体，明治8年解散。

[57] 因他们以 1914 年后刊行的第三、四次《新思潮》杂志为基地而得名，也被称着新现实主义、新理智派。

[58] 东京大学毕业。

[59] 现在的庆应大学。

[60] 因《三田文学》杂志而得名。

[61] 关于这个问题的详述，请参看李均洋著《日本文学概说——发展史和作家论》（陕西人民教育出版社 1992 年版）中的《日本近代文学史的时代区分——方法论和终期》一章。

[62] 第一次作为文艺杂志创刊于 1912 年 10 月，终刊于 1914 年 9 月；第二次作为评论杂志创刊于 1916 年 1 月。

[63]《播种人》1921 年 2 月至 4 月，在秋田县土崎发行了 3 期后休刊（土崎版），同年 10 月在东京第二次创刊（东京版），1923 年 11 月终刊。

[64] 美国作家辛克莱（公元 1878 ～ 1968）的成名长篇小说，问世于 1906 年。该作品中暴露的食品卫生方面的问题，促使美国政府制定了有关食品卫生方面的法案。

[65]《以〈屠场〉为话题》，载《文艺战线》1926 年 1 月号。

[66]《辛克莱的〈屠场〉》，载《文艺战线》1925 年 11 月号。

[67] 后成为臭名昭著的张扬军国主义侵略行径的文人。

[68]《新感觉派的诞生》，载《世纪》1924 年 11 月号。

[69] 早在发起成立这一组织之前，中村就写了《践踏了花园的是谁？》（1928）一文，从反马克思主义的立场攻击无产阶级文学。

[70] 伊藤的论文题目为《感情细胞的断面》。

[71] 长谷川泉主编《文艺用语的基础知识》，至文堂 1988 年版第 445 页。

[72] 不含因战争丧生的 310 万日本人。

[73] 日本法政大学教授袖井林二郎语，《对谈·占领期的日本》，载《日本历史大系月报 15》第 16 页。

[74] 参见赤间刚《昭和天皇的秘密》，三一书房 1990 年版。

[75] 藤原彰《日本历史大系 15·世界中的日本》，小学馆 1989 年版第 9 页。

[76] 新日本文学会成立于 1945 年末，发起人有秋田雨雀、江口涣、藏原惟人、德永直、中野重治、宫本百合子等，赞助会员有志贺直哉、广津和郎等。

[77] 中野重治《批判的人性》，载《新日本文学》1946 年 7 月号。

[78] 坂口安吾《堕落论》，载《新潮》1946 年 4 月号。

[79] 据 1955 年总理府公布的调查报告。

[80] 石原后成为国会议员，鼓吹新军国主义。

[81] 参见长谷川泉《日本战后文学史》中译本，北京三联书店 1989 年版第 46 页。

[82] 未来学——围绕人类社会面对的食粮、资源、人口、贫困、空暇时间、能源、环境保护、核战争等文明危机，用经济计划论、技术开发论、社会工程学、生态学、文化人类学等诸学科的合作而探究未来社会和人类命运的新型人类的整体学说。

[83] 在日本，是指 1868 年明治维新以来的文学。

[84] 柘植光彦《新一代的海外感觉》，载《国文学—解释和教材的研究》1987 年 8 月号。

[85] 川本三郎《二部“青春小说”》，见《同时代的文学》，冬树社 1979 年版。

[86] 栗坪良树《从村上龙、村上春树到岛田雅彦——新一代的文学》，载《国文学—解释和教材的研究》1987 年 8 月号。

[87]“否定论”的基本观点是，短歌不具备作为当代文学的表现条件。

[88] 参见桑原武夫《第二艺术》，载《世界》1946 年 11 月号。

[89] 笔者 1989 年曾在京都大相国寺前西侧的一块空地上，观看过唐十郎“帐篷剧团”的演出。帐篷像一个大气球，直径约 10 多米。

**主要参考文献：**

吉田精一《日本文学概说》，有精堂 1969 年。

古桥信孝《日本文艺史》第一卷，河出书房新社 1986 年。

神野志隆光等《和歌史》，和泉书院 1987 年。

佐古纯一郎等《文类别·近代文学史》，樱枫社 1984 年。

金泽近代文艺研究会《现代日本文学流派》，樱枫社 1990 年。

秋山虔《新编国语便览》，中央图书 1988 年。

《日本历史大系》，小学馆 1987 ～ 1989 年。

# 第十二章　艺术与体育

日本在近 2000 年的历史发展过程中，自中国的隋、唐时代就大量引进吸收了中国文化，自 15 世纪后半时期开始，又引入西方文化，在这吸收和消化中西方文化的同时，日本人又创造形成了一些自己独特的传统文化。

在代表日本传统文化的艺术方面，最具代表性的有被称之为三大古典国剧的歌舞伎（歌舞伎）、能（能））、净琉璃（浄瑠璃、即古典木偶剧）及狂言（狂言、即滑稽喜剧），有与人们日常生活息息相关的花道（生け花）、茶道（茶道），绘画领域里有自江户时代兴起并盛行一时的浮世绘（浮世絵、即风俗画），音乐方面有称之为邦乐（邦楽）的雅乐（雅楽）、能乐（能楽）、俗曲（俗曲）等。

在代表日本传统文化的体育方面，有称之为国技（国技）的相扑（相撲）、柔道（柔道）、剑道（剣道）及弓道（弓道、即射箭）、空手道（空手、即拳法）等，所有这些都具有浓厚的日本民族特色。

另一方面，与现代人们日常生活中的娱乐、休闲相关，深受日本人喜爱并盛行的艺术又有书法（書道）、漫画（漫画）等，体育方面有棒球（野球）、围棋（碁）、将棋（将棋）及足球、网球、高尔夫球、滑雪及水上运动等。

## 第一节　日本的传统艺术

### 一、歌舞伎

歌舞伎是最具代表性的日本传统戏剧之一，它始于江户时代（17 世纪）初期，至今已有 400 年的历史。歌舞伎的创始人据说是当时出云（出雲）（现在的岛根县东部）名为"阿国"（おくに）的女性。庆长（1596 ～ 1615）年间，当时身为"出云大社"[1]（神社）巫女的阿国为其神社化缘，组织了以女性为中心的歌舞剧团。庆长八年（1603），阿国在京都演出歌舞伎舞，受到人们的喜爱，从此产生了最早的歌舞伎。

最早的歌舞伎表演者均为女性，身着艳丽服饰，有时女扮男装，表演一些通俗、大众化的滑稽歌舞。宽永六年（1629）幕府以"紊乱风纪"为由开始禁止女性表演，从此以后，所有演员均为男性，成了歌舞伎的一大特色。到了元禄时代（18 世纪初），歌舞伎迅速发展，与当时的单纯侧重于音乐、舞蹈的特色相比，增加了不少反映江户、京坂风情、而且充满梦幻性的武打剧及侧重于写实性的恋爱剧场面。与此同时，又吸收了当时作为民众娱乐的木偶戏剧（人形浄瑠璃）及各种音乐艺术的诸多要素，使其内容逐渐复杂多样化，形成了现在这种独特的古典戏剧风格。

歌舞伎的特色正如“歌舞伎”这三个字所表示的，“歌”即音乐，一般由日本的传统乐器三弦（三味線）[2]、鼓（つづみ、类似腰鼓）等做音乐伴奏，配合演员的道白与动作等，有着独特的节奏感。“舞”即舞蹈，“伎”即演技。另外，所有演员均为男性，饰演女子角色的叫作“女形”（おんながた）。演员的服装也很艳丽，在舞剧及舞蹈演出时，演员也勾画类似中国京剧中的脸谱（隈取）。舞台是旋转式舞台，场景变换时不需一一落幕。还有被称为“花道”（はなみち）的舞台与观众席相连的通道，除供演员上下场时使用外，还可作为舞台的一部分，作为剧中场景的河流或房屋的走廊等。同时，也起到了增加演员与观众交流互动的效果。

歌舞伎的表演剧目既有描写贵族、上流社会、武士阶层的历史剧，也有真实表现平民百姓生活的现代剧。不管是历史剧还是现代剧，歌舞伎都追求着一个形式美的世界。歌舞伎的台词（科白），即便是日本人一般也很难听懂，因此剧场都配有背景解说及台词的现代语翻译。歌舞伎的演员几乎都是代代相传，演员从幼小时期开始就要接受前辈的严格训练。著名演员有坂田藤十郎、市川团十郎、松本幸四郎、中村歌右卫门、尾上菊五郎、坂东玉三郎等。著名剧场有东京银座的“歌舞伎座”、大阪难波的“新歌舞伎座”及京都四条街的“南座”等。

## 二、“能”与“狂言”

“能”（能）又称作能乐（能楽），也是日本具有代表性的舞台艺术之一。至今已有 700 年的历史，是日本最古老的戏剧艺术。它是由日本奈良时代自中国传入的散乐[3]（散楽），到平安时代演变为猿乐[4]（猿楽），镰仓时代又与代表平民百姓艺术的田乐[5]（田楽）一起，共同发展起来的。

“能”的特色是以“谣”（相当于歌）伴随着“型”（相当于舞蹈）的表演为主，主角（シテ方）都带面具，配角（ワキ方）不带面具，演员原来也都是男性，近年来也有女性演员出现。面具端丽但大多毫无表情，表演喜怒哀乐均不能过分，演员的动作也很特别，比如走步不抬脚，而是以脚掌擦地移动，日语叫做“摺り足”。演奏的乐器有笛（ふえ）、小鼓（こつづみ）、大鼓（おおつづみ）等。表演是在叫“能乐堂”的带屋顶的特殊舞台上，背面是画有松树的简单布景，这样烘托带有缺乏个性表情面具的演员，以抑制性和紧凑的表演，加之单调的音乐伴奏，追求独特的形式美，唤起人们的想象力，达到它所追求的精炼艺术性。

“能”的表演剧目大约有240多种，大致可分为五类，即“神、男、女、狂、鬼”。多表现神怪梦幻事件及人们的世俗生活。“能”的流派也有五派，即“观世流派”“宝生流派”“金春流派”“金刚流派”“喜多流派”。专业“能”的表演者目前约有1400多人。

“狂言”是继承了猿乐和田乐中模仿（物真似（ものまね））部分而形成的滑稽喜剧，演员一般不带面具，原则上与“能”在同一舞台交替表演，它是与“能”同时发展形成的。与“能”的音乐、歌舞表演相反，“狂言”是以台词为主，语言使用江户时期的口语，简洁风趣，常加入笑话和俏皮话等，以引起观众大笑为目的。“狂言”的题材多以讽刺大名、对寄生阶层的轻蔑及表现平民百姓的日常生活、思想情绪等为主。表演曲目有260多种，大多形成于江户前期，因此，对理解中世时期日本的言语生活和风俗习惯等很有帮助。

“狂言”演员有主角（シテ）、配角（アド）之分，演员的动作也类似“能”的表演，如走步不抬脚（即：摺り足）等。服饰不如“能”那样艳丽，但多种多样且素雅。自江户时代起形成三种流派，即“大藏流派”、“和泉流派”、“鹭流派”。明治初期，“狂言”衰落，“鹭流派”失传，而“大藏流派”和“和泉流派”在昭和初期复兴。

“能”与 “狂言”在同一舞台相互交替表演，很有创意，观众在紧张地观赏完严肃庄重的歌舞后，再轻松地欣赏一段滑稽幽默的喜剧，使观众雅俗共赏，张弛有度，可谓“能”与“狂言”吸引观众的独到之处。

## 三、净琉璃

净琉璃是日本古典的木偶戏剧。净琉璃原本是指室町时代末期的一种说唱艺术（語り物（かたりもの）），当时说唱曲目中有篇描写净琉璃姬与牛若丸恋爱的浪漫故事，名为“净琉璃姬物语”（别名为“十二段草子”），深受人们喜爱，因此后来就把这类说唱艺术叫作净琉璃。当初的说唱形式只是以琵琶和扇拍子伴奏，到了江户时代，与三弦伴奏和木偶剧（人形劇（にんぎょうげき））表演相结合，形成了“人形净琉璃”，也称“文乐”。到了贞亨至元禄年间（1684～1704），大阪的近松门左卫门及竹本义太夫，创造了新的净琉璃形式，使净琉璃在文学、音乐方面都有了飞速的发展，因此把在这之前的净琉璃称为“古净琉璃”。

元禄时期，大坂的义太夫节[6]、江户的半太夫节、京都的一中节净琉璃盛行。后来，由半太夫节派生出河东节，由一中节又派生出丰后节，新的净琉璃派别不断涌现，表演艺人辈出，且风格各异。其中义太夫节较好地吸收了古净琉璃的特长，以说唱为中心，改革木偶的操纵方法等，使其成为净琉璃中最具代表性的派别。

现在的人形净琉璃使用1至1.5米高低的木偶，舞台上由三个穿黑衣的演员操作，表演不同部位的动作，木偶伴随着三弦等音乐和独特的说唱，做出各种各样的表演。木偶的动作栩栩如生，如口、眼的开合，眉毛、手指的动作都清晰可见。而且，由木偶的一些微妙动作还可表现出其感情的变化。

## 四、花道

花道也称“華道”，即插花艺术，是日本的传统艺术之一。日本气候温和，四季鲜明，春夏秋冬适合各种各样的花卉草木生长。日本人自古就热爱美丽的自然界，热爱美丽的具有生命的花草树木。花道艺术起源于佛教的供花，最初只在寺院内盛行，在举行各种仪式时供献花卉并起装饰作用。后来作为观赏的对象传入民间，逐渐形成一种以了解自然为目的的生活艺术。

日本花道艺术美包含着各种各样的要素，花的色彩、明暗、大小、轻重、寒暖、清浊以及枝、叶、茎的不同都表现着不同的美。另外，插花所用花器的形状、材质、颜色等也对作品有很大影响。还有在插花技术上，对花的素材的剪切、弯曲、曲直等造型上的方法也是多种多样，而且还考虑到花的生物特性，采取在水中剪切花茎以防止导管进入气泡，或烧其根部、或打碎根部、或用药水浸泡根部、以改善花对水分的吸收。

花道艺术虽然复杂多样，对插花艺术美的认识也是因人而异，但有一点，即超越其外观的装饰性，通过插花来表现自我的精神追求却是一致的。另外，插花艺术还有三个共通的基本理念，即“天、地、人”，这是构成宇宙的三要素，轻上为天，重下为地，人代表万物，使天地和谐。这种天、地、人三要素正是代表着大自然，插花艺术也正是要通过具有生命的花木素材，创造出瞬间的造型美，来表现这种代表大自然的理念。

花道使用的花器、工具等因流派及插花的种类不同而各异。花器的材质多为陶瓷，也有金属、玻璃、木、竹、塑料等。从花器的形状来看，也是多种多样，有壶状的、盘式的、高脚式的，也有圆形的、四方形的、正方形的、长方形的、菱形的等等。使用的工具大致有花铗、花留（はなどめ、也称花配，用来固定花的根部）、水壶（水指）、刀、锯、钳子、锥子、锤子、铁丝、两头钉等。

花道艺术的美学概念及对作品美的追求也不尽相同，随即便产生了各种流派。从14世纪末期的流行花会开始，到15世纪后期至16世纪前期产生了“古立花”（立花），16世纪后期又有“抛入花”，接着是17世纪的“立花”，18世纪的“生花”，19世纪前期的“生立花”，20世纪前期的“盛花瓶花”，20世纪后期的“现代花”等等，花道的历史在不断地发展变化。流派以池坊流、未生流、古流、远州流、小原流、草月流等为主，至今已发展到2000多个流派。

池坊流派是最具古老传统的流派，它的创始人是室町时期的京都僧侣、立花名人池坊专庆[7]。使插花艺术理论化的池坊专应，在室町时代末期写有传书（伝書），强调插花艺术把自然美置于身边欣赏的重要性。当时插花艺术有两种类型，一种是在集会或招待客人时较为正式的“立花”，另一种是在日常生活中欣赏的较为自由的“投入花”，这两种类型的插花艺术虽然不断变化，但其定型与不定型的特色基本上一直延续至今。池坊流派是立花的代表，在元禄时期鼎盛，至今仍是最有影响，而且也是最大的流派。

未生流派是由江户末期的未生斋一甫创立的，1816 年出版“本朝插花百练”，对插花艺术的大众化作出了贡献。未生流派吸取儒家的天地人合的理念，使基本花形成为体现天圆地方的两个等边直角三角形，技法简洁明快，关西一带拥有众多弟子，在现代花道界也是较大流派之一。

另外，明治末年由小原云心创立的小原流派、战后兴起由敕使河原仓风创立的草月流派，也是当今日本花道界有影响的代表性流派。

**五、茶道**

12 世纪末期，在中国宋朝学习禅宗的日本僧侣荣西（1141 ～ 1215）从中国带回了茶叶的种子以及饮茶器具等，茶叶开始在日本栽培，并广泛被人们饮用，饮茶的仪式也逐渐变得符合日本人的习惯。但给予饮茶仪式精神升华的是日本室町时代的村田珠光（1422 ～ 1502）。村田珠光主张茶与禅宗的精神统一，创造了追求茶室静寂的草庵式的闲寂茶（侘び茶）仪式。16 世纪末期（安土、桃山时期），村田的第二代弟子千利休（1521 ～ 1591）完善了这一仪式。由千利休完成的这一闲寂茶仪式，形成了精神与形式相伴随的茶道美学。

茶道所追求的是一种和、敬、清、寂的精神境界，茶道还强调人与人之间的和谐关系。所谓茶道，其基础是茶会，没有茶会也无所谓茶道。茶会即人们的聚会，参加茶会的人们通过茶道的途径，摆脱凡俗现实社会的制约，在追求和、敬、清、寂的精神境界的同时，以达到人与人之间的关系融洽，心灵相互沟通。另外，与茶道流行发展的同时，还使得茶室、茶器、庭院艺术等得到了发展。

茶室分书院式茶室和草庵式小茶室两种。在镰仓时代末期，茶室本来是从中国传入的两层式建筑，房间内部也相当明亮，但经过种种变迁，到室町时代中期，开始出现书院式茶室，房间较大，又由茶人珠光创造了纯日本式的草庵茶室，房间较小（四张半草垫），以后又有更小的茶室出现。同时，又有与正房完全隔离，叫作“数奇屋”（すきや）的茶室出现，标志着茶室日本化的完成。现在的茶室一般以四张半草垫大小的茶室为标准茶室，大于四张半草垫的茶室为“广间”（広間），小于四张半草垫的茶室为“小间”（小間）。茶室里一般都有壁龛（床の間）和地炉，壁龛处悬挂字轴或画轴，下面摆设花瓶花卉。地炉的位置决定室内草垫的铺设方式，一般客人都坐在操作者的左手，称为顺手席。

茶器在这里主要指茶道所使用的工具，一般有釜（かま）、柄杓（ひしゃく）、风炉（風炉）、茶碗（ちゃわん）、茶巾（ちゃきん）、茶筅（ちゃせん）、水差（みずさし）、茶杓（ちゃしゃく）、建水（けんすい）等等。“釜”是烧水用的，一般为铁制。“柄杓”是把烧的水倒入茶碗的用具，一般为竹制品。“茶碗”是饮茶用的，一般为陶瓷制品，是茶道中重要也是最具代表性的器具。因在茶道艺术里，有一重要内容就是对茶器的欣赏，其中对茶碗的种类、形状、色彩等的欣赏是所有参加茶会的人们所期待的。“茶巾”是擦拭茶碗用的。“茶筅”是搅拌粉末茶（抹茶）的一种竹制圆刷。“水差”是盛放往“釜”里加的水或洗“茶碗”和“茶筅”时用水的器具，一般为陶瓷器。“茶杓”是往“茶碗”里放茶的竹制小勺，“建水”是盛放洗完“茶碗”等用过的水的器具。

茶室的庭院也很有日本特色，进入这个庭院就仿佛脱离开凡俗世界，身心清静，有种精神的超脱感。通往茶室的小路叫“露地”（ろぢ），一般由卵石等铺成，走过“露地”有一“手水钵”（手水鉢），客人在此洗手、嗽口，然后再进入茶室。

茶道的礼法一般分为三种，即炭礼法、浓茶礼法和薄茶礼法。其中炭礼法包括为烧沏茶水的地炉准备炭的程序，浓茶礼法为茶道中最郑重的礼法，饮茶之前，要请客人先吃叫做“怀石”（懐石）[8] 的简单却是精雕细琢、充满美感的饭菜。薄茶礼法是茶道中最基本的礼法，一般学习茶道都先从薄茶礼法开始。茶道中使用的茶为粉末茶，是将四月末五月初采集的优质嫩茶，经洗、蒸、干燥后再研磨成粉末状后而成。在茶道的礼法当中，最受重视的是叫作“点前”（てまえ）的表演，是指在茶室的固定位置，按规定摆放、使用茶具，为客人沏茶的一系列动作。同样，客人饮茶时也有规定的顺序及一系列动作。

茶道的流派也有很多，以千利休为始祖的“千家（せんげ）流派”，至今已有 400 多年的历史。在代代相传中，“千家流派”又分成“表（おもて）千家”、“里（裏）千家”和“武者小路（むしゃのこじ）千家”三个流派，虽然他们的一些礼法规矩不尽相同，但还是继承了千利休的传统，时至今日也是日本茶道的主流。除此之外，还有“薮内流派”、“远州流派”“宗徧流派”等众多流派。

**六、浮世绘**

在日本江户时代（1603 ～ 1867），为下级武士及平民百姓所创造、与日常生活密切相关的世俗艺术有了很大的发展，其中描写妓楼、歌舞伎等庶民生活风俗的绘画及版画作品被称之为浮世绘。万治宽文（1659 ～ 1673）年间，菱川师宣创造出单页（一枚摺り）[9] 版画，成为了浮世绘的起源。随后，怀月堂一派和鸟居清元、清倍、清满、奥村政信等人创造了很多描写美人、艺人的优秀版画，从而奠定了浮世绘发展的基础。版画从单一墨色逐渐演变为二色、三色，至明和二年（1765），由春信等人创造出多色版画。天明宽政期，鸟居清长、胜川清章、喜多川歌麿、东洲斋写乐等人，留下了不少优秀作品，迎来了浮世绘的黄金时代。文化文政后期，歌川丰国、国贞、国芳、歌川一门、溪斋英泉等人，创造了表现幕府末期颓废美的美人画及艺人画受到人们的欢迎。另外，葛饰北斋、安藤广重开辟了风景版画的新领域。可是，伴随着幕府末期到明治时期的社会动荡，这一艺术也逐渐衰退、消亡。

### 七、邦乐

邦乐指日本在近世，特别是江户时代以来，在贫民百姓中间发展起来的筝（こと）曲、三弦（三味線）音乐、箫（尺八）吹奏，类别有雅乐、能乐、俗乐等。邦乐的称呼是相对于在明治时期传入日本的西方音乐即“洋乐”而言的。

邦乐的特点是只有 5 个音符，而西方音乐有 7 个音符。另外，西方音乐每一拍节的长度是相同的，可邦乐的拍节长度是不同的，一般 2 拍、4 拍的偶数拍子较多，几乎没有 3 拍子。

## 第二节 日本的传统体育

### 一、相扑（相撲）

相扑运动被称为日本的国技，其起源可追溯到上古时代，开始相扑只是占卜丰收的一种农耕礼仪，当获得丰收时，在神前举行“奉纳相扑（奉納相撲）来表示感激之情。后来进入皇宫，作为宫中仪式表演。据《日本书纪》记载，皇极（皇極）天皇元年（642年即位，为第 35 代天皇）7 月为款待百济 [10] 的使者，召集相扑健儿举行了相扑比赛。天平六年（734），圣武天皇观看相扑比赛，因此有了“天览相扑”（天覧相撲）的称谓。战国时代元龟元年（1570），武将织田信長（1534 ～ 1582）非常喜欢相扑运动，因此有了“将军观相扑”（上覧相撲）的称谓，即在将军面前进行比赛。庆长元年（1596）诞生了职业力士团，原本在人群中进行的相扑运动开始转变成在“土俵”（どひょう）[11] 上进行。到了江户时代，有了等级划分，18 世纪末期，出现了“横纲（横綱）”的称号。

相扑的历史悠久，相扑的精神也符合日本民族的国民性。相扑的最重要精神就是注重礼节，始于礼而终于礼。比如即便获胜，考虑到败者的心情，也不许有任何高兴的表现。

现在的相扑竞技是在直径为5.55米的圆形“土俵”内进行，参赛的力士都梳着固定的发式（髷），身上只系兜裆布（褌），登场后先要按照传统仪式在比赛开始前的限定时间内（幕内级[12]为4分钟），双脚用力交替踏地，用水漱口，用纸擦嘴，再往“土俵”上撒盐，以示驱邪净身。然后根据裁判（行司）的指示，身体下蹲，双手触地后，比赛开始。比赛的胜负以身体的一部分（除脚掌）触地或者是身体的一部分先出“土俵”的一方为负。

相扑有专门的竞技招术（日语称为“決まり手”），共有70种，其中以推、拉、冲、撞为主。日本的专业相扑选手目前大约有800人左右，由专业相扑选手所举行的日本全国性相扑比赛叫作“大相扑”（大相撲），每年举行6次，每次15天，其中每天最后一场比赛叫“结尾赛”（結びの一番），最后一天的比赛叫“千秋乐”（千秋楽）。1月举行的比赛叫“初赛场（初場所），3月举行的叫“春赛场”（春場所），5月举行的叫“夏赛场”（夏場所），7月举行的叫“名古屋赛场”（名古屋場所），9月举行的叫“秋赛场”（秋場所），11月举行的叫“九州赛场”（九州場所）。其中，“初赛场”、“夏赛场”、“秋赛场”的比赛都是在东京国技馆进行，“春赛场”在大阪，另外两场比赛分别在名古屋和福冈。“大相扑”的比赛深受日本人的喜爱，每次比赛包括电视观众大约有几千万人观看。

专业相扑选手的等级、地位，叫作“番付”（番付），在“大相扑”中，根据实力，从下到上依次划分为序口（序の口）、序二段（序二段）、三段目（三段目）、幕下（幕下）、十两（十両）、幕内（幕内）。其中幕内为“番付”的最高级别，这一级别里又从下到上依次有平幕（平幕）、小结（小結）、关胁（関脇）、大关（大関）、横纲（横綱），其中横纲为力士中的地位最高者。横纲和大关的地位在某种程度上虽有所保障，但以下等级的选手都按每个赛场的成绩升降其地位，胜负竞争相当激烈。在相扑比赛中，是以“星”来表示选手成绩的，胜者为“白星”（しろぼし）或“胜星”（かちぼし），败者为“黑星”（くろぼし），如果平幕的力士战胜横纲那就是“金星”（きんぼし）。每个专业相扑选手都有自己所属的派系（部屋），每个派系里又有指导训练生活的“前辈”（親方），同一派系的相扑选手不进行比赛。平时，力士们都在早上五六点钟起床，进行第一次训练。然后洗浴，上午11点左右吃饭，饭后一定要午睡。下午6点左右再吃第二次饭，每天基本上只吃两顿饭，但每次吃得好多，吃的是饭菜鱼肉等一锅烩（日语称：ちゃんこ鍋），是一种营养价值很高的饭菜。所有这些，都是为了增加体重。成为专业相扑选手的基本条件，是要完成义务教育，只限身高173公分、体重75公斤以上的男性。因为没有国籍限制，在日本的相扑选手里还有很多外国力士，1993年外籍相扑选手曙太郎（美籍夏威夷出身，现已入日本国籍、退役）获得横纲称号，成为第一个外籍横纲。现役的两位横纲也都是蒙古国出身，一位是朝青龙明德，另一位是白鹏翔，到目前为止，300多年间获得横纲称号的只有69人（截止2007年5月）。

**二、柔道**

柔道起源于日本古代的“柔术”，在明治时代初期，当时是东京大学学生的嘉纳治五郎（1860～1938），对“柔术”很感兴趣，学习了各种流派，并吸取各种流派的长处，又赋予精神修炼、强身自卫的教育意义，于（明治十六年）1882，在东京文京区开设讲道馆，创立了作为新“柔术”的柔道。（昭和二十四年）1949，日本成立全日本柔道联盟，1952年又成立了国际柔道联盟（IJF），（昭和三十九年）1964，在东京奥林匹克运动会上第一次被指定为奥林匹克的正式比赛项目，1974年又第一次举行了大洋洲女子柔道锦标赛，目前已有177个国家和地区加入国际柔道联盟，柔道得到了世界性的普及与发展。

柔道的比赛，日本国内是在50张草垫子见方(9.1平米)，国际比赛是在最大10平米，最小8平米的正方形场地内进行。比赛分个人赛和团体赛，个人赛又分“无级别赛”和“体重级别赛”。“无级别赛”是与体重、身高、段位、年龄等无关的比赛，“体重级别赛”是分别按男女七个体重级别而划分开来的比赛。除此之外，还有分段位、年龄的比赛。比赛时间，日本国内比赛为3分钟至20分钟不等，国际比赛为男子5分钟，女子4分钟。柔道的竞技基本上是以摔、擒拿、拳打脚踢为主，如果细分，总共有80多种招数。比赛的胜负以选手使出的招数水平、效果而定。裁判为三人，一人为主裁判，二人为副裁判。

从事柔道运动要穿柔道衣，柔道衣分“上着”（上着(うわぎ)）和“下穿”（下穿(したば)き），传统的柔道衣为白色，但为了便于裁判和观众识别选手，1997年（平成九年）10月国际柔道联盟决定，在比赛时一方穿白色柔道衣，另一方要穿兰色柔道衣。除柔道衣以外，选手还都系有腰带，腰带还是选手段位、级别的标志。其中段位共有10段，最高段位10段及9段系红色腰带，8段至6段系红白色腰带，5段至初段系黑色腰带。段下分为5个级别，1级为最高，1～3级都系茶色腰带，4级至初学者系白色腰带。

柔道运动也非常注重礼节，强调始于礼终于礼。礼法分“立礼”和“座礼”，练习与比赛时根据需要区别使用。由于柔道运动通过进攻与防御的练习，不仅可以强身健体，又可以通过柔道礼法在与对手的接触中，尊敬对方的人格，调整人际关系，达到提高自身精神修养的目的。因此，在日本深受人们的喜爱，目前在日本全国从事这项运动的有160万人以上。

## 三、剑道

剑道是日本一种古老武技，原本使用刀剑，后逐渐演变成通过练习这种武技而达到锻炼身心的武道。一般认为在室町时代中期以后形成，到江户时代初期已有 200 多个流派，其中以德川家御家流的柳生新阴流派和与其抗争的伊藤一刀斋的一刀流派最为著名。现在的剑道流派有被称之为剑道元祖的小野一刀流派，北辰一刀流派和由此派生出来的众多流派。明治时代以后，警察剑道成为主流，还被引进学校，作为学校的体育课教学内容。第二次世界大战以后，在美军占领时期，曾经一度被禁止，昭和 27 年解除禁令。现在，作为日本国民体育运动，有全日本剑道选手大会、大学剑道选手大会、高中剑道选手大会等比赛。

剑道是一种对抗性运动，练习剑道不仅可以强身健体，更重要的是培养自己高度集中的精神，同时锻炼观察对手的能力。比赛时要穿戴叫“面”（面）、“笼手”（篭手）、“垂”（垂）的护具，使用“木剑”（木剣）和“竹刀”（竹刀）对打。比赛时间为 5 分钟，如果不能决定胜负，再延长 3 分钟。通常比赛以 3 分决定胜负，三名裁判中有二名认为有效进攻就得 1 分，犯规 2 次减掉 1 分。基本进攻方式为上部、中部、下部进攻。根据水平也定有段位级别。段位分初段～ 10 段，10 段为最高段位，段下级别称号依次分为“练士”（錬士）、“教士”（教士）和“范士”（範士）三种。

目前，剑道运动不仅在日本得到普及，自 1970 年世界剑道联盟成立以来，剑道已成为世界性体育项目，1976 年在英国举行的第三次世界剑道锦标赛时，参赛国就已超过 20 多个国家。现在能参加世界锦标赛的有 40 个国家和地区，从事这一运动的已达 700 多万人，有段位的已达 110 万人，而且女性日趋增加。我国的香港、澳门、台湾早有剑道馆，2001 年 12 月在北京也出现由日本人教授的剑道俱乐部（2001 年 12 月 7 日《北京晚报》）。

## 四、空手道

空手道起源于中国唐朝时期传入日本冲绳的中国拳法，在冲绳，古时候有种称为“手”（手）的护身术，后来就把从唐朝传入的中国拳法称之为“唐手”（唐手）。从公元 14 世纪开始，冲绳的统治者就发出了禁止携带武器的“禁武政策”，人们为了护身自卫，开始秘密修练“唐手”。第一次把“唐手”公布于世的是冲绳的教育家船越义珍（1870 ～ 1957）。大正 11 年（1922），船越义珍赴京公开了“唐手”的武功，人们对其威力惊叹不已。随后，以宫城长顺为首的“唐手”名家，陆续从冲绳赴京，使“唐手”这一拳法迅速在日本全国普及。昭和 10 年（1935），船越义珍基于禅教精神，亲自把“唐手”改称为“空手道”。

空手道以拳打脚踢为主，练习时分为“基本”（基本）、“型”（型）、“组手”（組手）。“基本”是指基本动作，比如站立法、行走移动法等。“型”是指假设四面八方都有对手时，所要使用的各种拳法套术。“组手”是指与真正对手实际练习。一般平均通过 3 ～ 5 年这样一系列的练习，可以取得初段资格。空手道的比赛，男子为 3 分钟，女子为 2 分钟。

空手道的流派以前主要以少林流派和昭灵流派为中心，现行流派有松涛流派（始祖为船越义珍）、刚柔流派（始祖为宫城长顺）、糸东流派（始祖为摩文仁贤）、和道流派（始祖为大冢博纪）等。空手道的日本全国性组织是“全日本空手道联盟”（全空連），1981 年，空手道已作为日本国民体育大会（国体）的正式比赛项目。而且，空手道也受到世界人民的喜爱，世界空手道联盟（WKF）目前已有 164 个国家加盟，其中拥有段位的选手已达 100 多万人。

### 五、射箭（弓道）

日本的射箭也是与柔道、剑道一样，是从古武道发展起来的一项日本传统体育项目。据传原来在太古渔猎生活时期，是作为一种生活手段的武技，后来随着火枪的传入，逐渐失去威力，演变为武士用以修身养性的运动。到了近代，才被作为体育项目普及流传。

射箭的竞技分远靶竞技和近靶竞技两种，一般近靶竞技为多。近靶竞技的射程为 28 米，靶的直径为 36 公分，以射中率决定胜负。比赛有个人赛与团体赛，作为一种体育爱好和提高个人生活品位而受到人们的喜爱。日本全国有 2500 多射箭场（弓道場），拥有段位的练习者达 40 多万人，其中 20% 为女性。

## 第三节　深受日本人喜爱的大众艺术

### 一、书法（書道）

书法在日本称为“书道”，它起源于用汉字抄写从中国传入的佛经。“书道”原本也是来自中国，中国的书法最早传入日本是在奈良时期，但自平安时代日本发明假名以后，便产生了与中国书法有着不同风格的假名书法，还产生了各种各样的流派。而且，从没有学校制度的时候开始，书法就成了儿童早期教育的重要内容，练习书法被视为提高自身修养的必修课。到了江户时代，由于书法的普及，大大提高了日本人的识字率，不光是武士阶层，就连平民百姓也都因练习过书法而认识很多汉字。

现在的日本学校已将书法教育作为必修科目，社会上有好多书法教室（書道 教 室），经常举办书法比赛与展览，甚至连每年日本最大的节日——新年，都特定一天（1月2日），为一年中第一次试笔（書初め）日，即用毛笔第一次写字，中小学生几乎每年都要举行大规模的新年试笔大会，另外，在社会上书法教室的私塾里练习书法的人越来越多，有的大学还设有书法专业，可见书法在现代日本人心目中的地位。

## 二、流行歌曲（歌謡曲）与“演歌”（演歌）

流行歌曲是以西洋乐器伴奏而演唱的歌曲。“演歌”也是主要以西洋乐器伴奏，但其旋律有着日本独特的韵味，不管是流行歌曲还是“演歌”，都深受日本男女老幼的喜爱，在此基础上，日本人还发明了“卡拉 OK”[13]，并传到国外。广播电视大赛不断，特别是一年一度的 NHK[14] 新年红白歌会，备受人们欢迎，有着很高的收视率。

## 三、相声（漫才）与“落语”（落語）

相声在日语里称为“漫才”，日语里的“落语”为单口相声。早在日本镰仓、室町时期，每逢新年，头戴黑漆帽，身穿武士礼服的艺人（太夫）与捧哏（才藏）结伴而行，挨门串户地表演一些滑稽的歌舞，意在驱邪迎新，称之为“万岁”（万歳），因日语的发音相近，后来逐渐演变为现在的漫才（相声），成为大众曲艺表演的一种。在明治时代中期前后，作为“万岁”的一种变形，先从关西地区出现，后来受到全国上下的喜爱，逐渐普及，1934年才开始改称为漫才（相声）。近来还出现了由三人表演的相声，广播电视里经常有相声节目，深受欢迎。

单口相声（落語）是从滑稽的俏皮话（落し話）演变而成的。称为“落语”是在昭和以后。曾把笑话文学的原型编辑成《醒睡笑》（共8卷）的安乐庵策传（1554～1642）是单口相声的鼻祖，现在的单口相声，大部分都取材于《醒睡笑》。1786年，立川焉马（1743～1822）在江户向岛的餐馆里表演自己创作的俏皮话（落し話），成为今天单口相声表演的基础。之后盛行将近半个世纪，幕府末期一度衰退，进入明治时期以后，因三游亭圆朝等艺人的出现，再次兴盛。可以说，圆朝是近代单口相声的奠基人。

单口相声的表演一般在叫作“寄席”（寄席）的小型剧场，自明治时期开始，表演者通常手拿一把扇子，跪坐在一块垫子（座布団）上演出，目前，由广播电视转播的节目为多。

### 四、漫画

漫画是目前在日本最为流行，兼有文学、艺术、娱乐、消遣、爱好等多功能的读物，每年的发行总量约为21亿6000万册，占日本出版物总数的三分之一。有一本名为“少年ジャンプ”的漫画杂志，销量达600多万册，为世界第一。在日本，不仅小孩，大人也都喜欢阅读漫画，很多漫画还改编为动画片。近来，还出现了不少历史及经济的漫画书，还有人把日本的古典“源氏物语”、“枕草子”等也改编成漫画。另外，政府一些宣传出版物也使用漫画形式。可以说，漫画已不仅是单纯的娱乐消遣读物，也是一种信息传播的工具了。近年来，介绍到中国来的日本漫画也有很多，如“铁臂阿童木”、“机器猫”、“蜡笔小新”“樱桃小丸子”等等。但是，对漫画这一形式也有持否定态度的，认为它使人们越来越远离文字，令人担忧。

## 第四节　深受日本人喜爱并盛行的体育项目

### 一、棒球

棒球运动本来源于英格兰的板球（cricket日译クリケット）运动，19世纪初，由英国移民传入美国，1873年（明治六年），在日本开成学校的美国教师教给了当时的日本学生，后来逐渐普及，目前已成为在日本最为盛行的体育运动。大正时期，京都的铃鹿荣根据棒球规则还创造了日本独特的软式棒球（垒球）运动。现在，日本的学校，不管是小学、中学、高中、大学，公司企业，也不管其规模大小，一般都有自己的棒球队或垒球队，业余、休息日里，经常可见练习棒球和垒球的人们。可以说棒球运动已成为日本的全民性运动。

从战前开始，每年夏天都在甲子园[15]举行全日本高中棒球比赛，特别受到人们的喜爱。高中棒球比赛首先在春季由都、道、府、县举行选拔赛，在选拔赛中的获胜者，再分别代表都、道、府、县，参加夏季的甲子园全国比赛。比赛时都有各地组成的声援助威拉拉队，广播电视实况转播，收视率很高。高中棒球比赛中表现优秀的选手，大都成为各职业棒球队的选拔对象。

日本的职业棒球比赛始于20世纪30年代，现有的两个联盟创立于1950年，其中一个是中央联盟（日语为：セントラルリーグ），另一个是太平洋联盟（日语为：パシフィックリーグ），每个联盟各有6支球队，在总共12支球队的分组循环赛（总计130场）后，两个联盟的冠军队再争夺日本第一的总冠军。

### 二、围棋、将棋

围棋起源于中国，8世纪初期传入日本，开始在宫廷贵族之间流传，到13世纪前后，逐渐在日本普及。现在的“本因坊”[16]就是从德川时代的棋院（碁所）发展而来的。大正十四年（1925），日本棋院成立，迎来了围棋的昌盛期。昭和十四年（1939）创立全国“本因坊赛”，另外还有名人赛、十段赛、天元赛、棋圣赛等多种比赛。现在日本围棋人口多达1000万，职业棋手有500人左右。

将棋起源于印度，在日本奈良时代，经遣唐使从中国传入日本，战国时期在武将之间盛行，到了江户时代，逐渐在百姓中普及。1607年，德川幕府开设将棋所，1924年，成立东京将棋联盟，1948年成立了社团法人日本将棋联盟，成为日本将棋界的权威机构。日本现有将棋人口2000万人，职业将棋棋手约有140人，每年全国主要大赛近10种。将棋虽从中国传入，但现已不同于中国的象棋了。日本的将棋棋盘横竖10道线共划分出81格，棋子双方各8种20个，吃掉对方的部分棋子可以归己使用，最后以捉住对方王将为胜。

围棋、将棋的段位都是从初段到九段，九段之上还有名人、棋圣和十段等，初段之下又有1级、2级、3级。

### 三、足球、网球、高尔夫球、滑雪及水上运动

足球在日本原本并不怎么受欢迎，但自1993年成立职业足球联盟J联盟以后，人气大旺，从大人到小孩都开始喜欢起足球了，广播电视的体育节目转播时间现已同棒球大致相同，而且商家也不断打出与J联盟相关的产品，可见足球现在所受欢迎的程度。目前J联盟共有14支球队，每年从春季到秋季分两个阶段进行联盟赛。在2002年6月举行的第17届韩日足球世界杯赛上，日本队历史上第一次进入8强决赛。

网球运动是在日本经济快速增长时期发展起来的，现在日本全国已有1000多家网球俱乐部，从事网球运动的人口达500多万人，尤其受到年轻人及情侣、家庭主妇的喜爱。

高尔夫球在战前的日本只是一部分上流社会人们的运动，战后逐渐开始普及，现在从事高尔夫球运动的人口达1200万。特别是作为社交活动，也经常以打高尔夫球为首选。现在日本全国已有高尔夫球场1400多处，高尔夫球俱乐部更是数不胜数，还出现了24小时营业的高尔夫球练习场。另外职业高尔夫球也很盛行，涌现了不少世界著名的高尔夫球选手。

滑雪运动的盛行得益于日本的自然环境，在日本的北海道及北部日本海沿岸一带，冬季多为积雪气候，使得人们能经常从事滑雪运动，有的中、小学校还把滑雪作为体育课程，近年来，在城区还出现不少人工滑雪场，使得喜爱滑雪的人们一年四季都可就近从事自己喜爱的运动。另外，1972年、1998年分别在札幌、长野举行过两次冬季奥林匹克运动会。

水上运动包括游泳、冲浪、快艇等运动，首先游泳在日本相当普及，曾被称为游

泳大国，在第十届国际奥林匹克运动会上，日本游泳队几乎取得全部冠军。因日本四面环海，有众多的天然海滨浴场，加之日本的所有学校，包括中小学校几乎都有游泳池，要上游泳课，因此使得游泳运动有很大的发展。近年来在海滨浴场又开始盛行冲浪及赛艇运动，特别受到年轻人的喜爱。

**思考题：**

1. 传统的日本艺术与体育都包括什么，它的形成、发展及特色。
2. 受中国影响的日本艺术与体育都有什么，它的传入、发展及现有特色。
3. 受西方影响在日本盛行的艺术与体育都有什么，它的传入、发展及现有特色。
4. 日本插花艺术的精神追求及三个共通的基本理念是什么？
5. 相扑运动的重要精神与选手的等级划分是怎样的？

**注释：**

[1] 位于岛根县大社町，始建于中世时期，在日本神社建筑中被称之为最古老的神社样式。

[2] 三味线（三弦），原本是西亚乐器，16 世纪中期经琉球传入日本，现多为使用猫皮及狗皮蒙鼓。

[3] 散乐：与宫廷正式的雅乐对应，也称俗乐，是曲艺和模仿表演等的总称。

[4] 猿乐：日本中世艺能之一，起源于中国散乐的滑稽模仿表演。

[5] 田乐：在插秧季节，为祈祷丰收而举行的田间歌舞祭祀活动。

[6] 节：日语为“節（ふし）”，在此为曲目之意。

[7] 池坊专庆（池坊専慶（いけのぼうせんけい）），生年不详，15 世纪中期的华（花）道家，京都顶法寺六角堂的僧侣，被认为是池坊流派华（花）道的始祖。

[8] 在茶会上招待客人的简单饭菜，以应季的新鲜优质材料为主，有着体现四季寒暖，追求简洁美的特色。

[9] 也称“一枚絵（いちまいえ）”，指印在一张纸上的浮世绘，只印一张纸的版画。

[10] 朝鲜三国时代半岛西南部的国家。

[11] 相扑比赛的场地。正式的相扑比赛的场地是在高约 36 公分～ 54 公分、一边约为 5.4 米的正方形高台上，围有直径为 4.55 米的圆圈，比赛就在这圆圈内进行。

[12] 相扑比赛中排名在最前的力士级别。一般指平幕（日语称“平幕（ひらまく）”、也称“前頭（まえがしら）”）以上的选手。

[13]“カラ”为“空”，“オケ”是“orchestra”的略语，意为供练唱或演唱用的歌曲伴奏录音及录像。

[14]“日本放送协会”（日本广播协会）的罗马字标音略语。

[15] 位于兵库县西宫市，其甲子园棒球场因每年举行日本高中棒球全国比赛而闻名。

[16] 江户幕府棋所之一，以京都寂光寺本因坊的僧侣算砂（日语发音：さんさ、1558 ～ 1623）为始祖，至第 21 代传人秀哉引退（1939）为止，后成为日本围棋界实力派冠军的称号。

**主要参考文献：**

佐々木瑞枝《日本事情入門》，日本アルク出版社 2000 年。

大森和夫等《日本 ( 上、下 )》，大连出版社 1997 年。

周平等《日本风情录》，东方出版社 1996 年。

苑崇利《日本概观》，外文出版社 2001 年。

平凡社《マイヘディア日本百科辞典》 1996 年。

梅棹忠夫等《大事典 desk》，日本講談社 1983 年。

# 第十三章　风俗习惯

日本人在一年的生活中有各种节日活动和庆典活动。在这些节日活动中，既有二战后国家新规定的国民的节日，例如10月10日的体育日，它是为纪念在东京举办的奥运会而设立的节日（日语叫“祝日”），还有像正月、盂兰盆节、女孩节等自古以来就与日本人的生活紧密联系在一起的传统节日（日语叫“年中行事”）。

日本节日之多，在世界上堪称第一。这些节日是传统文化和现实人生的纽带，在日本现代社会中起着重要作用，成为人们亲近、传承传统文化，增强日本国民的凝聚力的重要形式和手段。

日本的传统节日多与农耕仪式、日本的宗教观、季节观有密切联系，其中几乎所有的节日都可在某种宗教里找到渊源。比如说，新年是神道式的，中元是佛教式的，盂兰盆节是佛教和神道二者兼而有之。现代日本年轻人虽然通过节日活动参与了很多宗教活动，但当中大部分人并非是信仰某一宗教的教徒。

与这些节日祭日相关联，形成了日本独特的风俗习惯。

## 第一节　一年中的主要节日活动

### 一、新年（正月）

日本的正月是迎接年神、祈祷丰收的年初仪礼，同盂兰盆节一起，是祭祀祖灵的两大例行年祭。顺便说明一下，与中国不同，现在日本的这两个节日及其他节日，都是按公历进行。

日本人过正月，有很多独特的风俗习惯，下面一一作以介绍。

**除夕初次参拜**　除夕之夜，一家人喝着屠苏酒，吃着“越岁面”，并一边欣赏着红白歌会[1]等丰富多彩的电视节目，等待零时钟声的响起。佛教认为人生有108个痛苦与烦恼，敲响108下钟，就会去掉这些烦恼。由于现在有很多寺院在除夕之夜，允许一般民众敲响除夕钟，在寒风中，人们排着长队等待自己敲响除夕的钟声。元旦零时，在寺院的大钟敲响108下后，便迎来了新的一年。人们在钟声敲响的同时，或清晨一早前往附近的神社或寺院进行一年中的“初次参拜”，以求一年的幸福和健康。初次参拜是日本新年重要活动之一，最近很多人都去有名的神社或寺院，因此从12月31日至元旦，整晚都有运行的电车和公共汽车，参拜的人群熙熙攘攘，热闹非凡。

**稻草绳 · 门松 · 镜年糕** 过去，日本人认为正月里年神会降临到每个家庭，保证他们的幸福生活。因此，日本新年有在门上挂稻草绳的风俗，表示是神降临的清洁的地方。有独门独院的家庭在家门两侧摆放门松。现在保持这种习俗的主要是关东地区和大城市家庭以及地方各町村的学校、机关，其他各地也有摆放其他树枝的，但都表示迎接年神降临，祈祷新的一年的好收成。正月里，日本人家中摆放镜年糕（圆形大年糕）供奉神佛，祈求年神带来这一年的丰收和福德。

**贺年卡 · 压岁钱** 日本人素有在正月向老师、和平时受到各种关照的亲朋好友以及邻居互致问候的礼节，从 1899 年（明治三十二年）实行贺年特别邮政制度以后，人们开始使用贺年卡互致问候，一般在 12 月 15 日～28 日期间寄出的贺卡，元旦集中投递到各户。当人们收到亲朋好友寄来的厚厚一打贺年卡时，真可谓欢喜激动不已。贺年卡分为两种：一种是印有各种风景等图案的，一种是邮局出售的印有中奖号码的明信片式的。中大奖的可得到电视机、照相机等奖品。压岁钱日语叫“年玉”，“年玉”原指为祝贺新年赠送的礼品，过去新年时孩子从父母那里、佣人从主人那里都会得到新年礼物，统称为“年玉”。现在，“年玉”是指父母、亲戚在正月给孩子的压岁钱。

**“节料理”、煮年糕、屠苏酒** 中国过阴历春节，日本过阳历正月，虽然一个月后才立春，但在日本，把阳历正月视为最重要的节日，因此正月吃的料理也叫“节料理”。“节料理”是煮成微甜的蔬菜、鱼等食物，装在精美的漆器盒中以备新年食用。最近，大商场也卖成套的“节料理”。另外有煮年糕日语叫“杂煮”，顾名思义，是将年糕放入蔬菜和肉或者鱼贝等汤中煮的食物，是正月不可少的主食，因地方、家庭不同使用的材料和调味方法也不同。屠苏酒是在甜酒中放入几种草药制成的酒。在元旦那天全家喝，祈望一年不得病。据说从平安时代开始就有喝屠苏酒的风俗。

**日本式纸牌（“百人一首歌留多”）** 日本正月里传统的游戏有放风筝、玩陀螺、踢羽毛毽子、玩扑克牌及日本式纸牌。现在玩这些传统游戏的越来越少了，但日本式纸牌——“百人一首歌留多”仍受欢迎。百人一首是指将一百名歌人的各一首和歌编辑成的歌集，其中以镰仓时代藤原定家编选的“小仓百人一首”最为有名。“歌留多”汉字也写成“骨牌”，即纸牌的意思。“百人一首歌留多”由一百张印着和歌及作者肖像画的画牌以及另外一百张仅印有和歌下句的字牌组成。玩法是由一个人朗读画牌上的和歌，几个人从摆好的字牌里快速找出朗诵的那首和歌字牌，找出最多者取胜。“百人一首歌留多”不仅在家庭里很受欢迎，每年 1 月还举行全国性比赛大会。

**新年试笔** 把新年（1 月 2 日开始）初次写字、做画等称为新年试笔。写的字也是有新年气氛的，一般小学生多写些“梦”、“希望”、“和平”、“春”等。每年一月初各地还举办新年试笔大会。

**成人式** 成人式2000年以后由原来的1月15日改为1月的第2个星期一。全国各区、市町村的地方自治体都为满 20 岁的男女青年举行成人仪式。这一天，女孩子们穿上漂亮的和服，男孩子身着西服，接受人们的祝贺。意味着这些男孩女孩已经成为大人，有了选举权和饮酒吸烟权，也开始担负起成人的各种义务。

## 二、春季传统节日

**“节分”（立春的前一天）**　节分指季节的转换期，如立春、立夏、立秋、立冬等，特别是指立春前一天，2 月二三日前后，为迎接春天的到来，各地在神社寺院普遍举办撒大豆除恶魔活动。这天，各家庭炒好大豆，边喊“鬼出去”边向门外撒，边喊“福进来”边往家中撒。因为人们把灾祸比作鬼，撒豆可以驱除鬼。神社和寺院会邀请当年天干地支八字好的名人来撒豆，烘托仪式气氛。在家庭撒豆后，拾起与自己年龄相同数的豆子吃，据说可一年不生病。

**情人节**　2 月 14 日是情人节。在日本，这天女孩向男性赠送巧克力，以表达对这个男子的善意好感。这种习惯从昭和 30 年代前期，由生产巧克力公司宣传发起，到昭和 40 年代已普及。据说现在一年巧克力的总销售量的 12%～13% 集中在情人节。节日前，百货商场和超市都设有巧克力礼物专柜。

**女孩节**　3 月 3 日是日本的女孩节，又称雏祭，它与 5 月 5 日、7 月 7 日一样都是起源于中国的传统节日，但在日本经过长时间的历史演变，已变成日本式的传统节日。3 月 3 日这天，女孩子家中准备好一个台阶式的搁板架子，上面铺上红垫子，再摆置各种精致的小偶人，这些小偶人被称为“雏人形”，让这些小偶人（雏人形）与女孩子们共享节日快乐。早在平安时代，一到 3 月初，人们把做成跟真人一般大小的偶人放在小竹筏上，作为灾难的替身，顺着江河漂走，以此保佑女孩平安长大。到了 18 世纪江户时代，3 月 3 日成为洋娃娃（装饰性“雏人形”）的洋娃娃节（日语叫“雏祭”），偶人小而精美了。此前曾是身份高贵的人们的活动，随之在普通百姓中普及开了。

**五月黄金周**　黄金周是指从 4 月底到 5 月初的集中休假周。一般 4 月 29 日是绿色日，5 月 3 日是宪法纪念日，4 日为国民休息日，5 日是男孩节，这样这一周内法定休假日有 4 天。有的公司将法定休假日和双休日都算在内，可以连续休假 8 天左右。加之气候转暖，正是去游玩的季节。父亲们平时忙于工作，很少有时间陪孩子玩耍，可以利用这一长假陪孩子去游乐园、动物园等游玩。日本人在黄金周期间去海外旅行的人也很多，特别是在 1995 年前后，由于日元升值，去海外观光旅行比较经济，一时成为一种时尚。

**男孩节**　5 月 5 日是男孩节，也叫端午节。这一天日本人也吃日本式粽子和糯米粑，但与中国的粽子不同，是一种甜点心。这一天有男孩的家高高挂起鲤鱼旗，这是源于中国鲤鱼登龙门而化为龙的传说故事，寓意男孩们能英勇无畏地健康成长。这天在家中摆放武士木偶、甲胄、刀枪等，希望孩子能像坚强的武士一样健康茁壮成长。这天男孩的洗澡水里要放上菖蒲药草，相传菖蒲的气味可以预防疾病和除邪，以此保佑孩子健康成长。

**母亲节** 5月第二个星期日是母亲节。这个节日始于美国的教会，由于日本基督教会的努力，1949年开始过母亲节。这天很多人给母亲送红色康乃馨，也有人送礼物，在一些幼儿园和小学校里，老师让孩子们画母亲的画像，给母亲写感谢信以表示对母亲的敬爱。

## 三、夏天主要节日

**祇园祭** 日本全年各地共有三十个影响最大的庆典活动，京都八坂神社的祇园祭是现代最大的庆典活动之一。八坂神社位于京都东山，在明治以前叫祇园。祇园祭源于平安时代贞观11年(869)。这年京都流行瘟疫，为驱除疫病奉勅搭建起66基山车和神舆一起送往神泉苑，迎来祇园的神，举行一系列的祭神灵活动，这便是祇园祭的由来。平安时代中期至室町时代，由于民众经济实力的增强，规模逐渐变大，山车越来越豪华，配有鼓笛伴奏和田乐、猴乐舞等，非常可观。现在的祇园祭已成为京都乃至日本的一大风景，每年从7月1日到31日举行各种市民性的祇园祭活动，特别是7月17日，用五颜六色装扮起来的山车和身着古代服装的参加者（多达五千人），伴着雄壮有力的鼓乐，在街上行进，场面宏伟、壮观。可谓各路神聚集，共祭祇园神；民众齐参祭，共庆传统节，形成神人和乐的欢乐场面。

**盂兰盆节** “盂兰盆是梵文ullambana的汉字音译，意译为“救倒悬”。《盂兰盆经》说，为了拯救受倒悬之苦的死者，需在夏历7月15日备百味饮食，供养十方僧众。中国梁代开始仿行，后来除设斋供僧外，还加进了拜忏、放焰火等活动。”[2] 在中国已没有这个节日了，但在日本仍是一个盛大节日，只不过佛教色彩已不那么浓，主要活动是扫墓和祭奠祖先。过盂兰盆节的时间因地方不同，分为7月盂兰盆和8月盂兰盆。因此，7月中旬到8月中旬是日本电车客运和高速公路运行的高峰时期之一，尤其8月13日至8月15日（很多公司在此期间放暑假）离开家乡的人们举家回故里，形成“民族大移动”场面。盂兰盆活动持续四天，13日燃火迎祖先灵魂，过去主要在墓地、十字路口、院门口等地燃火，现在这种风俗已渐渐不见踪影，变为在家中佛坛点燃明灯，指引祖先的灵魂回到家。14日、15日祭祖先灵魂，16日送祖先灵魂。15日前后的晚上，人们跳盂兰盆舞，通常在空地中央搭起高台，上面的人敲鼓、奏乐、歌唱，大家围着高台跳舞，不仅意味供养祖先灵魂，而且主要成为一大娱乐形式。

**七夕（乞巧节）** 牛郎和织女被隔在银河的东西两岸，只能于每年7月7日晚相会。日本的七夕节就是这一中国传说与日本古老习俗相融合的产物。据说在日本，七夕节始于圣武天皇天平六年（734）。江户时代以后，这一节日通过市民子女学校得到普及。这一天，人们把写有诗歌或心愿的彩纸系在竹竿上。到了近代，这一节日主要表现为幼儿园、小学、裁缝学校的祭星。现在，主要以家庭和幼儿园的孩子为中心过七夕节。近来，商店街为招揽顾客，在七夕节把商店街装饰得漂漂亮亮，使七夕节为观光和商业服务了。仙台的七夕节装饰得最是豪华气派。

**中元** 正月15日称为上元，10月15日称为下元，7月15日被称为中元。中元前后亲朋互相赠送的礼品也称为中元。因为7月15日按阴历算，正值盂兰盆，过去人们就有回故乡看望长者的习俗，这时要带一些土特产作为礼物相送。这个时期，很多百货商场都设中元专卖场，还办理送货业务。

**暑期问候（“暑中見舞”）** 日语“暑中”是夏天炎热期间之意，一般把立秋前18天，即7月20日至8月7日这段时间称为“土用（伏天之意）”，在这期间日本人要互相寄明信片，互致暑期问候。如果暑期问候的明信片在立秋后寄到，就是残暑问候，日语叫“残暑見舞”。每年邮局都出售专用的暑期问候明信片。从1986（昭和6 1）年开始也带有抽奖号码。平时不怎么写信的人，至少要写贺年片和暑期问候明信片。

**原子弹爆炸纪念日（“原爆記念日”）** 第二次世界大战末期，1945年8月6日美军在日本广岛投下原子弹，造成约14万人死亡。9日在长崎投下原子弹，造成约7万人死亡。这些数字还不包括后来因受核辐射而死亡的人。为反对核武器和祈望和平，日本把8月6日定为原子弹爆炸纪念日，每年6日在广岛、9日在长崎举行祈望和平仪式，仪式上参加者为祈祷死者冥福和世界和平，默哀1分钟。市长宣读“和平宣言”。电视每年都做实况转播。

## 四、秋冬主要节日

日本四季变化明显，尤其秋天被誉为读书的秋天、体育的秋天、艺术的秋天、游玩的秋天。同时由于又是各种农作物收获的季节，所以又被誉为味觉的秋天。在一些地方的观光果园和农家可以进行采摘活动。

**敬老日** 9月15日是国民敬老日，1966年制订实施。这一天，为了对长期给社会作出贡献的老人表示敬爱，祝他们长寿，各城镇乡村都要把老人召集在一起，举行演艺会并馈赠纪念品。

**体育日** 10月第二个星期日，是为纪念1964年10月10日在东京举办的奥林匹克运动会设立的国民节日。

**京都时代祭（10月22日）** 每年10月22日在京都平安神宫举行的祭礼。1895年，为了纪念把京城从奈良迁来京都，即平安京建都1100周年，在京都市内新建了平安神宫，同年10月把迁都之日定为祭日。这天，将平安时代京都建都后至明治维新1000多年来历代的风俗习惯，用游行队列历史画卷式地展现出来。是京都的三大祭之一。

**文化日** 11月3日是文化日，1937年制定，这天在皇宫举行文化勋章授予仪式。现在，由文部大臣任命的10名委员组成审查会，决定获奖人选。每年由审查会选出5人，文部大臣向首相推荐，经过首相审查后在内阁会议上最后决定。至1994年为止，共颁发了56回，获奖者271人，其中女性6人，获奖者平均年龄72.7岁，最年轻的一位是1943年获奖的36岁的物理学者汤川秀树博士（1949年获诺贝尔物理学奖）。

**七五三** 七五三是祝福孩子们健康成长的仪式，男孩儿是三周岁和五周岁、女孩儿是三周岁和七周岁。11月15日被定为七五三日。这天，父母给孩子们盛装打扮，到附近的神社去参拜，买“千岁糖”给孩子吃。“千岁糖”表达了人们希望孩子长寿的愿望。这种参拜神社的风俗，是从江户时代以东京为中心的关东地区的城市中开始流行的。作为皇宫、朝廷、武士家的习惯，随着孩子的长大，要举行祝贺孩子成长的仪式，分别有“留发”、“齐发”、“穿和服裤裙（日语叫‘袴’）”、“换穿系腰带和服”等仪式。平安时代，男女孩1至3岁要剃光头，从三岁春天开始留发，并举行留发仪式。室町时代，从3岁到7岁之间，举行第一次穿和服裤裙仪式，时间定在11月15日，江户时代以后，这一仪式为男孩所专有。从室町时代开始，有了“换穿系腰带和服”的风俗，把原来穿的系绳的儿童和服，换成系带子的大人和服，来祝贺孩子长大。这一仪式原来男女孩都在九岁时举行，江户时代起，改为男孩五岁，女孩七岁时举行。[3]

**岁暮** 人们说日本人是喜欢赠送礼物的国民，最有代表性的是中元和岁暮。岁暮的风俗是年末为表示一年来得到别人关照的感谢之情，晚辈给长辈、同事和朋友之间互赠礼物，时间一般在12月27、28日到31日之间。可是，近年来从11月开始，各百货商场就开始出售岁暮礼物了，因此送岁暮礼物的时间也随之提前了。岁暮礼物大多送些过年的酒类、饮料食品等。

**忘年会** 过去，一到年末，家人、佣人、亲朋好友等忘掉一年的辛苦，高兴地聚在家里，为健康、顺利地度过了一年而互相祝贺，因此称这种聚会叫“忘年”。过去的“忘年”就是现在的忘年会的雏形。现在的忘年会专指工作单位同事们的宴会，这种宴会从日本处于经济高度增长期的1960年前后开始盛行。一般在日式酒店的大“榻榻米”房间，大家喝酒、唱歌、聊天，忘掉一年的工作辛苦和烦恼，尽情欢乐。大范围的宴会结束后，关系好的人又去酒吧或咖啡店第二次聚会，甚至还有第三次聚会。因此，到12月下旬左右，夜晚街上常看到喝醉酒的人。

**圣诞节** 在日本即使不是基督教信徒，都知道圣诞节是为纪念耶稣基督诞生的节日，它已经成为日本人的一种生活习俗。主要形式是，在家里装饰圣诞树，吃烤鸡和圣诞蛋糕，赠送圣诞礼物。很多孩子们相信圣诞夜晚，圣诞老人会来送礼物。对孩子们来说，吃蛋糕和得到礼物是非常高兴的事，因此，有小孩子的家庭大都过圣诞节。

圣诞节对大多数日本人来说，虽没有宗教性的意义，但已成为一年中重要的节庆活动之一。圣诞节临近时，商店街、繁华街都布置了圣诞节的装饰，店员穿上圣诞老人的衣裳卖蛋糕烘托圣诞气氛。餐厅准备圣诞大餐，宾馆举办圣诞晚宴，设法招揽顾客，年轻人更是期望和恋人一起度过圣诞夜。

## 第二节　婚丧习俗

### 一、婚俗

**相亲结婚**　谈到结婚，日本最有代表性的是相亲结婚。相亲不是根据本人的自由恋爱缔结婚姻，而是媒人把愿意结婚的男女双方介绍在一起，如果双方中意，就为他们引针穿线，直至成婚。大致情况是，进入婚期的子女的父母亲把子女的照片和为结婚而写的履历书交给朋友或媒人，请她们帮助找对象，找到合适的对方时，男女双方和家长进行会面相亲。在会面时，双方就兴趣爱好和对家庭的想法等进行交谈，由此来判断对方是否适合做自己的结婚对象。尽管现在恋爱结婚的人数在增加，但是年轻人平常忙于工作，有的与异性接触的机会不多，相亲结婚仍占相当的比例。

**结婚仪式**　在法律上，双方向所在市区町村政府提出结婚申请后，正式夫妻关系才成立。结婚年龄男 18 岁，女 16 岁。结婚后，法律上规定姓氏可以随夫妻任意一方。而现实生活中 98.9%（1980 年 NHK《现代日本的主妇》）以上家庭的妻子婚后改随丈夫姓。现在日本人的结婚仪式都在专门的婚礼场所或饭店举行。秋天办喜事的人较多，尤其是吉利日子结婚的人更多，这就需要提前预约，据说在东京要提前半年以上预约才行。结婚仪式有神前结婚、教堂结婚、佛前结婚，也有不带任何宗教色彩的人前结婚，但是人数不多。神前结婚：新郎新娘、媒人夫妇、家属亲戚出席，神官向神位朗读祝词之后，新郎对神位起誓结婚。然后新郎新娘要共同饮一杯酒，分三次饮尽，共饮三杯，称为“三三九次杯”。两人共饮一杯酒，意味着两人已正式结合在一起，成为夫妻。最后全体在场亲属举杯共祝两家结缘。这种神前结婚约有一百多年的历史。教堂结婚：兴起于明治时代，流行于 20 世纪 70 年代。明治时期基督教在日本被承认，教徒激增，他们模仿欧美的作法，在基督教堂司祭主持下举行结婚仪式。从七十年代经济高度增长期以后，即使不是基督教徒，也流行在教堂举行结婚仪式，教堂也从经济角度出发，承认了这种做法。现在很多婚礼场所既可以举办神前结婚，又可以进行教堂结婚，根据顾客需求提供服务。

**结婚喜宴**　结婚喜宴日语叫“披露宴”，结婚仪式后大家到宴会厅参加结婚喜宴。在喜宴接待处有新郎新娘的朋友负责接待，来宾在专门设计制造的喜庆纸袋里装上贺喜钱，交给接待处并签名。金额避开日语中不祥数字 4 和 9，另外要注意拿干净或新纸币。

喜宴开始先由介绍人介绍两人的经历，一般由公司领导做介绍人，然后由主要来宾（一般是新郎新娘最重要的客人）祝词，大家举杯干杯后，开始切结婚蛋糕，之后开始进餐。在祝词中忌讳使用日语“切”“完了”“离开”等词。另外还有同事、朋友、学生时代的老师等讲话。在这期间，新娘要换 1、2 次服装（日语叫“色直し”）。喜宴结束客人走时，主人要给客人们赠上礼品。

## 二、葬礼

**守夜** 日本人大多选择佛式葬礼。程序如下：首先，是在死者的灵前守夜。在葬礼前一天夜里，一般认为死者的灵魂还没有离开，亲友们聚在一起，在灵前守夜，日语叫“通夜”。最近在人死的当天夜里为死者守夜的做法渐渐多起来。过去守夜一直通宵陪伴死者，现在，到一定时间客人也回去。守夜与告别式不同，都是与死者非常亲近的人聚在一起，大家边吃些素酒菜，边聊一些关于死者的生前事，以缅怀死者。

**告别式** 守夜第二天举行告别式。告别式会场外设接待处，来人在接待处写上名字，另外要递上装有钱的信封，日语称之为“香典”。所谓“香典”原来是指为送死者的灵魂而带去的香，现在指参加葬礼时送的钱。一般装在写有“御佛前”或“御灵前”文字的纸袋里，在下面写上名字，以便遗属在日后赠送“香典”的回礼。这一天死者入棺，被放在祭坛上，祭坛前挂上遗像，请来僧人在棺前诵经，悼念死者。参加告别式的人来到祭坛前，鞠躬后，进香、双手合十，并向遗属默致哀悼。然后出棺火化。从告别式到火化的过程一般称为葬礼。

**忌日** 火葬后死者的灵魂才渐渐离去。为此，每 7 日为一“忌日”，最初的忌日叫“初七日”，请僧人为死者念经，并为来参加祭奠的人准备饭菜。现在，大多在火葬的当天，回到家里一并进行“初七日”的祭奠，此后在三十五日、四十九日进行祭奠。特别是第四十九日，是重要日子，这一天要给亲朋们赠送“香典”的回礼，安放遗骨，拆去祭坛。以后在第一年的盂兰盆节（7 月 15 日或 8 月 15 日），要为死者进行祭奠。以后分别在第 1 年的忌日、第 2 年、第 12 年的忌日、第 16 年的忌日等时间进行祭奠活动。

日本人就是这样经历各种仪式，走完自己的一生。

**思考题：**

1. 为什么说日本人即使不是宗教信徒，一生中也参与了许多宗教活动？
2. 请谈谈日本人怎样过正月的？
3. 日本有哪些孩子的节日？内容分别是什么？这些节日的共同点是什么？
4. 日本人为死去的亲人送葬的过程，与中国有哪些不同之处？
5. 在一年例行的节日中，那些节日是受西方国家影响的？

**注释：**

[1] 红白歌会：除夕夜，日本 NHK 主办的歌唱晚会，演员分成红白两组，进行比赛，红组为女歌手，白组为男歌手。能参加这台晚会的歌手，都是活跃在当年歌坛上的人气旺的歌手。因此，节目收视率很高。

[2] 王文元著《日本经济奇迹之根源·樱花与祭》第 298 ～ 199 页。

[3] 关于七五三起源主要参考了日本 MSN 网上的资料。

**主要参考文献：**

1. 日本語教育学会《日本事情シリーズ日本人の一生》，1988 年。
2. 王文元《日本经济奇迹之根源·樱花与祭》，北京出版社 1993 年。
3. 《日本风情录》，东方出版中心 1989 年。
4. 田中宣一、宫田登《三省堂年中行事事典》，三省堂 1999 年。
5. 弓削悟《新版日本の年中行事》，金園社 1999 年。

# 第十四章 料 理

“料理”一词在日语中最初的意思是处理。公元十世纪初编纂的《延喜式》[1]中出现了“料理御膳”[2]“料理神御饌”[3]等词语，这里的“料理”已经带有烹调、加工食品的意思。在这之后，“料理”一词作为动词使用时，包含烹饪的意思；作为名词使用时，带有饭菜的意思。“日本料理”即是日本饭菜的意思。这个词传入中国之后，作为一个固有名词已被广泛接受和使用，本文也使用“日本料理”一词来谈日本饭菜。

民以食为先，食乃人类生存繁衍之最基本活动，也正因为如此，一个民族文化上的许多特征都会在它的饮食习惯中有所体现。作为文化范畴的饮食其涉及范围非常广泛，它同自然环境的变迁、人类的进化演变密切相关，同社会生产力发展水平、各民族之间经济交流、文化融合紧密相连。由于篇幅有限，本章只对日本料理的形成过程及有代表性的饭菜做一概括性介绍。

## 第一节 自然与人文环境中的日本料理

### 一、日本料理的取材

温暖多雨的气候环境使日本列岛植被茂盛，种类繁多，为鸟禽和哺乳动物提供了良好的栖息环境，在日本的近海水域生活着三千八百多种海洋动物。大自然为生活在这里的人们提供了丰富的食物资源。

温暖多雨的气候为种植水稻提供了良好的条件，日本是世界著名的稻米之国，大米成为日本人最基本的主食。历史上，人们除了在有限的平原、盆地种植水稻以外，还利用山地和平地交界地带种植水果、蔬菜、麦类、薯类、玉米、大豆等农作物。日本各地区之间的气温差别较大，能够种植不同品种的水果、蔬菜。这些人工种植的农产品也是日本人食物中的一个重要组成部分。

多雨的气候不适宜在山地、高原发展畜牧业，因此，历史上日本并没有畜牧业，只是在近代随着西方文化进入，日本才出现了养牛、养猪、养鸡等饲养业，使人们的食物结构发生了很大变化，但在传统的日本料理中动物蛋白的来源仍然以鱼类等海产品为主。

## 二、日本料理的文化特征

日本地处欧亚大陆最东端的海上，它虽然面对太平洋，但在美洲大陆被发现之前，日本列岛几乎没有受到来自太平洋彼岸的文明、文化波及，日本列岛文明的形成、发展在历史上主要受到来自中国、朝鲜以及传入中国的印度、中亚、欧洲文明的影响。但是由于日本所处的特殊地理位置，这些文明在其传播过程中，受到了一定程度的阻断，与此同时，不同时期的统治者们对待异文化也采取了不同的态度，因此，阻断与传播、抵触与接受、保守与进步、锁国与开放等等相互对立的人文因素和日本列岛独有的自然环境因素交织在一起，影响着日本社会的方方面面，创造出今天独特的日本文化。

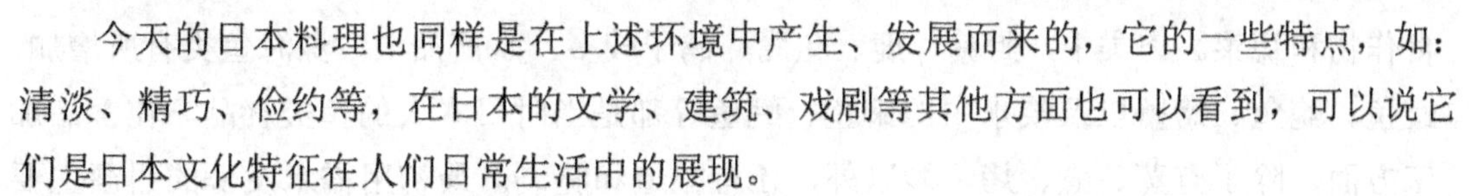

今天的日本料理也同样是在上述环境中产生、发展而来的，它的一些特点，如：清淡、精巧、俭约等，在日本的文学、建筑、戏剧等其他方面也可以看到，可以说它们是日本文化特征在人们日常生活中的展现。

# 第二节 日本料理的演变

如果仅就文化自身而言，不同地域、不同种族的文化之间不应有优劣、先进落后之分，但由于种种因素的影响，不同地域、不同种族生产力的发达程度会有所差别。从文化传播的特点来看，生产力较为发达的地域、种族的文化处于强势，而生产力发达程度较低的地域、种族的文化则处于弱势。虽然不同文化之间存在着相互融合的现象，但强势文化通常被看作主流，受到推崇和效仿。综观日本历史，日本文化始终处于相对弱势的地位，在中国衰落沦为半殖民地以前，受强势的中国文化影响较大；明治维新，脱亚入欧，强势的欧美文化又大量涌入。尽管如此，面对强势的外国文化各个时期也始终存在着完全不同的态度。当某个时期减少或断绝同外国的交往，纯粹的日本文化就会有长足的发展，反之外国文化的色彩就会多一些。日本料理的发展也遵循了这样的规律，这一章我们将对日本历史做简单回顾，并从中找出日本料理的形成轨迹。

## 一、原始时期

公元前六千年至公元前二百年是日本的“绳纹时代”。根据考古学的考证，这个时期的“绳纹人”已经使用弓箭打猎、使用渔叉、渔网等捕鱼并采摘野果。食品中有熊、狐狸、兔子等多种哺乳动物，以及山鸡、野鸭等鸟类，水产品中有各种贝类和加吉鱼、鲈鱼等海鱼以及鲸鱼、海豚，植物中有核桃、栗子、葡萄等。在食品加工方面，“绳纹人”用一些石器切割、碾磨食物、用火烘、烤、煮食物，并且制造了各种形状的陶土器皿。

## 二、早期外来文化影响时期

公元前3世纪至公元3世纪，日本进入了“弥生时代”。在这个时期，水稻栽培技术和青铜器、铁器传入日本。以水稻种植为主的农业生产普及，大米逐渐成为日本人的主食。粮食不仅解决了当时人们的温饱，还出现了剩余。从剩余粮食的积蓄开始，产生个人贫富差异，出现所谓“豪族”以及“豪族”统治某一地区的现象，地区势力的扩大形成国家。在考古学上，把公元3世纪末至7世纪日本社会贫富分化、国家形成的这个时期称为“古坟时代”。主食和副食的分离是这个时期日本人饮食上的一大变化。另外，当时还种植了小米、大麦、小麦、荞麦以及甜瓜、葫芦、萝卜、韭菜等粮食作物和蔬菜。肉类中，野猪、鹿、鱼鹰、鸽子较多。水产品中，深海鱼类有所增加，鲣鱼、鲍鱼、螃蟹以及淡水中的鲫鱼、鲤鱼等都是当时日本人的鱼类食品。在食品加工方面，除了有蒸、煮、烤、炒以外，还有酿造和腌制。最初用糯米发酵的甜酒主要在祭祀活动中饮用；米、麦、豆发酵后做成的“谷酱”发展成现在日本料理中的酱油和豆酱；用盐腌制动物、鸟类的“肉酱”是“寿司”等日本料理的原型；用盐腌制的果实、植物和海藻逐渐演变成了今天日本料理中品种繁多的咸菜。这个时期，日本人利用海藻加工食盐、在食品中使用糖、干果、姜等作料。

“古坟时代”佛教传入日本，同中国隋朝、唐朝政府建立交往之后，日本在政治、经济、文化等各个方面发生了巨大变化。律令制的完善没有缩小社会中的贫富差距，农民承担着沉重的苛捐杂税、劳役和兵役，而统治阶层的生活却越发奢侈。到了公元八世纪的“奈良时代”（710年～784年），在饮食方面出现了贵族和农民的极端分化。贵族阶层崇尚、效仿唐朝文化，律令制从材料的栽培、养殖、调拨调配、加工制作到管理等各个方面，满足了贵族阶层的膳食奢求。在贵族阶层的膳食中除了有一些日本原有和唐朝引进的在日本国内可以生产的粮食作物、油料作物、蔬菜、水果以外，还有从各国进口的各种动植物、干货、调味品。大米是贵族阶层的主食，而广大农民的主食是小米和稗子，以及麦子、荞麦、大豆、小豆。“奈良时代”佛教与政治结合在一起，历代天皇按照佛规下令禁止杀生食肉，动物肉类食品从贵族食谱中逐渐消失，而饮用牛奶、食用奶制品等，成为贵族们的一种营养补充。但是，在享用不到牛奶和奶制品的百姓中，佛教的影响力还很有限，根据需要老百姓仍然会捕捉自然中的禽兽用来食用。这个时期酿酒技术提高，制造出“清酒”、“浊酒”、“糟酒”和“粉酒”四类；腌制食品、干货的种类明显增加；贵族食谱中出现了多种油炸面点等点心；餐具的质地和品种丰富多彩，有陶瓷、金属、玻璃、动物角、漆器，日本人开始使用筷子吃饭。在饮食方面的一系列变化中，佛教和中国文化的影响是不可忽视的重要因素。

到了公元794年，日本进入长达四百年的“平安时代”。在这个时期，佛教与政治逐渐脱离，律令制又维持了约二百年之后便被废止，公元897年日本停止派遣“遣唐使”，公元10世纪后半时期至11世纪前半时期，以藤原氏一族为中心的“摄关政治”控制了日本，到了12世纪，武士阶层的势力逐渐扩大。在“平安时代”，贵族和平民百姓的贫富差距进一步加大，贵族生活注重陈规旧习，无休止地举行各种仪式活动。当时，不同的仪式活动都配置了相应的食品，而这些饮食偏重菜肴的拼摆形式，忽略其营养和口味，成为“观赏性食品”。这对后世的日本料理注重色彩的特点颇有影响。

**三、日本料理形成、完善时期**

12世纪至14世纪初是日本历史上的“镰仓时代”，武士政治代替了朝廷的贵族政治。武士中的大部分是农民出身，他们的生活不追求华丽的形式，朴实而又实际。在饮食方面，他们经常食用狩猎到的兽类、鸟类，摄取丰富的动物蛋白，积蓄能量。“镰仓幕府”在衣食住行方面提倡朴素节俭，无论是武士个人的日常生活还是正式举办的宴会都不追求奢华。随着贵族的没落，对牛奶的需求减少，牛更多地被利用于农耕而不再被食用。饮茶盛行是镰仓时代的一大特点。著名僧人荣西二度到宋朝留学，把茶种带回日本，并著有《喫茶養生記》介绍中国的种茶、制茶技术和饮茶习惯以及茶的效用。到了“镰仓时代”末期，举行茶会比赛看谁品出的茶叶种类最多是上流社会常有的活动。荣西等发起的禅宗带动新兴佛教兴起，许多将军、大名都信奉新佛教，禅宗在武士中的感召力很大。被称为“精進料理”的素食在寺院中发展起来，并逐渐传入民间，为日本料理的形成奠定了基础。

14世纪中叶，日本进入“室町时代”。这一时期农业生产水平显著提高，大米不仅是贵族、僧侣、武士们的主食，普通百姓也能经常吃到大米。烹调方法也有了进步，仅副食的加工方法就有“生物、汁物、煮物、煎り物、炙物、蒸物、漬物”（生吃、调汤、煮、干炒、烤、蒸、腌酱制）。从“室町时代”开始“漬物”（腌酱制食品）被称为“香の物”，成为日本料理中不可缺少的内容。豆腐在“镰仓时代”由宋朝传入日本，到了“室町时代”被广泛食用，豆腐和“納豆”（蒸后发酵的大豆制品）是“室町时代”“精進料理”的代表食品。这个时期贵族、武士阶层把鱼类、鸟类的肉食品视为上等食品，蔬菜次之，而兽类肉食品被视为低级食物。这种饮食观念深深影响了日本料理基本风格的形成。作料的广泛使用也是这个时代的饮食特点，“室町时代”末期酱油一词出现，酒、砂糖在这个时代开始用于烹调中。日式正餐“本膳料理”基本形成，成为日本料理的雏形。举行小型茶会，日语叫“茶の湯”，在这个时期成为上流武士阶层的生活时尚，武士们逃离残酷的现实躲进幽静而狭小的茶室中静心品茶。奈良的禅宗僧人村田珠光将禅宗的精神和百姓的饮茶习惯结合起来，创立了茶道。

16世纪后期（1568年）至17世纪初（1603年）的三十几年被称为日本历史上的“安土・桃山时代”，出身低下而实力非凡的织田信长和丰臣秀吉先后统治了日本。当时与葡萄牙、西班牙、英国、荷兰之间开展的所谓“南蛮贸易”非常活跃，西瓜、南瓜、辣椒、马铃薯、菠菜、西红柿、香蕉等蔬菜、水果被带进日本，丰富了日本人的食物种类。所谓“南蛮料理”也随之传入日本。其中最有代表性的就是“テンプラ”（“天麩羅”、裹面油炸食品）。食用牛肉也是受到“南蛮料理”的影响而流行起来的。另外，由于“南蛮料理”常用猪油炸制食品，饲养生猪也从这个时期开始普及。“南蛮贸易”还给日本带来了更多的砂糖，随之出现了更多的甜点，“カステラ”（荷兰人带入日本的一种蛋糕）就是其中之一。另一方面，日本料理在吸收外来文化精髓的同时也逐渐步入自身完善的阶段。小型茶会，即“茶の湯”进一步普及到町人等更加广泛的阶层，织田信长和丰臣秀吉也都对茶道抱有浓厚的兴趣，并设立“茶头”一职专门负责茶道。著名僧人千利休曾任丰臣秀吉的“茶头”，他完善了村田珠光开创的茶道。在利休风格的茶道中，茶室、茶器、茶会、料理、品茶人的服装等都不再拘泥于复杂的形式，而是更加简洁、清新。千利休使茶道变得大众化、日本化。

日本料理的代表“怀石料理”就是伴随着茶道的发展而诞生的。在小型茶会，即“茶の湯”上主人要为客人点几道茶，正式品茶之前为客人准备的饭菜就是“怀石料理”。“怀石料理”和茶道有着共同的理念，追求闲寂、朴素，这同当时的战国大名们举行的宴会料理“本膳料理”形成鲜明对比。“怀石料理”一般是“一汁二菜”或“一汁三菜”，从种类上看似乎有些过于简单，但是其烹调过程确是非常考究的，另外，上菜的方法以及每道菜的吃法也很讲究。

1603年德川家康建立江户幕府，由此，日本进入长达二百六十年的江户时代。这一时期日本国内政治稳定、经济发展、文化普及到各个阶层。江户幕府完全控制了日本全国，实行锁国政策，在没有外来文化传入的条件下，纯日本文化迅速发展起来。在耕地面积扩大、农作物品种改良、农业和渔业技术进步的背景下，日本料理形成了一个独立的体系。城市中出现了各种餐馆，开始是一些露天的饮食摊位，逐渐发展成“茶漬屋”（茶泡饭馆：提供拌进茶叶的米饭、豆腐汤、煮菜）、荞麦面馆、面馆、鳗鱼馆、寿司店等。

**四、近、现代外来文化影响时期**

1867年10月，以明治天皇为中心的明治政府成立，实行对外开放政策，制定宪法，在政治、外交等各个领域进行改革，通过学习西欧各国的先进技术，提高日本的科技水平，进而带动经济发展。一系列的变革给日本人的生活带来了很大的变化。活跃的对外贸易使日本人的食物种类、烹饪方法更加丰富，外来文化使日本人有了科学、合理摄取营养的意识。其中最明显的变化就是很多人改变了对牛肉的鄙视，开始食用牛肉。在这个学习西方的热潮中，日本料理也发生了变化。日本料理中出现了牛肉饭、牛肉面、牛肉火锅（“牛鍋”“鋤焼”）和“生牛片”（“牛刺身”）等使用牛肉以及牛奶、鸡蛋的菜肴。

饮食习惯的改变是一个漫长的过程，明治、大正时代西方文化对日本料理的影响主要表现在东京、大阪等大城市，以及能够直接接触到外国文化的上流阶层、中产阶级的饮食生活中，生活在乡村和地方的普通百姓的饮食一直保持着传统的习俗，这种状况一直维持到昭和时代初期。第二次世界大战结束以后，1946年底，日本的文部省、厚生省、农林省联合发出通知，全面恢复面向在校学生的学校配餐制度，在联合国教科文组织和美国政府等一些国家、机构的援助下，经过十几年的努力，在日本全国各中小学完全实现了学校配餐制度。在这个过程中，面包、牛奶、汉堡包等大众化的西餐得到普及。尽管如此，米饭、大酱汤、腌萝卜干仍然是大多数日本人每天不可缺少的食物。

## 第三节 有代表性的日本料理

17世纪日本料理完全确立之后，在外来文化、现代文明的影响下，不断发展完善。特别是日本料理合理的营养结构和独特的色彩，受到了世界的瞩目。下面介绍一些有代表性的日本料理。

### 一、“本膳料理”

“本膳料理”就是正式的日本宴席。“室町时代”“本膳料理”的形式和内容基本固定下来，“明治维新”时期传统形式被简化，直到今天，日本人结婚、作法事宴请亲朋好友时，还是经常采用“本膳料理”这种形式。

在“本膳料理”中，各种菜肴摆在带有四个腿的长方形漆器食案上，每上一案就叫“膳”，丰盛的宴席菜肴可上到七案，也就是“七の膳”。第一案叫“一の膳”或“本膳”，包括醋拌生鱼丝或生蔬菜丝等，日语叫“膾”；还有，“本汁”（第一道汤）、“香の物”（咸菜）、“煮物”和米饭。每样饭菜要用固定形状的餐具盛放，还要放在固定的位置上。（参见下面的 “本膳料理”示意图）。

### 二、“会席料理”

“会席料理”是将“本膳料理”简化的酒宴形式。据说最开始是一些俳句诗人举行俳句会之后聚餐时常采用的形式，在江户时代中期颇为流行，现在一般指比较丰盛的日式酒席。“会席料理”包括米饭、汤（“汁”）、凉拌配菜（“附合”）、腌菜（“香の物”）、烤鱼、生鱼片或醋拌凉菜（“大ちょく”）、蒸蛋羹（“茶碗”）等。吃的时候，饭菜放在一个边长为36.4cm的正方形漆器盘中端上餐桌。品酒是“会席料理”的中心内容，所以，米饭和汤（“汁”）要最后上，其他可以配酒的菜肴先上。

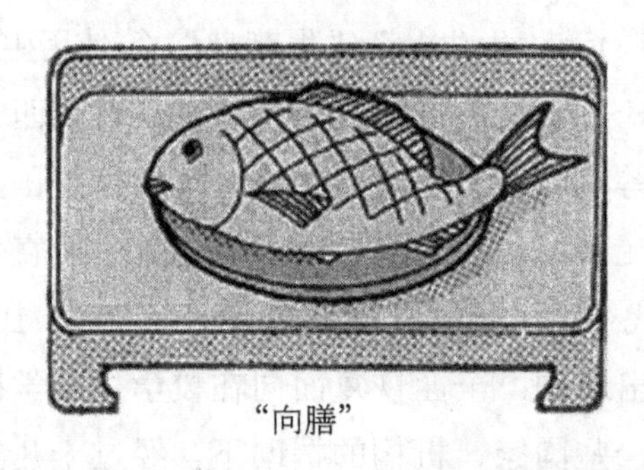

“向膳”

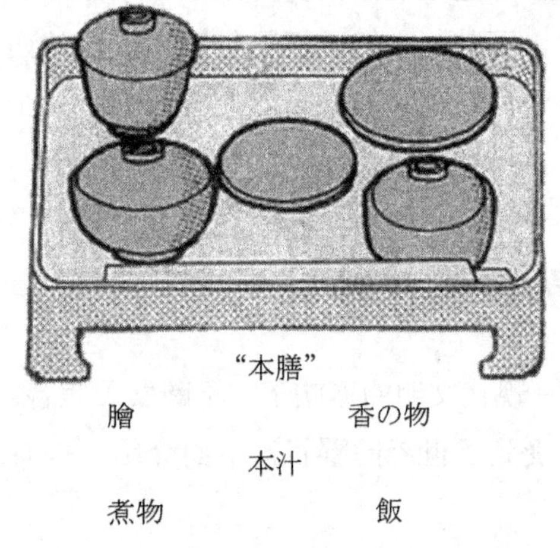

“本膳”

膾　香の物

本汁

煮物　飯

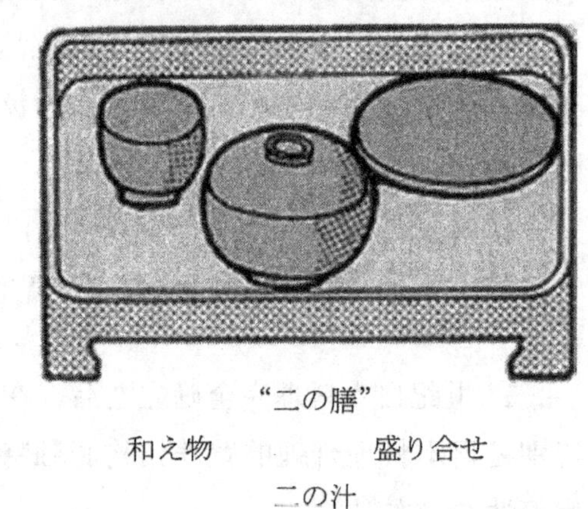

“二の膳”

和え物　盛り合せ

二の汁

### 三、“怀石料理”

前面简单介绍过“怀石料理”的产生，这里再做一些补充。“怀石料理”中的“怀石”原意是指修行中的僧侣为忍受饥饿将一块烘热的石头放入怀中。“怀石料理”的质朴同禅宗所追求的境界也许有着某种共同之处。

“怀石料理”凝聚了日本料理的基本特点。第一是量不能多，主人要估算好客人的饭量，保证客人正好能吃完。同时，切忌使用不能食用的装饰。第二点就是要在主人和客人之间构筑起一种非语言的交流，以此达到共同的精神境界。

“怀石料理”包括“ご飯、汁、お菜、香の物”，也就是米饭、汤、菜和咸菜。一般是主人先端上米饭、汤和第一道菜，日语称为“ご飯、汁、向付”。客人先吃米饭和用海产干货熬出的高汤（“だし”）以及日式黄酱（“みそ”）精制而成的素汤；当客人喝完汤，饭碗中只剩一口米饭的时候，主人会送上酒。客人们喝了酒才吃第一道菜，即“向付”。“向付”一般都是用盐、醋、高汤等和鱼丝、鱼块拌制的凉菜。盛“向付”的餐具一直要留在餐桌上用来夹菜。因此，主人会在这件餐具上下一番苦心。接下来是第二道菜，即“煮物”。“煮物”是“怀石料理”中非常重要的一道菜。要选择时令的海鲜产品、蔬菜等，根据“阴阳五行说”来搭配菜色，盛菜用的木制碗上的图案也要充分表现出季节性。“煮物”是一道热菜，先将时令海鲜、蔬菜等油炸或煮熟，之后，摆入相对大一些的木制碗中，最后将加热的用海产干货熬制的高汤冲进木碗中。第三道菜“焼物”，是一些烤制的鱼、鸡和蔬菜等。吃完“焼物”，主人和客人要互相敬酒。之后，主人为客人端来“香の物”（咸菜）。“香の物”包括二、三样颜色、口味不同的咸菜，这几样咸菜和盛菜的小碗要体现出季节性。和“香の物”一起端上来的还有“汤桶”，是一小壶泡着锅巴或者炒米的热水，这个热水用来把留在饭碗中的一口米饭冲成泡饭，和“香の物”一起吃。

品尝“怀石料理”是“茶の湯”茶会的一个部分，在日本，茶道有很多流派，各个流派的“怀石料理”在拼摆、用料等方面会有些不同。但“一汁二菜”或“一汁三菜”这一基本格式是不变的。

**四、“刺身”**

把金枪鱼（“まぐろ”）、鲆鱼（“ひらめ”）、鲷鱼（“たい”）、墨斗鱼（“いか”）等海鱼切成片、块或者丝，沾着酱油和日本芥末（“わさび”）吃的日本料理。

在酱油制作工艺还不发达、没有上等酱油的时代，“刺身”是沾着生姜醋、辣椒醋、山嵛菜泥醋等吃的。现在“刺身”主要使用新鲜海鱼，所以常被翻译成生鱼片。其实，在“江户时代”初期，不仅有生鱼片还有生禽片、生菜等，在日本的一些地区现在也食用马肉或牛肉制作的“刺身”。

**五、“寿司”**

用盐、糖、醋把米饭拌成甜酸饭，配生鱼、黄瓜、鸡蛋等食品做成的日本料理。“寿司”的做法和吃法很多。常见的有①“握りずし”，把用醋等拌好的米饭用手捏成椭圆形之后加一片生鱼的饭团；②“巻きずし”，用一张紫菜把用醋等拌好的米饭加上黄瓜、蟹肉等卷成长条，之后切成段的饭卷；③“押しずし”，用模子把用醋等拌好的米饭押成块，上面放上生鱼片食用；④“散らしずし”，在用醋等拌好的米饭上，撒上青菜、鱼松、炒鸡蛋丝、紫菜等做成的寿司饭；⑤“五目ずし”，在用醋等拌好的米饭里面再加进蘑菇、葫芦干等拌成的什锦饭。⑥“いなりずし”，油炸豆腐中包上用醋等拌好的米饭。

**六、“おむすび”、“おにぎり”（饭团）**

手心沾点儿盐，用手将米饭捏成椭圆形或者三角形。捏成饭团之后，可在外表沾点儿黑芝麻、或包一小块紫菜，有时也可以把表面稍微烤一下，使其表面略显焦黄。

日语中原来将捏成饭团的米饭叫“屯食（とんじき）”，“江户时代”改为“おむすび”，现在日常生活中常用“おにぎり”的名称。江户时代盛行看戏，在还没有食堂、餐厅等设施的年代，“おむすび”是最好的携带食品，直到今天，外出郊游等时候，还有很多日本人喜欢带上“おむすび”或者“おにぎり”。

**七、“おでん”(素烩)**

把炸过的豆腐块和萝卜块、芋头块、鱼丸子以及用魔芋粉加工好的魔芋块串在较短的竹签上，放在事先调配好的高汤中炖制的菜。

**八、“たくあん”(腌咸萝卜)**

把萝卜晾干，用盐、糠腌制成的咸萝卜。“たくあん”是日本料理中不可缺少的一道配菜。

## 第四节　日本料理中的餐具和菜肴的拼摆

日式餐具主要有漆器制品、竹制品、陶瓷制品等。漆器制品耐热耐湿，在气候湿润的日本，用漆器制作的碗、筷等成为一种经久耐用的理想餐具。竹制品也是适合日本气候的天然材料。日式餐具中陶瓷制品的颜色、图案、形状种类繁多。在颜色上，除了有青、白、朱红、藏蓝等等各种颜色之外，还有一些突出黏土坯子等材料原有色彩的制品；图案中有花草、山水，也有描绘海浪的波纹；在形状上，有原形、方形、长方形、鱼形，也不乏不规则的造型。从日本料理中餐具的使用上，我们可以找到日本文化追求与自然相融合的特点。

在日本料理中，餐具的选用讲究同节气、四季变化相呼应。例如：元旦喝屠苏酒的时候要用印有鹤、龟等吉祥物的酒盅；二月，在日本是梅花开放的季节，日本料理中常使用印有梅花的漆器方托盘；三月是各种贝类海产品最鲜美的季节，日本料理中常会用一些贝壳形或菱形的餐具；四月是樱花的季节，自古以来日本料理常在此时使用一种称为“云锦”的瓷器，这种瓷器上印有樱花和红叶；五月有男孩节，餐具的色彩随之变得明快起来；六月、七月和八月是闷热难熬的季节，日本人常选用质地较薄的、白色或淡青色调的大盘、大碗盛放凉面等凉爽、清淡的菜肴；九月是菊花开放的季节，被称之为“菊月”。另外，芒、桔梗等七种草也在九月开花，带有这些花草图案的盘、碗成为这个月份日本料理中常见的餐具；十月，茶道称之为“名残月”，这个时期日本料理不使用色彩鲜艳的餐具，追求一种闲寂的氛围；十一月十五日是七岁、五岁、三岁孩子们的节日，这时候，孩子们的家人要捣年糕、做红豆饭，菜肴中的鱼都要带头、带尾。这之中充满了大人们对孩子的爱和期盼。餐具常选用青瓷器、配上带有红色等鲜艳色彩的餐具；十二月是吃海鲜火锅的季节，各种砂锅陶器为人们平添几分暖意。

使用餐具的时候，日本人也很注意表现材料的天然美。比如：为了表现出竹器的天然色彩，有些竹筷上保留着绿色的竹皮和竹节，在使用之前，还在水中浸泡一会儿，使其更显湿润光泽。夏季为增加一些凉爽的感觉，在拼摆菜肴之前，用茶道使用的圆筒竹刷沾些凉水，弹到漆器餐具上，这在日本料理中称作“露打”。

在拼摆菜肴的时候，日本料理很注重余白的利用，菜肴和余白的比例可为五比五、七比五、六比四不等，根据不同的需要选择不同的比例。比如：夏季，为了增加凉爽的气氛，日本料理常在浅而大的餐具中留出充分的余白；另外，使用托盘、食案时，日本料理也很注意留出余白。

日本料理给人带来的视觉上的美感常会被提起，有人甚至称之为画。这种色彩美来自于材料的选用、加工，同时也和餐具的选择、使用、菜肴的拼摆密不可分。日本料理从一个侧面为我们展现了日本文化清淡、精巧、简约的特点。

**思考题：**

1. 自然环境对日本人饮食习惯产生了何种影响？
2. 日本料理的发展主要经过了哪几个阶段？各个阶段日本料理的主要特点是什么？
3. 常见的日本料理有哪些？
4. 你吃过什么日本料理？吃后对日本料理有何印象？

**注释：**

[1] 公元907年，当时控制日本政治的实权人物藤原时平下令编纂的书籍，全书共五十卷，用汉文详细记载了宫廷中一年四季的活动、百官的礼仪等。

[2] 《交替式·弘仁式·延喜式　前篇》第153页。

[3] 《交替式·弘仁式·延喜式　前篇》第154页。

**主要参考文献：**

1. 渡边实《日本食品生活史》，吉川弘文馆1984年。
2.《交替式·弘仁式·延喜式　前篇》，吉川弘文館1992年。
3.《延喜式　後篇》，吉川弘文館1986年。
4. 日本放送协会《NHK趣味悠悠　懐石の心にふれる》，日本放送出版社2001年。
5. 北京外国语大学日语教研室《日本地理》，上海译文出版社1981年。
6. 司馬遼太郎 ドナルド・キーン《日本人と日本文化》，中央公論社1982年。

# 第十五章　世界遗产

日本的世界遗产有着独特的文化个性，本章带你去领略一下它的魅力。

## 第一节　世界遗产

### 一、世界遗产的起源

20 世纪 60 年代，埃及在尼罗河上游修建阿斯旺水坝，水坝建成，两座千年神庙却不复存在。人类用神庙换来水利效益，却留给子孙永远的遗憾。而那些被两次世界大战、地区争端和内乱的战火毁灭的古迹，被大型工程和旅游开发所创伤的名胜，更是不计其数。为此，1972 年，联合国教科文组织在巴黎通过了《保护世界文化和自然遗产公约》，启动世界文化遗产工程。其宗旨在于促进各国政府和人民之间的合作，为合理保护和恢复全人类共同的遗产作出积极的贡献。

在《公约》中，国际社会首次将文化遗产与自然遗产的概念结合在一起。1985 年，中国成为《保护世界文化和自然遗产公约》缔约国。截止到第 32 届世界遗产大会（2008 年 7 月，在加拿大魁北克召开），全世界共批准 878 项世界遗产，其中世界文化遗产 679 项，世界自然遗产 174 项，世界文化与自然双重遗产 25 项。

《公约》对文化和自然的标准作出了明确规定，确认了世界遗产的存在，并申明它们属于全人类所有。《公约》是在全球范围内制定和实施的一项具有广泛和深远影响的国际准则性文件，它的主要任务是确定世界范围内的自然与文化遗产，让全人类承担起保护具有突出意义和普遍价值的古迹和自然景观的责任。在 21 世纪，随着人类生存理念的更新转变，珍视自己的生存环境，保护世界上具有“突出意义和普遍价值”的人类文化和自然遗产一定会得到国际社会更为广泛的支持和参与。

### 二、世界文化遗产公约

（一）自然遗产

《公约》给自然遗产的定义是符合下列规定之一者：

1. 从美学或科学角度看，具有突出和普遍价值的由地质和生物结构或这类结构群组成的自然面貌；

2. 从科学或保护角度看，具有突出和普遍价值的地质和自然地理结构以及明确划定的濒危动植物物种生态区；

3. 从科学保护或自然美角度看，具有突出和普遍价值的天然名胜或明确划定的自然地带。

（二）文化遗产

《世界文化遗产公约》规定，属于下列各类内容之一者，可列为文化遗产：

1. **文物**：从历史、艺术或科学角度看，具有突出和普遍价值的建筑物、雕刻和绘画，具有考古意义的成分或结构，铭文、洞穴、住区及各类文物的综合体；

2. **建筑群**：从历史、艺术或科学角度看，因其建筑的形式、同一性及其在景观中的地位，具有突出和普遍价值的单独或相互联系的建筑群；

3. **遗址**：从历史、美学、人种学或人类学角度看，具有突出、普遍价值的人造工程或人与自然的共同杰作以及考古遗址地带。

## 三、日本的世界遗产

日本于 1992 年 6 月经国会批准签订了世界遗产条约，成为第 125 个缔约国。截止到 2008 年 7 月，日本共有 14 项被列入世界遗产名录。其中，文化遗产 11 项，自然遗产 3 项，现在仍无混合遗产。日本的世界遗产申报工作不是由个人、地方自治体推荐申报的，而是全部由国家推荐申报，并且受到文化资源保护法、自然环境保护法及自然公园法等的保护。以下为日本世界遗产名录。

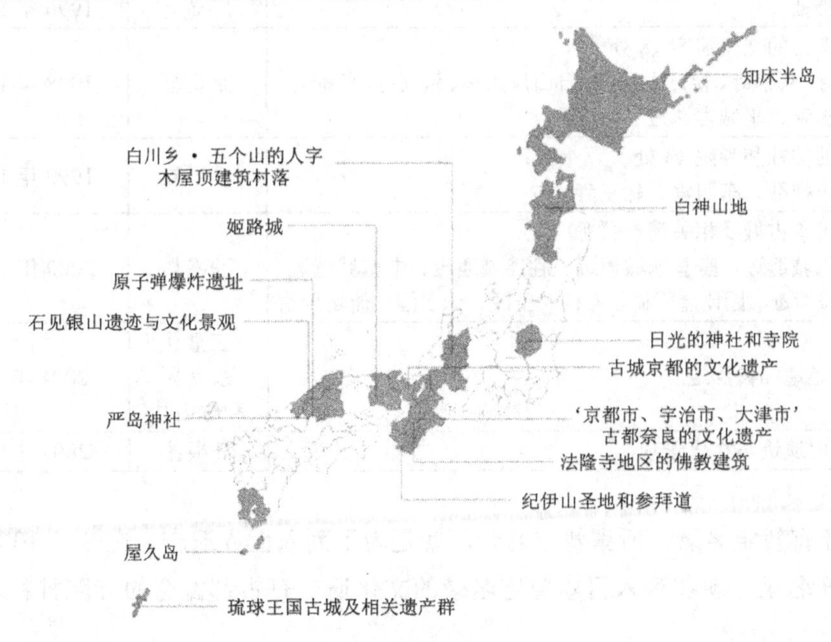


日本的世界遗产

资料来源：社团法人日本联合国教科文组织协会联盟网站 http://www.unesco.jp

日本的世界遗产名录

自然遗产

| 序号 | 名称 | 所在地 | 批准列入时间 |
| --- | --- | --- | --- |
| 1 | 白神山地 | 秋田县<br>青森县 | 1993 年 12 月 |
| 2 | 屋久岛 | 鹿儿岛县 | 1993 年 12 月 |
| 3 | 知床半岛 | 北海道 | 2005 年 7 月 |

文化遗产

| 序号 | 名称 | 所在地 | 批准列入时间 |
| --- | --- | --- | --- |
| 1 | 法隆寺地区的佛教建筑 | 奈良县 | 1993 年 12 月 |
| 2 | 姬路城 | 兵库县 | 1993 年 12 月 |
| 3 | 古都京都的文化遗产 (17 处)<br>贺茂别雷神社（上贺茂神社）、贺茂御祖神社（下鸭神社）<br>教王护国寺（东寺）、清水寺、延历寺、醍醐寺、仁和寺、平等院<br>宇治上神社、高山寺、西芳寺（苔寺）、天龙寺、鹿苑寺（金阁寺）<br>慈照寺（银阁寺）、龙安寺、本愿寺（西本愿寺）、二条城 | 京都府<br>滋贺县 | 1994 年 12 月 |
| 4 | 白川乡 五个山的人字木屋顶建筑村落<br>岐阜县白川村荻町　富山县平村相仓、富山县上平村菅沼 | 岐阜县<br>富山县 | 1995 年 12 月 |
| 5 | 广岛和平纪念公园（原子弹爆炸遗址） | 广岛县 | 1996 年 12 月 |
| 6 | 严岛神社 | 广岛县 | 1996 年 12 月 |
| 7 | 古都奈良的文化遗产 (8 处)<br>东大寺、兴福寺、春日大社、春日山原始林、元兴寺、药师寺、唐招提寺、平城宫遗迹 | 奈良县 | 1998 年 12 月 |
| 8 | 日光的神社和寺院 (3 处)<br>二荒山神社、东照宫、轮王寺 | 枥木县 | 1999 年 12 月 |
| 9 | 琉球王国古城及相关遗产群 (9 处)<br>今归仁城遗迹、座喜味城遗迹、胜连城遗迹、中城城遗迹、首里城遗迹、园比屋武御岳石门、玉陵、识名园、斋场御岳 | 冲绳县 | 2000 年 12 月 |
| 10 | 纪伊山圣地和参拜道 | 三重县<br>奈良县<br>和歌山县 | 2004 年 7 月 |
| 11 | 石见银山遗迹与文化景观 | 岛根县 | 2007 年 7 月 |

此外，还有暂定名录。所谓暂定名录，就是为了列入世界遗产，在 5 ～ 10 年内准备推荐的遗产名录。现在列入日本暂定名录的文化遗产有古都镰仓的寺院神社、富士山等 12 项。

## 第二节　自然遗产

### 一、白神山地

白神山地是面积达 13 万公顷的山岳地带的通称，位于本州岛北部，距日本海 15 公里，横跨青森县和秋田县，人迹罕至，保留着丰富的自然景观资源，有日本最大规模的山毛榉原始森林。在这片山毛榉森林中，共生着各种各样的植物群，生长着许多动物群，生态系统完全保持着自然形态，日本特有的日本鬣羚和日本猕猴在此栖息。整个地区是一处国家森林，于 1992 年在自然保护法里被列入自然保护区。于 1993 年 12 月被列入日本的首批世界自然遗产名录。

该地区海拔 100 米到 1243 米，占地 450 平方公里，包括陡峭崎岖的山脉，山峰高度在 1000 到 1200 米之间。山脉于第四纪时突然隆起，大规模的地质运动在该地区极为频繁，50％以上的地区有深谷存在，山谷陡峭，斜度都在 30 度以上。因靠近日本海，冬季的暖湿气流和西伯利亚的冷空气在该地区相交汇形成大量降雪。该地区水资源丰富，许多小溪和河流都发源于此，地区河流的源头位于草木葱翠的野山之中，并延伸到广阔的山毛榉林地。由于十分陡峭，远离都市，使这一地区至今还没有遭到人类的砍伐，原生的山毛榉林得以保存，成为日本稀有的自然森林遗迹之一。

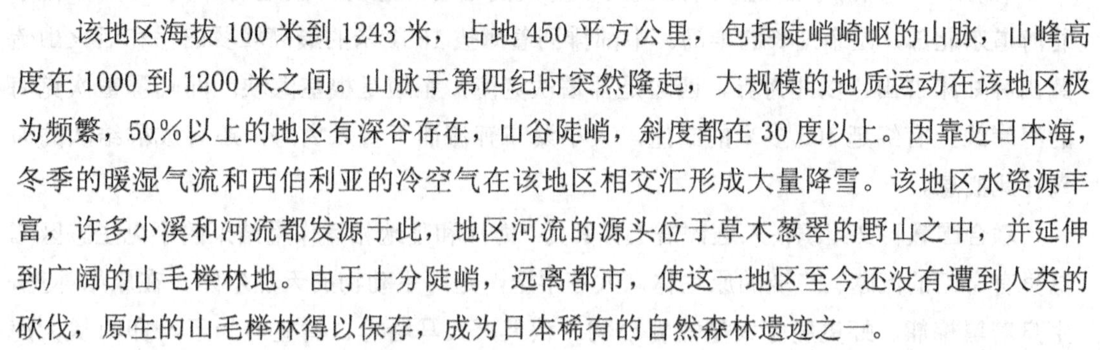

### 二、屋久岛

屋久岛位于鹿儿岛县南部，是大隅诸岛中的岛屿，面积 503 平方公里。岛上最高处为地跨熊毛郡屋九町、上屋九町的九州最高峰——宫之浦岳（1935 米），与永田岳、黑味岳、投石岳等高峰被称为八重岳，也有海上阿尔卑斯山脉之称。1993 年 12 月被列入世界自然遗产名录。

岛周围的低地年平均气温为 20℃左右，温暖宜人。森林占总面积的 90%，其中 80% 为国有林。岛上生长着榕树等植物，可见到珊瑚礁。且降水量大——有些地方平地年降水量在 4000㎜ 左右，山地超过 8000㎜。在山地地带，随海拔高度变化植物。海拔 700 ～ 1000 米以下生长着橡树等常绿阔叶林，1500 米附近为屋久杉，更高处为药用细竹带。其中屋久杉特别闻名，树高 20 米，直径达 1 ～ 2 米的超过总量的 90%。屋久杉中，有 2800 年树龄的白谷大杉，还有树根周围达 32.5 米的威尔逊杉、42 米的大王杉、43 米的绳文杉等，木纹美丽，适用于高级建筑用材和工艺用材。屋久杉原始森林被指定为特别天然纪念物。

屋久岛动物种类繁多，除著名的屋久猴和屋久鹿外，还有日本歌鸲等动物在此栖息。山地部分和海岸的一部分属于雾岛屋久国立公园，栗生川上游被指定为自然环境保护地区。该岛还有花之江河湿地草原、屋久杉乐园、千寻瀑布、大川之瀑布、尾之间温泉、汤泊温泉、热带果树园和亚热带植物园等旅游名胜。

### 三、知床半岛

知床半岛位于北海道，伸向鄂霍次克海，是日本国内原始自然生态保存最完整的地区，也是全球纬度最低的海域。2005年7月27日，在南非举行的第29届世界遗产大会上，知床半岛被正式列入《世界遗产名录》。长期以来，活跃的海洋运动和火山活动，造就了这里奇特的自然生态景观，这次入选世界自然遗产的范围包括了知床半岛和距海岸3公里内的海域，共计7.1万公顷。

“知床”一词源于当地土著居民阿伊努人的语言，意为“大地的尽头”。知床位于北海道东北部，是个细长的半岛。中部排列着海拔1661米的最高峰罗臼岳和活火山硫黄山等知床群山。以此为界，西边是鄂霍次克海，东边是根室海峡。面临鄂霍次克海的海岸线上有绵延100多米的断崖，大小瀑布奔流而下直入大海，还有成群结队的海鸟在此栖息。

联合国教科文组织在入选评语上称其为“海洋和陆地相互作用结果的罕见生态区”。这里有奇幻的流冰，广袤的原生林，人迹罕至，是野生动物的天然乐园。在原始林里，生息着黑棕熊、虾夷鹿等大型哺乳动物。秋天，大马哈鱼、鳟鱼等为了产卵而从大海循河而来。半岛上还有很多珍贵野鸟，如从西伯利亚飞来的虎头海鹫、白尾海鹫、世界上最大的猫头鹰——岛枭猫头鹰等。知床海域也是海豹等海中动物群的出没地。知床的生态系是海洋生态系与陆地生态系之间食物链关系的样本，被认为是世界上独一无二的野生动物宝库。知床五湖是知床半岛最著名的知床八景之一，宛如五颗珍珠散落在原生林中。

## 第三节　文化遗产

### 一、法隆寺地区的佛教建筑

法隆寺是位于奈良县生驹郡町的圣德宗的总寺院，也称法隆学问寺、斑鸠寺，公元607年，推古天皇根据先帝用明天皇的遗命与圣德太子一起修建了法隆寺。建筑设计受中国南北朝建筑的影响，寺内有40多座建筑物，保存着数百件7～8世纪的艺术精品。在奈良县的法隆寺地区，有48座佛教建筑，这里一直成为佛教徒朝拜的重要中心，它们代表了日本最古老的建筑形式，是木质建筑的杰作，同时世界最古老的木质建筑就在这个地区。其中的11座建筑修建于公元8世纪之前或公元8世纪期间，它们标志着艺术史和宗教史发展的一个重要时期，即再现了中国佛教建筑与日本文化的融合。

现存庙宇群由西院、东院和很多附属庙宇组成。建于670年的五重塔，是日本最古老的佛塔。建于620年的金堂内供奉着中国北魏风格的释迦牟尼青铜佛像和药师如来像，这是日本最古老的佛像。东院后面的中宫寺珍藏着一尊木刻弥勒佛像，这是奈良雕刻的登峰造极之作。法隆寺地区被普遍认为是日本文化和宗教遗产的重要组成部分，而这些建筑展示了从早期到现在的日本佛教历史。虽然法隆寺建于公元7世纪，但现存仅有一座三层宝塔，修建于公元706年。同西院的建筑结构一样，这座宝塔成为早期佛教木质建筑风格的典范。

**二、姬路城**

姬路城位于兵库县南部姬路市，城堡建造在海拔45.6米的姬山之巅，雄伟而辉煌，南北1709米，东西1564米，面积为233.7公顷，白色的城墙，屋顶的瓦片也是用白漆砌垒，城堡外形好似一只高雅的白鹭，所以又称白鹭城。

1333年，南北朝时代的武将播磨守护赤松则村（1277～1350）在此建城寨，其子赤松贞范于1346年始建城堡。1600年，安土桃山时代的武将德川家康的女婿池田辉政（1564～1613）因关原之战的战功成为城主后，1601年开始大规模扩建，耗时9年，总共动用劳力约3千万人次，木材387吨，瓷砖约75000块合计重约3048吨，以及大量每块重约一吨的巨大岩石。姬路城原本是为战争的需要而建造的，但城堡的设计巧妙地结和了军事需要和艺术取向，这在日本城堡建筑中是个创举。姬路城的石垣呈陡斜状，这种特点被称为“扇形斜坡”。石垣的上部向外翘出，使人难以攀登，这种设计也是日本式城堡一种独特的审美意识。池田扩建的背景是，17世纪日本近代城堡建筑开始成熟和定型，同时日本也进入了持续270年之久的和平时代，城堡的防御和统治功能开始衰退，更多地成为武士精神的象征。

姬路城建成后有13个家族先后入住，历时530年。

**三、古城京都的文化遗产**

古城京都位于近畿地区北部，历史悠久，从794年桓武天皇迁都称平安京起，到1868年迁至东京为止，一直是日本的首都，特别是平安、室町时代，是日本的文化、政治、经济中心。素有“三步一寺庙、七步一神社”之称的京都有寺院1500多座，神社2000多座，也是日本的宗教中心。

京都是世界上著名的文化古都，市内历史古迹众多，建筑古朴典雅，庭园清新俊秀。全市有列为“国宝”的建筑物38处，定为重要文物的建筑物199处。

1. 贺茂别雷神社（上贺茂神社）

上贺茂有上贺茂神社祭神为贺茂别雷神，是与七世纪后半建成的下鸭神社齐名的京都最古的神社，已列入世界文化遗产。在其巨大的神社内除了本殿、权殿之外还有

34 栋建筑物。初夏举行的葵祭是京都的三大日之一，巡游队列从御所出发，至上贺茂神社后举行表演活动，从六世纪中叶起延续至今，意在祈愿作物丰收。

2. 贺茂御祖神社（下鸭神社）

位于京都市左京区下鸭泉川町，通称下鸭神社。1863 年建造的东西本殿被认定为国宝，1629 年建造的币殿、四脚中门、回廊、楼门等多数社殿被指定为重点文物。定期的祭祀为 5 月 15 日的葵祭。

3. 教王护国寺（东寺）

位于京都市南区九条町，是东寺真言宗的总寺院，山号八幡山。教王护国寺是现在的宗教法人名，通称东寺。平安时代至明治时代，东寺一直是正式的名称。796 年，桓武天皇为了镇护平安京，在罗城门左右创建了东寺和西寺。823 年，嵯峨天皇将此寺赐给空海，被定为真言密教的修行道场。饱经天灾战乱，建寺时的建筑已荡然无存，现存所有建筑都是镰仓时代以后再建的。寺内藏有密教美术极为珍贵的绘画、雕刻以及大量的古籍。南大门、灌顶院、北门、东大门等被指定为重要文物，金堂、五重塔、莲华门等被指定为国宝。东寺的五重塔高 56.9 米，是日本现存古塔之最，是京都的象征。此外，讲经堂里安置的 21 尊佛像，是密教经典的立体化表现。

4. 清水寺

清水寺坐落在东山山麓，为北法相宗的寺院，创建于 798 年，后由德川家康将军于 1633 年重建。清水寺在音羽山半山腰，依山而建，正殿（本堂）建在悬崖边，是京都首屈一指的木造高架寺院。大殿一侧可当舞台使用，所以又称作清水舞台。清水寺大殿由 139 根高大圆木支撑，高 15 米。下方的音羽瀑布清泉其美，传说饮用可治百病，清水寺寺名由此而来。

5. 延历寺

位于滋贺县大津市，为天台宗的总寺院，山号比睿山，也称山门，是比睿山屈指可数的大寺院，东望琵琶湖，西瞰京都。785 年，在东大寺受戒的最澄感到世间无常，登上比睿山，结草为庵，788 年创建延历寺，804 年 7 月，入唐学习，回国后创立天台宗。重要文物有东塔的大乘戒坛院堂、西塔的转发轮堂及开山堂等。国宝众多，有最澄入唐牒等。

6. 醍醐寺

位于京都市伏见区，是以醍醐山全部区域为寺域的真言宗醍醐派的总寺院，也是有名的赏樱胜地，山内现在还保存有京都府最古老的建筑物三宝院等。三宝院有高度约 50 米的五重塔，还有葵堂、秋草堂和敕使堂等许多贵重的建筑物，堂内的墙壁和隔扇上有 16 世纪下半叶桃山时代的绘画。

7. 仁和寺

位于京都市右京区御所，是真言宗御室派总寺院，山号大内山。886年，光孝天皇下令开工兴建，888年竣工。904年，宇多天皇出家后入寺，故称为御所“门迹”（日本佛教用语）寺院。寺内有两座重要的国宝建筑，分别是五重塔和国宝金堂，其中供奉孔雀明王像和阿弥陀三尊像，每年四月下旬赏樱时节，寺中近两百树樱花绽放，花期较其他樱树晚，于是成为闻名的京都晚樱景点。

8. 平等院

位于京都府宇治市，为天台宗和净土宗寺院，山号朝日山，原为源融别墅，后为藤原道长山庄，藤原赖通继承后于1052年改为寺院。凤凰堂和阿弥陀如来像为国宝，铜钟为日本三大名钟之一。

9. 宇治上神社

位于京都府宇治市宇治山田，祭祀应神天皇、仁德天皇等，曾和宇治神社一同平等院的镇守社，约建造于平安时代后期，本殿是日本现存最古老的神社建筑，拜殿是镰仓时代初期修建的，是现存最古老的拜殿。本殿和拜殿都是国宝级文物。神社内古杉老松繁茂，宇治七名泉之一的桐原泉水从拜殿旁喷涌而出。

10. 高山寺

位于京都市右京区，山号栂尾山，是古义真言宗的特别总寺院，也是红叶景点。镰仓时代初期，神护寺的文觉在此地重建天台古刹度贺尾寺，后成为神护寺的分寺，但不久就荒废了。1206年，明惠奉后鸟羽上皇之命重建高山寺。明惠在寺内栽培的茶树在茶道史上占有一席之位，被称作“本茶”。寺内国宝级文物众多，有石水院、佛眼佛母像、明惠上人坐禅像、《鸟兽戏画》等。

11. 西芳寺（苔寺）

位于京都市西京区，是临济宗天龙寺派的寺院，山号洪隐山，草创于奈良时代。1339年，梦窗疏石复兴此寺，并将寺名由西方寺改为西芳寺，因庭园内长有50余种青苔，故俗称苔寺，庭园被指定为特别名胜古迹。

12. 天龙寺

位于京都市右京区嵯峨，是临济宗天龙寺派的总寺院，山号灵龟山。1339年，足利尊氏为祈祷后醍醐天皇冥福，在仙洞御所遗迹兴建此寺，梦窗国师是开山祖，最初叫历应寺，翌年改为现名。该寺前后历经八次火灾，现已被指定为第一号国家特别史迹与世界文化遗迹。天龙寺的庭园为梦窗疏石所设计的回游式庭园，完美融合了京都贵族文化的优雅和禅风的幽玄。方丈房天顶绘有铃木松年的名作《云龙图》。

13. 鹿苑寺（金阁寺）

位于京都市北区，是临济宗相国寺派寺院，山号北山。原址为西园寺恭经的别墅，后足利义满。足利义满于1397年修建山庄，足利义满死后，根据遗言改为禅寺，取名鹿苑寺。一贴满金箔的三层楼阁立于镜湖池畔，第二三层的外墙也用金箔贴成，远远望去，金光闪闪，故通称金阁寺。3层高的金阁寺，每层都象征着不同时代的风格：第1层是平安时代，第2层是镰仓时代，第3层是禅宗佛殿的风格。塔顶尾部装饰着一只金铜合铸的凤凰，堪称一绝。原有金阁毁于1950年的一场大火，现有金阁为1955年所重建。倒影于镜湖池中华丽夺目的金阁景致，已成为京都著名的代表景观，是“北山文化”的象征。金阁寺的庭园被指定为国家级特别史迹和特别名胜。

14. 慈照寺（银阁寺）

位于京都市左京区银阁寺町，是临济宗相国寺派寺院。1489年，由足利义政按金阁寺造型修建，与金阁寺齐名。银阁寺原来也是别墅，兴建时曾计划把外壁饰以银箔，但建造完成时未镀上银箔，故改名慈照寺，俗称银阁寺。优雅的庭园中，有两处被称为银沙滩与向月台的白沙枯木山水，每当月亮出现于月侍山头时，沙丘会反射出月光照亮庭园。银阁下层为书院造型的心空殿，上层是称为潮音阁的佛殿，园内的同仁斋为国宝。

15. 龙安寺

位于京都市右京区，是临济宗妙心寺派的寺庙，山号大云山。1450年，细川胜元请义天玄承创立。应仁之乱烧毁，1488年细川政元重建。方丈的前院相传为相阿弥设计，被指定为名胜。

16. 本愿寺（西本愿寺）

位于京都市下京区，是净土真宗本愿寺派的总寺院。相对于真宗大谷派总寺院的东本愿寺，称作西本愿寺，是本愿寺的通称。战国时期，亲鸾上人的女儿觉信尼在东山大谷创建御影堂。公元1591年，丰臣秀吉捐助专款将西本愿寺移至现址。寺内仿照伏见城兴建的书院，以及由伏见城遗迹移来的中国式唐门，皆属国宝。主殿飞云阁雕梁画栋，是桃山文化的代表，与金、银阁并称洛阳三阁。寺内大书院中的虎溪亭和全日本最古老的能剧舞台，也格外有名。

17. 二条城

位于御所的西南侧。1602年，受德川家康之命始建，1603年完工。初为德川家康赴京都的下榻处，1886年成为天皇的行宫，1939年归属京都府。城堡四周的城垣为巨石砌成，护城河东西长500米，南北长300米的，河上有仿唐建筑。主要建筑有本丸御殿、二之丸御殿等。城内的二之丸御殿是1626年改建的，是江户时代的代表性建筑。殿内的墙壁和隔扇上有狩野派画师所绘的名画。壁画《八方对视狮子图》无论从哪个角度去看，画上的狮子均面向正面。壁画和雕刻等豪华的室内装饰，行走时发出黄莺啼声的走廊，暗藏卫士的武士隐身处等防御侵犯的机关等名闻天下。

**四、白川乡五箇山的人字木屋顶建筑村落**

位于岐阜县和富山县，1995 年 12 月被列为世界文化遗产，包括岐阜县白川村荻町、富山县平村相仓和富山县上平村菅沼。

白川乡位于岐阜县西北部白山山麓，村庄四面环山，水田纵横，河流穿越。村中茅草铺顶的人字形木屋——被称为“合掌造”的民家，110 多栋连成一片。野外博物馆，陈列着 25 栋从白川乡各地移建的“合掌造”房屋。

五箇山位于富山县西南部，是庄川上游的平村、上平村和利贺村三个村落的总称。平村和上平村分布在庄川边上的山谷盆地，而利贺村则在庄川支流的利贺川流域。这个地方的民家以“人字撑”构造法建造。“人字撑”构造有 3 ～ 4 层，为了防止积雪，屋顶造成 60° 的斜面，不用寸钉。因为景观独特，被登录为世界遗产。

**五、广岛和平纪念公园(原子弹爆炸遗址)**

该遗产位于中国地区中部、面对濑户内海的广岛湾一侧的广岛市内。1945 年 8 月 6 日，世界上第一颗原子弹在此爆炸。当时，四周的房屋建筑都被炸毁，而只有一座圆顶建筑物却奇迹般地保留了下来，它就是在 1915 年建成的广岛县产业奖励馆。这座建筑一大半被毁，裸露的钢筋向人们诉说着原子弹轰炸时的惨况。和平纪念公园位于太田川和元安川两条河流之间。

这里有广岛和平纪念资料馆、和平纪念碑、凭吊原子弹受害者的供养塔和慰灵碑及上面点亮着和平之灯的泉水池等，成群象征和平的鸽子栖息在此。

**六、严岛神社**

宫岛是位于广岛县西南部的宫岛町的严岛的总称，朱红色的神殿与山色海景十分协调，整个岛屿遍布名胜古迹。与宫城县的松岛、京都府的天桥立齐名，并称日本三景。据传公元 593 年，推古天皇就位时在此建造了严岛神社。严岛神社是一座建在海上的神社，寝殿以庄严华丽的建筑风格而著称。耸立在海上的大鸟居牌坊是宫岛的象征，红柱白壁的神殿与周围的绿色森林、蓝色的大海形成鲜明的对比。神殿已列为国宝，它的大部分建于 12 世纪。神社周围有 21 栋建筑物，有表演能乐的舞台等。各建筑物用红色回廊连接，将正殿围在当中，东西两边加起来总长达 300 米左右。建筑物的布局相当考究，从远处眺望，宛如一只展翅飞翔的大鸟。

**七、古都奈良的文化遗产(8 处)**

奈良古称平城京。710 年至 784 年为日本都城。710 年，回国的遣唐史仿照中国唐都长安，按 1/4 的比例修建了平城京。平城京遗址在现奈良市的西北。当时的平城京东西宽 4.3 公里、南北长 4.8 公里。都城的东西南北，每 400 米就有条大路，纵横的大路将城区分成许多方块，形成整齐的棋盘街。奈良是日本古代文化的发祥地，名胜古迹众多，是中日文化交流的历史见证。

1. 东大寺

位于奈良杂司町，是佛教华严宗总寺院，始建于公元745年，当时的寺名为总分国寺，由圣武天皇仿照中国寺院建筑结构建造。大佛殿东西宽 57 米，南北长 50 米，高 46 米，相当于 15 层建筑物的高度，是目前世界上最大的木造建筑。大佛殿金堂的宇宙佛毗卢遮那镀金铜佛坐像，高达 16.21 米，是日本第一大佛、世界第二大铜佛，通称奈良大佛。殿东的大钟楼建于镰仓时代，是仿造天竺式样的建筑。楼内有日本 752 年铸造的最重的梵钟，高 3.86 米，直径 2.71 米，为日本国宝。殿西松林中的戒坛院，是为日本第一个授戒师唐代鉴真大师传戒而建。

2. 兴福寺

位于奈良公园的西部，是法相宗的总寺院、南都七大寺之一。710 年，迁都平城京都不久，藤原不比等在藤原氏家庙的基础上建立。曾数次发生火灾，多次重建，现存的国宝级建筑仅有镰仓时代以后重建的三重塔、东金堂、五重塔等。这些建筑承袭了天平以来传统日本建筑风格，雕刻有天平时代的旧西金堂十大弟子立像、平安时代的四天王像、药师如来座像等。藏有《日本灵异记》最古抄本等众多史料。

3. 春日大社

位于奈良市春日山西侧山脚下，据说是藤原氏在平城京建都前创建的，是日本最古老、最著名的神社之一。后被战火烧毁，现在的建筑都是江户时代重建的。春日鸟居、春日型石灯笼等造型独特，石佛、铠胄等国宝级文物众多。千余只驯鹿漫步其间，原始森林与春日大神殿融为一体。每年在春日大社还举行社火活动。

4. 春日山原始林

位于奈良市东部，有春日大社、东大寺、奈良公园、兴福寺等名寺古刹。春日山一带茂密的原始森林中生长着约 1000 种植物。山内有很多标志春日山信仰的小祠和石佛，春日山还曾是祈祷遣唐使航海的圣山。

5. 元兴寺

位于奈良市，是日本最古老的寺院之一。6 世纪，苏我马子在飞鸟建立了正式的佛教寺院，称为飞鸟寺，也称为法兴寺。718 年，建立了分寺元兴寺。1451 年，该寺在农民起义时被烧毁，极乐坊残存下来，被指定为国宝。

6. 药师寺

位于奈良市西京町，是法相宗的总寺院、南都七大寺之一。680 年，天武天皇为祈求皇后病愈修建，持统天皇时代完工。最初建在飞鸟，后移至藤原京，迁都平城京后，

718年迁至现址。寺内的珍贵文物有东塔、东院堂、铜铸如来佛坐像、观音菩萨坐像等。金堂的药师三尊像是奈良时代初期的铜像，在日本雕刻史上是屈指可数的名品。该寺以建于698年的东塔闻名，东塔高37.9米，塔身3层，大屋顶下又分出小屋顶，大小屋顶和谐组合，看上去像是6层塔。

7. 唐招提寺

位于奈良五条町，是律宗的总寺院，气势雄伟，承袭了中国盛唐的建筑风格，759年，圣武天皇敕命唐僧鉴真大师创建，鼎盛时期有3000余名学僧在此学经求法。寺院大门上红色的“唐招提寺”横额，是日本效谦女皇仿中国书法家王羲之、王献之字体书写。鉴真大师的坐像供奉在御影堂，这尊塑像是763年鉴真大师圆寂后，他的赴日弟子忍基制作，被尊为日本国宝。

8. 平城宫遗迹

位于奈良市。平城宫从710年至784年营造，中间曾中断8年之久。南北约1公里，东西1.3公里，是天皇的住所，同时也是当时律令国家的中央政府机构所在地。据推断，平城宫由平城宫门、内里、朝堂院、官衙区域、東院等建筑构成。784年迁都山城长冈宫（京都府向日市）后至9世纪初，仍作为平城天皇的行宫使用，9世纪被废弃，不久变成了水田。随着考古发掘的进展，平城宫遗迹的风貌将会不断展现在世人面前。

## 八、日光的神社和寺院(3处)

1. 二荒山神社

790年，胜道上人始建本宫神社，现存正殿，大国殿等建筑物是后来扩建的。明治时期，根据神佛分离的法令，改称为二荒山神社。社内著名景点有神乐殿、亲子杉、正殿、化灯笼、日枝神社、大国殿朋友神社、二荒灵泉等，有23处被指定为国宝级文物。大国殿附近有一块巨大的圆石，是江户时代人们供奉的象征健康和长寿的圣石。传说二荒山神社灵验有：招福、结缘、二荒灵泉水返老还童。

2. 东照宫

江户幕府的开创者德川家康死后，幕府第二代将军秀忠根据家康遗言，将他埋葬在日光山下，于1617年，着手修建了正殿。家康的孙子、第三代将军德川家光进行了大规模扩建，形成了今天所见到的豪华精致的东照宫，其雕刻、绘画、阳明门等55项被指定为国宝级文物。坐落在宫门口的五重塔是由杉木建成的唐式宝塔，高36米，始为若狭藩主酒井忠胜所建，后毁于火灾，其后人酒井忠进依原样重建。绕过五重塔，跨过一道朱红色的正门，就进入了东照宫。三神库、神厩房、御水房、经藏、本地堂、阳明门、唐门、坂下门神道、回运灯笼、南蛮铁灯笼等文物令人目不暇接。阳明门上的雕刻和三猿雕刻等是艺术珍品。

3. 轮王寺

是日本天台宗三大发祥地之一，山号日光山。据传由奈良时代的胜道草创，镰仓时代（12 世纪至 14 世纪）扩建。寺内有宝物殿、护法殿、紫云阁等文物，环境优雅。

## 九、琉球王国古城及相关遗产群 (9 处 )

琉球王国古城及相关遗产群包括今归仁城遗迹、座喜味城遗迹、胜连城遗迹、中城城遗迹、首里城遗迹、园比屋武御岳石门、玉陵、识名园、斋场御岳等 9 处，位于冲绳县。冲绳在日本列岛的 最南端，县厅设在那霸市。

琉球王国古城位于冲绳县那霸市首里当藏町，也称为御城，约建于 14 世纪末期。首里曾是都城，东西 400 米，南北 270 米，具有悠久的历史，中国传统文化在此有着很深的根基。

首里城位于那霸市，是琉球王国的都城，时期约建成于 15 世纪中期。1945 年，毁于冲绳战火。

守礼门建于尚清王(1527～1555年在位)时期,现在的守礼门是按原样复原重建的,挂有"守礼之邦"匾额。它是冲绳的象征,也是琉球建筑技术的代表作,酷似中国的牌坊。

识名园是位于首里城南约 2 公里的庭园，原为 1800 年左右建造的琉球国王的别墅。首里琦山的御茶屋御殿称作东苑，识名园称作南苑。以草写的心字形水池为中心的庭园北侧有育德泉，西南侧有劝耕台，分别于 1941 年和 1976 年被指定为国家名胜。

## 十、纪伊山圣地和参拜道

纪伊山地横跨和歌山、奈良、三重三县，熊野三山、高野山、吉野和大峰，自古以来就是植根于崇拜自然的日本神道的圣地，同时也是由中国传入并在日本得到独特发展的佛教、以及神佛融合而形成的修验道等宗教的圣地。大峰奥丘道、熊野参拜道、高野山町石道等保存完好，这里山峦重叠，森林密布，河溪纵横，当地居民称这里是神灵居住的地方。世界遗产"纪伊山地灵场与参拜道"，是指由该地区诸多灵场和参拜道构成的文化群体。灵场即神灵居住之地或民众信奉神佛之地。公元六世纪佛教传入日本并成为国教之后,此处更成为佛教信徒们向往的修行场所。此遗迹的主体是高野山、吉野山和金峰山三个灵场。

这里之所以被列入世界遗产，是因其具有独特的宗教文化内涵，神佛合祭是其一大特点。纪伊山地约在 6 世纪其成为真言宗的山岳修行场，在 10 ～ 11 世纪成为修验道的修行场。

纪伊山地各寺院高僧辈出，是日本的佛教圣地，各地前往参拜的信徒络绎不绝，熊野古道是必行之道。高野山是从留学唐朝的空海于 9 世纪初开辟的密教真言宗的山岳修行道场。

### 十一、石见银山遗迹与文化景观

石见银山是日本战国时代后期至江户时代前期最大的银山，以石见国东部（现鸟取县大田市）为中心，包括仁摩町、温泉津町等地区。2007 年 7 月联合国教科文组织批准石见银山遗址收入世界遗产名录，这是日本第一个以“产业遗址”登录的世界遗产。遗产保留了 16 世纪至 20 世纪的银矿开采和冶炼遗址等。

石见银山的开采始于 1526 年，有 400 多年的开采史。17 世纪，这里的银产量占世界总产量的三分之一。这里冶炼加工的白银当时不仅作为货币在日本国内流通，还从财力上支撑着日本与葡萄牙、荷兰东印度公司以及中国商人之间的贸易。

石见银山遗址完好地保留了大量采用了传统技术的银生产方式。

**思考题：**

1. 截止 2008 年 7 月，日本共有多少项世界遗产？
2. 法隆寺和中国佛教的关系。
3. 姬路城的别名及建筑特点。
4. 广岛原子弹爆炸遗址被列入世界遗产名录的意义何在？
5. 严岛神社的建筑特色。

**主要参考文献：**

1.《世界大百科事典》，日本平凡社 1998 年。
2. 松村明《大辞林》第二版，日本三省堂 1999 年。
3. 尚学图书《国语大辞典》第一版，小学馆 1982 年。
4.《現代用語の基礎知識》，自由国民社 1999 年版。
5. 松村明《大辞泉》，小学馆 1995 年。
6. 新村出《広辞苑》第五版，岩波书店 1998 年。
7. 大森和夫、大森弘子、曲维《日本（上）》，大连出版社 1997 年。
8.《imidas》集英社 2007 年版。
9. http://www.unesco.org，http://www.unesco.jp 等相关网站。

# 第十六章　日本的汉文化与汉文训读

汉文汉诗是日本学校教育中的必修内容，也是日本文化中不可或缺的一部分。

在日本，中国典籍如杰出的思想家的著作《论语》、《孟子》、《韩非子》，著名的史书《史记》、《汉书》、《十八史略》，以及陶渊明、韩愈、柳宗元等名家名篇，广义上都被称为“汉文”，其中也包括李白、杜甫、白乐天等人的诗作。也就是说，在日本，中国的古典著作，无论是韵文还是散文，广义上都称为“汉文”。

这些中国典籍是通过汉文训读的方法转换成日本的汉文化的。

## 第一节　训读的历史

一般认为，训读始于平安时代中期（8世纪），至室町时代（15世纪）逐渐地固定下来。

通过训读的汉文，日语称作“書き下し文（汉字假名混合翻译文）”，平安时代中期以后的日本假名文学作品中，不乏以下类似的例子。

①　男たちの、心慰めに、漢詩に、「日を望めば都遠し」などいふなる言のさまを聞きて、或女のよめる歌、……（『土佐日記』承平五年一月二十七日）

这里的“日を望めば都遠し”，源自《晋书》第六卷的明帝纪。

“汝謂日與長安孰遠？”對曰，“長安近。不聞人從日邊來，居然可知也。”元帝異之。

明日，宴群僚問之。對曰，“日近。”元帝失色曰，“何乃異聞者之言乎？”對曰，“劇礪則見日，不見長安。”由是益奇之。

②　太液の芙蓉、未央の柳も、げに、かよひたりし容貌を、唐めいたるよそひはうるはしうこそありけめ、なつかしうらうたげなりしを思し出づるに、花鳥の色にも音にも、よそふべき方ぞなし。朝夕の言ぐさに、翼をならべ、枝をかはさむと契らせたまひしに、かなはざりける命のほどぞ、尽きせずうらめしき。（『源氏物語』桐壺）

文中的诗句“太液の芙蓉、未央の柳”、“翼をならべ、枝をかはさむ”皆出自白居易的《长恨歌》，是训读后的日语汉文。

## 第二节 汉文训读及其方法

### 一、汉文训读

1. 汉文的基本形式

（附表一：汉文的基本形式）

| (1) | (2) | (3) | (4) | (5) | (6) |
|---|---|---|---|---|---|
| 主语—谓语<br>主体＋は/が { 是什么（判断）<br>怎样（状态）<br>做什么（动作） } | 主语—谓语—宾语<br>主体はが・做・什么 | 主语—谓语—补语<br>主体はが・动作・对于什么来说 | 主语—谓语—宾语—补语<br>主体はが・做・什么・对于谁 | 主语—谓语—补语—宾语<br>主体はが・动作・动作的补充・动作的对象 | 修饰语—被修饰语 |
| 我人。（我は 人なり／我是人）<br>雲白。（雲 白し／云彩洁白）<br>日出。（日 出づ／太阳出来了） | 我買レ書。（我 書を 買ふ／我买书） | 良薬苦二於口一。（良薬は 口に 苦し（にが）／良药苦口） | 孔子問二礼於老子一。（孔子 礼（れい）を 老子に 問ふ／孔子向老子询问有关礼仪上的问题） | 王与二臣地一。（王 臣に 地を 与（あた）ふ／国君赏给大臣土地） | 大志。（大いなる 志（こころざし））<br>三省。（三たび 省（かへり）みる） |
| 主语置于谓语前，和日语语序相同。 | 宾语置于谓语后。译成日语时，语序发生改变，将宾语前提，并添加助词“を”。 | 将补语置于谓语后时，多在补语前加介词（如：於、于、乎）。 | 除宾语外还要补充补语的时候，要按“先宾语、后补语”的顺序。 | 当谓语是给予、接受、教授、夺取等他动词时，应按“先补语，后宾语”的顺序组句。 | 主语置于将修饰语置于被修饰语前，与日语语序相同。谓语前，和日语语序相同。 |

上表中汉文句式①⑥的语序与日语相同，而句式②③④⑤的语序与日语不同。

2. 何为“训读”

如前所述，训读是指在汉文原形的基础上将其翻译成日语的阅读方式，譬如，“私は山を見る”用汉文表达为“我见山”。日语的句式结构为“主语—宾语—谓语”，而汉文则为“主语—谓语—宾语”。汉文典籍刚传入日本时，先用当时的中文发音阅读，再将其译成日语，随后发展为添加片假名和符号等标识的书写形式，如“我ハ見ルレ山ヲ”。

由于中国古文——也就是汉文与日语在语法结构上不同，所以训读时要使用片假名和符号进行标注。这种片假名被称为“送り仮名／送假名”，符号叫做“返り点／返点”。送假名、返点以及“、”“。”这样的标点符号统称为“訓点 / 训注”。而没有训注只有汉字组成的汉文称为“原文”或“白文”。

## 二、训读方法

1. 返点、送假名

返点 ：由于汉文和日语语序上的不同，有时必须从下向上反向阅读，这时使用的符号就是“返点”。标注返点时应注意“以小号字标于汉字左下角”。

【返点的种类及用法】

（附表二：返点的种类及用法）

| （5）一レ・上レ | （4）甲・乙点（甲・乙・丙・丁） | （3）上・下点（上・中・下） | （2）一・二点（一・二・三…） | （1）レ点（雁（かりがね）点（てん）） |
|---|---|---|---|---|
| 与“レ点”及其他返点合用。 | 插入到“一·二点”和“上·下点”中间，表示更进一步向前返读。必要时可以继续用“甲、乙、丙、丁……”。当需要插入到“甲·乙点”中间继续往前返读时，用“天地人点”。 | 插入“一·二点”时使用，表示更进一步向前返读，有时可用“上·中·下”。 | 在隔两个字以上、由下向上返读时使用，必要时可以“一、二、三、四……”连续标注。 | 用于由下面一个字返读到其上一个字。 |
| 4 1 3 2<br>売二盾与レ矛<br>（盾と矛とを売る） | 8 5 3 1 2 4 7 6<br>欲乙得下有二才智一者上用甲レ之。<br>（才智（さいち）有る者を得（え）て之（これ）を用（もち）ひんと欲（ほっ）す） | 7 3 1 2 6 4 5<br>不下為二児孫一買中美田上。<br>（児孫（じそん）の為（ため）に美田（びでん）を買（か）はず） | 1 2 5 3 4<br>返景入二深林一。<br>（返景（へんけい）深林（しんりん）に入（い）る） | 1 2 5 4 3<br>春眠不レ覚レ暁。<br>（春眠（しゅんみん）暁（あかつき）を覚（おぼ）えず） |

送假名：训读时，用来表示活用词（动词、形容词、形容动词、助动词）的活用

词尾及助词的片假名就是“送假名”。使用时应该注意以下两点：①应遵从古典语法和旧假名的使用法。②应遵循在原文汉字的右侧或右下角标注片假名的原则（返读重读字时标注在汉字的左下脚，此为例外）。

【送假名的使用规则】

① 活用词词尾标注送假名。

见附表三 ·（1）

例外的是，由形容词 · 副词 · 介词转变而来的动词、由动词 · 副词转变而来的形容词按照其原来词性的活用词尾标注送假名。见附表三 ·（2）

② 副词、接续词、介词的最后一个字用送假名标注。

见附表三 ·（3）

应注意的是，包含活用词的副词和接续词应遵循规则①。见附表三·（4）

另外，注意附表三 ·（5）中的词语不标注送假名。

③ 在对话或引用等部分的句末标注“ト”。 见附表三 ·（6）

④ 由下返读连续的两个字时，要在两字之间加“—”（连字符号）。见附表三 ·（7）

⑤ 标注重读字中需要重读的送假名时，将其活用词尾置于重读字的左下角。见附表三 ·（8）

（附表三）

| (8) | (7) | (6) | (5) | (4) | (3) | (2) | (1) |
|---|---|---|---|---|---|---|---|
| 猶ホシレ雲ノ。宜シクシレ学ブ。将ニルレモ去ラント、 | 撃二破ス沛公ノ軍ヲ一。 | 翁曰ハク、「此レ何ゾ不ランレ為ラレ福ト乎やト。」 | 今昔古又 | 必ズシモ尽クハ然レドモ以ツテ | 豈ニ能ク乃チ遂ニ自リ従リ | 悲シム以ツテス輝カシ未ダシ甚ダシ | 見ル善シ勿カレ急ナリ可シ。 |

除上述原则外还有更为具体的用法，例如，由动词转变来的名词应像“別レ、思ヒ”一样标注最后一个假名，叠音的副词应像“各〻、愈〻”这样标注“〻”（叠字符号）等等。此外，应该用平假名标注汉字，以便与送假名区分开来。

2. 重读字、返读字

重（chóng）读字：所谓重读字是指将阅读过的一个汉字再从后返回读第二遍，也就是需要重复阅读的文字。而“返读字”一定是由下而上返读的文字。

重读字具有日语中的副词和助动词（或动词）的作用，训读时应先读副词部分，然后再返读助动词（或动词）部分，返读部分的送假名应标注在文字左侧。在今体文中，应将副词中的汉字保持原状，返读的部分用平假名标记。当然，汉文是不进行再读的，比如“未来”念作“wei-lai”，其中“未”只读一遍。但当其翻译成日语时，只有重读为“いまダ～ず”时才能表达出“未”的意思。

（附表四：重读字）

| 須 | 宜 | 应 | 当 | 未 | 将且 |
|---|---|---|---|---|---|
| すべかラク～ベシ<br>ぜひ～しなくてはならない。<br>应该……<br>一定…… | よろシク～ベシ<br>还是……比较合适。<br>还是……为好。 | まさニ～ベシ一定<br>是……吧。<br>当然应该…… | まさニ～ベシ<br>该是……<br>当然该…… | いまダ～ず<br>还不……<br>还未…… | まさニ～トす<br>几乎……<br>眼看就要…… |
| 須ラクシレ尽クスレ歓ヲ。<br>（須らく歓を尽くすべし） | 過テバ則チ宜シクレ改ムレ之ヲ。<br>（過てば則ち宜しく之を改むべし） | 応ニシレ知ル故郷ノ事ヲ。<br>（応に故郷の事を知るべし） | 人ハ当ニシレ惜シム寸陰ヲ。<br>（人は当に寸陰を惜しむべし） | 未ダルニ之ヲ学バ也。<br>（未だ之を学ばざるなり） | 不レ知ラ老ィ之将ニルヲレ至ラント。<br>（老いの将に至らんとするを知らず） |

| 盍 =何不 | 猶 由 |
|---|---|
| なんゾ～ざル<br>どうして～しないのか。<br>为何不……呢？ | なホ～ノごとシ<br>ちょうど～のようだ。<br>犹如……一样。 |

| | |
|---|---|
| 猶水之勝火。(猶ほ水の火に勝つがごとし) | 盍各言爾志。(盍ぞ各々爾の志を言ばざる) |

返读字：汉文中，在不是倒装句的前提下，当遇到指示宾语的格助词“ヲ”和指示补语的“ニ”“ト”时，应自下而上反向阅读。这种文字就叫“返读字”。

（附表五：返读字）

| 不 | 非 | 不能 | 有無 | 勿·毋·莫 | 多 | 少 | 易 |
|---|---|---|---|---|---|---|---|
| ず | あらズ | あたハズ | ありなシ | なかレ | おほシ | すくナシ | やすシ |
| 歳月不待人。(歳月は人を待たず) | 非我志也。(我が志に非ざるなり) | 非不能行也。(行く能はざるには非ざるなり) | 人無遠慮、必有近憂。(人遠き慮り無ければ、必ず近き憂ひ有り) | 過則勿憚改。(過ちては則ち改むるに憚ること勿れ) | 多言数窮。(言多ければ数々窮す) | 少兵食尽。(兵少なく食尽く) | 少年易老。(少年老い易し) |

| 所 | ところ | 此レ韓非ノ所レ著ス之書也。（此れ韓非の著す所の書なり） |
|---|---|---|
| 雖 | いへども | 雖モレ令スト不レ従ハレ。（令すと雖も従はれず） |
| 毎 | ごとニ | 毎ニレ日見ルレ之ヲ。（日毎に之を見る） |
| 為 | ためニ | 為ニレ我ガ献ゼヨレ之ヲ。（我が為に之を献ぜよ） |
| 欲 | ほっス | 欲スルモレ行カントレ不レ能ハ。（行かんと欲するも能はず） |
| 可 | ベシ | 汝可シニ疾ク去ル一。（汝疾く去る可し） |
| 難 | かたシ | 学難シレ成リ。（学成り難し） |

| 使·令·遣 | しム | 孔子使ムニ子路ヲシテ問ハレ津ヲ。（孔子子路をして津を問はしむ） |
|---|---|---|
| 被·見·所 | る·らル | 信ニシテ而見ルレ疑ハ。（信にして疑はる） |
| 如·若 | ごとシ | 花ハ若シレ雪ノ。（花は雪の若し） |
| 与 | と | 福ト与レ貴ハ、是レ人之所ナリレ欲スル。（福と貴とは、是れ人の欲する所なり） |
| 従·自·由 | より | 禍ハ自リレ怨ミ起コル。（禍は怨みより起こる） |
| 所以 | ゆゑん | 法令ハ所ニ以導クレ民ヲ也。（法令は民を導く所以なり） |

## 三、汉字假名混合翻译文

根据训读形式改写成的日语语序的文本称为“汉字假名混合翻译文”，亦称作“汉语训读文”或“和汉混淆文”。

**【“汉字假名混合翻译文”的书写规则】**

① 遵循古典语法和旧假名用法。例句见附表六 ·（1）

将活用词词尾（送假名的部分）置于汉字后，并用旧假名使用法书写，如“能わず”应写作“能はず”。

② 送假名用平假名表示。

③ 原文中的汉字保持不变。

其中，下述（ア）、（イ）的情况例外，要用平假名表示出来。

（ア）古典语法中的助词和助动词；例句见附表六・（2）

例 2 中的“与”“之”“也”不需用汉字表示。总而言之，应按照日语文章的表达习惯流畅、自然地书写。

（イ）重读字中需要重读的部分。例句见附表六・（3）

④ 不进行训读的汉字不用“汉字假名混合翻译文”表示。例句见附表六・（4）

虽然规定“不训读的汉字”不用汉字假名混合翻译文表示，但在例 4 中，实际上将“於”作为“世に～”中的“に”进行了训读。由于不能改写为“世於（に）～”，所以姑且将其看做不能训读的词语。也可训读为“世に於（おい）て施すを得ず”。

（附表六）

| | | |
|---|---|---|
| (1) | 欲スルモレ行カント不レ能ハ。 | 行かんと欲するも能（あた）はず。 |
| (2) 与（と）之（の）也（なり）不（ず） | 富ト与ハレ貴是レ人之所レ欲スル也。 | 富と貴とは、是（こ）れ人の欲する所なり。 |
| (3) 須（須（すべか）らく～べし）（将（まさ）に～す） | 人ハ当ニシ惜シム二寸陰ヲ一。 | 人は当（まさ）に寸陰を惜しむべし。 |
| (4) 矣、焉、兮、于、 | 不レ得レ施スヲ二於世ニ一。 | 世に施（ほどこ）すを得（え）ず。 |

## 四、常用训读词语及句型

（1）词语

1．幾（幾何）

“多少,若干”的意思。通常以以下形式出现：①表示疑问“幾何ゾ”、“ 幾何ゾヤ”；② 表示反问“幾何カ～ザラン”；③表示限制性否定“幾何モ無シ”。

例句见词语表一・例（1)。

2．今者

いま／现在。“者”是表示时间的虚词。如“古者”训读为“いにしへ”、“昔者”训读为“むかし”。

例句见词语表一・例（2)。

3．徒

いたづらニ（也读作“たダ”“たダニ”）／徒劳地。例句见词语表一・例（3)。

4．惜

おシムラクハ～／可惜的是……例句见词语表一・例（4）

5．自

おのづから／自然地，自动地。“みづかラ”主要强调的是不接受他人指示，按照自己的意愿做事。例句见词语表一・例（5）

6．大率（大概・概）

おほむネ／大概、大体。例句见词语表一・例（6）

7．以為（以、謂、惟）

おもヘラク／以为，认为（也训读为“以（も）ッテ～ト為（な）ス”)。

例如，“以為然”可以训读为“以為（おも）へらく然（しか）りと”和“以（も）って然（しか）りと為（な）す”。例句见词语表一・例（7）

8．凡

およソ／全部，一切。“大凡”是“おほよそ／大致、大体”的意思。例句见词语表一・例（8）

9．如是（如此、若是、若此、如斯、如之）

かくノごとシ／像这样的，诸如此般。例句见词语表一・例（9）

10．君不聞

きみきカずヤ。例句见词语表一・例（10）

11．於是（於此、於斯）

ここニおいテ／于此，在此。例句见词语表二・例（1）

12. 是以（此以）

ここヲもッテ / 因此，所以。作为接续词承上启下。与“是故”（こノゆゑニ）意思相同。例句见词语表二 · 例（2）

13. 以是（以此）

これヲもッテ / 凭此，以此。用来修饰其后的谓语。例句见词语表二 · 例（3）

14. 庶幾（庶、幾、庶乎）

こひねがハクハ（也读作“ちかシ”）/“无论如何至少……”例句见词语表二 · 例（4）

15. 諸

これヲ～ニ。“之於”的省略形式。例句见词语表二 · 例（5）

16. 向（嚮、鄉、往）

さきニ / 从前、不久前。例句见词语表二 · 例（6）

17. 云爾

しかいフ / 如此、这样的。例句见词语表二 · 例（7）

18. 而

顺接形式：～テ、～シテ、しかシテ / 并且。

逆接形式：しかルニ / 但是。

～しかレドモ / 然而、却。

19. 然則

しかラバすなはチ / 如果这样的话…… 例句见词语表二 · 例（9）

20. 然後（而後）

しかルのち、しかシテのち / 因此，如果这样的话。例句见词语表二•例（10）

21. 不然

しかラずシテ / 如果不……就……

しかラざレバ· しかラずンバ / 不……则……

例句见词语表三 · 例（1）

22. 不則（否則）

しからざレバすなはチ（しからずンバすなはチ）/ 若非如此……则……

例句见词语表三 · 例（2）

23. 然而

しかりしかうシテ / 如此这般却…… 例句见词语表三 · 例（3）

24. 然

しかレドモ。表示转折。例句见词语表三 · 例（4）

25. 為

ため、ため二、ためナリ。例句见词语表三 · 例（5）

26. 為

たリ / 是…… 例句见词语表三 · 例（6）

27. 微

なカリセバ / 如果没有……（实际存在的东西）的话。例句见词语表三 · 例（7）

28. 猶

なホ～ノごとシ / 犹如…… 例句见词语表三 · 例（8）

29. 何為

なんすレゾ / 为何……呢？ 例句见词语表三 · 例（9）

30. 何者

なんとなれば / 若问原因的话…… 用于说明理由。例句见词语表三 · 例（10）

31. 垂

なんなントス / 即将，马上。来源于水滴将要从叶片上垂落的姿态。例句见词语表四 · 例（1）

32. 可

ばかり / 大约，表示大概的程度。例句见词语表四 · 例（2）

33. 果

はタシテ / 正如所料，正如所言。例句见词语表四 · 例（3）

34. 為人

ひとトなり。表示人品、性格等。例句见词语表四 · 例（4）

35. 殆

ほとンド。"殆"训读为"あやうし"，事件即将发生的可能性达到80%～90%，表示"几乎…" 例句见词语表四 · 例（5）

36. 宜

むベナリ / 的确理所当然、果然应当如此。例句见词语表四 · 例（6）

37. 者

"もの"作为代词①表示"人"；②表示"事"；③"……是"的意思。"物"作为名词，训读为"もの"，表示天地间一切有形和无形的事物。

38. 已

やム / 结束、停止、灭亡。

"～バ已ム"、"～バ則チ已ム"则表示"……就完了"。 例句见词语表四 · 例（8）

39. 動

ややモスレバ / 往往、动不动、动辄…… 例句见词语表四 · 例（9）

40. 所以

ゆゑん。表示①原因、理由；②方法；③……的事物、……的地方。例句见词语表四・例（10）

（附表七：词语表一）

| 序号 | 例句 |
| --- | --- |
| (1) | 為懽幾何。〈続文章規範—李白〉 |
| (2) | 今者、項荘抜剣舞。〈史記〉 |
| (3) | 是徒知冬温夏清之為孝而已。〈弘道館記述義〉 |
| (4) | 惜此景屡戢。〈歎逝賦—陸機〉 |
| (5) | 久自得之。〈小学〉 |
| (6) | 大概与衆人無異。〈慎思録〉 |
| (7) | 以為無足為鼓者。〈蒙求〉 |
| (8) | 凡不学而務求道、北方之学没者也。〈唐宋八家文—蘇軾〉 |
| (9) | 有本者如是。〈孟子〉 |
| (10) | 君不聞、漢家山東二百州、千村万落生荊杞。〈杜甫・兵車行〉 |

（附表八：词语表二）

| 序号 | 例句 |
| --- | --- |
| (1) | 於是代以小椀。〈近古史談〉 |
| (2) | 是以後世無伝、臣未之聞也。〈孟子〉 |
| (3) | 以是知其能。〈史記〉 |
| (4) | 庶幾成為人而終。〈言志晩録〉 |
| (5) | 挙直錯諸枉。〈論語〉 |
| (6) | 向使傭一夫於家、〈唐宋八大家—柳宗元〉 |
| (7) | 不知老之将至云爾。〈論語〉 |
| (8) | 然則近代之詩無取乎。〈滄浪詩話〉 |
| (9) | 及陥乎罪、然後従而刑之。〈孟子〉 |

（附表九：词语表三）

(1) 不然妄下手、〈言志晚録〉
不然雖設数万巨砲、〈言志晚録〉

(2) 不則百悔亦竟無益。〈言志録〉

(3) 然而不王者、未之有也。〈孟子〉

(4) 然創業之難往矣。〈十八史略〉

(5) 為指之不若人也。〈孟子〉

(6) 四海之内、皆為兄弟也。〈論語〉

(7) 微管仲、吾其被髪左衽矣。〈論語〉

(8) 仁之勝不仁也、猶水勝火。

(9) 吾何為不豫哉。〈孟子〉

(10) 何者、彼之所獲者、不過数金耳。〈唐宋八家文—蘇軾〉

（附表十：词语表四）

(1) 今大事垂可立、如何釈此去乎。〈三国誌〉

(2) 河広可二百尺。〈桟雲峡雨日記〉

(3) 公使人視之、果伯玉也。〈小学〉

(4) 其為人也、孝弟而好犯上者鮮矣。〈論語〉

(5) 殆不能堪。〈桟雲峡雨日記〉

(6) 夷滅宗族、不亦宜乎。〈史記〉

(7) 不用已。用則丨。〈日本政記〉

(8) 動欲傾跌。〈桟雲峡雨日記〉

(9) 皆知所以養之者。〈孟子〉
夫橋之所以為安於舟者、〈唐宋八家文—蘇洵〉

（2）句形

否定态：

1．非不——

～ざルニあらズ / 并非不……　　例句见附表十一・例（1）

2．莫不——

～ざルハなシ / 没有不……　　例句见附表十一・例（2）

3．無非——（莫非——）

～ニあらザルなシ。　例句见附表十一・例（3）

4．不必——

かならズシモ～ず / 没有……的必要　　例句见附表十一・例（4）

5．未嘗不——

いまダかつテ～ずンバアラず。　　例句见附表十一・例（5）

6．無一不——

～トシテ～セざルハなシ。　　例句见附表十一・例（6）

7．不可以不——

もッテ～セざルベカラず。　　例句见附表十一・例（7）

（附表十一：句型表）

| (1) | (2) | (3) | (4) | (5) | (6) | (7) |
|---|---|---|---|---|---|---|
| 非レザル不レルニ説ニよろこバ於大功一ヲ也。〈韓非子〉 | 天下ハ莫レシ不三ルハ奔二ほん命めいセ於仁義一ニ。〈荘子〉 | 立二ツルハ我ガ烝民一ヲ、莫レシ匪二あらザル爾なんぢノ極一ニ。〈十八史略〉 | 師ハ不三必ズシモ賢二ナラ於弟子一ヨリ。〈唐宋八家文—韓愈〉 | 未三ダ嘗テ不二ンバアラ廃レはいシテ巻ヲ流涕一セ。〈南史〉 | 偶ゝたまたま有二レバ名酒一、無二なシ夕ゆふベトシテ不レルハ飲マ。〈飲酒序—陶潜〉 | 士ハ不レ可三カラ以ツテ不二ル弘こう毅一きナラ。〈論語〉 |

疑问句：

1．何——也

なにヲカ～や

2. 非——与

 ニあらズや

3. 誰——

 たれカ～

4. 誰与——

 たれトともニカ～

（附表十二：疑问句句型表）

| | |
|---|---|
| (1) | 何ヲカ取レル二於水ニ一也ヤ。〈孟子〉 |
| (2) | 子ハ非ズ二三さん閭りょ大たい夫ふニ一与や。〈漁父辞〉 |
| (3) | 明年花開キテ復また誰カ在ル。〈代下悲二白頭一翁上—劉希夷〉 |
| (4) | 吾非ズシテ二斯ノ人之徒ト与ともニスルニ一、而誰たれト与ともニカセン。〈論語〉 |

反问句：

1. 焉——

 いづクンゾ～ンヤ

2. 何日——

 いづレノひカ～セン

3. 安——

 いづクニカ～セン

4. 安——也

 いづクンゾ～ンや

5. 何——哉

 なんゾ～ンや

6. 何不——

 なんゾ～ざル

7. 豈——乎

 あニ～ンや

8. 豈若——哉

   あニ～ニしカンや

9. 況——、豈——哉

   いはンヤ～、あに～や

10. 可謂——乎

    ～トいフベケンや

11. 敢不——乎

    あヘテ～ざランや

12. 不亦——乎

    まタ～ずや

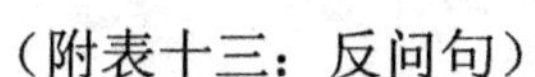
（附表十三：反问句）

| (12) | (11) | (10) | (9) | (8) | (7) | (6) | (5) | (4) | (3) | (2) | (1) |
|---|---|---|---|---|---|---|---|---|---|---|---|
| 学(ンデ)而時(ニ)習レ(フ)之(ヲ)、不二亦(まタ)説一(よろこバシカラ)乎(や)。〈論語〉 | 敢(ヘテ)不レ(ラン)走(にゲ)乎(や)。〈戦国策〉 | 可レ(ベケン)謂レ(いフ)孝(ト)乎(や)。〈十八史略〉 | 況(いはンヤ)賢二(ナル)於隗一(ヨリ)者、豈(ニ)遠二(シトセン)千里一(ヲ)哉(や)。〈十八史略〉 | 豈(あニ)若レ(しカン)従二(フニ)辟レ(さクル)世(ヲ)之士一(ニ)哉(や)。〈論語〉 | 豈(あニ)能(よク)佩二(おビン)六(りつ)国(こくノ)相(しやう)印一(いんヲ)乎(や)。〈十八史略〉 | 何(ゾ)不レ(ざル)揚二(あゲ)其(そノ)波一(なみヲ)。〈漁父辞〉 | 帝力何(ゾ)有二(ラン)於我一(ニ)哉(や)。〈十八史略〉 | 安(クンゾ)求二(メン)其(ノ)能(のうノ)千里一(ナルヲ)也(や)。〈雑説—韓愈〉 | 我安(クニカ)適(てき)帰(きセン)矣。〈十八史略〉 | 何(レノ)日(カ)是(これ)帰年(ナラン)。〈絶句—杜甫〉 | 割レ(さクニ)鶏(ヲ)焉(クンゾ)用二(ヒンヤ)牛刀一(ヲ)。〈論語〉 |

假定形：

1. 若——

   もシ～バ

2. 苟——

   いやしクモ～バ

3. 縱——

　たとヒ～トモ

4. 雖——

　～トいへどモ

5. 無——

　～なクンバ

（附表十四：假定形）

| (1) | (2) | (3) | (4) | (5) |
| --- | --- | --- | --- | --- |
| 若もシ嗣シ子シ可ベクンバレ輔たすク、〈出師表—諸葛亮〉 | 苟クモ為サバニ後ニシテレ義ヲ而先ニスルヲレ利ヲ、〈孟子〉 | 縱ヒ江東ノ父兄憐あはレミテ而王トストモレ我ヲ、〈史記〉 | 雖モレ有リトレ粟ぞく、〈論語〉 | 民無クンバレ信、〈論語〉 |

抑扬形：

1. ——且——、——安——

　～スラかツ～、～いづクンゾ～

2. ——尚——、況——哉

　～スラなホ～、いはンヤ～ヲや

3. ——且——、況——乎

　～スラかツ～、いはンヤ～ヲや

（附表十五：抑扬形）

| (1) | (2) | (3) |
| --- | --- | --- |
| 臣死スラ且カツ不レ避ケ、卮シ酒しゅ安いづクンゾ足ランレ辞スルニ。〈史記〉 | 此ノ句他人スラ尚なホ不レ可レベカラ聞ク、況いはンヤ僕ノ心ヲ哉や。〈与微之書—白居易〉 | 死馬スラ且ツ買フレ之ヲ、況ンヤ生ケル者ヲ乎や。〈十八史略〉 |

比较、选择形：

1. 莫若——

   ～ニしクハなシ

   若——

   ～よりハ、～ニしカンヤ

2. 寧——乎、寧——乎

   むしロ～か、むしロ～か

3. 寧——、無——

   むしロ～トモ、～スルなカレ

4. ——孰与——

   ～は、～にいずれぞ

（附表十六：比较、选择形）

| (4) | (3) | (2) | (1) |
|---|---|---|---|
| 惟坐待亡、孰与伐之。〈諸葛亮―後出師表〉 | 寧為鶏口、無為牛後。〈十八史略〉 | 寧其死為留骨而貴乎、寧生而曳尾於塗中乎。〈荘子〉 | 莫若六国従親以擯秦。〈十八史略〉 而与其従辟人之士也、豈若従辟世之士乎。〈論語〉 |

限定形：

1. 但——耳

   たダ～のみ

2. 自非——、——

   ～にあらざるよりは、～

3. 独——

   ひとり～（のみ）

4. 纔——

   わづかに～（のみ）

（附表十七：限定形）

| (4) | (3) | (2) | (1) |
|---|---|---|---|
| 初極狭、纔通人。〈陶淵明·桃花源記〉 | 今独臣有船。〈史記〉 | 自非聖人、所難免也。〈慎思録〉 | 直不百歩耳。〈孟子〉 |

感叹形：

1. 嗚乎——哉

   ああ～かな

2. 何——也

なんゾ～や

3. 豈不——乎

あに～ならずや

（附表十八：感叹形）

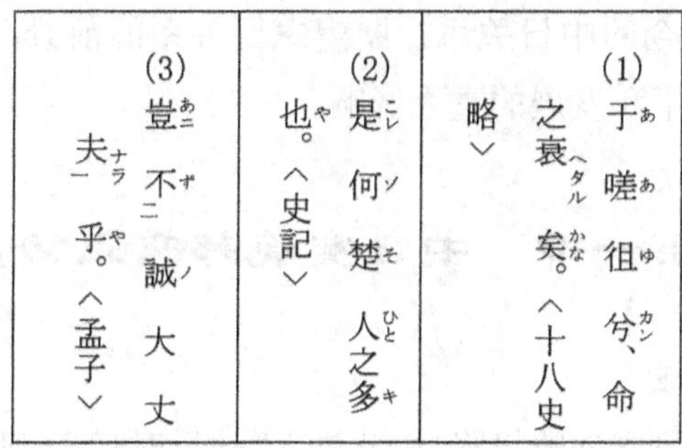

(1) 于嗟徂兮、命之衰矣。〈十八史略〉

(2) 是何楚人之多也。〈史記〉

(3) 豈不誠大丈夫乎。〈孟子〉

**思考题：**

1. 什么是汉文训读？
2. 汉文训读的起源和基本方法。
3. 汉文训读与日本汉文化。

**主要参考文献：**

森野繁夫、佐藤利行《漢文——まとめと要点》，白帝社 1989 年。

江连隆《訓読百科》（漢詩 · 漢文解訳講座別巻），昌平社 1995 年。

# 第十七章　中日关系的新发展

本章论述二战后至今的中日关系，展望中日关系的前景，揭示中日关系的晴雨表对中日两国以及世界和平和发展的重大影响。

## 第一节　中日实现邦交正常化

### 一、中日民间外交的形成

1945年8月15日，日本战败投降，由此进入“战后时代”。日本在国际社会的监督下，进行了民主改革，确立了经济立国方针，走上了和平发展道路。冷战形势下的日本在外交上积极追随美国，同时日本也清醒地认识到要以和平的方式获得发展，幅员辽阔、人口众多、市场潜力巨大的中国是日本不可忽视的国家。

战后美国实行“扶蒋反共”政策，全力支持国民党政权。1949年中华人民共和国成立后，以美国为首的西方国家对新中国采取敌视、孤立和封锁政策。新中国制定了执行和平外交政策中的三大基本方针：另起炉灶、一边倒、打扫干净屋子再请客。同时，也希望在和平、自主的原则下，与西方国家发展友好合作关系。

由于战后日本在外交上对美国“一边倒”，它在对华关系上不得不屈服于美国的压力，1951年12月10日24日，日本首相吉田茂发表“吉田书简”，提出：“日本政府很愿意与中国——日本的近邻——在政治上完全和平相处，并且通商。关于中华民国方面，这个双边条约的条件将适用于现在、或以后可能属于中华民国国民政府管辖的全部领土。日本政府无意与中国共产党政权缔结一个双边条约”[1]。

1952年4月28日，日本与台湾当局签订了《日华和平条约》（即《日台和约》），日本承认台湾当局。《日台和约》的签订，阻碍了中华人民共和国与日本间建立正常的外交关系。《日台和约》影响中日正常关系达20年之久。

为了打开中日关系的僵局，着眼未来建立两国正常的外交关系，中国政府提出了“民间先行、以民促官”的方针，即首先开展中日两国间的民间经济、文化往来，通过“民间外交”，促使日本政府改变立场，为建立中日两国的官方关系奠定基础。

1952年5月15日，在欧洲考察的日本国会议员帆足计、高良富和宫腰喜助等三位国会议员受中国参加莫斯科国际经济会议代表团的邀请来到北京，这是新中国成立后第一批来访的日本客人。1952年6月1日，三位国会议员与中国签署了第一个《中日贸易协议》。《中日贸易协议》是战后中日两国间签订的第一个贸易协议，它开中日民间贸易之先河，意义重大。

1953 年 10 月 29 日，中国国际贸易促进委员会与日本“国会议员促进日中贸易联盟”代表团签订了第二次贸易协议。1955 年 5 月 4 日，中日签订了第三次中日贸易协定。第三次贸易协定不仅将前两次的协议改为协定，而且在没有外交关系的情况下，约定设立享有外交官待遇的商务机构，说明中日民间交流发展到了更高的水平，实现了中国制定的“民间协议、官方挂钩”的方针，这更加有利于中日贸易的进一步发展。

1955 年 1 月 13 日至 4 月 15 日，中华人民共和国渔业协会与日本国日中渔业协议会代表团，就黄海、东海的渔业问题进行谈判。经过 3 个月的充分协商，签订了第一次中日民间渔业协定。协定以平等互利、和平共处为原则，对中日两国渔业界在黄海、东海的一定海域捕鱼问题作了合理的安排。

**二、民间交流不断扩大**

1954 年 10 月 30 日，受日本红十字会的邀请，以李德全为团长、廖承志为副团长的中国红十字代表团访问日本。代表团在日本共参加 19 次各界、各团体和各地方代表的国民欢迎大会和各种座谈会、17 次宴会和茶会，并举行了 13 次记者招待会和电视广播，向日本社会各阶层诚恳地、详细地表达了中国人民对于中日友好的主张和愿望。中国红十字代表团访问日本，达到了增进两国人民相互了解，扩大经济、文化往来的目的。中日民间交流开始进入一个崭新的阶段。

由于中日之间没有官方关系，加之日本各届政府对中国的态度有所不同，中日民间外交的发展也面临着困难和曲折，为了推动中日民间外交向前，达到“以民促官”的目的，中国政府强调中日关系发展中政治与经济不可分，1958 年 7 月 7 日，中国正式公布了中日关系的政治三原则，即：日本政府立即停止并不再发生敌视中国的言论和行动，停止制造“两个中国”，不要妨碍恢复中日两国的正常关系。这三项政治原则，是保证中日关系继续发展的基础。

1960 年 8 月，周恩来接见日本日中贸易促进会专务理事铃木一雄，周恩来提出贸易三原则，就是：政府协定；民间合同；个别照顾。

1962 年 10 月，中日双方签署了《日中长期综合贸易备忘录》，达成了第一个五年（1963 ～ 1967）的长期贸易协议。为使中日贸易能顺利进行，双方还设立了联络机构，中国成立廖承志事务所，日本成立高碕达之助事务所。备忘录贸易项下的交易合同，以廖的英文第一个字母 L 和高的罗马字标音的第一个字母 T 作为编号，第一年度为 LT/1，第二年度为 LT/2（以下同）。因此，备忘录贸易又称“LT 贸易”。备忘录表明中日贸易关系实质上具有半官半民的性质。

继LT贸易备忘录后，1962年12月15日，中日签订了友好贸易议定书。“议定书”与“LT备忘录”在促进中日贸易的发展，推进邦交正常化方面起了重要的作用，是60年代中日贸易的两个渠道，廖承志称之为推动中日关系的“两个车轮”。

1963年10月4日，中国日本友好协会成立大会选举郭沫若为名誉会长，廖承志为会长。中日友协的成立，是中日关系史上的一件大事，是中日两国人民友好的里程碑，必将促进中日友好事业的发展，增进中日两国人民的友谊。

## 三、中日实现邦交正常化

1971年3月28日至4月7日，第31届世界乒乓球锦标赛在日本名古屋举行。赴日本参加比赛的中国乒乓球代表团邀请在名古屋的美国乒乓球运动员访问中国，美国运动员欣然接受了邀请。4月10日起，美国乒乓球代表团对中国进行访问，中美交流的大门打开。美国乒乓球代表团在缓和中日、中美关系方面，起了先导作用，这就是被国际舆论称作“小球推动大球”的“乒乓外交”。中美关系解冻，促进了中日关系的发展。

1971年10月，联合国大会第26届会议通过了“恢复中华人民共和国在联合国组织的合法权利”的提案。这标志着美国长期以来奉行的封锁中国的政策破产，美国不得不重新审视对中国的关系。

尼克松担任总统后，发表《越战后的亚洲》一文，认为：“亚洲的将来靠印度、日本、中国、美国四巨人”[2]，美国从对付苏联的角度，需要与中国接近。7月，美国国家安全事务助理基辛格博士秘密访华，16日，中美同时发表公告，对外宣布：周恩来总理代表中华人民共和国政府邀请尼克松总统于1972年5月以前的适当时间访问中国。尼克松总统愉快地接受了这一邀请。这一公告引起了世界范围内的震动，更给一直追随美国的日本以强烈冲击。因为尼克松总统宣布访华这件大事，是他站在麦克风前发表讲话之前的三分钟才通报日本佐藤政府的。日本把此事称作是中美之间不理睬日本的存在而进行的“越顶外交”，又称“尼克松冲击波”。

1972年7月5日，田中角荣当选为自民党总裁。7日，田中组阁。田中在组阁当天就表示在外交上，要尽快实现同中华人民共和国的邦交正常化。面对激烈动荡的世界形势，我们要有力地推进和平外交。田中认为：中国问题对日本来说，与其是“外交”，不如说是“内政”的重要部分。田中认为要使这届内阁稳固，就必须当机立断，与中国恢复外交关系。

为了表示不为过去的陋习所左右，田中内阁提出了“决断与实行”的口号。田中内阁提出了五个重要，即：人、自然、时间、物质以及国家和社会，把国家和社会放在了最后，这不仅是对国内提出的口号，而且向世界表示了日本与守卫国家相比，更重视人、自然等因素，争取国际社会的信任，为发展与各国的关系做准备。

1972年9月25日，田中角荣一行抵达北京。经过几天谈判，中日就恢复邦交达成一致意见。29日，中华人民共和国国务院总理周恩来、外交部部长姬鹏飞和日本国内阁总理大臣田中角荣、外务大臣大平正芳，分别代表两国政府在北京签署了《中华人民共和国政府日本国政府联合声明》。《声明》宣布："日本国政府承认中华人民共和国政府是中国的唯一合法政府。中华人民共和国政府重申：台湾是中华人民共和国领土不可分割的一部分。日本国政府充分理解和尊重中国政府的这一立场，并坚持遵循波茨坦公告第八条的立场。中华人民共和国政府和日本国政府决定自1972年9月29日起建立外交关系。"[3] 随后，大平外务大臣在北京举行记者招待会。大平宣布："作为日中邦交正常化的结果，《日华和平条约》已失去了存在的意义，并宣告结束。"[4]

《中日联合声明》确定的基本精神，充分体现了中日两国平等、互利的关系，反映了中日两国人民的愿望，并成为进一步发展中日友好关系的准则。

中日邦交正常化的实现，在中日两国关系史上有着十分重大的意义。第一，它结束了中日两国近35年的战争状态，根本地改变了自1894年以来由于日本军国主义侵略中国所形成的两国之间的敌对历史。中日之间建立外交关系，揭开了两国关系史上的新篇章。

第二，尽管中日两国的社会制度不同，但双方本着互相谅解的精神，求大同，存小异，以大局为重，实现了邦交正常化，发展两国间的友好关系，这必将促进两国间的经济、文化的交流，这是符合两国人民的根本利益的。

第三，中日两国在联合声明中郑重宣布，两国任何一方都不应在亚洲和太平洋地区谋求霸权，每一方都反对任何其他国家或国家集团建立这种霸权的努力。这表明，中日将通过建立睦邻友好关系来为和缓亚洲的紧张局势和维护世界和平而努力。

1978年8月12日，中日《和平友好条约》正式签订。10月，邓小平副总理一行应日本政府的邀请访问日本，在东京，中日两国互换了和平友好条约的批准书，中日和平友好条约从此正式生效。

中日和平友好条约的签订，是中日关系史上的又一个里程碑，是中日友好的新起点。它将中日两国的和平友好关系用法律的形式固定下来，表明了中日两国人民要世世代代地友好下去的决心与信心。从此，中日关系又翻开了新的一页。《中日和平友好条约》与《中日联合声明》一样，被载入了中日友好关系发展的史册，它们共同成为发展中日友好关系的基本原则。

## 第二节　中日关系的新发展

### 一、新形势下的中日关系

20世纪80年代初，日本经济在战后经过三次高速增长后，进入高速发展时期，成为世界第二大经济强国。日本的外汇储备居世界之首，对外贸易连年顺差，经济发展速度虽然属于中速，但是，由于基数大，其经济增长仍然十分可观。

经济发展到一定水平后，日本不甘心做“经济巨人、政治侏儒”，希望在国际舞台上特别是在亚太地区发挥更大作用的愿望越来越强烈。1982年11月，新当选的日本首相中曾根康弘明确提出日本要做“政治大国”的目标，提出“战后总决算”的口号，就是要在外交上摆脱战争的阴影，以普通国家的身份参与国际事务。这表明日本的外交已经从对美的“追随外交”，逐渐向“自主外交”转变。1983年1月24日，中曾根在国会发表施政演说时，表示他“尤其重视与日本邻近的亚洲和太平洋地区的外交”，“对于重要的邻邦中国，将在现有的良好而稳定的基础上，努力争取进一步发展友好合作关系”[5]。在对中国的发展外交关系上，日本不完全以意识形态为先决条件，这与美国的对华政策明显不同。日本外交政策的变化，为发展中日业已存在的友好关系，提供了良好的条件。

1978年中国共产党十一届三中全会召开，党的指导思想和方针政策开始了历史性的转变。三中全会重新确立了实事求是的思想路线，正确地分析了国际国内形势，制定了党在新时期的各项方针政策。中国国内实行以经济建设为中心，积极扩大与经济发达国家的交流与合作，引进外国的先进技术和资金为中国的现代化建设服务。在对外关系上，中国开始逐渐改变“一条线、一大片”的政策，全面改善和发展我国同各大国的关系，更加积极主动地与西方国家合作。中国重视邻国日本在经济建设上取得的成就，愿意在和平共处的原则下，与日本发展友好合作关系，共同促进地区和世界的和平与稳定。中日两国各自内政外交政策的调整，为进一步发展两国关系提供了有利条件。

1979年12月5至9日，日本首相大平正芳应中国政府的邀请，对中国进行了为期5天的正式访问。大平总理表示日本国政府对中国要求的现代化建设中优先考虑的六大项目提供资金支持，1979年度向中国提供不超过500亿日元的贷款，年利3%，偿还期为30年。日本成为第一个向中国提供贷款的国家。大平访问期间，中日两国签定了文化协定，推进包括接受留学生在内的文化方面的合作和技术合作，1979年度日本为20名中国留学生提供奖学金。日本还计划用10亿日元资金，对中国的日语教师进行培训。大平总理代表日本政府，邀请中国国务院总理华国锋1980年5月正式访问日本。

1980年5月27日，国务院总理华国锋访问日本。华国锋总理与大平正芳总理举行了会谈，双方对4月关于1979年度日元贷款的换文表示满意，关于1980年度日元贷款在秋季进行具体商议。此后20多年中日元贷款在中国现代医疗、环保、能源开发等方面起了积极作用。中日两国还签署科学技术合作协定，进一步促进科学技术领域合作。两国领导人同意为缔结候鸟保护条约尽早谈判。

随着中日两国各个领域交流的发展与扩大，人员往来不断增加，1980年2月，中国政府在日本札幌、日本政府在中国广州设立总领事馆，进一步便利了两国民间交流，为发展两国各个层次的交流与合作提供了良好的条件。

1980年5月28日，双方在北京签定了《中华人民共和国和日本国政府科学技术合作协定》，规定中日科技合作的形式包括：派遣和接受科学家和技术人员，举办两国科学家和技术人员参加的讨论会、研究会，进行共同研究，交换有关科学技术情报以及两国政府同意的其他合作形式。

1980年4月，鉴真和尚像回中国巡展，邓小平、廖承志分别撰文，赞扬鉴真和尚不畏艰险，在沟通和传播中国文化方面的贡献，邓小平在文章中，指出："在中日人民友好往来和文化交流的历史长河中，鉴真是一位作出了重大贡献，值得永远纪念的人物。现在，在日本政府支持下，日本文化界和佛教界人士，把国宝鉴真像郑重地送来中国供故乡人民瞻仰。这是一件具有深远意义的盛事。它必将鼓舞人们发扬鉴真及其日本弟子荣睿、普照的献身精神，为中日两国人民世代友好事业作出不懈努力。"[6]廖承志也希望中日两国人民以鉴真为榜样，把友好事业传下去。

在中日两国政府和人民的共同努力下，1982年中日邦交正常化十周年时，中日友好城市或友好省、县发展到46对，中国访日人员由1972年的500多人，增加到1.9万人，增加30倍，日本访华人员由1972年的8300多人，增加到13.8万人，增加了15倍，中日贸易由1972年的10多亿美元，增长到104亿美元[7]。

## 二、友好合作继续扩大

1983年11月23日至31日，中国共产党中央委员会总书记胡耀邦访问日本，这是中国共产党的主要领导人第一次访问资本主义国家，也是日本政府第一次邀请中国共产党的总书记访问日本。中日双方同意确立中日关系四原则，即：和平友好、平等互利、相互信赖、长期稳定。

为培养中日友好的后备力量，中日领导人同意建立"中日友好21世纪委员会"。胡耀邦建议"中日友好21世纪委员会"应包括老、中、青的代表，日本方面认为应该包括学者和政界、经济界的代表。胡耀邦邀请3000名日本青年访问中国。

1984年3月，日本首相中曾根访问中国。中日两国总理还就共同关心的国际问题交换了意见，并一致同意设立"中日友好21世纪委员会"。委员会名称中方称为"中日友好21世纪委员会”，日方称为“日中友好21世纪委员会”，委员会的任务是：“根据中日政府联合声明和中日和平友好条约的基本原则，遵照‘和平友好、平等互利、相互信赖、长期稳定’四项原则，从政治、经济、文化、科技等广泛的角度，研究中日睦邻友好关系长期稳定发展的途径并向两国政府提出建议”[8]，双方委员会都由老、中、青各方面代表10名组成。双方委员会的日常工作机构分别设立在中国外交部亚洲司和日本外务省亚洲局。双方商定“中日友好21世纪委员会”第一次会议在下半年双方方便的时候在东京举行。

1984年9月10日～12日，“中日友好21世纪委员会”首次会议在日本举行，中日双方20位委员都出席了会议，日本首相中曾根康弘出席了开幕式并在会上致词。此后，“中日友好21世纪委员会”每年举行一次定期会议，商谈中日关系的问题。

1984年9月起，日本3000青年分批来到中国，这是中日青年交流史上空前规模的盛会。日本青年参观了上海、杭州、南京、北京、西安、武汉，参加了中华人民共和国35周年庆祝活动。这次活动，加强了中日青年间的了解和友谊，为中日两国友好事业的发展，创造了有利的条件。

1989年4月，中国国务院总理李鹏访问日本。李鹏向日本朋友介绍中国的政治稳定，正在进行的治理整顿不是改变现行的改革开放政策，而是为改革开放创造更好的条件。中国经济不会回到原来的经济模式上去。李鹏介绍了中国对外国投资的政策，欢迎日本经济界到中国投资，举办独资或合资企业。4月14日，中日投资保护协定互换生效通知书的签字仪式在东京举行，该协定有效期为10年。李鹏总理这次访问为今后两国关系的发展打下了基础，标志着中日关系走向成熟。

### 三、影响中日关系的诸多因素

80年代以后，在中日友好关系发展的同时，历史认识问题、台湾问题、钓鱼岛领土主权问题成为影响中日关系向前发展的重要因素。出现这些问题的主要原因是日本把追求“政治大国”的战略目标与承认近代对外侵略对立起来，认为如果一味地“谢罪”就会影响日本的国际形象，影响日本在国际舞台上发挥更大的作用。尤其是80年代日本成为经济大国之后，国内的极端民族主义思潮涌动，严重阻碍了中日关系向前发展。

1985年8月15日，日本首相的中曾根康弘带领18名阁僚首次以公职身份集体正式参拜了靖国神社。这是战后日本首相第一次以公职身份参拜靖国神社。日本政府成员的行动，严重地伤害了包括中国人民在内的曾经遭受日本侵略的亚洲各国人民的感情，也激起了中国人民强烈的不满。

钓鱼岛位于中国台湾东北100海里处，日本称之为尖阁群岛。钓鱼岛自古以来就是中国的领土。1978年10月25日，邓小平访问日本答记者问时说：尖阁群岛，我们叫钓鱼岛，这个名字我们叫法不同，双方有着不同的看法，实现邦交正常化时，我们双方约定不涉及这一问题。这次谈中日和平友好条约的时候，双方约定不涉及这一问题。倒是有些人想在这个问题上挑一些刺，来障碍中日关系的发展，我们认为两国政府把这个问题避开是比较明智的，这样的问题放一下不要紧，等10年也没关系。一定会找到彼此都能接受的方法。邓小平提出“搁置争议，共同开发”的主张，得到了两国政府的认可。

中日两国在钓鱼岛问题上达成了谅解，但是，日方却不断有人违背谅解，造成中日两国关系发展中的困难。1979年日本政府派巡视船载运人员和器材登上钓鱼岛修建临时飞机场。1981年7月11日至19日，日本冲绳县派人派船到我国的钓鱼岛及其附近海域进行渔场资源调查活动。由于日本在钓鱼岛问题上，不守承诺，使中日友好关系的发展出现曲折。

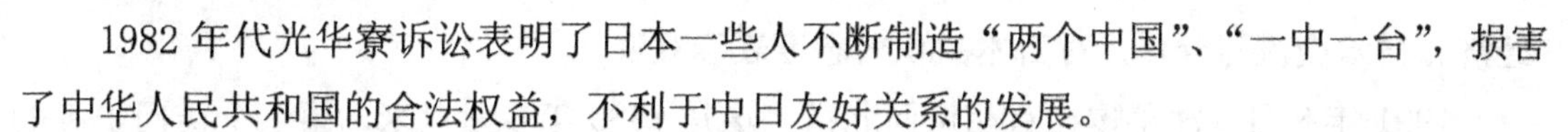

1982年代光华寮诉讼表明了日本一些人不断制造“两个中国”、“一中一台”，损害了中华人民共和国的合法权益，不利于中日友好关系的发展。

**四、90年代中日关系的新变化**

1989年春夏之交北京发生了政治风波，日本虽然参与了西方国家的对华制裁，但是，日本政府表明了北京的事件“基本是中国的内政”的态度。1989年8月9日，海部俊树出任日本首相，他把恢复中日关系作为外交上的重要任务。海部争取在西方集团允许的范围内，恢复日中关系。1989年9月日本日中议员联盟会长伊东正义率领日中友好议员联盟访华团访问中国，这是政治风波后，西方国家中的第一个代表团访问中国，在当时引起了强烈的反响。邓小平会见伊东时说，中国方面注意到了日本在不久前西方七国会议上同其他国家的态度“有所不同”。

进入90年代，世界形势发生了巨大变化，苏联解体，东欧剧变。1990年1月，全欧洲安全保障协作会议（CSCE）在巴黎召开，21日通过了《巴黎宪章》。《巴黎宪章》的公布，标志着北大西洋公约组织与华沙条约组织的对立结束，。随着冷战的结束，日美关系虽然发生了一些变化，但是，日美关系对日本来说，仍然是最重要的关系，此外，日本也非常重视同亚洲各国的关系，积极参与国际常务努力提高日本在国际社会的地位。

1990年海湾战争爆发，日本在海湾战争中，向以美国为首的多国部队提供了总额达130亿美元的资金。海湾战争结束后，还向海湾派出了扫雷艇。1992年日本战后第一次向海外派遣自卫队员参加联合国维持和平行动。尽管日本国内对自卫队参加维和行动存在着严重的意见分歧，但是，日本向海外派兵实际在增加。

1991年冷战后联合国进行第一次裁军会议在日本召开。日本还推行环保外交，向有关国家提供资金支援。日本国内有人认为，日本在国际上要获得与其经济实力相当的政治地位，就要删除联合国宪章中的“敌国条款”，修改联合国宪章，争取成为联合国安理会常任理事国。有人以日本向联合国缴纳会费数额多作为成为常任理事国的条件。70年代中期，日本向联合国缴纳的会费仅次于美国和前苏联，居第三位。前苏联解体后，“日本对联合国的资金支援居第二位，且在PKO预算中，日本比常任理事国的资金贡献还大”[9]，认为日本成为联合国安理会常任理事国是理所当然的。日本表达了成为安理会常任理事国的愿望后，只有美国积极表示支持，日本深感“要进入安理会成为常任理事国，中国的态度极为重要”[10]，这是日本在1989年北京政治风波后，与西方国家态度有所不同的重要原因。

1990年日本在西方国家中首先恢复了对华贷款，打破了西方国家对中国的经济制裁。中国在1989年政治风波后，坚持改革开放的政策，需要进一步扩大与先进国家的经济、技术交流与合作，对日本的积极态度表示欢迎。

1991年8月，海部俊树首相访问北京。这是1989年6月以来，第一个访问中国的西方国家领导人。国务院李鹏总理在接见海部首相时指出：“1989年之后，两国关系一度出现了一些曲折，但我们高兴地看到，两国关系已经恢复正常”[11]。海部俊树引用古诗“良无磐石固，虚名复何益”，表示众多有识之士用血汗铸成的两国关系的长城，坚不可摧，要为它更加发展而倾注自己的心血。

1992年是中日邦交正常化20周年，中共中央总书记江泽民于4月6日至10日访问日本。江泽民此次访问的目的有三个：一是纪念中日邦交正常化20周年；二是进一步推动中日睦邻友好关系的发展；三是加深两国人民之间的传统友谊。江泽民与日本首相宫泽喜一举行了正式会谈，日本天皇会见并宴请了江泽民主席，明仁天皇对中国邀请他访华表示感谢。江泽民会见了日本各主要政党——社会党、公明党、民社党、社会民主联合的领导人，与日本6位前首相福田赳夫、铃木善幸、中曾根康弘、竹下登、宇野宗佑、海部俊树共进早餐，称赞他们是日中关系发展的有功之臣。江泽民这次访日，标志着中日关系正在走向成熟。

1992年10月23日至28日，日本天皇和皇后开始对中国进行为期6天的访问，这是日本天皇有史以来第一次访问中国，标志着中日关系进入了一个崭新的阶段。战后日本公布了和平宪法，天皇虽然没有了统治实权，但是，天皇是日本国家的象征，是日本国民整体的象征，在一般国民心中仍然有比较高的地位。因此，天皇每次出访，都引起了日本国民的普遍关注。在中日邦交正常化20周年之际，中国为推动中日关系的发展，决定邀请天皇访问中国。

在日本国内，对于天皇访华的一事存在着很大的分歧。自民党中的多数人，担心中国会借此机会要求天皇谢罪。他们害怕天皇谈及战争责任，可能导致日本进行赔偿，使天皇“卷入政治问题”，反对天皇访问中国。在野党对天皇访华众说纷纭，有的以“时机尚不成熟”为由，反对天皇访华。

在日本国内遇到严重阻力的情况下，宫泽喜一首相作了大量的工作，还请前首相中曾根康弘、福田赳夫等作自民党内反对派的工作，化解矛盾。日本政府成立了“天皇访华准备委员会”，宫泽内阁顶住了各方面的压力，决定中日邦交正常化20周年时，实现天皇访华。

中国国家主席杨尚昆主持隆重的欢迎仪式和盛大的欢迎宴会，欢迎日本天皇和皇后访问中国。江泽民总书记、李鹏总理分别会见了明仁天皇和皇后。日本天皇在欢迎宴会上的致词，引起了日本国内和世界范围内的极大关注。日本政界、学者普遍认为，天皇的讲话明确指出了日本是加害者，表示了谢罪之意。有人认为如果采用“侵略”一词，就更好了。亚洲舆论认为，天皇表示了反省的心情，这种心情应反映到日本的外交政策上来。也有一些报道，对天皇没有正式“道歉”表示不满。西方舆论也对天皇访华给予了广泛关注，认为这是日本对外政策独立性的重要表现，亚洲两个巨人正在组成一个利益联盟。美国舆论则普遍贬低天皇访华在中日关系中的重要作用。日本天皇访问中国，表明中日关系向前发展到了新的阶段。

1993年日本政坛发生了巨大变化，战后单独执政达38年之久的自民党政权结束，“五五体制”崩溃，代之而起的是由几个党派组成的联合执政内阁。此后，日本政界开始重新组合，政局动荡，内阁频繁更换，自民党再难以独掌政权。有人说这是日本近代以来的第三次大变革。无论日本的内外政策如何变化，各政党的意见多么有分歧，他们都重视中日关系。

90年代初，日本成为中国最大的贸易伙伴和技术贸易伙伴，1995年第三批日元贷款即将到期，日本方面愿意继续提供日元贷款。中国方面赞赏日本方面对第四次日元贷款的积极态度。1994年3月中日两国政府签订了《关于环境保护的合作协定》。

1994年6月29日，日本社会党委员长村山富市当选为日本第91代、第52位首相，这是自1947年片山哲内阁以来，时隔47年日本社会党再次组织内阁。1995年5月2日至6日，日本首相村山富市对中国进行了正式友好访问。5月3日，村山首相向人民英雄纪念碑献了花圈，随后参观了卢沟桥抗日战争纪念馆，这是日本首相第一次参观抗日战争纪念馆。这时，日本国内否定侵略战争性质的势力有所抬头，村山参观抗日战争纪念馆受到世界舆论关注。村山首相参观后，在纪念馆的流言簿上写下了“正视历史，祈日中友好、永久和平”。他说：“在战后50周年之际，我来到了曾经给中国人民造成重大损失的战争的象征地之一——卢沟桥，使我又想起了过去，更加坚定了和平的决心”[12]。

90年代中日经济贸易迅速发展，两国的贸易额“从1972年只有11亿美元发展到

1996年突破600亿美元大关，从1994年起，日本跃居中国的第一大贸易伙伴，中国则成为日本第二大贸易国”[13]。在日本对华的直接投资方面，1996年日本的实际利用额居世界第一位。贸易和直接投资给中日双方都带来了巨大的利益。日本自1979年以来，向中国提供政府开发低息贷款。中国利用这些贷款发展医药、教育，从事道路建设、环境保护，收到了良好的经济效益和社会效益。

90年代，历史认识问题仍然时常影响中日关系的发展，1996年7月29日，桥本龙太郎以现任内阁总理大臣身份参拜了东京靖国神社。这是自1985年中曾根康弘以内阁总理大臣参拜靖国神社以来，日本首相再次以公职身份参拜供奉甲级战犯的靖国神社。亚洲舆论普遍认为这是对参加遭受日本侵略的亚洲各国人民感情上的严重侵害，是对和平的挑衅。日本国内的进步势力也对桥本的作法，提出了严厉的批评。1997年9月4日，日本首相桥本龙太郎开始对中国进行访问。桥本龙太郎在北京访问后，6日赴沈阳访问，桥本龙太郎参观了“九•一八“事变博物馆，这是战后日本首相第一次访问中国东北地区，并参观“九•一八”事变的发生地。桥本说：“我们无论怎样健忘，也不能忘记历史。我们可以学习历史，但不能改变历史。我们必须承受起历史的重负。本人就是怀着正视历史的愿望来到这里的。我们应该在这个基础上，加强日中关系，并面向未来”[14]。参观后桥本写下了“以和为贵”四个字，并签上了自己的名字。桥本的此次访问，受到中日以及其他国家媒体的关注和高度评价。通过这次访问两国领导人对历史、台湾问题以及日美防卫合作指针等问题交换了意见，对建立相互信任的中日关系，起了重要作用。

1998年11月25日，中国国家主席江泽民开始对日本进行友好访问，这是中国国家主席第一次访问日本。中日双方同意继续扩大和充实两国在贸易、投资等经济领域的合作关系。日方将就第四批对华日元贷款后两年安排，向中方28个项目提供约3900亿日元的贷款。双方将在科学技术、环境保护、青少年交流等方面进行合作。

11月底，中日发表了《联合宣言》，这是继中日联合声明和中日和平友好条约之后，中日间签订的第三个重要文件，宣言阐明了建立致力于和平与发展的友好合作伙伴关系，表明了中日关系的新进展。

## 第三节　未来中日关系展望

### 一、中日两国确立战略互惠关系

人类历史发展到21世纪，世界格局仍然处于变化之中。冷战已经结束经历了10多年，新的世界政治、经济新秩序还没有形成。和平与发展仍然是当今世界的主题，而国际形势在21世纪呈现出新的特点。这些新特点表现在：首先，美国在世界力量对比中一枝独秀，所谓“一超多强”，美国凭借其强大的实力，推行“单边主义”，以自己的权势和价值观来建立“世界新秩序”。美国为了推行其独霸世界的政策，在重大问题上，比如攻打伊拉克，绕过联合国，使联合国这个当代最大和最重要的主权国家所组成的政府之间的国际组织，在建立国际新秩序中，面临新的考验。当然，美国在重要问题上绕过联合国，并不是说联合国已经失去了作用，它仍然在目前国际政治舞台上起着不可替代的作用。

其次，“9·11 事件”后，恐怖主义成为世界和平与安全的主要威胁，打击恐怖主义是所有国家面临的问题。恐怖主义在世界各地活动，不仅美国、英国，而且俄国、欧盟都对关注恐怖主义对国家安全的威胁，中国也越来越关注国际恐怖主义和宗教矛盾对国家安全的影响。为了打击恐怖主义，国际之间特别是大国之间的合作日益密切。

再次，国际形势整体比较平静，但是局部动荡，热点问题集中。国际矛盾最集中的地区在中东，伊拉克问题、巴以问题等成为影响未来世界和平与稳定的关键问题，各国都为解决这一地区的问题出谋划策，但是，由于这一地区集中了国际政治中最棘手的民族、宗教问题，加之石油、天然气资源丰富，大国在此竞争激烈，这一地区的发展前景不明朗。朝核问题是国际社会关心的问题，和平解决朝核问题，实现朝鲜半岛无核化，是中国关注的问题。

第四，全球化进程加快，而发展中国家在全球化进程中，处于弱势地位。发达国家利用经济全球化，借机将政治、文化等强加于发展中国家，造成美式的西方文明和价值观念扩张到全世界。发展中国家在全球化的过程中，保持自己的文化艺术、伦理、价值观，成为迫切的问题。

第五，美国开始的金融风暴引起各国关注，新兴工业国家的发展引人瞩目。在新兴工业国家中中国的持续高速发展最为突出。改革开放以来，中国的综合国力不断提高，然而，“木秀于林，风必摧之；堆出于岸，流必湍之；行高于人，众必毁之”。西方国家有人列举近代资本主义发展史，认为没有一个大国迅速发展不伴随对外扩张的，有人鼓吹中国的迅速发展引起世界能源紧张，散布“中国威胁论”。对此我们一方面要集中精力进行经济建设，一心一意谋发展，申明中国始终坚持独立自主的和平外交政策，中国的迅速发展将为世界和平作出更大贡献。同时，也要清醒地认识到中国虽然国内生产总值居世界第四位，但是，人均国内生产总值还不高，经济发展也不平衡，中国离经济强国的目标还有很大距离。

中国对国际形势的判断和外交政策，对于处理好与发达国家、周边国家和发展中国家的关系具有重要意义。日本既是发达国家，又是中国的周边国家，中国采取的与邻为善、以邻为伴的政策，对于促进中日关系的发展，促进中日两国的共同繁荣和进步发挥中日两国未来在亚太地区乃至世界的发展都具有重要意义。

由于制定了正确的外交路线，新世纪中国的国际影响日益扩大，2008 年中国成功举办奥运会、战胜冰雪、地震等自然灾害，国际地位不断提升，成为在国际事务中有影响的大国。日本经济经过“失去的十年”后开始复苏，日本重视与中国的合作关系，双边贸易额不断增长，日本的资金、技术在中国的现代化建设中发挥了重要作用。

新世纪日本政权几度变换，中日关系也出现过严重的困难，但是，从 2006 年 10 月日本首相安倍晋三的“破冰之旅”到 2007 年 4 月温家宝总理的“融冰之旅”，2007 年 12 月，日本首相福田康夫的“迎春之旅”，再到 2008 年 5 月，中国国家主席胡锦涛的“暖春之旅”，中日关系度过最困难时期，我们高兴地看到横亘在中日两国之间的“坚冰”已经打破，正在融化成滚滚春水，中日关系的向前发展趋势是任何力量也阻挡不了的。

在和平与发展成为当今时代主题的今天，中日两国的和平友好不仅关系着两国人民的利益，也关系着亚太地区乃至世界的和平与稳定，中日两国充分认识到这一点，新世纪中日两国确立了战略互惠关系。

战略互惠关系的基本内涵：相互支持和平发展，增进政治互信；深化互利合作，实现共同发展；加强防务对话与交流，共同致力于维护地区稳定；加强人文交流，增进两国人民相互理解和友好感情；加强协同与合作，共同应对地区及全球性课题。因此，中日两国在地区安全、能源合作、环境保护、创造节约型社会、援助发展中国家等方面具有广泛的合作空间。

## 二、21 世纪中日关系的新发展

21 世纪中日两国进入全面合作阶段，合作的领域和深度超过了历史上的任何时期。在经济贸易、环境保护方面，2001 年 6 月 15 日，中日两国无偿资金合作项目——“第二期环境信息网络建设”和“黄河中游防护林建设”签署了政府换文，日本提供 18 • 5 亿日元的援助，这将提高中国环境数据、信息的收集处理能力，完善国家环境监测体系，对黄河中游的水土保持和防治荒漠化起到积极作用。

2003 年 3 月 31 日，中日双方在北京签署 2002 年年度日本向中国提供的贷款合同，总额达 1212.14 亿日元。这项贷款主要用于安徽、河南、湖北、甘肃、广西、内蒙古等省、自治区的 6 个环保项目、内陆地区六省市的人才培养项目已经湖南省的扶贫项目。贷款利率 0.75%-2.2%，偿还期限为 30 至 40 年。自 1979 年日本实行对中国政府开发援助项目的总额已经超过 3 万亿日元，日本不仅是中国最大的贸易伙伴国，也是中国最大的经济援助国。日本对华经济援助的重心正在从沿海地区转向内陆地区，援助运作也越来越成熟。中日两国的合作不仅促进了经济发展和社会进步，也使两国人民世代友好的愿望更加深入人心。

到2002年3月,中日政府之间已经签订了18项协定。中国是日本最大的进口来源地,也是日本仅次于美国的重要外需市场。2002年日本出口总额按美元计价同比增长2.6%,对中国出口则增长了32.3%,2003年1～5月,对华出口又比上年增加53.6%。中日央行2002年签订了总额30亿美元的“货币互换协定”,强调对等的原则。

在政治领域,虽然由于种种原因,2001年以后,中日两国首脑的互访遇到了障碍,但是两国领导人仍然保持接触,促进中日关系发展。2003年10月23日,国家主席胡锦涛在泰国首都曼谷会见了小泉纯一郎,提出从战略高度看待中日关系的重要性,不断扩大双方的共同利益。小泉纯一郎表示日本政府充分认识日中关系的重要性,要在汲取历史教训的基础上,面向未来,发展两国关系。2006年10月日本首相安倍晋三的“破冰之旅”,中日关系发展出现转机,2007年中日两国总理互访,加强了两国发展战略互惠关系的决心。特别是2008年5月,中国国家主席胡锦涛的“暖春之旅”,中日关系迎来了发展的又一个春天。

在地区安全上,中日两国重视合作。通过10+3、APEC等加强相互协调与合作。中日两国均参加了北京举行的六方会谈,致力于朝鲜半岛无核化,希望东北亚地区和平稳定。

在军事领域,中日双方也加强了合作交流,2007年年末,中国海军驱逐舰访问日本,这是自第二次世界大战结束以来,中国军舰首次访问日本,受到日本各界的广泛关注。2008年6月,日本海上自卫队舰艇访问中国,并带来了支援四川地震灾区的物资,两国在军事领域的合作进入新阶段。

中日的学术交流、民间往来也不断增加。中国有关机构与日本资深外交官和著名学者每年都定期举行讨论会,讨论中日关系和台湾问题。中日外交官也进行定期磋商,努力寻求和扩大双方在新世纪的合作。

2002年是中日恢复邦交正常化30周年,9月28日,中日友好协会和中国人民对外友好协会在人民大会堂举办庆祝中日邦交正常化30周年大型招待会,国家副主席胡锦涛出席招待会,日本前首相桥本龙太郎、村山富市、前副首相后藤正晴以及日中友好7团体的负责人参加了招待会。日本亚洲交流协会组成庞大的代表团访问中国,代表团成员有许多日本电力界和其他产业界的代表。这一年中日两国开展了中国年、日本年以纪念邦交正常化30周年,并组织了政府和民间的一系列交流,促进两国各个层次的了解与合作,推动中日关系更大的发展。中日两国总理互致贺电,庆祝中日邦交正常化30周年,表示两国将以30周年活动为契机,在21世纪为加强两国的合作做出更大的努力。2008年是《中日和平友好条约》签订30周年,中日两国领导人高度评价了30年来两国关系的发展,期待两国人民世世代代友好下去。

## 三、构筑面向未来的中日关系

中日邦交正常化已经 30 多年了，中日和平友好条约签订 30 周年了，中日关系走过了不平凡的过去，两国领导人都认识到中日两国有共同的战略利益，有广泛的合作空间。可以说，发展友好合作关系，是中日两国人民的共同心愿，是不可逆转的趋势。

中日有广泛的共同利益，在东北亚和平稳定、朝鲜半岛无核化、中日两国环保、节能方面都有共同关心的话题和合作的空间。中国作为高速发展的国家，希望为人类和平、发展作贡献，而日本在援助非洲等发展中国家的经验值得中国学校和借鉴。中国迅速发展为日本提供了更多的机会。应该说，中日两国共同利益是主要的，未来的合作将是两国关系的主流。

从地缘政治角度讲，中日两国是一衣带水的邻邦，同为东北亚、太平洋地区的重要国家，互为对方最重要的邻国。创造和平、稳定的国际环境符合两国人民的共同利益。中日是东亚共同体的重要国家，目前中日都参与了 10 ＋ 3 模式。只有中日两国坚持睦邻友好、共同为推进地区合作、缓和“热点”冲突作贡献，东亚区才能保持长期和平稳定。

2008 年是中国改革开放 30 周年，中国将在 21 世纪继续实行改革开放的政策，中国的经济建设需要稳定的国内环境和希望有良好的国际环境。只有在和平稳定的国际环境中，两国利益才能得到有效的维护和发展。

从文化传统方面讲，中日都是东方国家，在文化、价值观等方面有许多共同之处。以美国为首的西方国家，连续几年在联合国大会上，发表指责中国人权状况的议案，都遭到了失败。在人权问题上，日本认为人权是有国界的，不赞成挥舞“人权”大棒，对他国指手画脚的所谓“人道主义干涉”，不对中国的人权状况进行恶意攻击。2007 年中日确立战略互惠关系，2008 年 5 月 7 日中国 国家主席胡锦涛和日本内阁总理大臣福田康夫在东京签署了《中日关于全面推进战略互惠关系的联合声明》，双方决心全面推进中日战略互惠关系，实现中日两国和平共处、世代友好、互利合作、共同发展的崇高目标，中日关系发展进入了崭新的阶段。

从历史上讲，中日两国人民有着两千多年的文化、经济、政治交往历史，有传统的友，发展中日睦邻友好关系是两国人民的共同愿望。在两千多年的历史中，中日两国人民友好相处，在进行着经济、文化等各方面交流的过程中，取长补短，相互影响，共同推动了东方文化的发展与传播，两国人民结下了深厚的友谊，不友好的历史是短暂的。中日友好交往历史内容随着科学的发展，研究的深入不断增加新的内容，比如：2004 年 10 月 10 日， 陕西历史博物馆宣布首次发现日本留学生墓志，这一消息在日本引起轰动，日本媒体报道，认为这为日本古代史增添了新史料；日本对外交流史增添新内容，为中日文化交流增添了想象的空间。

中日两国人民在两千年友好交流的历史中，先后学习，共同促进了东亚的繁荣。

古代中国文化、科技曾经长期处于世界的前列，善于学习的日本人，漂洋过海从中国吸取文明的营养。古代日本从中国学习文化、科学、建筑，阿倍仲麻吕，鉴真和尚是古代中日两国人民友好交流的使者。近代日本通过明治维新走上了资本主义发展道路，先进的中国人为了挽救亡国灭种的危局，东渡日本，中国人通过日本了解了西方的科学文化，在中国人不知如何翻译、理解西方思想文化时，日本人借用中国汉字创造了许多新的汉字词汇，如：干部、经济、政治、科学、阶级、思想、资产阶级、无产阶级、近代化等，这为中国人接受近代文化提供了便利。正如著名洋务派官员张之洞在《劝学篇》中所说，翻译日本书与洋书相比“事半功倍”。据统计，近代以来汉语外来语 1270 个，其中英语 547 个，日语 459 个，占 36%。有人说没有日本人创造的这些汉字词汇，真不知中国人如何理解近代文化、科学。康有为、梁启超、孙中山、李大钊、周恩来、鲁迅等都曾到日本学习，与日本人民结下了深厚的友谊。

中日邦交正常化以来，两国各方面的合作不断加深，目前两国之间已结成友好城市、省县 230 多对，政党交流也相当活跃。中国共产党与日本执政党、在野党之间都已形成或正在形成交流渠道。两国文化交流出现新气象。所以说，中日两国人民要求友好相处是主流。

从经济上讲，中日两国形成“你中有我，我只有你”的经济格局，合作不断加深。日本作为世界第二经济大国，与中国近在咫尺，在中国现代化进程中发挥的作用是美、俄等大国所难以替代的。中国经济建设需要日本的资金和技术，日本以贸易和技术立国，需要中国的市场。自中日邦交正常化、特别是中国实行改革开放政策以来，两国经济贸易额逐年上升，1972 年双边贸易额 10 亿美元，。2006 年达到 2073 亿美元。因此，这是中日友好关系继续发展的前提条件。中日两国应争取双赢，在更高的层次和更广阔的范围内推进双边经贸合作。日本日中协会理事长白西绅一郎说：日本是海洋国家，必须在与别国发展关系当中创造财富，因此绝对需要周边国家地区和平环境。

当然，中日两国关系的发展不是一帆风顺的，日本的历史认识问题、中日领土争端、台湾问题日本如何看待中国的迅速发展等成为影响中日关系的重要因素。中日之间的分歧是不可能一下子就能解决的，中日两国都要从大局着眼，以发展的眼光看待中日关系。为此，两国人民要加强交流与合作，推动友好关系发展。日语有一句话叫作：以心传心。国家间的关系说到底是国民之间的关系，国民之间的交流特别重要。增进中日两国民间的了解，是促进两国关系发展的前提条件。“中日友好的源泉在民间”，我们对战后日本国家发展和国民特性，还了解得很不够。

日本是一个四面环海的岛国，领土面积只有 37 万平方公里。而这 37 万平方公里的土地上，山地占了绝大部分，耕地面积少，且火山、地震、台风、洪水等自然灾害频繁。日本人自古以来生活在这样的环境中，在享受着自然赋予的丰富渔业、水利资源的同时，一直面临着严重的自然环境，也练就了他们不畏艰难、克服困难的勇气和争取胜利的精神。自古以来日本人就敬佩强者，以谦虚的姿态向强者学习。古代中国经济、文化、艺术等等远远高于日本，日本不断派遣留学生、学问僧到中国。古代日本人对中国文化、科技充满了无限的向往和崇敬，这些在古代中日两国的文献中有不少记载。

我们还要了解真实的日本，争取多数民众。日本战后已经走上和平民主道路，多数日本人热爱和平，尽管出发点与我们不同，我们是站在受害者的角度，站在正义的角度，日本是从自己家受害，感到战争的可怕，无论如何都反对战争的。现在有很多友好人士，特别是民间人士，他们在政府主流保守、否定战争的情况下，为中国人民伸张正义。

自家永教科书诉讼后，南京大屠杀、慰安妇、731 等日军侵华罪行已经记录在日本中学历史教科书中，在日本正视历史，反对战争的人越来越多了。我们应该旗帜鲜明地支持、介绍，日本有正义感学者、民间人士的活动，以日本民间团体进步学者为桥梁，团结更多的日本民众，让日本民众了解历史的真相，对错误的史观进行无情的批判。抗日战争时有反战运动，何况今日，和平与发展成为世界的主流的时代呢。

坚决反对极少数右翼势力歪曲历史的活动，做到以史为鉴，开辟未来。和平与发展是当今世界的主题，中日世世代代友好，是两国人民的共同愿望，应该培养中日友好的后备力量，特别是加强中日青少年的交往，把友好的接力棒一代一代地传下去，2007 年是中日文化体育交流年，2008 年是中日青少年交流年，表明两国对培养中日友好下一代的关注，必将促进中日关系发展迈向新的高峰。我们相信，只要中日两国政府和人民不断努力，任何势力也阻挠不了中日友好事业的发展。正如温家宝总理 2007 年 4 月 12 日在日本国会演讲中借用日本谚语那样：尽管风在呼啸，山却不会移动。中日两国关系的发展尽管还会经历过风雨和曲折，但中日两国人民友好的根基如同泰山和富士山一样，不可动摇。

**思考题：**

1. 中日民间外交对促进邦交正常化的作用。
2. 简述中日关系三个重要政治文件的基本内容。
3. 发展中日关系的有利因素是什么？
4. 为什么要培植中日友好下一代？
5. 如何对待中日关系中的消极因素？
6. 简述中日邦交正常化的意义？

**注释：**

[1]《战后中日关系文献集（1945 ～ 1970）》，中国社会科学出版社 1996 年第 117 页。

[2] 原荣吉著《日本の战后外交史潮》，庆应通信株式会社 1984 年第 105 ～ 106 页。

[3] 田恒主编《战后中日关系文献集（1971 ～ 1995）》，中国社会科学出版社 1997 年第 111 页。

[4] 田恒主编《战后中日关系文献集（1971 ～ 1995）》，中国社会科学出版社 1997 年第 113 页。

[5]《战后中日关系文献集（1971 ～ 1995）》第 407 页。

[6]《战后中日关系文献集（1971 ～ 1995）》第 306 页。

[7] 吴学文主编《当代中日关系》，时事出版社 1995 年第 233 页。

[8]《战后中日关系文献集（1971 ～ 1995）》第 463 页。

[9] 佐藤诚三郎、今井隆吉、山内康英编《歧路に立つ国連と日本外交》，三田出版会 1995 年第 90 页。

[10] 坂口明著《国連 —— その原点上現実》，新日本出版社 1995 年第 148 页。

[11]《关于海部俊树首相访华的一组文献》，《战后中日关系文献集（1971 ～ 1995）》第 790 页。

[12]《战后中日关系文献集（1971 ～ 1995）》第 920 页。

[13] 1997 年 9 月 5 日《光明日报》。

[14] 1997 年 9 月 7 日《光明日报》。

**主要参考文献：**

中文部分：

田桓《战后中日关系文献集（1945 ～ 1970）》，中国社会科学出版社 1997 年。

田桓《战后中日关系文献集（1971 ～ 1995）》中国社会科学出版社 1997 年。

俞辛淳《孙中山与日本关系研究》，人民出版社 1996 年。

段云章《孙文与日本史事编年》，广东人民出版社 1996 年。

冯昭奎等《战后日本外交 1945 ～ 1995》，中国社会科学出版社 1996 年。

王晓秋《近代中日关系史研究》，中国社会科学出版社 1997 年。

吴学文等《当代中日关系（1945 ～ 1994）》，时事出版社 1995 年。

（英）小泉八郎《日本与日本人》（中译本），海南出版社 1994 年。

（美）鲁思 · 本尼迪克特《菊与刀》（中译本），商务印书馆 1996 年。

许介麟《谁最了解日本》，中国文史出版社 1989 年。

李卓 高宁《日本文化研究》，中国社会科学出版社 1998 年。

刘德有著《时光之旅》，商务印书馆 1999 年。
李德安等编译：《大平正芳的政治遗产》，中央文献出版社 1995 年。
日文部分：
《战后日本防卫问题资料集》，日本三一书房 1991 年。
渡边昭夫编《战后日本の对外政策》，日本有斐阁 1985 年。
田川诚一著《日中交涉秘录》，日本，每日新闻社 1973 年。
信夫清三郎著《战后日本政治史 1》，劲草书房 1974 年。
信夫清三郎著《日本外交史》，每日新闻社 1974 年。
佐藤诚三郎等编《歧路に立つ国联と日本外交》，三田出版会 1995 年。
梅津和郎等编《现代日本の国际关系》，日本，晃洋书房 1987 年。
加藤佑三著《近代日本と东アジア》，筑摩书房 1995 年。
坂口明著《国联 —— その原点上现实》，新日本出版社 1995 年。
喜多元子译《嫌われる日本人》，日本发送出版协会 1994 年。
原荣吉著《日本の战后外交史潮》，庆应通信出版 1984 年。
NHK 取材班《周恩来の决断》，NHK 出版 1993 年。
霞山会编《日中关系基本资料》，霞山会出版 1998 年。
古川万太郎著《日中战后关系史》，原书房 1981 年。
东乡茂德著《东乡茂德外交手记》，原书房 1967 年。
池井优著《日本外交史概说》，庆应通信株式会社 1984 年。
增田四郎等编著《讲座　日本の将来 —— 新历史像》，潮出版社 1969 年。
鹿岛守之助著《日本外交史 3》，鹿岛研究所出版会出版 1970 年。

# 修订附识

本书是首都师范大学日本文化研究中心及兄弟院校集体合作的成果，在一本书里尽可能全面客观地、从国际交流合作和互惠互利的视野介绍日本的方方面面，这是我们的尝试。

我们的写作方针是“史”“论”结合，显现个性。

为了方便读者，首都师范大学文学院教师刘莉编制了《中日历史纪年表》奉上。

本书曾得到很多读者赐予的宝贵意见，这是我们修订再版的动力。值此新版印行之际，向读者朋友们表示衷心的感谢。恳请一如既往，不吝赐教。

我们的电子邮箱是：bj_hirodai@yahoo.co.jp

编审者

2009 年立春

# 中日历史纪年表

（刘莉编制）

本表从日本有确切纪年开始，之前绳文时代（？～前4世纪）弥生时代（前4世纪～3世纪）、古坟时代（3～7世纪）从略。

| 持续年间 | 日本 干支 | 日本 历史时期 | 日本 年号 | 日本 統治 天皇名 | 中国 历史时期 | 中国 年号 | 中国 帝王名 | 逆算（截止到2009年） |
|---|---|---|---|---|---|---|---|---|
| 593～628 | 癸丑-戊子 | 古墳時代（3世紀～7世紀）<br>飛鳥時代（也称推古時代） | | 推古（すいこ） | 隋（581～618） | 开皇（20）<br>仁寿（4）<br>大业（14）<br>义宁（2）<br>武德（9）<br>贞观（23） | 文帝（杨坚）<br>炀帝（杨广）<br>恭帝（杨侑）<br>高祖（李渊）<br>太宗（李世民） | 1416-1381 |
| 629～641 | 己丑-辛丑 | | | 舒明（じょめい） | 唐（618～907） | 贞观（23） | 太宗（李世民） | 1380-1368 |
| 642～644 | 壬寅-甲辰 | | | 皇極（こうぎょく） | | 贞观（23） | 太宗（李世民） | 1367-1365 |
| 645～649 | 乙巳-己酉 | | たいか<br>大化 | 斉明（さいめい）<br>聖徳太子（しょうとく） | | 贞观（23） | 太宗（李世民） | 1364-1360 |
| 650～654 | 庚戌-甲寅 | | はくき<br>白雉 | 孝徳（こうとく）<br>斉明（皇極） | | 永徽（6）<br>显庆（6） | 高宗（李治） | 1359-1355 |
| 655～685 | 乙卯-辛酉 | | はくほう<br>壬申（白鳳） | 斉明（皇極）<br>天智（てんじ）<br>弘文（こうぶん） | | 龙朔（3）<br>麟德（2）<br>乾封（3）<br>总章（3）<br>咸亨（5）<br>上元（3）<br>调露（2）<br>永隆（2）<br>开耀（2）<br>永淳（2）<br>弘道（1）<br>嗣圣（1）<br>文明（1）<br>光宅（1）<br>垂拱（4） | 高宗（李治）<br>中宗（李显）<br>睿宗（李旦）<br>武后（武曌） | 1354-1324 |
| 686～700 | 丙戌-庚子 | 飛鳥時代 | しゅ　ちょう<br>朱　鳥 | 天武（てんむ）<br>持統（じとう） | | 垂拱（4）<br>永昌（1）<br>载初（1）<br>天授（3）<br>如意（1）<br>长寿（3）<br>延载（1）<br>证圣（1）<br>天册万岁（2）<br>万岁登封（1）<br>万岁通天（2） | 武后（武曌）（武后称帝，改国号为周） | 1323-1309 |

| | | | | | | | | |
|---|---|---|---|---|---|---|---|---|
| 686～700 | 丙戌-庚子 | 飛鳥時代 | しゅ ちょう<br>朱 鳥 | 持統（じとう） | 唐（618～907） | 神功（1）<br>圣历（3）<br>久视（1） | 武后（武曌）（武后称帝，改国号为周） | 1323-1309 |
| 701～703 | 辛丑-癸卯 | | だい ほう<br>大 宝 | 文武（もんむ） | | 大足（1）<br>长安（4） | 武后（武曌） | 1308-1306 |
| 704～707 | 甲辰-丙午 | | けい うん<br>慶 雲 | 文武（もんむ）<br>元明（げんめい） | | 长安（4）<br>神龙（3）<br>景龙（4） | 武后<br>中宗（李显）（复唐国号） | 1305-1302 |
| 708～715 | 戊申-乙卯 | 奈良時代（710～784） | わ どう<br>和 銅 | 元明（げんめい） | | 景龙（4）<br>景云（2）<br>太极（1）<br>延和（1）<br>先天（2）<br>开元（29） | 中宗（李显）<br>睿宗（李旦）<br>玄宗（李隆基） | 1301-1294 |
| 715～716 | 乙卯-丙辰 | | れい き<br>霊 亀 | 元正（げんしょう） | | 开元（29） | 玄宗（李隆基） | 1294-1293 |
| 717～723 | 丁巳-癸亥 | | よう ろう<br>養 老 | 元正（げんしょう） | | 开元（29） | 玄宗（李隆基） | 1292-1286 |
| 724～728 | 甲子-戊辰 | | じん き<br>神 亀 | 聖武（しょうむ） | | 开元（29） | 玄宗（李隆基） | 1285-1281 |
| 729～748 | 己巳-戊子 | | てん ぴょう<br>天 平 | 聖武（しょうむ） | | 开元（29）<br>天宝（15） | 玄宗（李隆基） | 1280-1261 |
| 749 | 己丑 | | かんぽう<br>天平 感宝 | 聖武（しょうむ） | | 天宝（15） | 玄宗（李隆基） | 1260 |
| 749～756 | 己丑-丙申 | | かんぽう<br>天平 感宝 | 孝謙（こうけん） | | 天宝（15）<br>至德（3） | 玄宗（李隆基）<br>肃宗（李亨） | 1260-1253 |
| 757～764 | 丁酉-甲辰 | | ほうじ<br>天平 宝字 | 孝謙（こうけん）<br>淳仁（じゅんにん）<br>称徳（しょうとく） | | 至德（3）<br>乾元（3）<br>宝应（2）<br>广德（2） | 肃宗（李亨）<br>代宗（李豫） | 1252-1245 |
| 765～766 | 乙巳-丙午 | | じんご<br>天平 神護 | 称徳（しょうとく） | | 永泰（2）<br>大历（14） | 代宗（李豫） | 1244-1243 |
| 767～769 | 丁未-己酉 | | じんごけいうん<br>神護 景雲 | 称徳（しょうとく） | | 大历（14） | 代宗（李豫） | 1242-1240 |
| 770～780 | 庚戌-庚申 | | ほう き<br>宝 亀 | 光仁（こうにん） | | 大历（14）<br>建中（4） | 代宗（李豫）<br>德宗（李适） | 1239-1229 |
| 781 | 辛酉 | | てん おう<br>天 応 | 光仁（こうにん）<br>桓武（かんむ） | | 建中（4） | 德宗（李适） | 1228 |
| 782～805 | 壬戌-乙酉 | | えん りゃく<br>延 暦 | 桓武（かんむ） | | 建中（4）<br>兴元（1）<br>贞元（21）<br>永贞（1） | 德宗（李适）<br>顺宗（李诵） | 1227-1204 |
| 806～809 | 丙戌-戊子 | 平安時弋 | だい どう<br>大 同 | 平城（へいぜい）<br>嵯峨（さが） | | 元和（15） | 宪宗（李纯） | 1203-1200 |
| 810～823 | 庚寅-癸卯 | | こう じん<br>弘 仁 | 嵯峨（さが）<br>淳和（じゅんな） | | 元和（15）<br>长庆（4） | 宪宗（李纯）<br>穆宗（李恒） | 1199-1186 |

| | | | | | | | | |
|---|---|---|---|---|---|---|---|---|
| 824～833 | 甲辰-癸丑 | 平安時代（794～1192） | てん ちょう<br>天 長 | 淳和（じゅんな）<br>仁明（にんみょう） | 唐（618～907） | 长庆（4）<br>宝历（3）<br>宝历<br>大（太）和（9） | 穆宗（李恒）<br>敬宗（李湛）<br>文宗（李昂） | 1185-1176 |
| 834～847 | 甲寅-丁卯 | | じょう わ<br>承 和 | 仁明（にんみょう） | | 大（太）和（9）<br>开成（5）<br>会昌（6）<br>大中（14） | 文宗（李昂）<br>武宗（李炎）<br>宣宗（李忱） | 1175-1162 |
| 848～850 | 戊辰-庚午 | | か しょう<br>嘉 祥 | 仁明（にんみょう）<br>文徳（もんとく） | | 大中（14） | 宣宗（李忱） | 1161-1159 |
| 851～853 | 辛未-癸酉 | | じん じゅ<br>仁 寿 | 文徳（もんとく） | | 大中（14） | 宣宗（李忱） | 1158-1156 |
| 854～856 | 甲戌-丙子 | | さい こう<br>斉 衡 | 文徳（もんとく） | | 大中（14） | 宣宗（李忱） | 1155-1153 |
| 857～858 | 丁丑-戊寅 | | てん あん<br>天 安 | 文徳（もんとく）<br>清和（せいわ） | | 大中（14） | 宣宗（李忱） | 1152-1151 |
| 859～876 | 己卯-丙申 | | じょう がん<br>貞 観 | 清和（せいわ）<br>陽成（ようぜい） | | 大中<br>咸通（15）<br>咸通<br>乾符（6） | 懿宗（李漼）<br>僖宗（李儇） | 1150-1133 |
| 877～884 | 丁酉-甲辰 | | がん ぎょう<br>元 慶 | 陽成（ようぜい）<br>光孝（こうこう） | | 乾符（6）<br>广明（2）<br>中和（5） | 僖宗（李儇） | 1132-1125 |
| 885～888 | 乙巳-戊申 | | にん な<br>仁 和 | 光孝（こうこう）<br>宇多（うだ） | | 光启（4）<br>文德（1） | 僖宗（李儇） | 1124-1121 |
| 889～897 | 己酉-丁巳 | | かん ぴょう<br>寛 平 | 宇多（うだ）<br>醍醐（だいご） | | 龙纪（1）<br>大顺（2）<br>景福（2）<br>乾宁（5） | 昭宗（李晔） | 1120-1112 |
| 898～900 | 戊午-庚申 | | しょう たい<br>昌 泰 | 醍醐（だいご） | | 光化（4） | 昭宗（李晔） | 1111-1109 |
| 901～922 | 辛酉-壬午 | | えん ぎ<br>延 喜 | 醍醐（だいご） | | 天复（4）<br>天祐（4）<br>天祐 | 昭宗（李晔）<br>哀帝（李柷） | 1108-1087 |
| 901～922 | 辛酉-壬午 | | えん ぎ<br>延 喜 | 醍醐（だいご） | 五代 / 辽 | 后梁：开平（5）<br>乾化（5）<br>乾化<br>贞明（7）<br>龙德（3）<br>契丹：神册（7）<br>天赞（5） | 后梁：太祖（朱晃）<br>末帝（朱瑱）<br>契丹：太祖（耶律阿保机） | 1108-1087 |
| 923～930 | 癸未-庚寅 | | えん ちょう<br>延 長 | 醍醐（だいご）<br>朱雀（すざく） | | 后唐：同光（4）<br>天成（5）<br>契丹：天赞（5）<br>天显（13） | 后唐：庄宗（李存勖）<br>明宗（李亶）<br>契丹：太祖（耶律阿保机） | 1086-1079 |
| 923～930 | 癸未-庚寅 | | えん ちょう<br>延 長 | 朱雀（すざく） | | 长兴（4）<br>天显（13） | 明宗（李亶）<br>太宗（耶律德光） | 1086-1079 |
| 931～937 | 辛卯-丁酉 | | じょう へい<br>承 平 | 朱雀（すざく） | | 长兴（4）<br>应顺（1）<br>天显（13） | 明宗（李亶）<br>闵帝（李从厚）<br>太宗（耶律德光） | 1078-1072 |

| | | | | | | | | | | | |
|---|---|---|---|---|---|---|---|---|---|---|---|
| 931～937 | 辛卯-丁酉 | 平安時代（794～1192） | じょう へい<br>承 平 | 朱雀（すざく） | 五代（907～960） | 辽（907～1125） | 清泰（3）<br>后晋<br>天福（9） | 天显（13） | 末帝（李从珂）<br>后晋<br>高祖（石敬瑭） | 太宗（耶律德光） | 1078-1072 |
| 938～946 | 戊戌-丙午 | | てん ぎょう<br>天 慶 | 朱雀（すざく）<br>村上（むらかみ） | | | 天福（9）<br>天福<br>开运（4） | 辽<br>会同（10） | 出帝（李重贵） | 辽<br>太宗（耶律德光） | 1071-1063 |
| 947～956 | 丁未-丙辰 | | てん りゃく<br>天 暦 | 村上（むらかみ） | | | 后汉<br>天福<br>乾祐（3）<br>乾祐<br>后周<br>广顺（3）<br>显德（7）<br>显德 | 大同（1）<br>天禄（5）<br>应历（19） | 高祖（刘暠）<br>隐帝（李承祐）<br>后周<br>太祖(郭威)<br>世宗（柴荣） | 太宗（耶律德光）<br>世宗（耶律阮）<br>穆宗（耶律璟） | 1062-1053 |
| 957～960 | 丁巳-庚申 | | てん とく<br>天 徳 | 村上（むらかみ） | | | 显德<br>北宋<br>建隆（4） | 应历（19） | 恭帝（柴宗训）<br>北宋<br>太祖（赵匡胤） | 穆宗（耶律璟） | 1052-1049 |
| 961～963 | 辛酉-癸亥 | | おう わ<br>応 和 | 村上（むらかみ） | 北宋（960～1127） | | 建隆（4）<br>乾德（6） | 应历（19） | 太祖（赵匡胤） | 穆宗（耶律璟） | 1048-1046 |
| 964～967 | 甲子-丁卯 | | こう ほう<br>康 保 | 村上（むらかみ）<br>冷泉（れいぜん） | | | 乾德（6） | 应历（19） | 太祖（赵匡胤） | 穆宗（耶律璟） | 1045-1042 |
| 968～969 | 戊辰-己巳 | | あん な<br>安 和 | 冷泉（れいぜん）<br>円融（えんゆう） | | | 开宝（9） | 应历（19）<br>保宁（11） | 太祖（赵匡胤） | 穆宗（耶律璟）<br>景宗（耶律贤） | 1041-1040 |
| 970～972 | 庚午-壬申 | | てん ろく<br>天 禄 | 円融（えんゆう） | | | 开宝（9） | 保宁（11） | 太祖（赵匡胤） | 景宗（耶律贤） | 1039-1037 |
| 973～975 | 癸酉-乙亥 | | てん えん<br>天 延 | 円融（えんゆう） | | | 开宝（9） | 保宁（11） | 太祖（赵匡胤） | 景宗（耶律贤） | 1036-1034 |
| 976～977 | 丙子-丁丑 | | じょう げん<br>貞 元 | 円融（えんゆう） | | | 太平兴宝（9） | 保宁（11） | 太宗（赵炅） | 景宗（耶律贤） | 1033-1032 |
| 978～982 | 戊寅-壬午 | | てん げん<br>天 元 | 円融（えんゆう） | | | 太平兴宝（9） | 保宁（11）<br>乾亨（5）<br>乾亨 | 太宗（赵炅） | 景宗（耶律贤）<br>圣宗（耶律隆绪） | 1031-1027 |
| 983～984 | 癸未-甲申 | | えい かん<br>永 観 | 円融（えんゆう）<br>花山（かざん） | | | 太平兴宝（9）<br>雍熙（4） | 契丹<br>统和（30） | 太宗（赵炅） | 契丹<br>圣宗（耶律隆绪） | 1026-1025 |
| 985～986 | 乙酉-丙戌 | | かん な<br>寛 和 | 花山（かざん）<br>一条（いちじょう） | | | 雍熙（4） | 统和（30） | 太宗（赵炅） | 圣宗（耶律隆绪） | 1024-1023 |
| 987～988 | 丁亥-戊子 | | えい えん<br>永 延 | 一条（いちじょう） | | | 雍熙（4）<br>端拱（2） | 统和（30） | 太宗（赵炅） | 圣宗（耶律隆绪） | 1022-1021 |
| 989 | 己丑 | | えい そ<br>永 祚 | 一条（いちじょう） | | | 端拱（2） | 统和（30） | 太宗（赵炅） | 圣宗（耶律隆绪） | 1020 |
| 990～994 | 庚寅-甲午 | | しょうりゃく<br>正 暦 | 一条（いちじょう） | | | 淳化（5） | 统和（30） | 太宗（赵炅） | 圣宗（耶律隆绪） | 1019-1015 |
| 995～998 | 乙未-戊戌 | | ちょう とく<br>長 徳 | 一条（いちじょう） | | | 至道（3）<br>咸平（6） | 统和（30） | 太宗（赵炅）<br>真宗（赵恒） | 圣宗（耶律隆绪） | 1014-1011 |
| 999～1003 | 己亥-癸卯 | | ちょう ほう<br>長 保 | 一条（いちじょう） | | | 咸平（6） | 统和（30） | 真宗（赵恒） | 圣宗（耶律隆绪） | 1010-1006 |

| | | | | | | | | | | | |
|---|---|---|---|---|---|---|---|---|---|---|---|
| 1004～1011 | 甲辰-辛亥 | 平安時代（794～1192） | かん　こう<br>寛　弘 | 一条（いちじょう）<br>三条（さんじょう） | 北宋（960～1127） | 辽（907～1125） | 景德（4）<br>大中祥符（9） | 统和（30） | 真宗（赵恒） | 圣宗（耶律隆绪） | 1005-998 |
| 1012～1016 | 壬子-丙辰 | | ちょう　わ<br>長　和 | 三条（さんじょう）<br>後一条（ごいちじょう） | | | 大中祥符（9） | 开泰（10） | 真宗（赵恒） | 圣宗（耶律隆绪） | 997-993 |
| 1017～1020 | 丁巳-庚申 | | かん　にん<br>寛　仁 | 後一条（ごいちじょう） | | | 天禧（5） | 开泰（10） | 真宗（赵恒） | 圣宗（耶律隆绪） | 992-989 |
| 1021～1023 | 辛酉-癸亥 | | じ　あん<br>治　安 | 後一条（ごいちじょう） | | | 天禧（5）<br>天圣（10） | 太平（11） | 真宗（赵恒）<br>仁宗（赵祯） | 圣宗（耶律隆绪） | 988-986 |
| 1024～1027 | 甲子-丁卯 | | まん　じゅ<br>万　寿 | 後一条（ごいちじょう） | | | 天圣（10） | 太平（11） | 仁宗（赵祯） | 圣宗（耶律隆绪） | 985-982 |
| 1028～1036 | 戊辰-丙子 | | ちょう　げん<br>長　元 | 後一条（ごいちじょう）<br>後朱雀（ごすざく） | | | 天圣（10）<br>景祐（5） | 太平（11）<br>景福（2）<br>重熙（24） | 仁宗（赵祯） | 圣宗（耶律隆绪）<br>兴宗（耶律宗真） | 981-973 |
| 1037～1039 | 丁丑-己卯 | | ちょうりゃく<br>長　暦 | 後朱雀（ごすざく） | | | 景祐（5）<br>宝元（3） | 重熙（24） | 仁宗（赵祯） | 兴宗（耶律宗真） | 972-970 |
| 1040～1043 | 庚辰-癸未 | | ちょうきゅう<br>長　久 | 後朱雀（ごすざく） | | | 康定（2）<br>庆历(8) | 重熙（24） | 仁宗（赵祯） | 兴宗（耶律宗真） | 969-966 |
| 1044～1045 | 甲申-乙酉 | | かん　とく<br>寛　徳 | 後朱雀（ごすざく）<br>後冷泉（ごれいぜん） | | | 庆历(8) | 重熙（24） | 仁宗（赵祯） | 兴宗（耶律宗真） | 965-964 |
| 1046～1052 | 丙戌-壬辰 | | えい　しょう<br>永　承 | 後冷泉（ごれいぜん） | | | 庆历(8)<br>皇祐（6） | 重熙（24） | 仁宗（赵祯） | 兴宗（耶律宗真） | 963-957 |
| 1053～1057 | 癸巳-丁酉 | | てん　ぎ<br>天　喜 | 後冷泉（ごれいぜん） | | | 皇祐（6）<br>至和（3）<br>嘉祐（8） | 重熙（24）<br>清宁（10） | 仁宗（赵祯）<br>仁宗（赵祯） | 兴宗（耶律宗真）<br>道宗（耶律洪基） | 956-952 |
| 1058～1064 | 戊戌-甲辰 | | こう　へい<br>康　平 | 後冷泉（ごれいぜん） | | | 嘉祐（8）<br>治平（4） | 清宁（10） | 仁宗（赵祯） | 道宗（耶律洪基） | 951-945 |
| 1065～1068 | 乙巳-戊申 | | じ　りゃく<br>治　暦 | 後冷泉（ごれいぜん）<br>後三条（ごさんじょう） | | | 治平（4）<br>熙宁（10） | 咸雍（10）<br>辽 | 英宗（赵曙）<br>神宗（赵顼） | 道宗（耶律洪基）<br>辽 | 944-941 |
| 1069～1073 | 己酉-癸丑 | | えん　きゅう<br>延　久 | 後三条（ごさんじょう）<br>白河（しらかわ） | | | 熙宁（10） | 咸雍（10） | 神宗（赵顼） | 道宗（耶律洪基） | 940-936 |
| 1074～1076 | 甲寅-丙辰 | | しょう　ほう<br>承　保 | 白河（しらかわ） | | | 熙宁（10） | 咸雍（10）<br>大（太）康（10） | 神宗（赵顼） | 道宗（耶律洪基） | 935-933 |
| 1077～1080 | 丁巳-庚申 | | しょう　りゃく<br>承　暦 | 白河（しらかわ） | | | 熙宁（10）<br>元丰（8） | 大（太）康（10） | 神宗（赵顼） | 道宗（耶律洪基） | 932-929 |
| 1081～1083 | 辛酉-癸亥 | | えい　ほう<br>永　保 | 白河（しらかわ） | | | 元丰（8） | 大（太）康（10） | 神宗（赵顼） | 道宗（耶律洪基） | 928-926 |
| 1084～1086 | 甲子-丙寅 | | おう　とく<br>応　徳 | 白河（しらかわ）<br>堀河（ほりかわ） | | | 元丰（8）<br>元祐（9） | 大（太）康（10）<br>大安（10） | 神宗（赵顼）<br>哲宗（赵煦） | 道宗（耶律洪基） | 925-923 |
| 1087～1093 | 丁卯-癸酉 | | かん　じ<br>寛　治 | 堀河（ほりかわ） | | | 元祐（9） | 大安（10） | 哲宗（赵煦） | 道宗（耶律洪基） | 922-916 |
| 1094～1095 | 甲戌-乙亥 | | か　ほう<br>嘉　保 | 堀河（ほりかわ） | | | 绍圣（5） | 大安（10）<br>寿昌（隆）（7） | 哲宗（赵煦） | 道宗（耶律洪基） | 915-914 |
| 1096 | 丙子 | | えい　ちょう<br>永　長 | 堀河（ほりかわ） | | | 绍圣（5） | 寿昌（隆）（7） | 哲宗（赵煦） | 道宗（耶律洪基） | 913 |

| | | | | | | | | | | | | | |
|---|---|---|---|---|---|---|---|---|---|---|---|---|---|
| 1097～1098 | 丁丑-戊寅 | | しょう　とく<br>承　徳 | 堀河（ほりかわ） | 北宋（960～1127） | 辽（907～1125） | 绍圣（5）<br>元符（3） | 寿昌（隆）（7） | | 哲宗（赵煦） | 道宗（耶律洪基） | | 912-911 |
| 1099～1103 | 己卯-癸未 | | こう　わ<br>康　和 | 堀河（ほりかわ） | | | 元符（3）<br>建中靖国（1）<br>崇宁（5） | 寿昌（隆）（7）<br>乾统（10） | | 哲宗（赵煦）<br>徽宗（赵佶）<br>徽宗（赵佶） | 道宗（耶律洪基）<br>天祚帝（耶律延禧） | | 910-906 |
| 1104～1105 | 甲申-乙酉 | | ちょう　じ<br>長　治 | 堀河（ほりかわ） | | | 崇宁（5） | 乾统（10） | | 徽宗（赵佶） | 天祚帝（耶律延禧） | | 905-904 |
| 1106～1107 | 丙戌-丁亥 | | か　しょう<br>嘉　承 | 堀河（ほりかわ）<br>鳥羽（とば） | | | 崇宁（5）<br>大观（4） | 乾统（10） | | 徽宗（赵佶） | 天祚帝（耶律延禧） | | 903-902 |
| 1108～1109 | 戊子-己丑 | | てん　にん<br>天　仁 | 鳥羽（とば） | | | 大观（4） | 乾统（10） | | 徽宗（赵佶） | 天祚帝（耶律延禧） | | 901-900 |
| 1110～1112 | 庚寅-壬辰 | | てん　えい<br>天　永 | 鳥羽（とば） | | | 大观（4）<br>政和（8） | 乾统（10）<br>天庆（10） | | 徽宗（赵佶） | 天祚帝（耶律延禧） | | 899-897 |
| 1113～1117 | 癸巳-丁酉 | | えい　きゅう<br>永　久 | 鳥羽（とば） | | 金（1115～1234） | 政和（8） | 天庆（10） | 金<br>收国（2）<br>天辅(7) | 徽宗（赵佶） | 天祚帝（耶律延禧） | 金<br>太祖（完颜旻） | 896-892 |
| 1118～1119 | 戊戌-己亥 | | げん　えい<br>元　永 | 鳥羽（とば） | | | 重和（2）<br>宣和（7） | 天庆（10） | 天辅(7) | 徽宗（赵佶） | 天祚帝（耶律延禧） | 太祖（完颜旻） | 891-890 |
| 1120～1123 | 庚子-癸卯 | | ほう　あん<br>保　安 | 鳥羽（とば）<br>崇徳（すとく） | | | 宣和（7） | 天庆（10）<br>保大（5） | 天辅(7)<br>天会（15） | 徽宗（赵佶） | 天祚帝（耶律延禧） | 太祖（完颜旻） | 889-886 |
| 1124～1125 | 甲辰-乙巳 | | てん　じ<br>天　治 | 崇徳（すとく） | | | 宣和（7） | 保大（5） | 天会（15） | 徽宗（赵佶） | 天祚帝（耶律延禧） | 太宗（完颜晟） | 885-884 |
| 1126～1130 | 丙午-庚戌 | | たい　じ<br>大　治 | 崇徳（すとく） | 南宋（1127～1279） | | 靖康（2）<br>南宋<br>建炎（4） | 天会（15） | | 钦宗（赵桓）<br>南宋<br>高宗（赵构） | 太宗（完颜晟） | | 883-879 |
| 1131 | 辛亥 | | てん　しょう<br>天　承 | 崇徳（すとく） | | | 绍兴（32） | 天会（15） | | 高宗（赵构） | 太宗（完颜晟） | | 878 |
| 1132～1134 | 壬子-甲寅 | | ちょうしょう<br>長　承 | 崇徳（すとく） | | | 绍兴（32） | 天会（15） | | 高宗（赵构） | 太宗（完颜晟） | | 877-875 |
| 1135～1140 | 乙卯-庚申 | | ほう　えん<br>保　延 | 崇徳（すとく） | | | 绍兴（32） | 天会<br>天眷（3） | | 高宗（赵构） | 熙宗（完颜亶） | | 874-869 |
| 1141 | 辛酉 | | えい　じ<br>永　治 | 崇徳（すとく）<br>近衛（このえ） | | | 绍兴（32） | 皇统（9） | | 高宗（赵构） | 熙宗（完颜亶） | | 868 |
| 1142～1143 | 壬戌-癸亥 | | こう　じ<br>康　治 | 近衛（このえ） | | | 绍兴（32） | 皇统（9） | | 高宗（赵构） | 熙宗（完颜亶） | | 867-866 |
| 1144 | 甲子 | | てん　よう<br>天　養 | 近衛（このえ） | | | 绍兴（32） | 皇统（9） | | 高宗（赵构） | 熙宗（完颜亶） | | 865 |
| 1145～1150 | 乙丑-庚午 | | きゅう　あん<br>久　安 | 近衛（このえ） | | | 绍兴（32） | 皇统（9）<br>天德（5） | | 高宗（赵构） | 海陵王（完颜亮） | | 864-859 |
| 1151～1153 | 辛未-癸酉 | | にん　ぺい<br>仁　平 | 近衛（このえ） | | | 绍兴（32） | 天德（5）<br>贞元（4） | | 高宗（赵构） | 海陵王（完颜亮） | | 858-856 |
| 1154～1155 | 甲戌-乙亥 | | きゅう　じゅ<br>久　寿 | 近衛（このえ）<br>後白河（ごしらかわ） | | | 绍兴（32） | 贞元（4） | | 高宗（赵构） | 海陵王（完颜亮） | | 855-854 |

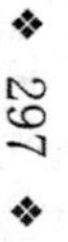

| 年份 | 干支 | 時代 | 年号 | 天皇 | 中国 | | 南宋年号 | 金年号 | 蒙古 | 南宋皇帝 | 金皇帝 | 蒙古 | |
|---|---|---|---|---|---|---|---|---|---|---|---|---|---|
| 1156～1158 | 丙子-戊寅 | 平安時代（794～1192） | ほう げん<br>保 元 | 後白河（ごしらかわ）<br>二条（にじょう） | 南宋（1127～1279） | 金（1115～1234） | 绍兴（32） | 正隆（6） | | 高宗（赵构） | 海陵王（完颜亮） | | 853-851 |
| 1159 | 己卯 | | へい じ<br>平 治 | 二条（にじょう） | | | 绍兴（32） | 正隆（6） | | 高宗（赵构） | 海陵王（完颜亮） | | 850 |
| 1160 | 庚辰 | | えい りゃく<br>永 暦 | 二条（にじょう） | | | 绍兴（32） | 正隆（6） | | 高宗（赵构） | 海陵王（完颜亮） | | 849 |
| 1161～1162 | 辛巳-壬午 | | おう ほう<br>応 保 | 二条（にじょう） | | | 绍兴（32） | 大定（29） | | 高宗（赵构） | 世宗（完颜雍） | | 848-847 |
| 1163－1164 | 癸未-甲申 | | ちょう かん<br>長 寛 | 二条（にじょう） | | | 隆兴（2） | 大定（29） | | 孝宗（赵昚） | 世宗（完颜雍） | | 846-845 |
| 1165 | 乙酉 | | えい まん<br>永 万 | 二条（にじょう）<br>六条（ろくじょう） | | | 乾道（9） | 大定（29） | | 孝宗（赵昚） | 世宗（完颜雍） | | 844 |
| 1166～1168 | 丙戌-戊子 | | にん なん<br>仁 安 | 六条（ろくじょう） | | | 乾道（9） | 大定（29） | | 孝宗（赵昚） | 世宗（完颜雍） | | 843-841 |
| 1169～1170 | 己丑-庚寅 | | か おう<br>嘉 応 | 高倉（たかくら） | | | 乾道（9） | 大定（29） | | 孝宗（赵昚） | 世宗（完颜雍） | | 840-839 |
| 1171～1174 | 辛卯-甲午 | | しょう あん<br>承 安 | 高倉（たかくら） | | | 乾道（9）<br>淳熙（16） | 大定（29） | | 孝宗（赵昚） | 世宗（完颜雍） | | 838-835 |
| 1175～1176 | 乙未-丙申 | | あん げん<br>安 元 | 高倉（たかくら） | | | 淳熙（16） | 大定（29） | | 孝宗（赵昚） | 世宗（完颜雍） | | 834-833 |
| 1177～1180 | 丁酉-庚子 | | じ しょう<br>治 承 | 高倉（たかくら）<br>安徳（あんとく） | | | 淳熙（16） | 大定（29） | | 孝宗（赵昚） | 世宗（完颜雍） | | 832-829 |
| 1181 | 辛丑 | | よう わ<br>養 和 | 安徳（あんとく） | | | 淳熙（16） | 大定（29） | | 孝宗（赵昚） | 世宗（完颜雍） | | 828 |
| 1182～1184 | 壬寅-甲辰 | | じゅ えい<br>寿 永 | 安徳（あんとく） | | | 淳熙（16） | 大定（29） | | 孝宗（赵昚） | 世宗（完颜雍） | | 827-826 |
| 1184 | 甲辰 | | げん りゃく<br>元 暦 | 後鳥羽（ごとば） | | | 淳熙（16） | 大定（29） | | 孝宗（赵昚） | 世宗（完颜雍） | | 826 |
| 1185～1189 | 乙巳-己酉 | | ぶん じ<br>文 治 | 後鳥羽（ごとば） | | | 淳熙（16） | 大定（29） | | 孝宗（赵昚） | 世宗（完颜雍） | | 825-820 |
| 1190～1198 | 庚戌-戊午 | 鎌倉時代（1192～1333） | けん きゅう<br>建 久 | 後鳥羽（ごとば）<br>土御門（つちみかど） | | | 绍熙（5）<br>庆元（6） | 明昌（7）<br>承安（5） | | 光宗（赵惇）<br>宁宗（赵扩） | 章宗（完颜璟） | | 819-811 |
| 1199～1200 | 己未-庚申 | | しょう じ<br>正 治 | 土御門（つちみかど） | | | 庆元（6） | 承安（5） | | 宁宗（赵扩） | 章宗（完颜璟） | | 810-809 |
| 1201～1203 | 辛酉-癸亥 | | けん にん<br>建 仁 | 土御門（つちみかど） | | | 嘉泰（4） | 泰和（8） | | 宁宗（赵扩） | 章宗（完颜璟） | | 808-806 |
| 1204～1205 | 甲子-乙丑 | | げん きゅう<br>元 久 | 土御門（つちみかど） | | | 嘉泰（4）<br>开禧（3） | 泰和（8） | | 宁宗（赵扩） | 章宗（完颜璟） | | 805-804 |
| | | | | | 元 | | | 金 | 蒙古 | 南宋 | 金 | 蒙古 | |
| 1206 | 丙寅 | | けん えい<br>建 永 | 土御門（つちみかど） | | | 开禧（3） | 泰和（8） | ——(22) | 宁宗（赵扩） | 章宗（完颜璟） | 太祖（孛儿只斤铁木真）（成吉思汗） | 803 |
| 1207～1210 | 丁卯-庚午 | | しょう げん<br>承 元 | 土御門（つちみかど）<br>順徳（じゅんとく） | | | 开禧（3）<br>嘉定（17） | 泰和（8）<br>大安（3） | ——(22) | 宁宗（赵扩） | 章宗（完颜璟）<br>卫绍王（完颜永济） | 太祖（孛儿只斤铁木真） | 802-799 |

| | | | | | | | | | | | | | |
|---|---|---|---|---|---|---|---|---|---|---|---|---|---|
| 1211～1212 | 辛未-壬申 | 鎌倉時代（1192～1333） | けんりゃく<br>建 暦 | 順徳（じゅんとく） | 南宋（1127～1279） | 金（1115～1234） | 嘉定（17） | 大安（3）<br>崇庆（2） | ——(22) | 宁宗（赵扩） | 卫绍王（完颜永济） | 太祖（孛儿只斤铁木真） | 798-797 |
| 1213～1218 | 癸酉-戊寅 | | けん ぽう<br>建 保 | 順徳（じゅんとく） | | | 嘉定（17） | 至宁（1）<br>贞祐（5）<br>兴定（6） | ——(22) | 宁宗（赵扩） | 卫绍王（完颜永济）<br>宣宗（完颜珣） | 太祖（孛儿只斤铁木真） | 796-791 |
| 1219～1221 | 己卯-辛巳 | | じょうきゅう<br>承 久 | 順徳（じゅんとく）<br>仲恭（ちゅうきょう）<br>後堀河（ごほりかわ） | | | 嘉定（17） | 兴定（6） | ——(22) | 宁宗（赵扩） | 宣宗（完颜珣） | 太祖（孛儿只斤铁木真） | 790-788 |
| 1222～1223 | 壬午-癸未 | | じょう おう<br>貞 応 | 後堀河（ごほりかわ） | | | 嘉定（17） | 元光（2） | ——(22) | 宁宗（赵扩） | 宣宗（完颜珣） | 太祖（孛儿只斤铁木真） | 787-786 |
| 1224 | 甲申 | | げん にん<br>元 仁 | 後堀河（ごほりかわ） | | | 嘉定（17） | 正大（9） | ——(22) | 宁宗（赵扩） | 哀宗（完颜守绪） | 太祖（孛儿只斤铁木真） | 785 |
| 1225～1226 | 乙酉-丙戌 | | か ろく<br>嘉 禄 | 後堀河（ごほりかわ） | | | 宝庆（3） | 正大（9） | ——(22) | 理宗（赵昀） | 哀宗（完颜守绪） | 太祖（孛儿只斤铁木真） | 784-783 |
| 1227－1228 | 丁亥-戊子 | | あん てい<br>安 貞 | 後堀河（ごほりかわ） | | | 宝庆（3）<br>绍定（6） | 正大（9） | ——(22)<br>——(1) | 理宗（赵昀） | 哀宗（完颜守绪） | 太祖（孛儿只斤铁木真）<br>拖雷（监国） | 782-781 |
| 1229～1231 | 己丑-辛卯 | | かん ぎ<br>寛 喜 | 後堀河（ごほりかわ） | | | 绍定（6） | 正大（9） | ——(13) | 理宗（赵昀） | 哀宗（完颜守绪） | 拖雷（监国） | 780-778 |
| 1232 | 壬辰 | | じょう えい<br>貞 永 | 後堀河（ごほりかわ）<br>四条（しじょう） | | | 绍定（6） | 开兴（1）<br>天兴（3） | ——(13) | 理宗（赵昀） | 哀宗（完颜守绪） | 拖雷（监国） | 777 |
| 1233 | 癸巳 | | てん ぷく<br>天 福 | 四条（しじょう） | | | 绍定（6） | 天兴（3） | ——(13) | 理宗（赵昀） | 哀宗（完颜守绪） | 拖雷（监国） | 776 |
| 1234 | 甲午 | | ぶん りゃく<br>文 暦 | 四条（しじょう） | | | 端平（3） | 天兴（3）<br>——(13) | | 理宗（赵昀） | 拖雷（监国）<br>太宗（孛儿只斤窝阔台） | | 775 |
| 1235～1237 | 乙未-丁酉 | | か てい<br>嘉 禎 | 四条（しじょう） | | 元（1206～1368） | 端平（3）<br>嘉熙（4） | ——(13) | | 理宗（赵昀） | 太宗（孛儿只斤窝阔台） | | 774-772 |
| 1238 | 戊戌 | | りゃく にん<br>暦 仁 | 四条（しじょう） | | | 嘉熙（4） | ——(13) | | 理宗（赵昀） | 太宗（孛儿只斤窝阔台） | | 771 |
| 1239 | 己亥 | | えん おう<br>延 応 | 四条（しじょう） | | | 嘉熙（4） | ——(13) | | 理宗（赵昀） | 太宗（孛儿只斤窝阔台） | | 770 |
| 1240～1242 | 庚子-壬寅 | | にん じ<br>仁 治 | 四条（しじょう）<br>後嵯峨（ごさが） | | | 嘉熙（4）<br>淳祐（12） | ——(13)<br>——(5) | | 理宗（赵昀） | 太宗（孛儿只斤窝阔台）<br>乃马真后（称制） | | 769-767 |
| 1243～1246 | 癸卯-丙午 | | かん げん<br>寛 元 | 後嵯峨（ごさが）<br>後深草（ごふかくさ） | | | 淳祐（12） | ——(5)<br>——(3) | | 理宗（赵昀） | 定宗（孛儿只斤贵由） | | 766-763 |
| 1247－1248 | 丁未-戊申 | | ほう じ<br>宝 治 | 後深草（ごふかくさ） | | | 淳祐（12） | ——(3) | | 理宗（赵昀） | 定宗（孛儿只斤贵由） | | 762-761 |
| 1249～1255 | 己酉-乙卯 | | けん ちょう<br>建 長 | 後深草（ごふかくさ） | | | 淳祐（12）<br>宝祐（6） | ——(3)<br>——(9) | | 理宗（赵昀） | 海米失后（称制）<br>宪宗（孛儿只斤蒙哥） | | 760-754 |

| | | | | | | | | | | |
|---|---|---|---|---|---|---|---|---|---|---|
| 1256 | 丙辰 | 鎌倉時代（1192～1333） | こう げん<br>康 元 | 後深草（ごふかくさ） | 南宋（1127～1279） | 宝祐（6） | ——(9) | 理宗（赵昀） | 宪宗（孛儿只斤蒙哥） | 753 |
| 1257～1258 | 丁巳-戊午 | | しょう か<br>正 嘉 | 後深草（ごふかくさ） | | 宝祐（6） | ——(9) | 理宗（赵昀） | 宪宗（孛儿只斤蒙哥） | 752-751 |
| 1259 | 己未 | | しょう げん<br>正 元 | 後深草（ごふかくさ）<br>亀山（かめやま） | | 开庆（1） | ——(9) | 理宗（赵昀） | 宪宗（孛儿只斤蒙哥） | 750 |
| 1260 | 庚申 | | ぶん おう<br>文 応 | 亀山（かめやま） | | 景定（5） | 中统（5） | 理宗（赵昀） | 世祖（孛儿只斤忽必烈） | 749 |
| 1261～1263 | 辛酉-癸亥 | | こう ちょう<br>弘 長 | 亀山（かめやま） | | 景定（5） | 中统（5） | 理宗（赵昀） | 世祖（孛儿只斤忽必烈） | 748-746 |
| 1264～1274 | 甲子-甲戌 | | ぶん えい<br>文 永 | 亀山（かめやま）<br>後宇多（ごうだ） | | 景定（5）<br>咸淳（10） | 元<br>至元（31） | 度宗（赵禥） | 元<br>世祖（孛儿只斤忽必烈） | 745-735 |
| 1275～1277 | 乙亥-丁丑 | | けん じ<br>建 治 | 後宇多（ごうだ） | | 德祐（2）<br>景炎（3） | 至元（31） | 恭帝（赵㬎）<br>端宗（赵昰） | 世祖（孛儿只斤忽必烈） | 734-732 |
| 1278～1287 | 戊寅-定亥 | | こう あん<br>弘 安 | 後宇多（ごうだ）<br>伏見（ふしみ） | | 祥兴（2） | 至元（31） | 帝昺（赵昺）<br>世祖（孛儿只斤忽必烈） | 世祖（孛儿只斤忽必烈） | 731-722 |
| 1288～1292 | 戊子-壬辰 | | しょう おう<br>正 応 | 伏見（ふしみ） | 元（1206～1368） | 至元（31） | | 世祖（孛儿只斤忽必烈） | | 721-717 |
| 1293～1298 | 癸巳-戊戌 | | えい じん<br>永 仁 | 伏見（ふしみ）<br>後伏見（ごふしみ） | | 至元（31）<br>元贞（3）<br>大德（11） | | 世祖（孛儿只斤忽必烈）<br>成宗（孛儿只斤铁穆耳） | | 715-711 |
| 1299～1301 | 己亥-辛丑 | | しょう あん<br>正 安 | 後伏見（ごふしみ）<br>後二条（ごにじょう） | | 大德（11） | | 成宗（孛儿只斤铁穆耳） | | 709-708 |
| 1302 | 壬寅 | | けん げん<br>乾 元 | 後二条（ごにじょう） | | 大德（11） | | 成宗（孛儿只斤铁穆耳） | | 707 |
| 1303～1305 | 癸卯-乙巳 | | か げん<br>嘉 元 | 後二条（ごにじょう） | | 大德（11） | | 成宗（孛儿只斤铁穆耳） | | 706-704 |
| 1306～1307 | 丙午-丁未 | | とく じ<br>徳 治 | 後二条（ごにじょう）<br>花園（はなぞの） | | 大德（11） | | 成宗（孛儿只斤铁穆耳） | | 703-702 |
| 1308～1310 | 戊申-庚戌 | | えん きょう<br>延 慶 | 花園（はなぞの） | | 至大（4） | | 武宗（孛儿只斤海山） | | 701-699 |
| 1311 | 辛亥 | | おう ちょう<br>応 長 | 花園（はなぞの） | | 至大（4） | | 武宗（孛儿只斤海山） | | 698 |
| 1312～1316 | 壬子-丙辰 | | しょう わ<br>正 和 | 花園（はなぞの） | | 皇庆（2）<br>延祐（7） | | 仁宗（孛儿只斤爱育黎拔力八达） | | 697-693 |
| 1317～1318 | 丁巳-戊午 | | ぶん ぽう<br>文 保 | 後醍醐（ごだいご） | | 延祐（7） | | 仁宗（孛儿只斤爱育黎拔力八达） | | 692-691 |
| 1319－1320 | 己未-庚申 | | げん おう<br>元 応 | 後醍醐（ごだいご） | | 延祐（7） | | 仁宗（孛儿只斤爱育黎拔力八达） | | 690-689 |
| 1321～1323 | 辛酉-癸亥 | | げん こう<br>元 亨 | 後醍醐（ごだいご） | | 至治（3） | | 英宗（孛儿只斤硕德八剌） | | 688-686 |
| 1324～1325 | 甲子-乙丑 | | しょうちゅう<br>正 中 | 後醍醐（ごだいご） | | 泰定（5） | | 泰定帝（孛儿只斤也孙铁木儿） | | 685-684 |

| | | | | | | | | | | |
|---|---|---|---|---|---|---|---|---|---|---|
| 1326～1328 | 丙寅-戊辰 | 鎌倉時代（1192～1333） | かりやく 嘉暦 | | 後醍醐（ごだいご） | | 元（1206～1368） | 泰定（5）<br>致和（1）<br>天顺（1）<br>天历（3） | 泰定帝（孛儿只斤也孙铁木儿）<br>天顺帝（孛儿只斤阿速吉八）<br>文宗（孛儿只斤图帖睦尔） | 683-681 |
| 1329～1330 | 己巳-庚午 | | げんとく 元徳 | | 後醍醐（ごだいご） | | | 天历（3）<br>至顺（4） | 明宗（孛儿只斤和世 ）<br>明宗（孛儿只斤和世 ） | 680-679 |
| | | 南北朝（1333～1392） | 南朝 | 北朝 | 南朝 | 北朝 | | | | |
| 1331～1333 | 辛未-癸酉 | | げんこう 元弘 | げんとく 元徳<br>しょうきょう 正慶 | 後醍醐（ごだいご） | 光厳（こうごん） | | 至顺（4）<br>至顺<br>至顺<br>元统（3） | 明宗（孛儿只斤和世 ）<br>宁宗（孛儿只斤懿璘质班）<br>顺帝（孛儿只斤妥懽帖睦尔） | 678-676 |
| 1334～1335 | 甲戌-乙亥 | | けんむ 建武 | けんむ 建武 | 後醍醐（ごだいご） | 光明（こうみょう） | | 元统（3）<br>（后）至元（6） | 顺帝（孛儿只斤妥懽帖睦尔） | 675-674 |
| 1336～1339 | 丙子-己卯 | | えんげん 延元 | けんむ 建武<br>りゃくおう 暦応 | 後醍醐（ごだいご）<br>後村上（ごむらかみ） | 光明（こうみょう） | | （后）至元（6） | 顺帝（孛儿只斤妥懽帖睦尔） | 673-670 |
| 1340～1345 | 庚辰-乙酉 | | こうこく 興国 | りゃくおう 暦応<br>こうえい 康永 | 後村上（ごむらかみ） | 光明（こうみょう） | | （后）至元（6）<br>至正（28） | 顺帝（孛儿只斤妥懽帖睦尔） | 669-664 |
| 1340～1345 | 庚辰-乙酉 | | こうこく 興国 | じょうわ 貞和 | 後村上（ごむらかみ） | 光明（こうみょう） | | 至正（28） | 顺帝（孛儿只斤妥懽帖睦尔） | 669-664 |
| 1346～1369 | 丙戌-己酉 | | しょうへい 正平 | じょうわ 貞和<br>かんおう 観応<br>ぶんな 文和<br>えんぶん 延文 | 後村上（ごむらかみ） | 光明（こうみょう）<br>崇光（すこう） | | 至正（28） | 顺帝（孛儿只斤妥懽帖睦尔） | 663-640 |
| | | | | | | | 明（1368～1644） | 明 | 明 | |
| | | | | | | | | 洪武（31） | 太祖（朱元璋） | |

| | | | | | | | | | | |
|---|---|---|---|---|---|---|---|---|---|---|
| 1346～1369 | 丙戌-己酉 | 南北朝（1333～1392） | しょうへい<br>正平 | こうあん<br>康安<br>じょうじ<br>貞治<br>おうあん<br>応安 | 長慶（ちょうけい） | 崇光（すこう）<br>後光厳（ごこうごん） | 明（1368～1644） | 洪武（31） | 太祖（朱元璋） | 663-640 |
| 1370～1371 | 庚戌-辛亥 | | けんとく<br>建徳 | おうあん<br>応安 | 長慶（ちょうけい） | 後円融（ごえんゆう） | | 洪武（31） | 太祖（朱元璋） | 639-638 |
| 1372～1374 | 壬子-甲寅 | | ぶんちゅう<br>文中 | おうあん<br>応安 | 長慶（ちょうけい） | 後円融（ごえんゆう） | | 洪武（31） | 太祖（朱元璋） | 637-635 |
| 1375～1380 | 乙卯-庚申 | | てんじゅ<br>天授 | えいわ<br>永和<br>こうりゃく<br>康暦 | 長慶（ちょうけい） | 後円融（ごえんゆう） | | 洪武（31） | 太祖（朱元璋） | 634-629 |
| 1381～1383 | 辛酉-癸亥 | | こうわ<br>弘和 | えいとく<br>永徳 | 長慶（ちょうけい）<br>後亀山（ごかめやま） | 後円融（ごえんゆう）<br>後小松（ごこまつ） | | 洪武（31） | 太祖（朱元璋） | 628-626 |
| 1384～1392 | 甲子-壬申 | | げんちゅう<br>元中 | しとく<br>至徳<br>かきょう<br>嘉慶<br>こうおう | 後亀山（ごかめやま） | 後小松（ごこまつ） | | 洪武（31） | 太祖（朱元璋） | 625-617 |
| 1384～1392 | 甲子-壬申 | | げんちゅう<br>元中 | 康応<br>めいとく<br>明徳 | 後亀山（ごかめやま | 後小松（ごこまつ） | | 洪武（31） | 太祖（朱元璋） | 625-617 |
| 1393 | 癸酉 | | 明徳（めいとく） | | | | | 洪武（31） | 太祖（朱元璋） | 616 |
| 1394～1427 | 甲戌-丁未 | 室町時代（1392～1573） | おうえい<br>応永 | | 後小松（ごこまつ）<br>称光（しょうこう） | | | 洪武（31）<br>建文（4）<br>永乐（22）<br>洪熙（1）<br>宣德（10） | 太祖（朱元璋）<br>惠帝（朱允炆）<br>成祖（朱棣）<br>仁宗（朱高炽）<br>宣宗（朱瞻基） | 615-582 |
| 1428 | 戊申 | | しょうちょう<br>正長 | | 称光（しょうこう）<br>後花園（ごはなぞの） | | | 宣德（10） | 宣宗（朱瞻基） | 581 |
| 1429～1440 | 己酉-庚申 | | えいきょう<br>永享 | | 後花園（ごはなぞの） | | | 宣德（10）<br>正统（14） | 宣宗（朱瞻基）<br>英宗（朱祁镇） | 580-569 |
| 1441～1443 | 辛酉-癸亥 | | かきつ<br>嘉吉 | | 後花園（ごはなぞの） | | | 正统（14） | 英宗（朱祁镇） | 568-566 |
| 1444～1448 | 甲子-戊辰 | | ぶんあん<br>文安 | | 後花園（ごはなぞの） | | | 正统（14） | 英宗（朱祁镇） | 565-561 |

| | | | | | | | | |
|---|---|---|---|---|---|---|---|---|
| 1449～1451 | 己巳-辛未 | 室町時代 | ほうとく 宝 徳 | 後花園（ごはなぞの） | 明（1368～1644） | 正统（14）<br>景泰（8） | 英宗（朱祁镇）<br>代宗（朱祁钰） | 560-558 |
| 1452～1454 | 壬申-甲戌 | | きょうとく 享 徳 | 後花園（ごはなぞの） | | 景泰（8） | 代宗（朱祁钰） | 557-555 |
| 1455～1456 | 乙亥-丙子 | | こうしょう 康 正 | 後花園（ごはなぞの） | | 景泰（8） | 代宗（朱祁钰） | 554-553 |
| 1457～1459 | 丁丑-己卯 | | ちょうろく 長 禄 | 後花園（ごはなぞの） | | 天顺（8） | 英宗（朱祁镇） | 552-550 |
| 1460～1465 | 庚辰-乙酉 | | かんしょう 寛 正 | 後花園（ごはなぞの）<br>後土御門（ごつちみかど） | | 天顺（8）<br>成化（23） | 英宗（朱祁镇）<br>宪宗（朱见深） | 549-544 |
| 1466 | 丙戌 | | ぶんしょう 文 正 | 後土御門（ごつちみかど） | | 成化（23） | 宪宗（朱见深） | 543 |
| 1467～1468 | 丁亥-戊子 | | おうにん 応 仁 | 後土御門（ごつちみかど） | | 成化（23） | 宪宗（朱见深） | 542-541 |
| 1469～1486 | 己丑-丙午 | 室町時代（1392～1573）<br>戦国時代（1477～1573） | ぶんめい 文 明 | 後土御門（ごつちみかど） | | 成化（23） | 宪宗（朱见深） | 540-523 |
| 1487～1488 | 丁未-戊申 | | ちょうきょう 長 享 | 後土御門（ごつちみかど） | | 成化（23）<br>弘治（18） | 宪宗（朱见深）<br>孝宗（朱祐樘） | 522-521 |
| 1489～1491 | 己酉-辛亥 | | えん とく 延 徳 | 後土御門（ごつちみかど） | | 弘治（18） | 孝宗（朱祐樘） | 520-518 |
| 1492～1500 | 壬子-庚申 | | めい おう 明 応 | 後土御門（ごつちみかど）<br>後柏原（ごかしわばら） | | 弘治（18） | 孝宗（朱祐樘） | 517-509 |
| 1501～1503 | 辛酉-癸亥 | | ぶん き 文 亀 | 後柏原（ごかしわばら） | | 弘治（18） | 孝宗（朱祐樘） | 508-506 |
| 1504～1520 | 甲子-庚辰 | | えい しょう 永 正 | 後柏原（ごかしわばら） | | 弘治（18）<br>正德（16） | 孝宗（朱祐樘）<br>武宗（朱厚照） | 505-489 |
| 1521～1527 | 辛巳-丁亥 | | たいえい 大 永 | 後柏原（ごかしわばら）<br>後奈良（ごなら） | | 正德（16）<br>嘉靖（45） | 武宗（朱厚照）<br>世宗（朱厚熜） | 488-482 |
| 1528～1531 | 戊子-辛卯 | | きょうろく 享 禄 | 後奈良（ごなら） | | 嘉靖（45） | 世宗（朱厚熜） | 481-478 |
| 1532～1554 | 壬辰-甲寅 | | てん ぶん 天 文 | 後奈良（ごなら） | | 嘉靖（45） | 世宗（朱厚熜） | 477-455 |
| 1555～1557 | 乙卯-丁巳 | | こう じ 弘 治 | 後奈良（ごなら）<br>正親町（おおぎまち） | | 嘉靖（45） | 世宗（朱厚熜） | 454-452 |
| 1558～1569 | 戊午-己巳 | | えい ろく 永 禄 | 正親町（おおぎまち） | | 嘉靖（45）<br>隆庆（6） | 世宗（朱厚熜）<br>穆宗（朱载垕） | 451-440 |
| 1570～1572 | 庚午-壬申 | | げん き 元 亀 | 正親町（おおぎまち） | | 隆庆（6） | 穆宗（朱载垕） | 439-437 |
| 1573～1591 | 癸酉-辛卯 | 安土·桃山時代 | てん しょう 天 正 | 正親町（おおぎまち）<br>後陽成（ごようぜい） | | 万历（48） | 神宗（朱翊钧） | 436-418 |
| 1592～1595 | 壬辰-乙未 | | ぶん ろく 文 禄 | 後陽成（ごようぜい） | | 万历（48） | 神宗（朱翊钧） | 417-414 |

| | | | | | | | | |
|---|---|---|---|---|---|---|---|---|
| 1596～1614 | 丙申-甲寅 | 安土·桃山時代 | けいちょう<br>慶長 | 後陽成（ごようぜい）<br>後水尾（ごみずのお） | 明 | 万历（48） | 神宗（朱翊钧） | 413-395 |
| 1615～1623 | 乙卯-癸亥 | 江戸時代（1603～1867） | げんな<br>元和 | 後水尾（ごみずのお） | 明<br>清 | 明：万历（48）<br>泰昌（1）<br>天启（7）<br>清：天命（11） | 明：神宗（朱翊钧）<br>光宗（朱常洛）<br>熹宗（朱由校）<br>清：太祖（爱新觉罗努尔哈赤） | 394-386 |
| 1624～1643 | 甲子-癸未 | | かんえい<br>寛永 | 後水尾（ごみずのお）<br>明正（めいしょう） | 明<br>清 | 明：天启（7）<br>崇祯（17）<br>清：天命（11）<br>天聪（10）<br>崇德（8） | 明：熹宗（朱由校）<br>思宗（朱由检）<br>清：太祖（爱新觉罗努尔哈赤）<br>太宗（爱新觉罗皇太极） | 385-366 |
| 1644～1647 | 甲申-丁亥 | | しょうほう<br>正保 | 後光明（ごこうみょう） | 清（1616～1911） | 清：顺治（18） | 清：世祖（爱新觉罗福临） | 365-362 |
| 1648～1651 | 戊子-辛卯 | | けいあん<br>慶安 | 後光明（ごこうみょう） | | 顺治（18） | 世祖（爱新觉罗福临） | 361-358 |
| 1652～1654 | 壬辰-甲午 | | じょうおう<br>承応 | 後光明（ごこうみょう）<br>後西（ごさい） | | 顺治（18） | 世祖（爱新觉罗福临） | 357-355 |
| 1655～1657 | 乙未-丁酉 | | めいれき<br>明曆 | 後西（ごさい） | | 顺治（18） | 世祖（爱新觉罗福临） | 354-352 |
| 1658～1660 | 戊戌-庚子 | | まんじ<br>万治 | 後西（ごさい） | | 顺治（18） | 世祖（爱新觉罗福临） | 351-349 |
| 1661～1672 | 辛丑-壬子 | | かんぶん<br>寛文 | 後西（ごさい）<br>霊元（れいげん） | | 顺治（18）<br>康熙（61） | 世祖（爱新觉罗福临）<br>圣祖（爱新觉罗玄烨） | 348-337 |
| 1673～1680 | 癸丑-庚申 | | えんぽう<br>延宝 | 霊元（れいげん） | | 康熙（61） | 圣祖（爱新觉罗玄烨） | 336-329 |
| 1681～1683 | 辛酉-癸亥 | | てんな<br>天和 | 霊元（れいげん） | | 康熙（61） | 圣祖（爱新觉罗玄烨） | 328-326 |
| 1684～1687 | 甲子-丁卯 | | じょうきょう<br>貞享 | 霊元（れいげん）<br>東山（ひがしやま） | | 康熙（61） | 圣祖（爱新觉罗玄烨） | 325-322 |
| 1688～1703 | 丙寅-癸未 | | げんろく<br>元禄 | 東山（ひがしやま） | | 康熙（61） | 圣祖（爱新觉罗玄烨） | 321-306 |
| 1704～1710 | 甲申-庚寅 | | ほうえい<br>宝永 | 東山（ひがしやま）<br>中御門（なかみかど） | | 康熙（61） | 圣祖（爱新觉罗玄烨） | 305-299 |
| 1711～1715 | 辛卯-乙未 | | しょうとく<br>正徳 | 中御門（なかみかど） | | 康熙（61） | 圣祖（爱新觉罗玄烨） | 298-294 |
| 1716～1735 | 丙申-乙卯 | | きょうほう<br>享保 | 中御門（なかみかど）<br>桜町（さくらまち） | | 康熙（61）<br>雍正（13） | 圣祖（爱新觉罗玄烨）<br>世宗（爱新觉罗胤禛） | 293-274 |
| 1736～1740 | 丙辰-庚申 | | げんぶん<br>元文 | 桜町（さくらまち） | | 乾隆（60） | 高宗（爱新觉罗弘历） | 273-269 |
| 1741～1743 | 辛酉-癸亥 | | かんぽう<br>寛保 | 桜町（さくらまち） | | 乾隆（60） | 高宗（爱新觉罗弘历） | 268-266 |
| 1744～1747 | 甲子-丁卯 | | えんきょう<br>延享 | 桜町（さくらまち）<br>桃園（ももぞの） | | 乾隆（60） | 高宗（爱新觉罗弘历） | 265-262 |
| 1748～1750 | 戊辰-庚午 | | かんえん<br>寛延 | 桃園（ももぞの） | | 乾隆（60） | 高宗（爱新觉罗弘历） | 261-259 |

| 1751～1763 | 辛未-癸未 | 江戸時代（1603～1867） | ほう れき<br>宝 暦 | 桃園（ももぞの）<br>後桜町（ごさくらまち） | 清（1616～1911） | 乾隆（60） | 高宗（爱新觉罗弘历） | 258-246 |
|---|---|---|---|---|---|---|---|---|
| 1764～1771 | 甲申-辛卯 | | めい わ<br>明 和 | 後桜町（ごさくらまち）<br>後桃園（ごももぞの） | | 乾隆（60） | 高宗（爱新觉罗弘历） | 245-238 |
| 1772～1780 | 壬辰-庚子 | | あん えい<br>安 永 | 後桃園（ごももぞの）<br>光格（こうかく） | | 乾隆（60） | 高宗（爱新觉罗弘历） | 237-229 |
| 1781～1788 | 辛丑-戊申 | | てん めい<br>天 明 | 光格（こうかく） | | 乾隆（60） | 高宗（爱新觉罗弘历） | 228-221 |
| 1789～1800 | 己酉-庚申 | | かん せい<br>寛 政 | 光格（こうかく） | | 乾隆（60）<br>嘉庆（25） | 高宗（爱新觉罗弘历）<br>仁宗（爱新觉罗颙琰） | 220-209 |
| 1801～1803 | 辛酉-癸亥 | | きょう わ<br>享 和 | 光格（こうかく） | | 嘉庆（25） | 仁宗（爱新觉罗颙琰） | 208-206 |
| 1804～1817 | 甲子-丁丑 | | ぶん か<br>文 化 | 光格（こうかく）<br>仁孝（にんこう） | | 嘉庆（25） | 仁宗（爱新觉罗颙琰） | 205-192 |
| 1818～1829 | 戊寅-己丑 | | ぶん せい<br>文 政 | 仁孝（にんこう） | | 嘉庆（25）<br>道光（30） | 仁宗（爱新觉罗颙琰）<br>宣宗（爱新觉罗旻宁） | 191-180 |
| 1830～1843 | 庚寅-癸卯 | | てん ぽう<br>天 保 | 仁孝（にんこう） | | 道光（30） | 宣宗（爱新觉罗旻宁） | 179-166 |
| 1844～1847 | 甲辰-丁未 | | こう か<br>弘 化 | 仁孝（にんこう）<br>孝明（こうめい） | | 道光（30） | 宣宗（爱新觉罗旻宁） | 165-162 |
| 1848～1853 | 戊申-癸丑 | | か えい<br>嘉 永 | 孝明（こうめい） | | 道光（30）<br>咸丰（11） | 宣宗（爱新觉罗旻宁）<br>文宗（爱新觉罗奕　） | 161-156 |
| 1854～1859 | 甲寅-己未 | | あん せい<br>安 政 | 孝明（こうめい） | | 咸丰（11） | 文宗（爱新觉罗奕　） | 155-150 |
| 1860 | 庚申 | | まん えん<br>万 延 | 孝明（こうめい） | | 咸丰（11） | 文宗（爱新觉罗奕　） | 149 |
| 1861～1863 | 辛酉-癸亥 | | ぶん きゅう<br>文 久 | 孝明（こうめい） | | 咸丰（11）<br>同治（13） | 文宗（爱新觉罗奕　）<br>穆宗（爱新觉罗载淳） | 148-146 |
| 1864 | 甲子 | | げん じ<br>元 治 | 孝明（こうめい） | | 同治（13） | 穆宗（爱新觉罗载淳） | 145 |
| 1865～1867 | 乙丑-丁卯 | | けい おう<br>慶 応 | 孝明（こうめい）<br>睦仁（むつひと） | | 同治（13） | 穆宗（爱新觉罗载淳） | 144-142 |
| 1868～1911 | 戊辰-辛亥 | 明治（1868～1912） | めい じ<br>明 治 | 睦仁（むつひと） | | 同治（13）<br>光绪（34）<br>宣统（3） | 穆宗（爱新觉罗载淳）<br>德宗（爱新觉罗载湉）<br>爱新觉罗溥仪 | 141-98 |
| 1912～1925 | 壬子-乙丑 | 大正（1912～1926） | たい しょう<br>大 正 | 嘉仁（よしひと） | 中华民国 | 中华民国（1912～1949） | | 97-84 |
| 1926～1988 | 丙寅-戊辰 | 昭和（1926～1989） | しょう わ<br>昭 和 | 裕仁（ひろひと） | | | | 83-21 |
| 1989～ | 己巳- | 平成（1989～） | へい せい<br>平 成 | 明仁（あきひと） | 中华人民共和国 | 中华人民共和国（1949～） | | 20-0 |

# 文学事项表（中日对照）

**奈良時代文学**（710 ～ 793）

《古事记》(『古事記』・こじき)

《日本书纪》(『日本書紀』・にほんしょき)

《风土记》(『風土紀』・ふうどき)

《怀风藻》(『懐風藻』・かいふうそう)

《万叶集》(『万葉集』・まんようしゅう)

汉诗（漢詩・かんし）

和歌（和歌・わか）

万叶假名（万葉仮名・まんようがな）

**平安時代文学**（794 ～ 1191）

汉文学（漢文学かんぶんがく）

《续日本纪》(『続日本紀』・しょくにほんぎ)

《古语拾遗》(『古語拾遺』・こごしゅうい)

《新撰姓氏录》(『新撰姓氏録』・しんせんしょうじろく)

《日本后记》(『日本後記』・にほんこうき)

《日本文德天皇实录》(『日本文徳天皇実録』・にほんもんとくてんのうじつろく)

《类聚国史》(『類聚国史』・るいじゅうこくし)

《凌云新集》(『凌雲新集』・りょううんしんしゅう)

《文华秀丽集》(『文華秀麗集』・ぶんかしゅうれいしゅう)

《经国集》(『経国集』・けいこくしゅう)

《都氏文集》(『都氏文集』・としぶんしゅう)

《在民部卿家歌合》(『在民部卿家歌合』・ざいみんぶきょうけうたあわせ)

《宽平御时宫歌合》(『寛平御時御宮歌合』・かんぴょうのおおんとききさいのみやのうたあわせ)

《新撰万叶集》(『新撰万葉集』・しんせんまんようしゅう)

《古今和歌集》(『古今和歌集』・こきんわかしゅう)

纪友则（紀友則・きのとものり）

纪贯之（紀貫之・きのつらゆき）
《山家集》（『山家集』・さんかしゅう）
西行（さいぎょう）
佛教物语（仏教物語・ぶっきょうものがたり）
《日本灵异记》（『日本霊異記』・にほんりょういき）
《日本国现报善恶灵异记》（『日本国現報善悪霊異記』・にほんげんぽうぜんあくりょういき）
《灵异记》（『霊異記』・りょういき）
《今昔物语集》（『今昔物語集』・こんじゃくものがたりしゅう）
《平家物语》（『平家物語』・へいけものがたり）
物语文学（物語文学・ものがたりぶんがく）
《浦岛子传》（『浦島子伝』・うらしまのこでん）
《圣德太子传历》（『聖徳太子伝暦』・しょうどくたいしでんりゃく）
《竹取物语》（『竹取物語』・たけとりものがたり）
《羽衣传》（『羽衣伝』・はごろもでん）
《伊势物语》（『伊勢物語』・いせものがたり）
《宇津保物语》（『宇津保物語』・うつほものがたり）
《源氏物语》（『源氏物語』・げんじものがたり）
物哀（もののあはれ）
日记文学（日記文学・にっきぶんがく）
《土佐日记》（『土佐日記』・とさにっき）
《蜻蜓日记》（『蜻蛉日記』・かげろうにっき）
《和泉式部日记》（『和泉式部日記』・いずみしきぶにっき）
藤原道纲（藤原道綱・ふじわらみちづな）
清少纳言（清少納言・せいしょうなごん）
《枕草子》（『枕草子』・まくらそうし）
随笔文学（随筆文学・ずいひつぶんがく）
风情（をかし）
历史物语（歴史物語・れきしものがたり）
《荣花物语》（『栄花物語』・えいがものがたり）
《大镜》（『大鏡』・おおかがみ）
《今镜》（『今鏡』・いまかがみ）
《水镜》（『水鏡』・みずかがみ）
《增镜》（『増鏡』・ますかがみ）

**鎌倉・室町時代文学（1192～1602）**

《新古今和歌集》（しんこきんわかしゅう）
源通具（みなもとのみちとも）
藤原有家（ふじわらのありいえ）
藤原定家（ふじわらのさだいえ、ふじわらのていか）
藤原家隆（ふじわらのいえたか）
藤原雅经（ふじわらのまさつね）
寂莲（寂蓮・じゃくれん）
慈元（じえん）
藤原良经（ふじわらのよしつね）
藤原俊成（ふじわらのとしなり）
式子内亲王（式子内親王・しきしないしんのう）
《新勅撰和歌集》（しんちょくせんわかしゅう）
《新续古今和歌集》（『新続古今和歌集』・しんしょくこきんわかしゅう）
连歌（連歌・れんが）
俳谐（俳諧・はいかい）
二条良基（にじょうよしもと）
俳谐连歌（俳諧連歌・はいかいれんが）
御伽草子（おとぎぞうし）
军记物语（軍記物語・ぐんきものがたり）
琵琶法师（琵琶法師・びわほうし）
平清盛（たいらのきよもり）
《太平记》（『太平記』・たいへいき）
隐遁者文学（いんとんじゃぶんがく）
《方丈记》（『方丈記』・ほうじょうき）
《徒然草》（『徒然草』・つれづれぐさ）
鸭长鸣（鴨長明・かものちょうめい）
吉田兼好（よしだけんこう）俗名卜部兼好（うらべのかねよし）
五山文学（ござんぶんがく）
纪行（紀行・きこう）
一山一宁（一山一寧・いっさんいちねい）
禅林文学（禅林文学・ぜんりんぶんがく）
义堂周信（義堂周信・ぎどうしゅうしん）

**江戸時代文学**（1603～1867）

狂歌（きょうか）
川柳（せんりゅう）
松永贞德（松永貞徳・まつながていとく）
野野口立圃（野々口立圃・ののぐちりゅうほ）
松江重赖（松江重頼・まつえしげより）
北村季吟（北村季吟・きたむらきぎん）
贞门俳谐（貞門俳諧・ていもんはいかい）
西山宗因（にしやまそういん）
井原西鹤（井原西鶴・いはらさいかく）
松尾芭蕉（まつおばしょう）
蕉风俳谐（蕉風俳諧しょうふうはいかい）
《奥的细道》（『奥の細道』・おくのほそみち）
向井去来（むかいきょらい）
《柿晋问答》（ししんもんどう）
与谢芜村（与謝蕪村・よさぶそん）
小林一茶（こばやしいっさ）
《五车反古》（『五車反古』・ごしゃほうぐ）
假名草子（仮名草子・かなぞうし）
《伽婢子》（おとぎぼうこ）
浮世草子（浮世草子うきよぞうし）
《世间胸算用》（『世間胸算用』・せけんむねさんよう）
《男色大鉴》（『男色大鑑』・なんしょくおおかがみ）
《武道传来记》（『武道伝来記』・ぶどうでんらいき）
《西鹤诸国传说》（『西鶴諸国ばなし』・さいかくしょこくばなし）
《本朝二十不孝》（ほんちょうにじゅうふこう）
黄表纸（黄表紙・きびょうし）
恋川春町（こいかわはるまち）
《金金先生荣华梦》（『金金先生栄花夢』・きんきんせんせいえいがのゆめ）
山东京传（山東京伝・さんとうきょうでん）
《轻浮江户儿》（『江戸生艶気樺焼』・えどうまれうわきのかばやき）
洒落本（しゃれぼん）
《通言总篱》（『通言総籬』・つうげんそうまがき）

戏作（戯作・げさく）

读本（読本・よみほん）

滑稽本（滑稽本・こっけいぼん）

人情本（にんじょうぼん）

草双纸（草双紙・くさぞうし）

都贺庭钟（都賀庭鐘・つがていしょう）

上田秋成（うえだあきなり）

建部绫足（建部綾足・たけべあやたり）

泷泽马琴（瀧沢馬琴・たきざわばきん）

十返舍一九（十返舎一九・じっぺんしゃいっく）

式亭三马（式亭三馬・しきていさんば）

近松门左卫门（近松門左衛門・ちかまつもんざえもん）

竹本义太夫（竹本義太夫・たけもとぎだゆう）

《世继曾我》（『世継曾我』・よつぎそが）

《国性爷合战》（『国性爺合戦』・こくせんやかっせん）

《曾根崎殉情》（『曾根崎心中』・そねざきしんじゅう）

《殉情天网岛》（『心中天の網島』・しんじゅうてんのあみじま）

契冲（契沖・けいちゅう）

荷田春满（荷田春満・かだのあずままろ）

贺茂真渊（賀茂真淵・かものまぶち）

本居宣长（もとおりのりなが）

《冠辞考》（かんじこう）

《古事记传》（『古事記伝』・こじきでん）

《源氏物语梳证》『（源氏物語玉の小櫛』・げんじものがたりたまのおぐし）

**近代文学**（1868 ～ 1922）

假名垣鲁文（仮名垣魯文・かながきろぶん）

福泽谕吉（福沢諭吉・ふくざわゆきち）

《西洋事情》（『西洋事情』・せいようじじょう）

《劝学篇》（『学問のすすめ』・がくもんのすすめ）

《文明论之概略》（『文明論之概略』・ぶんめいろんのがいりゃく）

森有礼（もりありのり）

西周（にしあまね）

《新体诗抄》（『新体詩抄』・しんたいししょう）
坪内逍遥（つぼうちしょうよう）
《小说神髓》（『小説神髄』・しょうせつしんずい）
写实主义（写実主義・しゃじつしゅぎ）
森欧外（森鴎外・もりおうがい）
《面影》（『於母影』・おもかげ）
《舞姬》（『舞姫』・まいひめ）
浪漫主义（浪漫主義・ろうまんしゅぎ）
尾崎红叶（尾崎紅葉・おざきこうよう）
《金色夜叉》（こんじきやしゃ）
幸田露伴（こうだろはん）
樋口一叶（樋口一葉・ひぐちいちよう）
国木田独步（くにきだどっぽ）
北村透谷（きたむらとうこく）
岛崎藤村（島崎藤村・しまざきとうそん）
与谢野晶子（与謝野晶子・よさのあきこ）
正冈子规（正岡子規・まさおかしき）
自然主义 自然主義（しぜんしゅぎ）
《破戒》（『破戒』・はかい）
田山花袋（たやまかたい）
《棉被》（『蒲団』・ふとん）
德田秋声（徳田秋声・とくだしゅうせい）
审美派（耽美派・たんびは）
夏目漱石（なつめそうせき）
《哥儿》（『坊ちゃん』・ぼっちゃん）
《草枕》（くさまくら）
《虞美人草》（『虞美人草』・ぐびじんそう）
《三四郎》（さんしろう）
《行人》（こうじん）
《道草》（みちくさ）
《明暗》（めいあん）
芥川龙之介（芥川龍之介・あくたがわりゅうのすけ）
志贺直哉（志賀直哉・しがなおや）

新思潮派（新思潮派しんしちょうは）

**現当代文学**（1923～現在）

无产阶级文学（プロレタリア文学・ぷろれたりあぶんがく）
新感觉派文学（しんかんかくはぶんがく）
小林多喜二（こばやしたきじ）
德永直（徳永直・とくながすなお）
横光利一（よこみつりいち）
川端康成（かわばたやすなり）
《文艺时代》（『文芸時代』・ぶんげいじだい）
《日本无产阶级诗集》（『日本プロレタリア詩集』・にほんぷろれたりあししゅう）
《前卫诗人》（アバンギャルド [avant-garde] 詩人）
井伏鳟二（井伏鱒二・いぶせますじ）
《华丽一族》（『華々しい一族』・はなばなしいいちぞく）
《雪国》（ゆきぐに）
芥川奖（芥川賞・あくたがわしょう）
直木奖（直木賞・なおきしょう）
国策文学（こくさくぶんがく）
《日本浪漫派》（『日本浪漫派』・にほんろうまんは）
“政治和文学”的论争（「政治と文学」の論争）
民主主义文学（民主主義文学・みんしゅしゅぎぶんがく）
正宗白鸟（正宗白鳥・まさむねはくちょう）
坂口安吾（さかぐちあんご）
颓废文学（頽廃文学・たいはいぶんがく）
野间宏（野間宏・のまひろし）
椎名麟三（しいなりんぞう）
加藤周一（かとうしゅういち）
大冈升平（大岡昇平・おおおかしょうへい）
三岛由纪夫（三島由紀夫・みしまゆきお）
吉行淳之介（よしゆきじゅんのすけ）
远藤周作（遠藤周作・えんどうしゅうさく）
井上靖（いのうえやすし）
松本清张（まつもとせいちょう）

大原富枝（おおはらとみえ）
河野多惠子（河野多恵子・かわのたえこ）
筒井康隆（つついやすたか）
《千鹤》（『千羽鶴』・せんばづる）
《山音》（『山の音』・やまのおと）
《古都》（『古都』・こと）
三好十郎（みよしじゅうろう）
唐十郎（からじゅうろう）
大江健三郎（おおえけんざぶろう）
《饲育》（『飼育』・しいく）
《个人体验》（『個人的な体験』・こじんてきなたいけん）
《新人哟，醒来哟》（『新しい人よ眼ざめよ』・あたらしいひとよめざめよ）

# 索 引